袁焕仙集

袁焕仙 著

四川人民出版社

四川省袁焕仙研究会资助项目
（YHXYJH201901）

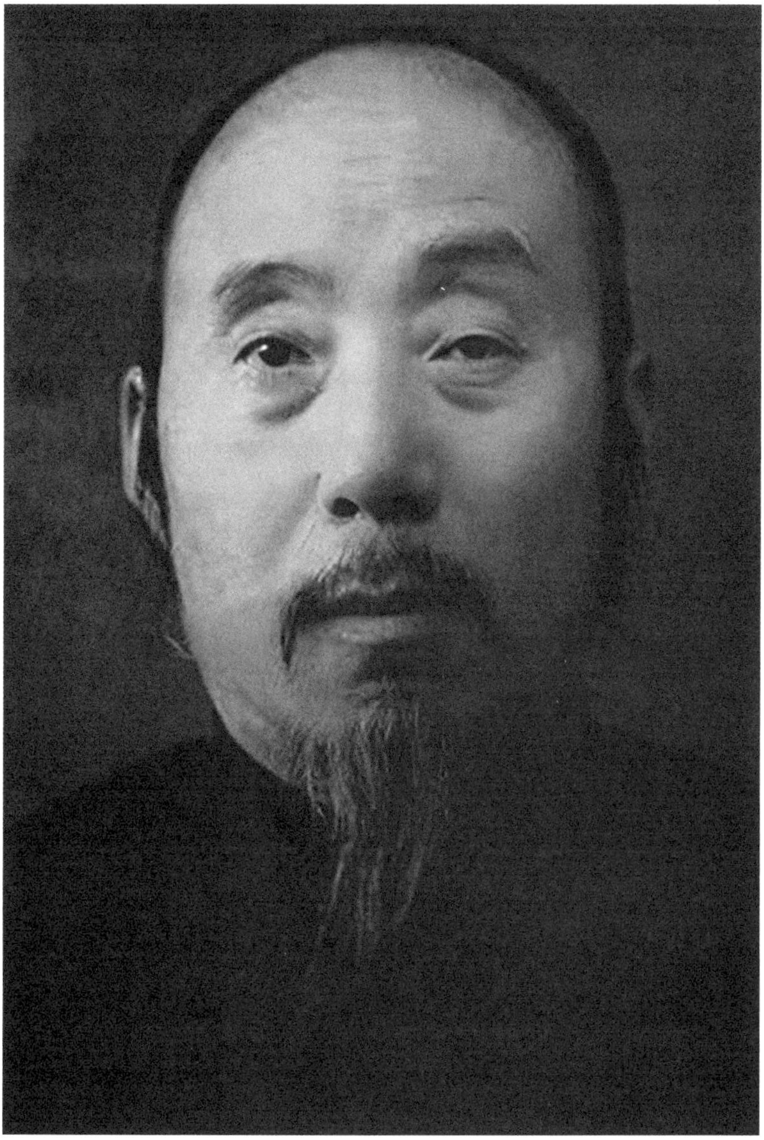

民國三十三年分月

維摩精舍叢書

鹽亭袁煥仙

目录

代序：袁焕仙先生事迹 .... 袁淑平 / 001

上 篇

《维摩精舍丛书》都序 009
告读者 012

榴窗随判 / 015

 引言 017
 一、判名 019
 二、判净宗七问 022
 三、判禅密简繁 027
 四、判唯识言有、中观说空 030
 五、判一悟顿超三大阿僧祇劫 033
 六、判三十二相及悟后起修等 036
 七、判三关 039

八、判五家宗旨、临济三玄等 041

九、判行棒、行喝 045

十、判悟后起修化报 047

十一、判禅宗支分具否 050

十二、判止观、话头,为同为异 054

十三、判上根下劣 056

十四、判定慧双修及教外别传 058

十五、判禅宗阶位 061

十六、判授受 063

十七、判丹道 065

黄叶闲谈 / 071

序 073

第一讲 缘起 074

第二讲 权开一门 077

第三讲 假说五法 079

 甲,起信 079

 乙,依师 080

 丙,勤三学 084

 丁,警语 099

 戊,悟缘 102

第四讲 或者问 109

《中庸》胜唱 / 111

序 113

第一编　总说分 115

　第一章　悬说 115

　第二章　略例 118

　第三章　诠"中庸"之胜义次第，拈东西学者之失 119

　第四章　中庸释名 128

第二编　正说分 132

　第一章　统说"中庸" 132

　第二章　赞美"中庸" 145

　第三章　难行"中庸" 150

　第四章　践履"中庸" 159

　第五章　一趣"中庸" 167

　第六章　遍行"中庸" 172

　第七章　保任"中庸" 179

　第八章　显用"中庸" 186

　第九章　要"中庸" 195

　第十章　结"中庸" 210

第三编　结说分 217

灵岩语屑 / 221

- 序 223
- 一、壬午辑 224
- 二、尺素 242
- 三、杂章 246
- 四、醉后之光 260
- 五、灵岩访问记 271

酬语 / 287

- 序 289
- 示南怀瑾 290
- 示通宽 291
- 示通远 292
- 示通超 293
- 示廖生兀虬 294
- 示普愿 295
- 示通众 296
- 示通永 297
- 示通义 298
- 示徐县长剑秋 299
- 示吕县长寒潭 301

示李县长绪恢 ... 303

示田生肇圃 ... 305

示王生乃鹤 ... 306

示杨师长介眉 ... 308

示甘司长秉常 ... 310

示范专员天笃 ... 311

示杨生光岱 ... 312

答陈局长潜溪 ... 313

示曾生普仁 ... 317

复伍先生心言 ... 318

示杨生鹭溪 ... 322

示傅教育长仲穆 ... 323

示曼达 ... 325

示雷团长正修 ... 326

示萧生奉来 ... 327

复潼南令高注东 ... 329

复潼南令高注东 ... 331

示黄校长人俊 ... 333

答傅丕承先生 ... 334

示冷秘书笑岑 ... 335

示许处长衡生 ... 337

示许处长衡生 ... 338

复南教官怀瑾 339

致奚处长致和 343

示潘委员子玉 345

示曾总经理鹤君 347

示普书、普明 349

示李生范中 350

示徐秘书长仲礼 351

示谢生来宾 353

示田主任珠浦 354

示邓主任岳高 355

致陈斗南、田焕南、李麟书三先生 356

答傅文光先生 361

示曹参谋仕毅 363

答邓春和先生 364

示于师长邦齐 366

示李生梦余 367

示林师长梅坡 368

示林师长翼如 369

示黄生尔寿 370

答陶发祺 371

示徐生哑闻 372

示谢路司令镇中 373

下 篇

《心经》三讲 / 377

引言 379
般若波罗蜜多心经三讲 380
 第一讲　释名 381
 第二讲　正文 384
 第三讲　问答 398

通禅与王恩洋 / 405

引言 407
通禅与王恩洋 409

东方学术界之函讨 / 433

引言 435
抗战初结声中东方学术界之函讨 437
尾声 446

统说《庄子·齐物论》/ 447

缘起 449

初分　统说庄子 450

高山佚韵 / 455

叙言 457

诗四十五首 459

偈七首 472

词七首 476

联七首 480

相君夫人传 483

邓先生春和暨德配袁孺人生墓表 490

国是主张及宪法意见 / 493

前言 495

国是主张 499

　　一　政治 499

　　二　教育 500

　　三　经济 502

　　四　军事 503

　　五　外交 504

宪法意见 505

外 篇

片香集 / 511

 序 513

 叙目 516

 卷之一 517

  诗 517

  词 519

  偈 519

  连珠 521

  讲义 522

  说 527

  序 532

 卷之二 535

  书 535

 卷之三 558

  书 558

顺德张凤篾先生行状 590

法鼓 / 605
　　自序 607
　　序 609
　　缘起 611
　　《菩提道次第》与禅宗诸祖语句之对勘 615
　　禅宗之辩论 638

《修止修观法要》序 / 659

附　录

写在朱砂版《维摩精舍丛书》重印之际 665
《维摩精舍丛书》第六次印行前言 667
影印再版《维摩精舍丛书》序 669
《维摩精舍丛书》二函序 671
《维摩精舍丛书》二函后跋 674
维摩精舍简介 676

代序：袁焕仙先生事迹

先大人，讳其章，名焕仙，字世杰，四川盐亭县麟瑞乡龙顾村人。少有逸才，倜傥不羁，健谈论，善画，工书，早以辞章闻。未尝齿及。清末，应童子试，年十三，名列前茅，先宿震之。辛亥革命后，毕业于四川法政学堂。

夙结纳英贤，奋志边疆。民国五年（1916年）署越巂县知事。会护法军起，从故国民革命军军长张午岚唱义南中，会于宁远。事败，张午岚走山泽死。先大人从别道呼援，为敌得，拘越巂县署中。既而敌帅陈云皋悉蔡锷任护国军讨袁总司令，熊克武为四川招讨使，于是自宁远抵越巂，释其禁，并面畀以三要职。先大人固辞。乃礼送先大人返省垣。旋熊克武任四川都督，高先大人才德，委任盐边县知事。嗣后川军内讧，争战时起，军首多羡其才调绝伦，竞相延揽。先生谋为弭乱，安谧人心，常折中鼎俎于其间。曾宾直、鲁、豫十四省巡阅使署及川康绥靖公署高等顾问。

民国十五年（1926年），广州革命政府在北伐进军中，委杨森为国民革命军二十军军长，驻防万县。杨委先大人署理夔关监督，兼任联军总司令部军法处长。夔关监督，优署也，理之，清守如旧。凡决狱，必穷状允证；既定谳，犹原情宥三，尤其矜重死刑。盖先大人夙承庭训："无残心，无奸行，无恣逞以杀生。"更因决志心宗，以拯世济民为本。如是数年，平反大狱者数数，活人无算，市众无不津津乐道"青天再现"！

先大人素仰佛乘，精研内典。年四十，见国家多难，人心缘溺，于是罢政，栖心宗下。师吴兴梦龄先生，谘决心要，朝夕不替，虽饔飧不济，而坚毅不懈。更遍参海内大德：民国二十四年（1935年）夏历二月，投汉阳归元寺，参鄂之翘楚秀空老和尚。是年四月，缘苏州李印泉先生之穹窿山谒道坚老和尚，语而契机。同年五月，至苏之报国寺，皈依印光大师。此三因缘，详见《维摩精舍丛书》一函《酬语》。

先大人师吴公讳梦龄，梦龄公师张公讳凤篪。凤篪公广东顺德龙江乡人，官四川冕宁县知事入蜀。初成童，毕诵六经诸子，通百家学，固庭训家学渊源者也。生性不喜习举业，年十六，事扬州瑞安悟和禅师。悟公上人具正法眼藏，一见器之。篪公服膺事侍者三年，行业纯一，品操高洁，戒律精严，欲出家为僧，不得父命而止，寻侍郭尧卿夔。夔，江南隐君子也，沉潜儒典，尤深易理，故篪公精《易》。既遇明眼良师启迪，又丁年明至道，卸职清居。尝游学于蓉城、新都两地，与谢子厚、吴梦龄、文泽先诸大老，咏和唱答，函教面请，亦师亦友，亦指点归家路之师也。又尝与新都宝光寺无穷、贯一诸阇黎,更以师友情谊,交接亲密。直指心性一脉正法,得赖篯公播种于蜀,培牙茁壮于蜀,而又遍寰宇焉。

窃闻先大人袁老先生焕仙尝于成都十方堂禅院苦参"德山小参不答话"句,忘餐废寝,至于嘶喑。住持昌圆法师见而悯之,虔为加持。终于更阑,闻隔壁开门声而豁然大悟。

民国三十一年(1942年),先大人掩关于灌县灵岩,历时数月,复行七会。尊宿贤俊以函候,或访或参者,实繁有徒。而亲味醍醐,深沐法乳者,莫不欣欣然自幸也。灵岩七会既已,诸方长老,共省中贤明缁素尊宿,集成都文殊院而议曰:"比来禅德寥寥,曹溪南华寺虚云老和尚,宗门哲匠也,驻陪都,幸密迩,宜派重员迎其宾省,矜式来学。"众可之,推昌圆法师与先大人袁老先生往迓。丁行,昌公病,先大人之首座弟子南怀瑾侍师往。时虚老正应当道行救国息灾法会于狮子山之慈云寺。师徒抵寺往谒,通来意,与虚老酬对过从五日,数数拜请驾行,虚老许以明岁冬来,"不然,与老居士道谢辞行矣"。先大人悚然挽以住世,虚老领之,于是亲书一偈赠之。偈曰:"大道无难亦无易,由来难易不相干。等闲坐断千差路,魔佛难将正眼观。"

民国三十二年(1943年),蜀中硕彦大竹萧敬轩、巴县朱叔痴、荣县但懋辛、潼南傅真吾等众,百数十人挽先大人,主导维摩精舍于提督东街成都三义庙。时以陆沉既久,凡庸轻蔑,邪外交诋,不少为顾。秋九月,精舍有榴十年不花不实,于兹吐艳,一蒂三花,大众休之。一时军政首要、学者士子、家妇贩夫都先后来集，问道求法。先大人不辞风狂雨晦，隆冻骄阳，日必造舍，餍众启请，随缘说法，迪人心慧。集众无不心领神会，欢跃而去。先大人常解私囊，煮茗品众。人有供奉者，辄设午餐，以飨贫困参客，而家固贫亦不之顾也。

为谋求宏法，尝从当时执政遴选为国大代表。民国三十五年（1946年），去南京，向心佛乘者咸来礼问。又成立首都维摩精舍。时陈诚、陈立夫、周宗岳等执弟子礼，时来参叩，但以佛法供人，不及其他。人强询以政，不得已，揭《我之国是》，但求全国团结以御外侮，安息以厚民生。

先大人曾赴台湾讲学，时有日本东本原寺和尚来参叩问法，和尚顶礼三拜，长跪举右手而伸一指曰："请问先生这是什么？"先大人起而厉声曰："我日你妈哟！老子这里一样都莫得，东比西画作么！"和尚惊起拂衣而去。此因缘若以俗情观之，全为逆水之机，毫无顺水之意。当时左右侍亦有怨"先生脾气太不好"者。先大人平然！竖日，和尚具备仪礼恭敬顶礼谢恩，复长跪，请为弟子，同偕之日本僧人、台湾善知识多人，都恳请为弟子，恳求留台。异口共赞曰："先生之勘人斩葛，不下宋之妙喜！希有！希有！"闲谈间及程仪长官接收台湾涉及寺庙事。先大人曰："你寺无佛法？"和尚曰："有。"曰："胡有斯言？"和尚曰："高明。"曰："低暗也无！"和尚复顶礼！先大人之语不亦宜乎（子贡曰：夫子之墙数仞，不得其门而入，不见宗庙之美，百官之富，得其门者或寡矣）。故台、日善知识再恳祈留台，先大人固辞。逾年返川，回盐亭原籍竞选国大代表，志在宏扬佛法。落选后，遂留成都，主导维摩精舍如故。

一九四九年前，先大人常往来于内江、重庆、潼南、盐亭、中江各地，任众参叩，敷演大乘。觉者都合十而相庆曰："幸运，幸运，得遇正法眼藏！"一九四九年后，家居休养，嗜道者亦每往参谒，接渡如常。一九六六年，"文化大革命"初起，溘然圆寂。享年八十。

先大人常写日记，累数百册，颇富懿言嘉行及史料。又作诗、文、词、偈及联千百章，都在"文化大革命"中散失。《维摩精舍丛书》第一函雕板亦毁，第二函未及汇刻亦毁。现尚保存者，仅《心经三讲》《通禅与王恩洋》《东方学术之函讨》《说庄子齐物论》四部而已。

嗣女　袁淑平沐手拜撰
夏历岁次癸未年端午吉日

上篇

維摩精舍叢書第一函 商衍鎏題

《维摩精舍丛书》
都序

言者，心之声，根于心，发于口。《说文》："直言曰言。"盖通彼我，决是非，破立而不可逾之的向矣。元始浑噩，善恶未形，是非宁判？后代鸱张，雌黄信口，黑白乃淆。于是天下昏昏，黯然失均也。圣人者出，设为教论，依言显理，即理诠真。苟至于真，一已不寓，本无的义，宁有言章？孔子曰"予欲无言"，老子曰"大音希声"，"无为而民自化"，迦文曰："不可说，不可说。"是三大人者，皆不欲言也。不欲言而炎炎，而渊渊，而河悬，讵得已哉？必有所式矣。当我土有周之季，人心险峨，邪说横流。老子为关尹喜说《道德》五千言。孔子自卫反鲁，乃删《诗》《书》，定《礼》《乐》，赞《周易》，修《春秋》。竺土之婆罗门、拜火等教，亦于彼时，各肆其说，淆紊真宗。迦文乃宏宣大法，教阐一音。孟子惧杨墨之言盈天下，而是非失轨，大道不明也，其说曰："天下之言不归杨则归墨。杨氏为我，是无君也。墨氏兼爱，是无父也。无父无君,是禽兽也。"又曰:"予岂好辩哉?予不得已也。"古圣哲述道振宗,拈提策众,津津焉,谆谆焉。驯至詈骂而声嘶力竭者,良有以矣。

乃者大寝稽天,莘莘学子,不困旧说,便衒新章,释孔之心灯未然,老庄之妙义无续。治儒者,斥道辟释,谓攻异端。道家者流,以老庄为神化,而释孔俱不入焉。至于释子,概斥他宗,诋为魔外,而于自乘且亦互讥。讵知诸法本乎一心,三教理无二致?若曰此优,是取实际理地必立一尘;必曰彼劣,是舍万行门中当少一法。庸讵知儒曰精一,道曰玄宰,释曰真如,一名异名,假名耳。昧者妄标门户,自诩精深,是非倒置,去取乃乖,方以吾土春秋战国时,竺土婆罗门、拜火等教炽盛时,殆有过之而无不及。此吾师盐亭袁夫子焕仙,出世维摩精舍,提持宗旨,敷演上乘,辟邪说而大声疾呼者矣。

夫子以天纵之资,邃博之学,名儒而循吏,历膺军政显职者数十年,潜心内籍,栖志心宗者亦数十年,抵老,豁然发明大事。讵曰警语闻于楼中,扇摇契于江外?抑亦睹明星以悟道,见拈花而破颜者矣。悲大道之胥沦,四生之颠沛,乃毅然弃轩冕,舍山林,远肥膏,杂尘习,思以如来家业,孔老薪传,立己立人而及国家天下也。时孔则孔,宜禅曰禅,有时以佛入孔,以老入禅;有时以禅入老,以孔入佛;有时以孔入佛老,有时以佛老入孔;有时孔老佛俱入而俱不入,有时孔老佛俱不入而俱入。音翻海浪,语吐珠圆,随感赴机,因材鸣铎。

于初学入德之无从也,为说《黄叶闲谭》以阶之。惧半途而摇心岐路也，为说《榴窗随判》以迪之。或偏滞而执胜义之可循也，为说《中庸胜唱》以汇通之。他如《灵岩语屑》中，诗歌、联偈、剧曲、杂章，无不高提祖印，醒赴来机。至于《酬语》，则世法佛法，胜法劣法，是法非法，世出世间等一切种法，靡不悉具，而要归于第一义谛以统摄之。无一而非孔老释氏之名言，无一而是孔老释氏之成言。以水入水，因言遣言，此千圣立教之通径，非夫子一己之私言也。故释字随心，不仅汉学家之训诂；于文随意，非袭司马氏之成规；诱掖魔外，如父母之于爱子，严而不刻；拈诵古今，若日月之丽中天，明无不周。懋矣都哉！人百其口，讵能仰赞？

心言等私淑门墙，得闻胜义，于丛书刊行之始，特揭橥其著者。文何称焉？学者苟人手一篇，以蕲开契。挽既倒之狂澜，明千圣之宗旨，固夫子之志也。若私镂，若墨守，斤斤焉于言前句外字里行间者，讵曰道负夫子，抑已活埋自己矣。邦之君子，曷兴乎来！

一九四四年十月
门人内江伍心言、盐亭范仲纯谨序

告读者

肇圃曰：《维摩精舍丛书》初函既梓，内水伍先生心言、盐亭仲纯范子为之都序，揭全书之宗旨，示学者之的趋。都哉！都哉！括而囊之，抑已罄矣。然其言浑，其义微。而是函五集，洋洋十数万言，读者乍即，皎如百千明镜鉴物，光光显色，色色透圆，摇目惊心，应接有如山阴道上，即之不可，离则非亲，于是望洋兴叹，遂弃残笥，而废自半途矣。爰揭如左三事，指其窾窍，学者苟尝一脔，全鼎自知，所谓纲举而目张者也。

一、不猎繁。一语亡言，当下知返，苟得是篇只字半偈，皆可发明大事，了澈心宗。古德曰："穷诸玄辩，如一毫置于太虚；绝世枢机，似一滴投于巨壑。"繁云乎哉？

二、不取简。孤陋寡闻，君子所戒。若有所取，即有所去，去取交违，窠臼俨然，益自远道，况简而无文，必非胜进。

三、不舍信。一切种法，君子胜行，非信不寓，故曰："一入信门，便登祖位。"苟于是籍，随手一章，随拾一言，朝斯夕斯，所作必办。

　　再，诸方闻有此辑，欲先读者，以书来索，日或数函，同人乃仓卒付梓，检校之疏，误漏之甚，或多多也。渴望仁者阅此辑已，纠其谬误，指而告之，示寄"成都提督东街维摩精舍刻经处"，则至感矣。

门人潼南田肇圃敬告

一九四四年十月

榴窗随判

盐亭袁焕仙先生　口授
门人　果州徐剑秋　编撰　　内江伍所南　编撰
　　　潼南田肇圃　编撰
　　　盐亭范天笃　记事　　广汉杨光岱　记事
　　　潼南傅仲穆　记言　　盐亭王乃鹤　记言
　　　乐清南怀瑾　校讹　　峨山大坪释通宽　校讹
　　　西充杨介眉　校讹　　华阳吕寒潭　校讹
　　　隆昌饶盛华　缮稿

維摩精舍叢書之一

榴窗隨判

天畺署

引言

　　引曰：维摩精舍第一次行七竟，中华民国三十二年秋之季矣。而榴一蒂三花，红透窗牖。诸德祥之，走而语乃鹤、肇圃等曰："此多子之预应也，瑞当法嗣遍寰宇。"住持僧海满亦曰："是树也，植而越十寒暑，未含一蕊。"彼时四众，僧之俗之，老之幼之，女之男之，或坐，或立，或笑语，或庄词，或默计，无不津津焉，艳称而畅道曰："希有哉！得未曾睹也。"乃鹤、肇圃适辑先生判诸方问难十七篇成，夫篇固不仅十七也，而竟以十七成辑者，盖节要断时耳。因请名，会兹希有，并以此帙交闻先生。先生不顾，且曰："草木之变亦恒常耳，乌足异，乌足异！"而诸子及乃鹤、肇圃等，请名此帙，固未已也，先生乃不答。或者曰："是名也，曰《榴窗随判》如何？"声未歇，潼南傅先生真吾曰："善！"众曰："甚善，甚善！"先生复无语。于是以此帙梓而飨诸同仁。将曰一蒂三花，一花五叶，而花花相印，叶叶交扶，叶绿花红，花红叶绿，红红绿绿，绿绿红红，尽未来际而无穷也邪！

门人王乃鹤、田肇圃同序于锦城
提督东街三义庙维摩精舍北轩
一九四三年冬月十三日

一、判名

问曰:"梵语禅那,此云静虑。是禅宗者,同此禅邪?异此禅邪?若言同,则此禅者,义仅六度之一,而是禅宗妙该万有之全;若言异,诸名实多,何独袭此而不他名?"

判曰:"如此昧心乱统,成何矩范?"

进云:"理以究而明,何得厚诬学人乱统?事以激而大,不合深斥吾侪逾行。"

曰:"狮子扑人,韩卢趁块,转解而缚转坚,转辩而义转渊。禅宗之禅,与六度中位当第五之禅,是同是异,且搁不论,无容深研。即今问话者与未问话者,是同是异,试道一句看!若道得,许汝拈头作尾,以实为虚,把逆作顺,以佛为魔,踏毗卢顶上行,从绿荫丛里过;若道不得,乌得不云乱统?云何不是逾行?"

进云:"昔圭峰云,欣上厌下而修者,外道禅;正信因果、不舍欣厌而修者,凡夫禅;悟我空偏真之理而修者,小乘禅;悟我法二空所显真理而修者，大乘禅；若顿悟自心，本来清净，原无烦恼，无漏智性，本自具足，此心即佛，毕竟无异，依此而修者，是最上乘禅，亦名一行三昧，一名真如三昧。达摩门下展转相传者，此禅也。又判云，达摩未到此土，古来所解皆前四禅。诸高僧修之，都得功用。即南岳天台，依三谛之理，立三止三观，教义虽极圆妙，然其趣入门户次第，亦只前之诸禅行相。唯达摩所传者，顿同佛体，迥异诸门云云。又检曰，宗习者得则成圣，疾证菩提；失则成邪，速入涂炭。先祖革昧防失，故且人传一人，后代已有所凭，爰任千灯千照。等如是说，彼且云云，何得厚诬学人乱统，深斥吾侪逾行？"

先生曰："咄！如此恶口，何有吾宗！"于是凝然据座。进无语。

久之，曰："会么？"

进云："不会。"

乃曰："于此会去，尚云落二落三，矧此不荐，敢云胜行？既非胜行，即是乱统。既是乱统，何行不逾？"

进语阻气抑，礼求朗示。

先生曰："此事人人具足，一切圆成。然未证据者，才涉思维，遂尔白云万里，矧乃逐末迷本，妄计黑白，横生异同耶。如此行心，何年乃彻？讵知诸名无常，皆依假立。必究名相，圭峰既以剖析，胡劳嗜痴？且一切唯心，何缘去取？极其至，法尔如幻，心亦强名。明知幻法，横课长短，妄立自他，云乎不碍？证此，不但圭峰所谓之五种禅为无疾而呻，而临济三玄、曹洞五位、沩仰九十六圆相、法眼六相、云门三关、天龙一指，何一而非门庭设施、一期方便？宁有实法欤？不仅此也，三藏十二部、三世诸佛教、一切贤圣言，悉是应病与药、黄叶止啼。当人当下明心，一切现成，理事皆足，所谓尝鼎一脔，余旨可知。若不尔者，任汝多闻达古今，总是痴狂外边走也。

"至云得则成圣，疾证菩提；失则成邪，速入涂炭，尤为权语。何也？得本无圣，何有菩提可证？一物也无，失从何失？既无有失，云何成邪？既无有邪，入何涂炭？若曰人传一人，是有法可授也，至于千灯千照，亦属法尔如然。当人不检己阙，惟求他珍，说云趁块，不其然乎？扑人狮子，固不尔矣。明此，开一禅门为八万四千禅门，尘尘尔、刹刹尔、法法尔，滴滴显慈仁之沛；以八万四千禅门入一禅门，圆圆透法尔之全。若以理求，若以事得，若以声音相貌判，白云万里。"

进云："余即不问，如何是白云万里？"

先生曰："日暮数峰青欲染，舟人说是汝州山。"

二、判净宗七问

问曰:"禅宗、净土,是一是二?学人进业,何去何从?永明寿《四料拣》曰:'有禅有净土,犹如戴角虎,现世为人师,来生作佛祖。'次曰:'有禅无净土,十人九错路,阴境忽现前,瞥尔随他去。'三曰:'无禅有净土,万修万人去,但得见弥陀,何愁不开悟?'四曰:'无禅无净土,铁床并铜柱,百劫与千生,没个人依怙。'云云。四偈出已,一时净宗风尚,禅席衰落。彼永明者,方便言耶?如实谈耶?愿垂明示。"

判曰:"狮子扑人,韩卢趁块,转解而缚转坚,转辩而义转渊。当人但自明心,何土非净?何净非禅?何禅非心?何心非自?自心既彻,何事不照?何义不通?为二为一,何去何从,不着问人,洞如观火。若不尔者,总为趁块韩卢,决非扑人狮子。所谓剑过已远而犹刻舟也,讵不悲乎?彼《四料拣》者,一期方便,捏怪空拳,原无实法,宁有是处?

"必曰'有禅有净土,犹如带角虎,现世为人师,来生作佛祖'。然则禅、净二也?不然,云何双举?讵知非禅不净,非净不禅;禅即净,净即禅,名固不一,体宁有二?若体二者,则二法也,岂圣人之道欤?故曰:唯此一事实,余二则非真。惟不二也,能净即禅,以治净宗,言花开见佛,佛即禅、禅即佛也。惟非一也,能禅即净,以治禅宗,说见性成佛,佛即净、净即佛也。宁舍禅净外而别有他佛他祖耶?今曰有禅有净土,当下即已作佛作祖,何必来生?既作佛已,何用不京?讵以虎而戴角能喻其锐哉?今既如是净论,如是驰求,何曾梦见有禅有净土来?故曰趁块韩卢,决非扑人狮子。至于有禅无净土、无禅有净土、无禅无净土,皆如上判,以例而悉,固非一隅反三,今不赘。盖先圣为初机开一方便入德之门耳。"

又问曰:"治净宗者,口持佛号,得佛加被。如是履行,不但专工己有,力且借他,自他共披,举必易擎。彼禅宗者,呵佛骂祖,力专在自,纵饶有入,其力难充。当否?祈示。"

判曰:"皮不存,毛安附?自不立,他何为?俗谛犹然,况踏毗卢顶上行耶?须知才起借他之念,便落怠倚之行。大丈夫儿一闻便信,一信便行,一行便深,一深便横超直出,魔来斩魔,佛来杀佛。觅自己无,何有于他?况借力耶?力必待借而充,其充也,因他而充,何充于自?自既不充,何贵此充?若然,他生于自,非自无他,自他两忘,力在何处?道来!道来!必曰念佛则佛加被,不念则佛不加被,是等佛如贪吏,飨则福淫,不供而祸善也,宁有是处!况佛喻如镜,胡来照胡,汉来照汉,理无去取,宁有是非!若礼则照,不礼则不照,是镜也,异也!妖矣!佛云乎哉?咄!真小儿女语,非大丈夫言。"

又问曰:"净宗九品三阶,如实而行,事非立异,学子易趋。禅宗一物也无,遍含空有,行人难即。"

判曰:"咄!一翳在目,空花乱飞。汝既异也,而犹异人。异哉,异哉!咄也,咄也!九品三阶,因机而立,且在彼土,汝尚在此,而未到彼,从何曰确?若必曰确,实因他确,倘不因他,汝从何确?确因于他,自且不知,亦云异也,宁曰异人?况彼土当此土西,远隔十亿万佛土,汝以肉眼云何能见?未见云见,不亦异乎?又彼佛报身,白毫婉转五须弥,绀目澄清四大海。当人不但身未亲临,目未亲睹,饶汝亲临亲睹,毕汝百年寿命尚不能游遍一目,况其余耶?此不自异而独异人,不更异乎?

"吾宗一物也无,遍含空有,尘尘刹刹,无不毕现。他不远言,即以汝例,汝此身者,为有为无?若是有者,除却四大,身从何身?若曰四大即身,四大本四,云何是身?若是身者,何云四大?故不可言有也。若实无者,则此色身,明明是有,何得灭有言空,析有为空?故不可言无也。然立有时,有非实有,因无而有,故曰一物也无;立无时,无非实无,因有而无,故曰遍含诸有。物物尘尘,无不焕然等现,一派圆成。汝犹异之,真趁块韩卢,而非扑人狮子也。孰易孰难,当人自检,自检。"

又问曰:"净宗持一佛号,临命终时,乘彼佛号,即得往生。彼禅宗者,一无所系,不待命终,即今现在,何所执持?既无执持,主人何在?既无主人,生死何了?祈示。"

判曰:"乘一佛号而往生,固也。汝亦知乎?吾宗者不往即生耶。不然'十世古今，始终不离于当念；无边刹境，自他不隔于毫端'谬也。无边刹境，自他既不隔于毫端，然则往，往何往？十世古今，始终既不离于当念，然则生，生何生？古有尊宿于此拈云，生则决定生，往则实不往。又一尊宿曰，往则决定往，生则实不生。不快漆桶，何曾梦见？妄毁上乘，业堕无间，悲乎，悲乎！向汝道，一物也无！

"汝云执持，执持何物？苟有执持，岂无为法哉？一大藏教，演绎则万流竞秀，归纳则人法无我。既无人法，谁受执持？既无有受，谁为执持？若曰主人，谁为客子？谁生，谁死？谁了，谁不了？不快漆桶，试道一句看？"

又问曰："一持佛号，一参话头，为一为二？若云一者，多此一法；若云二者，佛法有二。既有此法，何法为优？若等优者，究以何从？祈示。"

判曰："众生舍本逐末，背觉合尘，虚萦死生，轮回六趣。先圣哀之，为设疑、信二门。但臻于至，一也不有，云何曰二？若不尔者，万别千差，讵曰一乎？疑者疑此一事实，信者信此一事实。疑极而信，实信则一物也无，信岂能寓？信生而疑，正疑则纤毫不立，疑讵能居？疑、信焕然，法尔如幻，故曰：惟此一事实，余二则非真。持佛号者贵乎信，参话头者重在疑，当人明此，自合开口大笑也，宁问人乎？"

又问曰："比来行人佥曰，千稳万稳，不如一句佛号为稳；说禅说道，总无把握。故昔在宗下参究数十年者，毫无入处，今改入净，似尚有力。若曰禅宗为优，或等优者，此云如何？乞示。"

判曰："咄！如此自欺欺人，成何矩范？何为净土，何为禅宗，上已具言。非禅不净，非净不禅。彼在宗下无有入处，而于净土为有力得，是大诳语，是大偷心，是大自欺！何也？如饥人食饭，食此饭饱，必知食彼饭亦饱，盖等一饭也。如不知彼饭能饱，决未饱食此饭。不待智者而知，虽愚夫亦显。故曰：作是说者，是大诳语、大偷心、大自欺，穷劫不能生净土也。经曰'不可以少福德因缘而生彼土'者，盖为此辈痛下一拶矣。又，若一日，若二日，乃至七日，一心不乱，定获往生。经垂朗示，试问漆桶，汝能一日或一时一心不乱否？如能，以七日较之，为程尚远，况不能耶？讵知吾宗，一念明心便同本得，本得者，明心也。心即佛，佛即心，是当人当下即已成佛，稳欤？非欤？说净说秽，说生说不生，皆权语也。诗曰：等闲识得东风面，万紫千红总是春。不快漆桶，又何曾梦见东风一面耶？咄！趁块韩卢，远非扑人狮子。"

进云："然则净宗劣而禅宗优也。"

曰："否，否！华严海众，犹归净土；文殊大智，不舍极乐；龙树妙阐入德之程，远公创结莲社之雅，云胡不令？若曰劣则总劣，若曰优则总优。何也？流水不曾怀昨日，桃花依旧到春时。"

三、判禅密简繁

问曰："密乘建立生起、圆满二种次第。生起属外，圆满属内。外成就已，乃及于内。灌顶加持，三业相应，事理交彻，允称希有。治其道者，颇议禅宗过于简易，摄机不广，又自诩言，于彼宗者，即身成佛。宗门下客，亦自况曰，何须即身，当下明心，立地成佛。二者交诩，孰优孰劣？"

判曰："狮子扑人，韩卢趁块，转解而缚转坚，转辩而义转渊。当人当下把自己脚跟下一段风流大事了彻，三藏十二都成废话，曰显曰密，真可笑也。如不尔者，称郑称扬，悉属外求；说凡说圣，总是内觅。谓余不信，腊月三十到来，任汝说显说密，说圣说凡，阎王老子都不放你过的。所以说，读破四韦驮而不免生死。拙哉！你看他铁练锁虚空的朋友，是何等光昌，何等气象！彼丈夫兮我丈夫，不于此痛下一锥，空号须眉，枉称汉子！

"本无内外，何法诠为生起属外、圆满属内？本自具足，一切圆成。成，成何事？就，就何法？若有成就，即有增减。既有增减，即非无为。既非无为，云胡说云：灵光独耀，迥脱根尘？至云灌顶加持，亦是依他；三业相应，悉为幻影。当人果能于此一觑觑破，无事不通，无理不彻，所谓头头上显，物物上明。至哉扑人狮子，讵曰趁块韩卢！说云允称希有，固不在彼而在此。所谓猿抱子归青嶂里，鸟衔花落碧岩前。不着问人，当人如观掌果，如察指纹也。

"若曰禅宗简易，摄机不广，且自诩云即生成佛，尤为戏论。讵知是法平等，本无短长，何有繁简？必诩自繁，既曰自繁，何曾梦见实际理地不存一物？彼必又曰本来无物，故修多罗曰实无所得。然此无得，至玄至幽，学人机浅，如何凑泊？必预有而后及无，必先繁而后涉简。若不尔者，三藏十二虚构也。诚然，诚然，虚构，虚构。三藏十二，句句彻，语语明，都教汝不他求，不立异，不炫奇，直上归家道路。归家道路者，诸行无常，一切空也。既云无常，既曰一切空，谁教汝把三藏十二蕴在胸中，荷在肩上，如龟负壳？宁有超世圣人指令穷子还家，而令其肩荷逆旅、心蕴路程乎？况简莫简于禅宗，繁莫繁于禅宗，是禅宗者，恰恰又不在你简里繁里，不简不繁亦简亦繁里，何也？一喝而该万有之全，彼生、圆二次第，一切诸种法，不离万有，云何不该？非仅此也，彼宗只该生圆二次第、一切诸种法，而不该无生圆二次第、一切诸种法。禅宗一喝，有无不驭，无法不该。若曰摄机，何广何不广？昧者且明，何容赘说？此言繁也，若以简言，临济三顿棒，天龙一指禅，踏翻溺器，蹴破脚头，所谓一物也无，而无亦无，遑论乎溪深每长于杓柄耶？

"至云即生成佛,实为一期方便语,黄叶止儿啼。众生本来即佛,佛即众生,无欠无余,不二不一,如何以佛更成于佛?若以佛成佛,是头上加头也,可乎?可乎?惟众生本来即佛,众生不荐,达者能仁指令见耳。若曰有佛可成,且不论乎即生不即生,许汝穷劫不能成佛,何也?邪见也,头上安头,南辕而北辙矣!若禅宗者,佛之一字,雅不欲闻。成与不成,悉为戏论;当下明心,亦权语也,况余乎?"

进云:"然则禅宗、密乘为二,优劣丕显也。"

曰:"否!否!禅者密之禅,密者禅之密。苟至于极,何密非禅?不驭乎道,何禅非密?所谓到家皆亲,于途总别也。昔一尊宿问一尊宿曰:'如何是世尊有密语,迦叶不覆藏?'宿曰:'汝会,则迦叶不覆藏;不会,则世尊有密语。'何为禅?何为密?何为一?何为二?何为优?何为劣?道来,道来!分明一片闲田地,过去过来问主人。咄!蠢哉!"

四、判唯识言有、中观说空

问曰："中观、唯识，两学巍然。治中观者，谓唯识家立胜义为有，外境为无，是遮境存心，犹羁法执。治唯识家，谓中观学者立胜义为无，破斥种子，有坏缘生。空有互争，议论千载。今以此判，何去何从？"

判曰："狮子扑人，韩卢趁块，转解而缚转坚，转辩而义转渊。当下明心，万事了毕。说有说无，一行总愆。讵知有非是有，因无故有；无非是无，因有故无。有无不驭，去取何居？若曰立有时纤忽不寓，立无时遍界不藏，所谓不有而有，不无而无，有即是无，无即是有，都是虚声，悉为谤论。何也？二法也，不明心矣。明心之士，决不如然，卓焉扑人狮子，迥非趁块韩卢。当下识得自心，一切皆为賸语，何暇与人说无说有、说去说从耶？必曰遮境存心为羁法执，是诠执为劣法也。然则一诺而终身不逾，一行而万邦足式，乃至释迦四十九年唯说此一事实，执乎？非乎？

"又，戒、定、慧三学，今昔艳称人口，初机入德要途。戒则守而不逾，定曰心一境性，慧则寂而常照。若以执为劣法，是戒不守、定不一，而慧则照而不常寂也，可乎？可乎？讵知非心不问境，非境不名心。此心即境，何境可遮？此境即心，既云境无，何心可有？既无有心，何法为执？此无论也，心境双忘，复是何物？道来，道来！

"必曰'胜义为无，破斥种子，有坏缘生'，此亦诤语，非是，何也？既云无也，而言此胜义为无者，为有耶？为无耶？不待筮龟，不着问人，当人自悉也。讵知种子缘生，当体即无？若实有者，种从何生？缘从何会？种既不生，云何说云种子？缘既不会，何法诠为缘生？昧者执而不察，是不待他破而自已预破也。讵不冤乎？此法既明，法尔如幻安立，因果井然为章，乃知无始至今，生则幻生，灭则幻灭，唯当人脚根下一段无阴阳土，亘古至今，不曾移异一丝忽头。修多罗颂曰：法身遍满于法界，普现一切众生前。随缘赴感靡不周，而恒处此菩提座。

"总如是说，唯识详有，中观言空，皆一期方便语，接引初机谈，都无实义，宁有轻轩？须知惟此一事实，余二则非真。治唯识者必曰胜义有，治中观者必曰胜义无，有无互攻，遂为道病，讵曰法执，且亦见邪。"

进云："无着、天亲，义阐妙有之全；龙树、提婆，法显真空之胜。今曰执法，又曰见邪，无乃毁灭先圣，自是非他欤？"

先生曰："咄！如我说者为正说，非我说者为魔说，谁管自是或不是，他非或不非；甚么先圣、后圣、无着、天亲、龙树、提婆等,一切冗词废语,即使弥勒到来,亦须痛摒异域;文殊临此,自合远贬殊方。为何如此?"

先生以目顾视大众,良久,乃曰:"古德云:我王库内,无如是刀。"

进云:"毕竟一句,作如何判?"

先生曰:"两个驼子相逢,说世上而今无直人。"

五、判一悟顿超三大阿僧祇劫

问曰:"顿悟成佛,又云一悟便至佛地。大违教言,何有是处?资粮加行,依次渐修,一大阿僧祇劫,乃得见道,顿断分别。一至七地,依次渐修,一大阿僧祇劫,登第八不动地,顿断执藏。八地至十,依次渐修,一大阿僧祇劫,得金刚喻定,顿断随眠。今言顿悟即超彼劫,如是长时,何能一悟便超?无始习气,何能一悟顿断?若能超,则坏时;若能断,则坏事。祈示。"

判曰:"狮子扑人,韩卢趁块,转解而缚转坚,转辩而义转渊。当人果团地一下摸着自家鼻孔,哪有如许之绕来?今既不尔,辩亦徒劳。汝知顿悟成佛,一悟即至佛地,讵知吾宗,不悟已成,本来即在佛地乎!不然,众生已成佛竟之伟论,谬也。《圆觉经》云:一切众生皆证如来圆觉。《维摩诘经》云:不舍受蕴而取证。亦谬也,可乎?可乎?众生既已成佛竟,既已证如来圆觉,既已不舍受蕴而取证,认何为时?认何为事?认何为烦恼习气?既无时,既无事,既无烦恼习气,超,超何时?断,断何习?今既有超有断,正是有作有为,何曾梦见已成佛竟、已证如来圆觉、不舍受蕴而取证耶?向居士曰:除烦恼而趣菩提,喻去形而觅影;离众生而希佛果,若求响而默声。咄哉!向汝道,狮子扑人,韩卢趁块。

"又,既不得囮地一下摸着自家鼻孔,必昌言修行,肆说胜义。于是离声色著声色,离名字著名字,所以无想天人,修经八万大劫,一朝退堕,诸事俨然。盖未得囮地一下,而不知根本真实也。于焉次第修行,三生六十劫,四生一百劫,如是直到三祇果满,他古人犹道,不如一念缘起无生,超彼三乘权学等见。故曰,弹指圆成八万门,刹那灭却三祇劫也。等如上说,孰为坏时?孰为坏事?道来,道来!"

进云:"如说,上根利器之行,初机必不能荐。不然,三乘之说谬也,初中后善扬死法也。"

曰:"否,否!是法平等,本无高下,宁有初中?悟则顿悟,虽愚亦能悟;迷则总迷,虽智亦时迷。迷悟名言,相对而立。今不迷,悟何寓?上智下愚,依悟而有。觅悟若无,彼上下者,从何而建?既不能建,孰为上根?孰为下劣?道来,道来!须知悟则下愚即上智,不悟则上智即下愚。倘不于斯一觑觑破,任汝说得一大藏教,总为戏论!

"必曰有分别、有执藏、有随眠诸烦恼可断,然则无始劫来,一切分别、一切执藏、一切随眠诸种烦恼,讵汝三大阿僧祇劫,能遽然顿断耶?三大阿僧祇劫,以时言,诚久矣。然以例乎无始大劫，则又太仓之一粟耳。彼一粟能敌太仓，此一悟而等阿僧祇，又乌乎其不可？况当人自无始迄今，头出头没，历劫回向，不知经历若干阿僧祇劫，始有此悟。只以步前忘后，昧于进程，遂尔不自疾迟而反病速，亦可哂也。若然，是则总是，非则总非，彼乌得是彼三大阿僧祇劫而非此一悟耶？既是此三大阿僧祇劫而非此一悟，又谁为坏时？谁为坏事？不待龟卜数计，烛照而知也。

"又，烦恼云断，然则果有能断、所断耶？若有能、所，谁当能、所？若无能、所，云何曰断？讵知作众生者，烦恼习气也；作佛、作祖、作菩萨者，亦烦恼习气也。断烦恼习气，即是杀烦恼习气；杀烦恼习气，即是杀佛、杀祖、杀菩萨、杀众生。三藏十二分教，明明叫汝学佛、学祖、学菩萨、度众生，谁叫汝杀佛、杀祖、杀菩萨、杀众生？非仅此也，古人喻为牧牛，今曰断，是不牧牛而杀牛也，不亦大可笑乎？"

进云："然则毕竟一句，究作何判？"

先生曰："野水影残晴树后，家书正写夜灯前。"

六、判三十二相及悟后起修等

问曰："一悟即至佛地，理上耶？事上耶？若理，则空头衔耳，何贵有此一佛？若事，则三十二相、八十种好、百千三昧、无量功德、自土他土、一切种土，一时具耶？贪嗔痴等，一时尽耶？或悟后起修，如修多罗云：理缘顿悟，乘悟并消；事须渐除，因次第尽耶？若次第者，何云顿悟？祈示。"

判曰："狮子扑人，韩卢趁块，转解而缚转坚，转辩而义转渊。当人当下识取自心，认取自己，是佛非佛，如理而知，如实而知，决不驰求；说理说事，总是外觅。讵知非理不事，非事不理，宁有舍事而别有一理，亦舍理而别有一事耶？至三十二相、一切种土等，随身玩具，更不足齿。何也？当人只愁不作国王，岂愁作国王而无饭啖乎？一悟喻国王，饭喻三十二相等。古德曰，只愁不作佛，不愁佛不解语，良有以也。又，贪等本空，尽从何尽？理顿悟，事渐除，一期权语也，讵实法哉？"

进云："云何说为随身玩具？学人不了，请为详示。"

先生曰："必曰三十二相、八十种好，为果乘之极，然则转轮圣王即佛也；转轮圣王即佛，是佛可修而得。佛既属修，有修必有坏。既坏也，何名曰佛？若佛有坏，何贵此佛？讵知是相也，垢腻之衣矣。但得本，一切具足。是衣者，用亦得，不用亦得，用不用皆得。何也？王登宝殿，野老讴歌。所谓自南自北，自西自东，无斯不服。当人若非亲证，何能邃了？汝穷子也，自未作王，而谓王亦穷子，讵不冤乎？王如上喻。明此，曰百千三昧，曰无量功德，曰自土他土，三十二相、八十种好等，不用他求，悉在当人口里。"

进云："如何悉在学人口里？"

曰："塞却汝口，免汝乱统。"

"至以'理缘顿悟，乘悟并消；事须渐除，因次第尽'为实法者，为悟后起修者，尤可笑矣。何也？不检方便，不计权实，恣情趁块也。余不及，我切切实实问汝：释迦老子在菩提树下睹明星而悟道后，消，消个什么？除，除个什么？修，修个什么？尽，又尽个什么？而证，又证个什么？好看，好看！此是第一彻头。"

"然则果无修无证乎？"

曰："否，否！这些好处，他人言之不及，自检乃亲。若言修证是妄语，若言不修证是妄语，若言修证即不修证、不修证即修证，亦是大妄语。须知他得了的人，任么亦得，不任么亦得，任么不任么总得。中书堂的事，非十字街头贩夫走卒所能知得底。"

进云:"然则最亲一句,毕竟如何?"

久之,先生曰:"向汝道:向来枉费推移力,此日中流自在行。"

七、判三关

问曰:"宗下悟程,初关、重关、牢关等说,竞炫人口,是欤?非欤?若是,与教下三顿之说何异?若非,说三关者妄邪?盲耶?愿垂明示。"

判曰:"狮子扑人,韩卢趁块。一物也无,云何曰三?又,既曰宗下,自当远异乎教,若不尔者,何分宗、教?必以教下三顿之说,而与宗下三关,判异判同,以何为平?纵得其平,与汝身心有何饶益?咄!向汝道:转解而缚转坚,转辩而义转渊。此是什么所在,说宗说教,说是说非,说异说同?道来,道来!

"宗者,释迦老子睹明星而悟此一着子时之诠语也;教者,以此一着子而教人,令六道四生,同证此一着也。讵有他义、奇义哉!若然,宗者,教之宗;教者,宗之教。前已明判,体固非二,用实不一也。用既不一,无论何宗何教,都以扶起破沙垆,使当人把自己足根下一段风流韵事,透顶透底,了了彻彻,为唯一职责。果能了彻,不但分宗下教下、三顿三关,不是衍文,不是骈枝，即曰宗上教上、千顿千关，亦非游词。何也？唯此一事矣。不然，任汝多闻达古今，总是数人珍宝。

"况三关者，一期方便语。实际理地，不立一尘，宁有三乎？雍正曰：不挂一丝，前后际断，曰初关；山者山，河者河，色声香味触法尽是本分，无一物非我身，无一物是我己，色空无碍，获大自在，曰重关；家舍即在途中，途中即在家舍，行斯住斯，体斯用斯，如是惺惺行履，无明执着自然消落，曰末后一关。末后一关者，今人说为牢关也。等如是说，概属诽语邪词，悉为谤论戏法。至云人人皆有生缘，我手何似佛手？我脚何似驴脚？当彼宋时，天下目为三关者也。而黄龙慧南者，又何曾自诠曰：我此语句，为彼三关，或非彼三关耶？圆悟勤曰：渠侬无背面，一镞破三关。大慧杲曰：一镞破三关，分明箭后路。不快漆桶，三关之说，会来，会来！

"当人不检己阙，不迈进程，不抖擞精神透关，日与关吏盘桓，关河邂逅。曰初关，曰重关，曰末后牢关，任汝说尽千关万关，总是说食不饱，何如亲透一关？望前路之悠悠，藐己躬之孑孑。春风秋月，遂尔等闲而过，放荡天涯，何年返屋？咄！如是昧行，向外咨逞，不曰己妄己盲，而曰人盲人妄者，何欤？诗曰：蝴蝶梦中家万里，杜鹃枝上月三更。甚可怀也！"

八、判五家宗旨、临济三玄等

问曰："临济三玄、曹洞五位、沩仰九十六圆相、法眼六相、云门顾鉴咦等，为宗旨耶？门庭设施耶？有法可授耶？乞示。"

判曰："狮子扑人，韩卢趁块，转解而缚转坚，转辩而义转渊。当人倘明得自己，什么临济三玄、曹洞五位、沩仰九十六圆相、法眼六相、云门顾鉴咦等，什么宗旨，什么门庭设施，什么有法可授、无法可授，都为净语。何也？眼若不寐，诸梦自除；心若不异，万法一如。必曰有宗旨可授，我且问汝，三世诸佛究以何者为宗？何者为旨？必曰有门庭可设施，我又问汝，门庭又门庭个什么？设施又设施个什么？余姑不论，即以五宗言，宗苟有五，而宗旨亦有五也，岂事理哉？讵知五宗所明，同此一事，此一事为何事？当人脚根下一段风流韵事。故雍正曰：五宗所明者，同是大圆觉性矣。大圆觉性亦是假名。至于门庭设施，则又诠曰：古人专为剿情绝见，惟恐一门路熟，又复情见炽然，是以别出一番手眼，使人悟取。彼雍正者，造诣固不足称，然拈此处亦有可取。况一切种法,原为黄叶止儿啼耶!必曰无宗旨可授,无门庭可设施,亦是大病。何也?春夏秋冬,无情者犹章及时;藏通别圆,演教者皆成妙谛。今曰无,可乎?必曰无,何曾梦见是法?何曾属有无?用时便用,无文字欤!"

进云:"如是尚矣!沩仰、曹洞、云门、法眼,今且暂搁。临济云:大凡演唱宗乘,一句中须具三玄门,一玄门中须具三要义,一要义中有权有实、有照有用。汝等诸人作么生会?是如实语欤?非如实语欤?若非,彼临济者,千古楷模,一代宗匠,宁以非法而示行人、章后世乎?若是,则是三玄三要者,义当何诠?又,彼果非也,汾阳昭曰:先圣云:一句语须具三玄,一玄中须具三要。阿!哪个是三玄三要的句?快会取好!何欤?又云:还有商量者么?有即出来。时有僧出而问曰:如何是接初机的句?答曰:汝是行脚僧。又问:如何是辨衲僧的句?答曰:西方日出卯。又问:如何是行正令的句?答曰:千里特来呈对面。又问:如何是立乾坤的句?答曰:北俱卢洲长粳米,食者无忧亦无喜。昭复曰:只将此四转语验天下衲僧,才见汝来便验得也。僧又问曰:如何是学人着力处?答曰:嘉州打大象。问:如何是学人转身处?答曰:陕府灌铁牛。问:如何是学人亲切处?答曰:西河弄师子。昭又曰:若人会此三句,已办三玄。更有三要语在,切当荐取,不是等闲。因颂曰'三玄三要事难分,得意忘言道易亲。一句明明该万象,重阳九日菊花新'者,又何欤?又,古尊宿有注为句中玄、体中玄、意中玄者,有说为涂毒鼓者,有诠为清凉幢者。《灯录》所传,指不胜屈,学人浅机,究以何从？若竟以不落有无斥之，则儱侗真如、颟顸佛性也。愿明示。"

答曰："狮子扑人，韩卢趁块。大慧杲曰：咬人矢橛，不是好狗。向汝道，当人倘把自己脚根下一段历历孤明的事了彻，何用不臧？自家宝藏，何用不具？何必食人余唾，饮人残羹？不然，慢云了此三玄三要，纵把沩仰九十六圆相、曹洞五位、法眼六相、云门顾鉴咦，乃至三藏十二，蕴在胸中，宿在脑内，圆圆如倾珠，滚滚如翻海，总是不快漆桶！所谓痴狂外边走也。讵知一句明明该百亿乎？

"是法也，已如上说，不可言有宗旨，不可言无宗旨，不可言非有非无、即有即无等为有无宗旨，门庭设施亦然也。如不尔者，悉为邪说，统称魔法。何也？榛芜向上一着矣。向上一着既已榛芜，即属瞎却人天眼目。既瞎彼眼，自眼岂明？非仅遗讥大雅，将必果遭显祸。临济三玄四料拣，曹洞五位君臣王子，乃至云门顾鉴咦、国师三唤侍者、婆子烧庵、女子出定、犀牛扇、吃油糍、野狐托钵、斩猫、难产、子湖狗、秘魔叉、禾山鼓、慈明榜、香岩上树、资福闭门等，口不胜说，笔不胜书，皆一期方便，接引初机，应病与药之谈，宁有实法名宗旨、名设施耶？所谓宗旨、所谓设施者，皆对方一期方便安立之假名耳！彼临济、彼曹洞等，宁自诩曰，某吾宗旨也，某吾门庭设施也乎？不然，迦叶不言三玄，六祖不说五位。是二大人者，为不明宗旨而无设施矣？可乎？可乎？

"若然，执此为方便之假名，非向上之真谛，尤为铸错。

何也？向汝道，非离真而有处，立处即真矣。须知真依假有，假以真名。假者，真之假；真者，假之真。伸手缩手，义不离臂。曰真曰假，理岂远心？是三玄、五位等，苟以真假、权实、玄妙、非玄妙等名，加他分上不得！曰涂毒鼓、曰清凉幢等，当人自检。昔大慧杲颂佛性，泰和尚曰：惯说五家宗派禅，不将玄妙与人传。晚年一着真奇特，食罢长伸两脚眠。又，幻寄曰：欲契三玄三妙义，请看金色笑拈花。窥鞭良马今何在？高树扶疏挂晚霞。了此，为宗旨、为非宗旨？为有法授、为无法授？为门庭设施、为非门庭设施？不鉴而明，不卜而信也。"

进云："如示信矣，然则毕竟一句，究作何道？"

曰："一句却不知，两句或可也。"

进云："何为两句？"

曰："唐人两句。"

进云："如何是唐人两句？"

先生曰："落花踏遍游何处？笑入胡姬酒肆中。"

九、判行棒、行喝

问曰："行棒、行喝，唐、宋炽然，于古未有，于今阙如，道固何欤？愿赐明示。"

判曰："狮子扑人，韩卢趁块，转解而缚转坚，转辩而义转渊。唐、宋两代宗师，接人多假棒喝，汝即兴疑。昨雨今晴，汝胡不问？向汝道，一期方便，用黄叶止儿啼。于此乱统，有何了期？用棒之显著者，创于六祖接神会，倡于临济，而盛乎宋、元、明、清。清之季，此风则渐寝也。'于古未有'，讵知于古未有者实多，大炮飞机，古未有也；声光电化等学，古亦未有也。'于今阙如'，不但恐龙麟凤于今不有，古也实多，而尧、舜、禹、汤、周公、孔子者，古之人也，今亦阙如，汝胡不问？汝胡不疑？当人果尽扪心，过在何处？若检得过在，古或非无，今亦非有也。如何，如何？道来，道来！

"讵知唯汝有此一问而棒兴，唯汝有此一疑而喝兴。始无汝问、汝疑，此棒、此喝，不但不兴，即兴也，向何处安立？于此荐得，许汝粗知少分；此而不荐，牛胎马腹、地狱畜牲。他时后日,自有汝亲证的时节,莫谓余言不先也。"

进云:"学人浅机,实不能契,愿垂明示。"

曰:"一心不生,万法无咎。"

又曰:"至道无难,惟嫌拣择。彼三祖者,固已朗言明示,何用再饮恶水?须知影由形起,响逐声来,倘形声两忘,影响何寄?必曰行棒喝,昔在北齐天保之初,有向居士者,二祖为之证可,只睹一书,不但一棒未行,一喝未信,而一面亦未亲觌也。必曰非棒喝,风穴沼者,传大统之龙象也,向使无廓侍者之激发,而借警于南院隅之一棒,临济宗旨宁秀到今?识者早知其遇风而息也。等如是说,行棒、行喝,古无今阙,当人自悉。何也?影由形起,响逐声来矣。"

或者曰:"唐之前,人心敦厚,一语契机,遂尔归家稳坐,更不驰求。唐之后,人情狡黠,未得饰得,每每捃摭攘窃,预备应机。以大慧杲之贤,初见佛果,犹厚颜下四十九转语;张无尽之慧,已亲兜率,尚滞半途。机锋棒喝应运而兴,不其然乎?"

曰:"似也,似也!非是矣,非是矣!夫棒喝机锋,所以启向上关棙,而诱掖学人别行一路,踏毗卢顶上者也。若然,三藏十二部,何一而非机锋?何一而非棒喝?曰唐、宋前,曰唐、宋后,与是棒喝者有何交涉?矧曰于古未有、于今阙如耶?讵知是法也,亘古至今而不逾,何代未有?何世阙如?顾显著者易警,不显著者易忽矣。必于此而兴疑,昨雨今晴,云胡不疑?"

进云:"如说信也。此云向上关棙,踏毗卢顶上行者,何耶?"

先生曰:"不知何处吹芦管,一夜征人尽望乡。"

十、判悟后起修化报

问曰："行人悟后起修化报，事不必无，如西土诸祖，临命终时，大都摇身虚空，作十八变。此土初祖，只履空棺；六祖伏龙，出水浴衣等。际此而后，代少有闻，咸谓五祖传六祖，六祖永不传。今此宗门，专擅修心，不知修身。心者，性也；身者，命也。然否？祈示。"

判曰："狮子扑人，韩卢趁块，转解而缚转坚，转辩而义转渊。当人只知只履空棺，摇身虚空作十八变，汝亦知乎？一念明心，百变千变、八万四千变，乃至尘尘刹刹、刹刹尘尘，一尘一变，一变该八万四千变，八万四千变入此一变，而此一变又丝忽朕迹不留，一星名相不寓乎？若知，匪特余说这一络葛藤是无疾而呻、当面说诳，而释迦老子亦虚说十二部经、空言三藏教也。既不知也，必任性驰求，学禅学道，学佛学祖，学贤学圣，学玄学妙，任人指使，任人愚弄。波波一生，长作天涯游子；头头俱失，甘辞堂上主人，讵不冤乎？亦可悯矣！必以十八变为佛，然则十字街头白纸变蛋之乞儿,贤于饮光,等于迦文也。当人学释氏之道,何必深涉教言,亲证定慧?但向乞儿处求解脱、了生死可也。此既不可,何有是处?古德曰:只愁不作佛,不愁佛不解语。仰山曰:但得本,不愁末;神通妙用是圣末边事。不快漆桶,试道一句看?此犹空言也。

"昔者,世尊在法华会上,度个妙龄女子成佛;在涅槃会上,度个广额屠儿成佛。彼一女子、一屠儿者,固未茅山学道、千里决玄也,亦无取坎填离功用、修气修脉进程,但只信得及耳,便能坐断报化佛头,径超生死关棙。不快漆桶,又试道一句看?

"临济云:汝若念念歇得驰求心,即与释迦老子不别。七地菩萨求佛智心未满足,谓之烦恼。若然,既与释迦老子不别也,岂于此一十八变而又别耶?求佛智心未满足者,犹云烦恼,岂求此十八变等不云烦恼耶?既云烦恼,是求佛陀者,为求烦恼,南辕而北辙也,不亦大可哂乎?

"智者大师证法华三昧,见灵山一会俨然未散。未至者诠为表法。无尽张居士闻《首楞严经》至'是人始获金刚心中'处,忽思智者当时所证非是表法,因谓大慧杲曰:当真实证入时,全身住在金刚心中。李长者所谓无边刹境自他不隔于毫端,十世古今始终不离于当念也。自他既不隔于毫端,始终又不离于当念,彼十八变等为具,为不具?当人,当人!道来,道来!

"如是种说,犹曰明心之开士也,汝亦知乎?未明心者,亦百变千变、八万四千变,乃至尘尘刹刹、刹刹尘尘,一刹一变,一变该八万四千变，八万四千变入此一变，而此一变亦丝毫朕迹不留，一星名相不寓乎？若知，许汝踏毗卢顶上行，从绿阴丛里过；若不知，腊月三十到来，阎王老子与你打之绕，莫怪佛法敌不过生死。

"至云六祖永不传修命之学，专擅修性之长，尤为小儿女语，非大丈夫言。何也？二法矣。讵知舍性而命何托？舍命而性何张？性、命固非一，然又不二也。翻手作云覆手雨，云雨虽殊，手岂殊？五祖传六祖，六祖永不传者，盖衣钵耳。《坛经》记录甚明，阅之自悉。若曰当人脚根下一段风流大事，一切圆成，本自具足，所谓现成公案者也。既曰现成公案，讵曰能传不传乎？

"若然，传不传皆赘语，而悟后起修化报，尤为远道之谈。何也？悟且无，后何有？况修耶？曰修化报者，盖不明法身为何物也。若明，则修不修皆戏论，讵知幻化空身即法身乎？"

"然则是法身也，明从何明？"

先生曰："上穷碧落下黄泉，两处茫茫都不见。"

十一、判禅宗支分具否

问曰:"释迦四十九年行化,三藏十二,理树风规,一行万行,事理条析。今日不假修治,见性成佛,颇有议其支分不具,斥为破碎大乘者。然否?乞示。"

判曰:"狮子扑人,韩卢趁块。真小儿女语,非大丈夫言。试问当人,释迦四十九年行化,行个什么化?若言有化,平地吃仆;若言无化,平地吃仆;若言非有非无、亦有亦无,亦平地吃仆。何也?盖汝不会释迦四十九年行化不行化也。此既不会,修治不修治,见性不见性,成佛不成佛,乃至支分具或不具,汝又从何会?既不会也,而轻议其破碎,非曰无知下劣、疯憨狂吠,实毁谤般若,无间地狱种子也。咄!魔子,魔子!何尝梦见大乘来?大乘且未梦见,曰破碎,曰不破碎,曰支分具,曰支分不具,谓非趁块韩卢可乎?扑人狮子固不尔也。讵知吾宗,有千圣不传之向上一路?即饶净名居士到来,亦须缄口毗耶;纵教妙德空生临此,当云赞叹不及。他不具论,即以一喝法门而言,当人果有丝毫心肝，亦当胡跪致命，尚能妄议支分不具、大乘破碎者欤？谛听！谛听！吾与汝举一故事来。

"在彼宋代，有净因继成者，同圆悟、法真、慈受，并十大法师、禅讲千僧，赴太尉陈公之斋。有善华严者，贤首宗之义虎也，对众问曰：吾佛设教，自小乘至于圆顿，扫除空有，独证真常，然后万德庄严，方名为佛。尝闻禅宗一喝能转凡成圣，与诸经论似相违背。今一喝能入吾宗五教者，是为正说；若不能入，是为魔说。时诸禅德，目注净因。净因乃曰：如法师所问，不足三大禅师之酬。净因小长老，可以使法师无惑也。因召善，善应诺。

"净因曰：法师所谓愚法小乘者，乃有义也；大乘始教者，乃空义也；大乘终教者，乃不有不空义也；大乘顿教者，乃即有即空义也；一乘圆教者，乃不有而有、不空而空义也。如我一喝，非惟能入五教，乃至工巧伎艺、诸子百家，悉皆能入。于是震声一喝，问善曰：闻么？曰：闻。净因曰：汝既闻此一喝是有，能入小乘教。须臾，又问善曰：闻么？曰：不闻。净因曰：汝既不闻，适来一喝是无，能入大乘始教。遂顾善曰：我初一喝，汝既道有，喝久声息，汝复道无。道无原初实有，道有而今实无，不有不无，能入终教。我有一喝时，有非是有，因无故有；无一喝时，无非是无，因有故无，即有即无，能入顿教。须知我此一喝，不作一喝用，有无不及，情解俱忘。道有时纤尘不立，道无时横遍虚空。即此一喝入百千万亿喝，百千万亿喝入此一喝，是故能入圆教。

"善乃再拜。净因曰：非唯一喝为然，乃至一语、一默，一动、一静，从古至今，十方虚空，万象森罗，六趣四生，三世诸佛，一切圣贤，八万四千法门，百千三昧，无量妙义，契理契机，与天地万物一体，谓之法身。三界唯心，万法唯识，四时八节，阴阳一致，谓之法性。故《华严经》云：法性遍在一切处。有相无相，一声一色，全在一尘之中，含容四义，事理无边，周遍无余，参而不杂，混而不一，于此一喝中皆悉具足，犹是建化门庭，随机方便，谓之小歇场，未至宝所。殊不知吾祖师门下，以心传心，以法印法，不立文字，见性成佛，有千圣不传的向上一路在。善又问曰：如何是向上一路？净因曰：向下会取。善曰：如何是宝所？净因曰：非汝境界。善曰：望禅师慈悲。净因曰：任从沧海变，终不为君通。善胶口而出。

"如说只一喝也，支分具欤？非欤？抑破碎欤？在汝漆桶，必自讼曰：此一喝也，哪有如许多妙义玄言？不过当局者润色敷饰，逞快词耳。讵知此一法门，不但净因一口一人道不尽、量不及，纵饶三千界微尘众，一尘一世界，一世界尽净因，合力共口亦道他不尽、量他不得，况曰润色敷饰、逞快口耶？即道得、量得，然犹滞此一法门也。而吾宗法门，以有言，尽空有、遍尘劫，无一事、无一理而非此法此门；以无言，不但无即法门，而无亦无，悉是法门。不快漆桶，汝梦亦不能及也。曰支分不具，曰破碎大乘，谓非趁块，得乎？咄！断人慧命，业堕无间。

"不然，睹明星而悟道，因野鸭以知心，释迦、百丈支分皆为不具，皆为破碎矣。何也？未念唵阿吽，未修生圆二次第，未念阿弥陀,未说种子缘生,未讲三观三止、四法界、二空、四谛、十善、三十七助道也,讵不谬哉?亦可笑也。"

进云:"然则毕竟一句,究作何判?"

先生曰:"时人不识余心乐,将谓偷闲学少年。"

十二、判止观、话头，为同为异

问曰："话头、止观，为异为同？若异，岂止观外别有初机入德之胜行？若同，曰止曰观，无数次第，彼一话头讵能兼摄？如何？乞示。"

判曰："狮子扑人，韩卢趁块，转解而缚转坚，转辩而义转渊。当人不识止为何止，观为何观。既不识此止观，而于话头法门，当然铸错。既铸错也，乱驰乱统，不亦宜乎？止者，心一境性；观者，抉择法慧。知心一境性，何止非观？能抉择法慧，何观非止？若然，止即观，观即止，何一话而非止？何一头而非观？止观双运，话头之的趋；遮照同时，话头之权巧；竞万流而总汇巨溟，话头之统摄；无一物而独耀灵府，话头之上阶。夫如是也，曰异曰同、曰次第曰非次第、曰兼摄曰非兼摄，不快漆桶，道来，道来！

"曰止曰观、曰话头，说多说寡，说异说同，要在当人明自本心、见自本性之敲门砖耳。敲得门开，无论止、无论观、无论话头非话头，悉为胜法，谁有闲情课汝次第多寡、法门异同！如开门不得，任汝同、任汝异、任汝多、任汝寡，而于当人身心分上有何饶益？讵知万法本闲，仁者自闹；境无美恶，去取唯心乎？明此，则先天地不云老，后天地亦不云小，尽尘沙而一数已无，亡丝忽而万流竞好。若然，话头即止观，止观即话头，止观、话头虽非一，然又不二也。曰同曰异、曰次第曰非次第、曰兼摄曰非兼摄，不快漆桶，又试道一句看！"

进云："如说尚矣！学人浅机，实难凑泊，愿当下全提，就体直截，不落途程，一句觌面，亲指如何？"

先生忿然曰："咄！宁有是事？分付河山开曙色，明朝游子动归舟。"

十三、判上根下劣

问曰:"禅宗尚矣!然是宗者,接上上根人,于机不普。故卢公能曰:汝师接上根人,吾接上上根人。然上根犹少,悉属中下,矧曰上上。吾侪末学,望而莫阶,知难而退,分也。非为长者折枝,实乃挟山超海。如何?祈示。"

判曰:"狮子扑人,韩卢趁块。吾纵有口,从何剖说?向汝道:转解而缚转坚,转辩而义转渊。谁为上智?谁曰下愚?上已明析,今又再食唾余,究何心乎?汝知吾宗接上上根人,然亦知夫吾宗者,专接下下根人否乎?若知,许汝千劫不认识吾宗;若不知,许吾宗千劫不认识汝。何也?语证则不可以示人,说理则又非证不了。汝不于证上取圆,恣情向理中求碍,非余摄汝之伎穷也,即释迦老子到来,亦必回头返走,大声而呼曰:乌乌!头痛,头痛!

"夫上上根人,觅自已无,何有于他?既无自他,谁为接者?谁受接者?为非上上而中下而下下也。吾宗之立,遂尔当机而应，不然，无的而发矢矣，何有吾宗？讵不谬哉？况上以下言，下因上有，上下假名，何有是处？既无上下，焉有如许闲汉，于汝分上，说上说下，说利说钝耶？然则果无此上下、利钝乎？是又大坏名言而破世间相者也。讵知曰上根曰下根、曰钝曰利者，皆自限者懈怠之私诠，徘徊瞻望之虚计。若是学道须是铁汉，着手心头便判，直取无上菩提，一切是非莫管的汉子，逢关夺关，遇县掠县，直向归家道上迈进，乌有闲情说上说下、说利说钝邪？既说利钝、上下也，必是长落天涯之客，绝非回向乡山之人。可叹！可叹！

"夫根利根钝，上智下愚，匪依他立，实因己名。长落天涯之穷子，未返回车，即钝根，即下愚也；倘一思返，且不云风雨载途，即曰利根，即曰上智。何也？有回乡之念，必启载道之行。有载道之行，必有归家之日。是上下、利钝之判，在当人一心之转矣，非有实法曰某利也，某钝也，某某上智下愚也。不然，彼香岩者，于百丈会下，问一答十，问十答百，亦今之人所谓上智利根者也，然终百丈之世而一无所入。金陵婆子闻乞儿一唱而了心宗，郑十三娘于沩山一问而知极则，他如龙女妙龄，屠儿广额者，《灯录》所传，指不胜收，谁又利根上智，谁又钝根下愚？故曰辔回车，下愚即上智；落天涯，上智即下愚。今曰利钝上下、折枝超海等说，一派胡言。谓非自限，谓非自懈，可乎？难易之趣，实当人一心之行，何能妄引六祖言章？若此心不行，纵将千圣语句将来，从何凑泊？噫！曹溪波浪如相似，无限平人被陆沉！"

十四、判定慧双修及教外别传

问曰："有定无慧，诠曰死水；有慧无定，金曰干慧。定慧等持，方合乃辙。故六祖能曰：双修是正。若然，教已滥说，胡云教外别传？祈示。"

判曰："狮子扑人，韩卢趁块，转解而缚转坚，转辩而义转渊。当人以何者为定？何者为慧？何为宗？何为教？何为传？何为不传？又以何为修？何为别邪？若曰有定无慧，然则能定者非慧而何？必曰有慧无定，然则能慧者非定而何？宗不因教，宗从何宗？教不因宗，教从何教？宗者，明释迦老子在菩提树下夜睹明星而悟此一着也；以此一着而示人，令天下后世翕然风从，明此一着者，教也。若然，宗者，教之宗；教者，宗之教。上固已明剖矣，今犹云云者，何欤？趁块也。明此一着，传不传皆戏论，修不修悉妄语，况所谓双邪？别邪？"

进云："曰定、曰慧、曰双修，如说尚矣！然则教外别传之旨，义尽斯欤？或未至也？愿为开说。"

曰："此教外别传于焉而懋也，何也？倘无汝此一问，不但教外别传之旨，水月空花，而此云教者，亦眼底浮云、空拳捏怪也。知此，则教外无教，教内无教，教内教外总无教。惟无教也，别传之旨，焕然成章，日丽天，月印海，尽汝诸人恣取，穷劫而不能罄矣。"

"然则云何曰别？"

曰："凡教所有者，我宗非有，曰别；凡教所无者，我宗非无，曰别；凡教所有者，吾宗尽有，教所无者，我宗尽无，曰别；乃至一切非有非无，尽大地、遍尘劫，如所有尽所有，如所无尽所无，皆具而皆不具，曰别。不然，达摩空来东土，二祖必往西天也。今之人，欲以教而诠吾宗者，是持管窥天，多见其不知量，而未梦见别传也。今之人，欲以吾宗而同于教者，如盲说象，多见其不知量，而亦未梦见别传也。

"昔世尊在灵山会上，拈花示众，是时众皆默然，唯迦叶尊者破颜微笑。世尊曰：'吾有正法眼藏，涅槃妙心，实相无相，微妙法门，不立文字，教外别传，付嘱摩诃迦叶。'此释迦老子亲口吐出'不立文字，教外别传'八字。试问当人，楷则尚在，传又传个什么？别又别在何处？若言有传有别，试通一线好音看？"

"然则无传无别乎？"

曰："否！灵山会上百万人天，世尊缘何拈花？迦叶依何微笑？彼时龙象蹴踏者，固不仅迦叶一人也，世尊独曰'吾有正法眼藏''教外别传'等，'付嘱摩诃迦叶'者，何欤？不快漆桶,又试通一袭好音看!

"又,世尊一日升座,迦叶白椎曰:世尊说法竟。便下座。又,世尊一日敕阿难曰:食时将至,汝当入城持钵。阿难应诺。世尊曰:汝既持钵,须依过去七佛仪式。阿难便问:如何是七佛仪式?世尊召阿难,阿难应诺。世尊曰:持钵去!不快漆桶,你又看这两则公案,是定是慧?是双修是单提?是教外别传?是教内同传?真可笑也!"

进云:"然则毕竟一句如何?"

先生曰:"咄!倘许安心是灵药,一川明月涨遥天。"

十五、判禅宗阶位

问曰:"三贤十圣,阶段历然,是禅宗者,得成办已,究属何位?何阶?何贤?何圣?渴望明示,开众巨惑。"

判曰:"狮子扑人,韩卢趁块。当人本心不明,纵饶将千贤万圣,等差同异,蕴在胸中,有何饶益?且益滋蔓也。故曰:转解而缚转坚,转辩而义转渊。余姑置而不论,即当人现前问话一念,是何贤?是何圣?是何阶?是何位?速道,速道!若道得,当下不立阶梯,即正大位;若道不得,总是落天涯的浪子,数人珍宝,煮沙为饭。"

进云:"学人道此语不得,请代道一句如何?"

先生曰:"丑!锦官城外柏森森,谁有闲情代汝答话?"

进无语,逡巡欲退。

先生曰:"止,止!姑无退,姑无退,恣汝所求,但莫谓余以恶水相加也。

"草木犹现枯荣,风云尚张否泰。鸟兽昆虫,优劣丕显;小人君子，善恶自殊。况踏毗卢顶上客，咸推了事人，而无阶而无位者乎？若无位，则减一法也，岂教外别传之胜旨哉？讵知是法也，罄尘劫，遍空有，圆圆如随珠走盘，历历若水银泻地。未成办此一着，或在途间，或未升堂，固不具论；若已成办，所谓得囤地一下，桶底脱落者，一时住在金刚心中。李长者曰：无边刹境，自他不隔于毫端；十世古今，始终不离于当念。一切现成，不假他借，更有何贤、何位、何阶、何圣而不阶而不位乎？诗曰：尽日寻春不见春，芒鞋踏破陇头云。归来自捻梅花嗅，春在枝头已十分。不着问人，当人自合开口大笑！讵曰破颜邪？

"若然，形形色色，影依镜显；有有空空，义岂离心？汝在何位，彼在何位；汝无何位，彼无何位；当人苟在信位也，以视乎彼，彼亦在信位；苟在向位也，以视乎彼，彼亦在向位；苟在住位也，以视乎彼，彼亦在住位，乃至汝在初地、十地等，而彼亦在初地、十地等。汝佛而彼亦佛，汝魔而彼亦魔，汝盗而彼亦盗，随处该名，有名即位。尽尘劫，遍空有，无一而不位，无一而不阶，固所谓'一月普摄一切水，一切水月一月摄'者也。曰海、曰河、曰溪、曰渎、曰粪池、曰污沼、曰残涧、曰澄潭，水名虽异，月岂有殊？况形形有月印，处处无迹留邪？不快漆桶，何为阶？何为位？何为贤？何为圣？又试道一句看！咄！白鹭下田千点雪，黄鹂上树一枝花。"

十六、判授受

问曰:"既成办已,燃佛心灯,续人慧命。师家所授,究依何法?若无授者,雕虫小技,尚承亲口;若有授者,千古续灯,未闻有则。如是巨疑,四众久伏,愿闻明示。"

判曰:"狮子扑人,韩卢趁块。向汝道,转解而缚转坚,转辩而义转渊。彼'雕虫小技,尚承亲口'者,雕虫小技也。此曰雕虫小技可乎?纵曰此即雕虫小技,雕虫小技决非离此别有。须知雕虫小技者,亦无授无受。不然,弟同于师,而不贤逾师;弟等于师,而不不肖于师也,讵理事哉?为无授无受也,万派斐然而成章,一行卓焉而普迈。如实而授受,如是而授受,世灯心灯,不续而长明,不燃而自照。所谓其为物也不二,则其生物也不测矣。故曰有授受,是愚夫法,非圣人法;是有为法,是无明法,非无为法。

"必曰有授有受,然则黄梅、曹溪入室夜半,初祖、二祖得髓安心,乃至警语闻于楼中,扇摇契于江外者,又以何法为授为受邪？大慧杲曰：古人见你迷却路头，为你作指路人耳。实无禅，实无道，实无心可以传、可以受。才说有传有受，便是邪法。说理说事，说正说邪，悉是非法，哪堪更说有玄有妙，可以授、可以受乎？古德云：说个学道，早成接引之言，况其余邪？又，释迦世尊在华严会上度一童子、涅槃会上度一屠儿、法华会上度一妙龄女子，但只云'我今为汝保任此事终不虚矣'，亦未闻有何法可授也。既无法授，汝从何受？心灯、世灯，续乎非乎？道来，道来！

"必曰无授无受，然则威音王后，无师自证，悉为天然外道者，又何邪？讵知为无授也，而学人如所有、尽所无而大受；为无受也，而师家如所无、尽所有而罄授，何也？君臣道合，法尔圆成，一切具足，不假他求矣。不然，别传宗旨宁轮到今？

"昔者黄檗问于百丈曰：从上古人以何法示人？百丈据坐。黄檗云：后代儿孙将何传授？百丈拂衣便起，云：我将谓汝是个人。又，临济将灭，顾谓众曰：吾灭后，不得灭却吾正法眼藏。三圣出曰：争敢灭却和尚正法眼藏。济曰：以后有人问你，向他道什么？三圣便喝。济曰：谁知吾正法眼藏，向这瞎驴边灭却！

"当人倘把这两则公案，会得透透彻彻，曰授受，曰非授受，曰灯续，曰灯不续，如观掌果也，讵问人乎？如会不得、透不彻，纵饶一字一释，一释百言千言万言，于汝身心有何饶益？"

进云："如说尚矣！然则'离四句、绝百非'一句，复为如何？"

先生曰："西施村冷寥天月，勾践城寒广陌霜。"

十七、判丹道

问曰："宋张紫阳以宗旨与金丹并举，治其学者，谓宗旨只明得心上工夫，心上工夫名曰修性，而不能起身上妙用，身上妙用名曰修命。修性而不修命，滞在空处。于是肆谈龙虎，艳说坎离，曰炼精化气、炼气化神、炼神还虚。又曰火侯药物，非师莫传，非人莫授。而其徒有诋吾宗惟论见性，不知修命者。且云：既不修命，纵极其至，不过坐脱立亡，乌能分身万亿，神变无方？今也人百其口，莫不云云，共疑久矣。为是，为不是？愿垂明示，开此巨惑。"

判曰："狮子扑人，韩卢趁块，转解而缚转坚，转辩而义转渊。当人但明自心，一切了毕，何暇与人逞辞肆舌，说是说不是？既说是说不是，必自不是，且莫课人是不是也。讵知我法中，无如是是，亦无如是不是邪？倘摸着向上关棙，不但丹道为是，而百工伎艺、声光电化，乃至风云雷雨，一切有情无情，悉无不是也。反之，而不游乎堂寝，踏向毗卢顶上者，纵将阿弥陀佛、释迦老子吞向腹中，亦是不快漆桶，所谓痴狂外边走也。何有是处？说性说命，有何饶益？曰是曰非，悉为戏论。故大慧杲曰：岩头划之曰，是句非句；临济用之曰，三要三玄。不然，苟以实法与人，必曰某也实为丹，某也实为道，某也实为龙虎、坎离、铅汞、阴阳等，不但自眼未明，而瞎人眼，亦断人慧命，业必堕于无间也。吁！一字注错，身堕野狐。炯矣！戒哉，戒哉！"

进曰："彼家者言：性，理也；命，气也。只理无气，流行之用何张？只气无理，主宰之功何显？合则两美，离必俱伤。又，以抽象言曰性命，就具体说即身心，性之显曰心，命之显曰身。身心合一，说曰性命双修。若不修者，超凡之说妄，而菩萨不行六度也。若曰修者，必有进程；既有进程，必有多名。程也者，当人既由先天乾坤一交，而为后天坎离也。今欲神游无极，而路必借返于抽坎填离，以复乾坤。此抽坎填离而复乾坤者，程也。后天而进，复先天功用之进程，亦曰修也。曰坎离、曰铅汞、曰龙虎、曰乾坤，一切种名，悉表性命，悉表阴阳。就其体言曰乾坤，即其用说曰坎离。铅汞者，未采取之权名；龙虎者，已交媾之显象；归其极，称云性命。相之错综曰阴阳，阴阳合一名金丹，一名太极；得之则长生，失此必轮回。此理之全，似无可破者。至于合一之要，必守中抱一，收视返听，到无念无息时，则阴阳交、水火济也。阴阳交、水火济，而双修之功自全，合一之果乃获。等如是说，自合胜行。若曰断人慧命，若曰野狐见解，又乌乎其可哉？"

先生曰："咄！摸着向上关棙、明自本心者，作如是语句乎？真小儿女语，非大丈夫言！固不仅邪说诐词也。谛听！谛听！今以四说，略开汝惑。

"一、彼说不识本体绝待，妄立性命为二。讵知性者，体也；命者，用也；无体而用不显，无用而体不彰也。是性命者，随处立名，立名即真。如当人自身实有多名，汝父母呼汝曰儿，汝子女尊汝曰父，兄曰汝弟，妻称汝夫，父、儿、夫、弟，名也实多，于汝自身，岂有多汝？若多汝者，名言乱而事理背也，讵理事乎哉？故曰：随处立名，立名即真；体实非二，用固不一。然此亦就其著者而说也，若以未著言，用亡而体亦不可得。体既不可得，性于何有？况命邪？性命既云虚立，双在何处？修从何修？既无从修，曰炼精化气，曰炼气化神，曰炼神还虚，无疾而呻也（学人于此，千万不要妄计落空滞空等障，倘能舍却性命，蓦地直下，即便归家稳坐也。讵有他哉？千万千万！此是第一彻头。倘龙成而怖，决非丈夫）。不然，不快漆桶，试道一句看！故曰，不识本体绝待，妄立性命为二。曰金丹、曰太极，果有如是实法邪？亦可哂也。

"二、只知无念之无念，不知有念之无念。何也？盖不明得本体也。既不明得本体，即不识何为有念，何为无念，曰抱一守中，曰收视返听，曰无念无息，一派胡言。在彼执为胜法者，于过量人分上观之，为黑山鬼窖里作活计，为抱石头、为绝气息的死人。纵下万分资格与之评一善价，极其至，不过小乘定、人天果耳，乌足以登大雅之堂，入超人之室哉！不然，门外巨石，自开辟至于今日，皆在无念无息中，为得胜果也，可乎？可乎？若可，当人求解脱得胜果者，向石头处取证可也，何故亲投吾处？讵知吾宗，有念时纤毫不立，无念时遍界不藏，头头非取舍，处处失有无，有时用有作无，有时用无作有，有时有无两用，有时有无两不用邪？至火候等秘，非师不传者，讵有他哉？实则无念之功，须当人自力，师不能代矣。不快漆桶，若云别有奇特，又试道一句看！咄！汝只知无念之无念，不知有念之无念。蠢哉，蠢哉！陋也，陋也！

"三、彼说极果，纵其至，俱生无明耳。何也？处处在身心合一上乱讨乱咬矣。试问漆桶，汝哪一日、哪一时、哪一刹那，汝身、汝心曾分离来？分者，别乎合也；汝身与心，既已云分，拖此一幅死尸来与余亲谈对面者，谁邪？谁邪？若然，是身心者，本来未分，今胡曰合？既曰未分，且不云修，双从何双？等如上说，自且不明，斥他滞空，真燕雀而笑鹏搏，井蛙而嗤天碍也，不亦大可哂乎？故曰：彼处处在双修上用功、合一处着力者，纵极其至，俱生无明也。噫！恐汝辈只在分别我执上作活计耳，而于俱生无明且或未梦见也。如此陋质，妄议高明，方以东施效颦西子，抑已拟人而失伦也，况反饰邪？

"四、耽着阴阳交媾之乐，身见难忘，处处着境失心，至难认识本体。身见不忘，门由何入？况余邪？

"总如上说，遍体皆污，洗不胜洗，若欲罄斥，实无闲情。讵知吾宗，一派圆成，万胜不居，随处立体，此体即用。乾坤可为用，坎离可作体，气可说为心，心可名为气。拈一尘该百千三昧无量刹尘，以百千三昧无量刹尘入此一尘，尘尘刹刹，刹刹尘尘，无不显法尔之全、君子之大。然于一切事理，一切名言，各住各位，又丝忽不紊。"

进云："如是，如是，然则丹道之说邪，味之者耽也。"

曰："否，否！为少数行人半途之戏具，非达天德者及寝之良规。若曰全消，万行门中少此一法；苟云节取，实际理地多此一尘。曰少曰多，悉非我法，慎勿寐言。"

进云："若然，我法一句，复作何道？"

先生曰："三要印开朱点窄，未容拟议宾主分。"

黄叶闲谈

盐亭袁焕仙先生　口授
门人　乐清南怀瑾　编撰　　南充徐剑秋　编撰
　　　盐亭范天笃　记义
　　　潼南傅仲穆　记事　　广汉杨光岱　记事
　　　盐亭黄人俊　记言　　盐亭王乃鹤　记言
　　　峨山大坪寺释通远　校讹　　峨山大坪寺释通宽　校讹
　　　华阳吕寒潭　校讹　　西充杨介眉　校讹
　　　隆昌饶盛华　缮稿

維摩精舍叢書之二

黃葉閒譚

天壽署

序

序曰：大言希声，大听绝闻，大道无阶，不即匪亲，求之转远。其趣学也，不亦难乎？抑已渊矣。焕师乃口授兹篇，一改平昔壁立千仞之风，而喋喋如老妪谈者，盖黄叶止啼，诱掖初机，将以无阶而阶，求大言于声、大听于闻也。曰一门，曰六法，信口赴机耳。虽然，依言立义，立处即真。苟至于真，则又一毫不寓，万相咸该。如牟尼珠然，方方显色，色色透圆。而于是珠者，色欤？圆欤？噫！其初学之津梁，入德之胜径者矣。人俊躬味斯法，妙逾灵兰，义不忍埋，爰付之梓。乃揭于同侪，曰还家要道，及寝良规，于是乎在。

门人盐亭黄人俊敬序
一九四三年十二月

第一讲　缘起

维摩精舍第一届行七已,诸子日集,每兴难问。

若曰:"向上一路,千圣不传,然则入者何入?趋者何趋?百工之术尚有径循也,矧单提之的旨、万有之至行,可以入而无户、由而无道乎?"于是咸趋座下礼问。

先生怫然而起,翻然引去。诸子自恣,莫岸其涯。如是数日数问,莫闻其旨。中秋之前夕,庭桂宵馥,砌兰夜芬,共茗月下,申问如前。

先生曰:"凡有言说,都无实义,何有吾宗?"

进曰:"若然,无言无说即实义、即宗旨、即阶道欤?"

曰:"有且非,况无邪?"

进云:"行人但有言时不作有想,无言时不作无想,即实义、即宗旨、即阶道欤?"

曰:"有有,有无,益增乃病。"

进曰:"噫!我知之矣。有无不拘,一派圆成,出主入奴,法尔如幻,的实义、的宗旨、的阶道矣。故六祖能曰:有无皆不立,长御白牛车。如何?"

先生曰:"止,止!学般若人慎勿如是戏论、如是谤言、如是恶口。倘不自悛,讵曰遗讥君子,实亦果遭迂曲。"

问者大惑益阻,复礼而叩曰:"学人愚昧,罔测幽邃。愿先生哀我赤忱,并矜来学,令未入者思入,思入者能入,能入者升堂及寝而得入,用光前烈,为章后世。"

如是数请,先生以手拈须,以目顾众,久之,乃曰:"此事人人具足,个个圆成,不趋已入,说个直超,早已成了接引之言、方便之语。何也?所谓法身、化身、报身、秽土、净土、实报庄严土、常寂光土,一切一切,已举未举,无不等现,法尔圆成,不从人得,不因师授,不以己求,实无修证,千圣所由,诸佛共履!而当人偏偏要入许多知、许多见、许多奇特不奇特到他分上,遂弄成人人不知具足,个个不悉圆成。于是乎入不得入,信不自信。奇言妙义兴也,魔外邪正之立,三藏十二文字语言、非文字语言兴也。实际理地,哪有如许多事来?先圣悯之,为设檀度;上中下乘,为利初机;戒定慧学,乃诠共德。就自肯之浅深,假立阶梯;因入德之难易,权称顿渐;实无实法,宁有要门?当人果能于此一觑觑破,一了了却,不但一切经、一切论,一切临济三玄、曹洞五位、沩仰圆相、云门鉴咦,一切是法非法、胜法劣法等等,皆成话柄,而当人自身亦成话柄也。入,从何入?趋,从何趋?果有入路,或有趋程,诸子,诸子,入来,入来!"众无语。

先生复曰:"若言能入,龟毛千尺;若言不能入,不特佛法无灵,而且兔角万寻。"

"然则究竟一句,毕竟如何?"

先生曰:"向汝道:木樨花开八月秋。"

诸子复请未已,久之,又曰:"余已罄量敷陈,脱体开说,而犹云云者,何邪?百无可已,于是以四讲而权开一门,假说五法,择拣先圣伟言,略附个人鄙意,如说成帙。且曰,善用我法,踏毗卢顶上人;或泥己私,必系驴橛下客。倘不自契乃心,终是吾瞎汝眼;若曰即明本性,方知不从人言。把叶作金,咎固我也;因指认月,义岂他哉?勉之,勉之!"

第二讲　权开一门

曰显、曰密、曰禅、曰净、曰般舟，乃至空、有诸宗，万流竞射，德实一趋。及其趋已，不但竞失万流，而实趋无一德。释氏之学，万有之殊，悉尽于此，故曰：人无我，法无我。当人果无人、法两执，又不落在不执处，一派圆成，逢佛说佛，逢祖说祖，逢天堂说天堂，逢地狱说地狱，逢人说人，逢一切说一切，不但善恶境界、地狱天堂，奈你不何，即三世诸佛、释迦老子，亦窥探无门、觑你不着，岂不诚大丈夫哉？

无如当人，偏偏要无事生事，头上安头，把一片清净处所，东糅西杂，放尿屙屎。日复一日，年复一年，点染堆污，积成秽土。然后万里趋诚，千方决策，向善知识前求解脱、求清净。咄！惑哉！是处也，本自清净，汝自染秽，但除其秽，清净自复。善知识者，不过示汝自除其秽耳！宁有善知识代汝吞却屎尿邪？苦哉，苦哉！去圣时遥，今之所谓善知识者，多未亲见、亲证；或见也、证也，大都滞在半途，未及其至；尽把先圣言章、古人妙义，蕴在胸中，或抄在册上。外形大德，内蕴巨奸，处处要人供养，滴滴阴埋己私。学人或有请益，师家无由观机，于是称郑称扬，说禅说道，是己非人，叛圣离经，狐媚莘莘学子，钝置人家女男。如是之流，不但教令学人吞没屎尿，而师家早已预吞自吞也，苦不自觉耳！可无悲乎？

等如上说，犹是一期方便之语，都非达者向上之程，何也？滞在净秽也。若有智慧人、过量人、本分人，一闻便知，一举便明。在这个场所，说什么秽、什么净、什么优、什么劣、什么学人、什么师家，把一切秽、一切净、一切优、一切劣、一切学人师家，抛向无生国里。然后从净上、秽上、优上、劣上、学人师家上，头头上显，物物上明，坐水月道场，行空花佛事，所谓净佛国土，成就众生也。门也者，门乎此。为何如此？久之，乃曰：玄都观里桃千树，尽是刘郎去后栽。

第三讲　假说五法

甲，起信

三门惟信得入，民无信不立。雪岩钦曰：山僧五岁出家，在上人侍下，见与宾客交谈，便知有此事，便信得及。又，信为道源功德母。无论胜行劣行，非信不起；上智下愚，无信不立。大德胜业，当人每忽而不趋，或趋而不至，乃至沉沦六趣、流浪生死者，信不信也。不然，宁有饥逢王膳，弃而不餐邪？信之树不可缓矣。故曰：一入信门，便登祖位。然信德弥多，今略立二，以开来者。如十信位等，当人阅教而通，固非此立也。一、迷信；二、实信。

一、迷信
迷信非信，非信却信，故曰迷。谓所缘境未彻了知，依他起自认识而信也。如病渴者，不知茶可愈渴而求愈于医，医曰：饮茶。病者须信自有病，信有病当医，信医能愈病，信茶能解病而遂饮，皆迷信。何也？渴尚未解，何知能解？故曰：依他信，非自信，曰迷信。

二、实信

实信无信，无信乃实。如病渴者，既知自病，知病求医，医令饮茗；饮茗既已，觅渴已无，信于何有？如是而信，曰实信。

当人生不知来，死不知去，舍生受生，虚萦苦乐，头出头没，荡不知归。先圣悯之，为设檀度，广开则八万四千，略举尽四摄六度，要皆非信莫御。三藏十二，亦不过生起学人信心，激发初机疑情耳。盖疑极而信生，信极而疑亡。信、疑交丧，实相炳然。倘不借激于信，假权于疑，胜径莫游，苦海何济？六度四摄、三藏十二，衍文也。昔者，纯阳信黄龙激发而碎琴，文悦疑清素风规以分果，皆能发明大事，了彻因缘。故曰：万行莫先于树信，信树而道自通、德斯懋矣！

乙，依师

是法分二：一、择师；二、事师。若盲师盲事，非君子之行也。事不慎始，义则鲜终；行人进业，必难及成。首说择师。

一、择师

是法圆成，当体即是。自无始来，不曾生不曾灭，无去无来，无常无断，非空非有，非短非长，觅自已冤，何有于人？矧曰师邪？然自无始迄今，又非师莫办。比来师道衰微，至可悲痛，咎固在师，非仅关乎来学也。大慧杲云：古人见你迷却路，为你作指路头人而已，实无禅道佛法可以传授。才说有传有授，便是邪法；说理说事，说正说邪，尽是非法。哪堪更说有玄有妙，可以传、可以授乎？故曰：有传有授是无明法，是有为法，非智慧法，非无为法；不然，若以奇特玄妙蕴在胸中、抄在册上，递相沿袭，口耳传授，诩为宗旨者，是邪毒入心，不可治疗。古德谓之谤般若人，千佛出世不通忏悔者也。

昔雍正序《永嘉集》云：黄梅曹溪，密室夜分，传衣授受，究何曾道一字邪？曹溪云：自性自度。黄梅云：如是如是。既自性自度，则黄梅何授？曹溪何受？永嘉之于曹溪，更可分明举似天下，永嘉参承只一宿耳。观其问答语句，全是逆水之机，毫无顺水之意。然则曹溪何授？永嘉何受乎？不知无授无受，永嘉正从此得曹溪法乳，不可诬也。故曰：不依师授，而亦非师莫办也。

若然，有传有授，说妙说玄，已远隔三千。矧乃龙虎坎离，修性修命，荧惑人家男女，毁坏先圣教言邪？孟子曰："杨、墨之道不息，孔子之道不著。"比来邪师诐说，上下盈盈，已觉者习而不迁，安于旧染；未觉者昧而不返，未历新趋。天下昏昏，暗然失钩，祸固逾于洪水猛兽也。

昔富枢密季申，以此道叩大慧杲，杲曰：切不可被邪师辈胡说乱说，引入鬼窟里，闭目合眼作妄想。迩来祖道衰微，此流如麻似粟，以盲引盲，牵入火坑。虽暂拘得个臭皮袋子住，然意识纷飞，犹如野马。宗杲亦尝为此流所误，后来若不遇真善知识，几至空过一生。每每思量，真是叵耐。以故不惜口业，立救此弊。

在彼宋时，禅德遍丛席，而守静守默，去道已远，况曰龙虎坎离、修性修命邪？不彻其非，极其甚，则放僻邪侈，无所不为，以善因而遭恶果。龟玉毁椟，伊谁之咎？师实为之，非仅此也。

昔婆修盘头一食不卧，六时礼佛，清净无欲，为众所归。阇夜多尊者将欲救之，谓其徒曰：此遍行头陀，能行梵行，可得佛道否？徒曰：我师精进，何故不得？阇夜多曰：汝师去道远也，设苦行历于尘劫，皆虚妄之本。其徒同愤，厉声问曰：尊者蕴何德行，而讥我师？阇夜多曰：我不求道，亦不颠倒；我不礼佛，亦不轻慢；我不长坐，亦不懈怠；我不一食，亦不离食；我不知足，亦不贪欲，心无所希，名之曰道。婆修闻已，发无漏智。

苦行如彼，犹曰远道，何去何从？不筮卜而烛照，胜行自起，邪途远离也。

然则必如何而曰是？昔黄檗问百丈曰：从上古人以何法示人？百丈据座。檗云：后代儿孙将何传授？百丈拂衣便起，曰：我将谓汝是个人。大慧杲云：这便是为人的样子。又何曾教汝乾坤大转、阴阳大交、龙虎坎离、修性修命，如是放言诐语邪？

先圣云：宁可破戒如须弥山，不可被邪师熏一邪念如芥子许在情识中。何也？如油入面，永不可除。故曰：咎固在师，非仅关乎来学也。

或曰：彼阴阳丹道者，如是过患，自当摈而不治，绝而常离。然则万行门中不舍一法，谬也？

曰：否！明乃心，贩夫牧竖，尚称胜行；不见性，三藏十二，允为魔说。

进云：若然，必曰何修而后见性明心？

曰：莫妄想，踏踏实实学佛。

等如上说而无过患，必戒律精勤者，方堪作师。师之难值，不亦甚乎？

二、事师

既值师也，或慢而不事，事而不虔，虔而不恭，业必不修，德必不进。爰以下之五事律之，所作必办。

（一）言。言无善恶，一出师口，炫如章甫，义无非谤，宁有纤违？苟涉稍疑，必滋大过。雪峰所以三上投子，圆悟终至一病金山。

（二）理。理无是非，一经师许，重如典谟，义无稍异，宁可轩轾？苟越其藩，必滋大过。文益抉择于地藏，洛浦服膺于夹山，其先例也。

（三）事。事无违顺，一出师门，严如王命，义无稍诿，宁有迟违？苟怀去取，必滋大过。所以临济领命而赴高安，丹霞闻语而趋南岳。

（四）行。行无胜劣，一即师躬，端如圭玉，义无稍轻，宁有讥毁？苟怀愆尤，必滋大过。慧勤阻恨而闭户，清远兴疑而之他，其先例也。

（五）养。师恩逾父母，盖父母生汝色身，师生汝法身也。色身累劫无穷，父母尘沙难计。此法身者，实生自师，师只一师，法只此法，且生则永生，理无生灭，宁有断常？故曰恩逾父母。然有二法事之，一身供养，二法供养。身供养，谓口体之奉；法供养，谓荷担大法，宏济苍生。

等如上说而依师，非曰行全，然亦庶几矣。

丙，勤三学

树信依师，舍三学而业何修、德何进？三学者，戒、定、慧也。无戒而德莫全，无定而事莫成，无慧而智莫显。德者，仁也；慧者，智也；事者，勇也。释曰戒、定、慧，孔曰智、仁、勇。东方有圣人焉，西方有圣人焉，此心同，此理同。盖不同即非圣人，古德云：同一鼻孔出气。故曰：十世古今始终不离于当念，无边刹境自他不隔于毫端也。然学人致力于斯，每生多异，今以二法揭其咎。

（一）志困平常。尝自念言，是三学者，人人能作，人人能解，实无奇特，宁有胜行？以白乐天之贤，白鸟窠言，犹曰三岁孩儿解得，况其余乎？惟以平视，遂忽不趋，无始沉沦，长劫没顶。古德讥曰：近山无柴，近河无水。

（二）心埋怠忽。未了当体圆成，无德不具，放心不系，怠忽趑趄，谓此三学，圣者所居，凡庸宁至？或云法尔如是，何假他求？以智隍之精勤，未遇玄策，犹困半途；慧南之勇锐，不识云峰，尚落窠臼。况其余乎？惟以怠居，遂远离勇。古德曰：几多鳞甲为龙去，虾蟆依然鼓眼睛。

此略立二支，余固不及也。依次第言三学，启当人之一行。

一、戒学

沙弥十戒，比丘二百五十戒，菩萨十重、四十八轻戒，密乘十四，优婆塞、优婆夷等，乃至八万细行，统曰戒也。无戒何以全德？德不全，行焉尚？尚行全德，君子胜行，莫尚乎此。行人无始落没天涯，还家路迷，荡不知返。邪师诡说，异论庞然。今欲回车，途何由识？此戒者指途的要，依要而行，安全抵舍，故曰：佛涅槃后，以戒为师。《永嘉集·序》曰：非戒不禅，非禅不慧。

或曰：湛堂准谒梁山乘，乘曰：驱乌未受戒，敢学佛邪？准捧手曰：坛场是戒邪？三羯磨梵行阿阇黎是戒邪？乘大惊。

又，有以戒定慧学，问一古德者，德曰：我这里无如是闲家具。

又，嵩岳元珪答乞戒者曰：汝既乞戒，即既戒也。所以者何？戒外无戒，又何戒哉？又曰：若能无心于万物，则瞿欲不为淫，福淫祸善不为盗，滥误疑混不为杀，先后违天不为妄，昏荒颠倒不为醉，是谓无心也。无心则无戒，无戒则无心，无佛无众生，无汝无我，孰为戒哉云云，如彼说又何邪？

曰：是法非语言能诠，意识能缘，汝辈但紧紧记着、守着——无戒而德莫阶，无舟而海莫泛，则得矣。何也？在他既阶既泛之人，何德非戒？何行非戒？何事非戒？若然，持邪、犯邪、开邪、遮邪？开遮持犯之法，以权信愿行证之趣为实，因权及实，既及实已，云何是戒？云何非戒？然未济海者，固不可忘乃舟也。

行人，行人，即应严守下之五戒：一杀，二盗，三淫，四妄，五酒。又，此五戒者，任何一戒，严守专工，悉能了彻本来，发明大事，况尽持乎？他方非计，以吾土言，道宣辈其先例也。

二、定学

记曰：知止而后有定。佛曰：奢摩他。天台大小止观，定相千差，定名匪一，曰定则不二。佛说无量法门，总摄止观。止者，心一境性；观者，抉择法慧。心一境性，缘无分别；抉择法慧，缘有分别。无分别断烦恼现行，有分别断烦恼随眠；二者相依，疾风扫叶。若曰偏废，必覆辅车。又，止者，定也；观者，慧也。今以观糅杂于定学，共立一节者，盖以遍言，无止非观，无观非止，且欲于下文第四节，开彼参话头等四法也。黄叶止啼，讵实义乎？是皆路途之方便，非及奥之良规。若及奥也，则此戒定慧学皆为闲话，尚何所谓糅杂非糅杂邪？然此止观亦开为二：

（一）胜妙止观。先得止而后起观者。

（二）随顺止观。依学人功行方便，次序不定。

曰止观，曰胜妙，曰随顺，种种名，种种法，悉以实诠人无我、法无我为其究竟。当人苟直下无我，无我则无心，无心则无法，无法则无人，而大用繁兴也。曰止、曰观，讵不悖乎？其或未然，刺股封衾，宁忘载道？既载道也，而于此道起大障碍者，厥有多咎，今但及二：

（一）昏沉。心身于所缘境无堪能性者，昏沉也。如心缘无念而定，久渐心昏身疲，继至睡眠等。修定行人，最难办者，此耳。盖掉举易知，昏沉难捡。古人于此乃开二门：一粗，二细。粗固无论，细为如何？谓于所缘境稍不明显，心无策励，皆昏沉也。比来同辈，每印个似清净境界，或少许光影者，即曰得某定、某三昧。以余勘之，皆昏沉也。去圣日遥，谬阳焰而曰清波，可无惧乎？

（二）掉举。贪彼前境，妄计过、未，摇心异趣，随业散乱者，掉举也。如心缘无念而定，久则放心不求，自意不牧，遂至朋从尔思。修定行人，人百其病，苟无昏沉、掉举，无论何人，当时泊然在定，讵有他哉？一切止观法，衍文也。

行人既不越乎止观，然则缘当何缘？此无定法，要以行人乐欲及烦恼轻重而为对治。略开六法：

（一）贪重者，应缘不净法；

（二）嗔重者，应缘慈悲法；

（三）痴重者，应缘缘起法（十二缘起）；

（四）慢重者，应缘界差别法（地、水、火、风、空、识）；

（五）寻思重者，应缘出入息法；

（六）等分行者，应缘各别缘上诸观。

止观理趣既已粗知，于焉起行，得地为上。古哲择处，人物悉宜，四时咸序，曰山、曰海、曰崖谷、曰市廛，总以便利行人，不害进业为是。当人自检。

既得地已，行、住、坐、卧无非道场。为利初机，故言坐法。金刚坐、狮子坐、七支坐等，坐有多名，名有多德，都非此急。今以下之九法，为行者的趋，若忘筌蹄，是此非此，均无不可也。

（一）跏趺或半跏趺（如有病或吃苦，随坐亦可）；

（二）竖脊（直如树铜钱）；

（三）平肩（肩须放松）；

（四）手置脐下四指处结定印（右手放在左掌上，必两大指微微相触）；

（五）项微俯（项左右有脉如鱼鳃，出入循环，冲动内气，故易掉举。微俯则压二脉不动，自然在定也）；

（六）唇合任其自然；

（七）舌抵上腭；

（八）眼微开，自鼻端下视（远五尺，近三迟）；

（九）呼吸任其自然。

行既趋乎上阶，业每新于日异。笃行固一，业相繁多，先圣以九法表之，令行者无栖故棄，日新乃德，甚可追也。今示定相，亦曰止相，当然应有之过程如次：

（一）内住：即念住，摄外攀缘，离内散乱，最初系心故；

（二）等住：即续住，于所缘境相续而转微细，系缚渐略故；

（三）安住：或失念，或驰散，能复敛摄故；

（四）近住：收摄失念及驰散，已能如理安住故；

（五）调顺：思维定生功德，乐察烦恼过患，令其调伏，心不散乱故；

（六）寂静：于粗寻思烦恼，能起正念断除，令心不流散故；

（七）最寂静：于极寻思烦恼，亦能断除，或时失念，率尔现行亦能治伏，如是等过，令不更起故；

（八）专住一趣：于所缘境，恒常相续，而有功用故；

（九）等持：于所缘境，恒恒相续，无功用故。

是九相者，修定行人必经之程，得"等持"已，心一境性，即时身心轻安，名为得止。止者，定也。行人证此轻安，即得定也。然此亦有四胜相，恐学者昧而不察，得少忘全，特开四法，检其伪真：

（一）头项似重，而无损恼；

（二）遍身如风，内触妙乐；

（三）身内如满溢状；

（四）于诸烦恼，乐断能断。

止既得已，由此起观，曰妙胜观。以外道例，止共而观不共，盖外道有止而无观，纵曰观，非此之观也。

观亦开二门、六事。二门者：一、正思择；二、正极思择。正思择缘尽所有性，正极思择缘如所有性。此复依六事而行，观察如次：

一、义。谓于所缘，依圣言教而明了其义；

二、事。谓由义所指之一切事；

三、相。谓所缘之事，思维其自相及共相；

四、品。谓依义及不依义，所得善果、恶果；

五、时。谓于过、未、现决定如此；

六、理。理又开四：

（一）观待道理。以观待而自明（如烟起而知有火）；

（二）作用道理。以作用而自明（如笔墨，人作用而成字）；

（三）证成道理。以证得而自明（如饮茶已而渴解）；

（四）法尔道理。不待证而自明（如三加二等于五）。

既得止已，依轻安力起分别观。观法虽多，无我空观最为殊胜。所以者何？以此观者，能破根本我执也。如是分别思维，因止以观，因观以止，有时全止无观，有时全观无止，有时观止双忘，有时止观共显。时时增上，了体明静；所观能观，一切不系；内心外境，了不可形。而当人在此过程之中，所见如虹如电，如日月，如流星，胜境劣境，光影非光影等，一切境界，不舍不取，无憎无爱，一一消归自性，乃曰观果。

上说杂摘经论，百中仅一。行人但企于此，曰观曰止，其庶几也。然略而未及者，止观之前行资粮，并正行时之助行，与断除沉、掉之方便耳，宁可忽乎？权开三法，次略说之：

一、未修止观前应具之资粮。备预不虞，先哲所钦，矧应具之资粮乎？诗曰"乃裹糇粮"；唯识于斯，特立一位，曰资粮位，固不可忽也。今依论摘四：

（一）地随顺。上文已粗说，即得爽垲之地等；

（二）戒清净。戒如筏，舍筏何渡？

（三）远离欲。欲如系，离系乃行；

（四）应决定三见：

1. 出离见。人天六道，善恶诸业，皆为有漏，决不染不着；

2. 菩提见。即觉也。行人当净佛国土，成就众生，难行能行，决不推诿；

3. 空见。一切法因缘而生。

二、正修止观之助行。借错攻玉，尚咏他山；履此胜行，宁忘助件？缘苟有愆，过患立显，废半途返归车者，悉由此也。先圣悯之，爰开六法：

（一）睡眠适度。是睡眠者，本系过患，身不堪能，乃暂休息。行者应作如是思维：务于自所缘自思择，审度如理，即在睡中亦不忘失。睡眠时间亦须适合，总以回复疲劳为度，过短过长，皆为过患。睡眠方式以吉祥睡法为是。盖此式诸圣所由，能除恶梦及贪着睡眠等诸过患也。

（二）食知量。万病多从食有，讵知食即是病？行者食时，当作疾病想、防护想、不自在想、报恩想、药想，如量而止。

（三）密护根门。色声香味触等，本自虚寂，当体即空，如空无染，仁者自闹。苟不取相于外，云何能动于中？内外翕然，天君寂然，漏泄远矣。

（四）正知而住。义所当为，力所能为，如理而为，不躁不诿，为而不为，不为而为，无间无遗，一派圆成，法尔如是，曰正知而住。

（五）发露忏悔。日新又新，德基于悔；讳恶自封，善无由迁。讳恶岂君子，迁善非小人。欲完大事于将来，宁潜过患于今日？过而不潜，悔德尚矣。

（六）恳祷加持。《易》尚感通，爰立恳祷。恳祷曰感，加持曰通。感而遂通，物且云然，君子胜行，宁忽乎此？密乘之所以重礼拜，而诸宗之所以有祈祷矣。斯法也，大人犹驭，矧彼初机？

如是六法，行人朝斯夕斯，借助于彼，所作必办。

三、正修断除沉、掉方法。曰止曰观，从本以来，人人具足，个个圆成，亦非他得，不从师授，且非修有。若修而有，小乘法、外道法、邪法也，讵正法、无为法、无上大法邪？良以沉、掉二障，趋役行人，不驰则昏，遂昧本来。若无沉、掉，当下即通，不求已得，及通也、得也。沉、掉亦是本来，一切何非大用？若然，行人未通、未得者，固不得言无修也。修者何修？去沉、掉耳。此开六法，果当人直下，心如虚空，不着空见，应用无碍，动静无心，凡圣情尽，能所俱泯，则性相如如，无不定时也。于焉千法皆赘，一法也无，况云六邪？检之！勉之！

（一）掉举时，应修止；

（二）昏沉时，应修观；

（三）修止、修观，于沉、掉仍不能去，应起经行，或讽诵、持念、忏悔，总以远离为是；

（四）掉多者，应多观五欲过患；

（五）沉多者，应多思维，定有功德；

（六）沉、掉俱无者，应修行舍，稍缓功用，看止是何法？观是何行？能观所观，为自为他？自然头头上显，物物上明也。

如是等法，当人倘一觑觑破，曰止曰观，曰戒定慧，曰三藏十二，胜劣一切等说，都成话柄也，讵不毅然大丈夫哉？苟自缚而求解，无病而长呻，三世诸佛将奈尔何？

三、慧学

"恰恰用心时，恰恰无心用；无心恰恰用，当用恰恰无。"学，学何道？会，会何法？有学有会，恰恰学错、会错。

"然则无学无会邪？"

曰："否，否！有且错，况无邪？"

进云："有、无不居，学人究从何会？"

先生曰："当人开眼阖眼，凡所见色，皆是见心；心不自心，因色故有。汝但随时言说，即事即理，都无所碍，即菩提道果也。菩提道果者，慧果也。慧果者，佛果也。能如是，即上趋乎三藐三菩提也。宁舍此而别有他学曰会取邪？故曰：道不属修。若言修得，修成还坏，即同声闻；若言不修，即同凡夫。"

或曰:"初机者不言修,云何达道?况今之修道者遍诸方,何邪?"

先生曰:"自性本来具足,但于善恶事上不滞,唤作修道人。船子诚曰,藏身处莫踪迹,莫踪迹处莫藏身,唤作修道人。不如密多曰,出息不随众缘,入息不居蕴界,唤作修道人。百丈曰,即此用,离此用;离此用,即此用,唤作修道人。舍此不图,取善舍恶,观空入定,悉属造作,统摄驰求,讵知转求转疏,转疏转远,穷劫不能履乎上阶而趣慧果也,悲乎!悲乎!

"六祖能曰:若得解脱,即是般若三昧。般若者,智慧也;三昧者,正受也。舍此则邪、则愚,而非至行也。般若三昧即是无念。何名无念?见一切法,心不染着,是为无念。用即遍一切处,亦不着一切处,但净本心,使六识出六门,于六尘中无杂无染,来去自由,通达无碍,是为无念。若百不思、百不想,合眼瞑坐,常令念绝,即是法缚,乃边见也。不名无念,不名般若,讵曰三昧邪?马师曰:前念、中念、后念,念念不相待,念念寂灭,唤作海印三昧。是法也,不历阶梯,亦无顿渐,悟此即登佛地,一切不假他求。曰上根、曰中根、曰下根、曰三学、曰多学、曰万行、曰一行,皆方便而言,就行人迷悟示践履差齐耳。今兹权开四法,导彼初机。若曰悟门,极尘沙而罔罄,开一法已云多,固不计也。"

(一)随体消

长庆叩百丈之室,曰:愿识佛性义。丈曰:大似骑牛觅牛。庆曰:识得后如何?丈曰:如骑牛人归家。庆曰:未审始终,如何保任？丈曰：如牧牛人执杖视之，不令犯人禾稼。庆从兹领旨，享受下半截风光，更不驰求。此随体消之楷范。是法也，易滞在体，而难脱落。古德曰，就体消停得力迟。

（二）从缘入

香岩击翠竹以明心，灵云见桃花而悟本，从缘也。古德曰，从缘入者得力强。盖谓其直切契证，而远离乎情缘意度也。

（三）依文字

依先圣教言，如理而知，如实而行，或观或止，以戒以诚；丕说诠乎已言，幽理彰于未著；句破《楞严》，先型悟则；语阅玄沙，竟彻灵源。曰：依文字。古德曰：从文字得力者弱。盖幽虽渐著，理难彻忘矣。

（四）参话头

此法至易至简，至高至玄，胜行中之特行，要法中之妙法也。以言乎义，空生莫赞；以言乎慧，身子莫诠；摄上、中、下三根，普过、未、现三际。行者何修，得闻此法？既闻此法，即得此法；既得此法，喻如金刚王剑，魔来斩魔，佛来斩佛，何坚而不摧邪？伊庵曰：是法也，穷未来际而不渝。知言哉！爰以六说，略尽其义。

1. 话头之缘起。话头者，黄檗揭于前，妙喜倡于后。比来宗门下客，言趣乎入处，莫不竞尚话头。而古人一言一句，契机契理，息心忘心，发明大事之风不必曰无，然亦渐寝也。原古人纯笃，大事未明，如丧考妣，异域抉择，殊方趋诚，心摇摇于胜义，情殷殷而神一。孟子曰：是集义所生。集义而生，非话头即话头。话头之义，实亦潜寓也。末法人情浇薄，集义既难，趋诚者少，而此法门遂应运而诞也。旨哉，旨哉！千古不渝，人百其口，讵能罄赞！

2. 话头之殊胜。当人果能直下荐取，探堂达寝，固无论也。其或未然，宁离功用？且谈功者，不越止观。

是法也，止观双运，遮照互通。止则沉、掉皆破，观则体、用齐彰。惧显而放，遮以诠实；虑隐而拘，照以明真。不沉不掉，无放无拘，入乎，否邪？此观音入德之门，诸菩萨入德之门，三世诸佛、一切贤圣入德之门也。然则参法伊何？说如下支。

3. 话头之参法。法本无法，无法亦法。今必依法，便摘古德参情数则，似之以新来学。

黄檗运曰：若是丈夫汉，看个公案。

僧问赵州：狗子有佛性无？州云：无。但二六时中，看个无字，昼参夜参，行住坐卧，著衣吃饭处，屙屎放尿处，心心相顾，猛著精彩，守个无字，日久月深，打成一片，忽然心花顿发，悟佛祖之机，便不被天下老和尚舌头瞒，便会开得大口也。达摩西来，无风起浪；世尊拈花，一场败阙。到这里说什么阎王老子，千圣尚不奈你何。

赵州谂曰：汝但究理，坐看二三十年，若不会，截取老僧头去。

大慧杲曰：当人当以生死二字，贴在头上。茶里饭里，静处闹处，念念孜孜，心知烦闷，回避无门，求生不得，求死亦不得。到这个境界时，善恶路头，相次绝也。切莫放过，正好把一个话头直截看下,看时不用搏量,不得注解,不用分晓,不得向开口处承当,不用向举起处作道理会,不得堕在空寂处,不用将心等悟,不得向师家说处领略,又不得掉在无事甲里。行时卧时,但切切提撕,提撕得熟,口议心思都不能及,方寸里七上八下,如咬生铁橛莫滋味时,千万莫要退志,正是好消息到也。

又,把一个话头,喜怒静闹处,亦须提撕。第一不得用意待悟。若用意待悟,则谓我至今迷,执迷待悟,纵经尘劫亦不能悟。但举话头时,略抖擞精神,看是个什么道理而已。

又,僧问赵州:狗子还有佛性无?州云:无。此一无字,便是破生死疑情的刀子也。这刀子把柄只在当人手中,教别人下手不得,须是自家下手方亲;若舍得性命,方肯下手。反之,亦须在疑不破处,捱将下去。倘蓦然自肯舍命,一下便休,那时方信,静时便是闹时的,闹时便是静时的,不着问人,自然不受邪师胡说乱道也。

又,日用二六时中,不得执生死、佛道是有,不得拨生死、佛道是无。但只看个"狗子还有佛性也无,州云:无。"无!如是参法,舍是无法。行人但行是法,无事不办,即名胜行、上行、梵行,可忽乎?

4. 话头之歧路。古德参话头得入者,指不胜屈,而策意行心,略不外上之理趣。果能把此一心不异,蓦直而行,何坚不摧,发悟可立而待也。然则话头法门百益而无一害乎?曰:否!钱伊庵云:话头之弊,歧途有二。伊庵造诣固不足称,然检点斯处,亦有可取,宁曰以人而废言乎?今说之以餍行者。

钱伊庵曰：参话头之弊，厥有二歧：一说道理，二认光影。如参无梦无想公案，忽然自心谓云：不过令断妄想，亦别无奇特；又谓既无梦想，何有主公？更以所参在无梦想处，而实悟不在此之类，各各游思，种种妄想，落说道理边收也。参情紧急，忽觉本心，如日当空，或如孤灯独照，或密入无间，或大弥虚空，或金光闪烁，或暗然空寂，或大地平沉，或见佛菩萨像，以及一切殊胜非殊胜种种，皆光影边收。非悟门、非本心也。

上之种种，无一而非透路，无一而非要门，总在当人明得透，信得及，把得住。一闻便信，一信便行，一行便深，一深便直趋而入阃达奥，方堪称为宗门种草。若徘徊歧路，相羊两头，痴云甚矣！

5. 话头之检择。检择话头，以何为尚？大慧杲多主单提"无"字，天奇瑞专以"谁"字示人，伊庵则以"无梦无想主人公毕竟在什么处安身立命"为学人必参，此乃能于八识上大亚一刀云云。余意不然，火器、铁器，均能杀贼；任一话头，皆可结秀。苟能激得学人疑情起者，便是杀贼利器，固不必拘有义路、无义路，或半有、半无义路等。所谓欲尚无所尚，欲为无所为矣。比来丛林，总以"念佛是谁"交令学人一味死参者，亦可笑也。

6. 话头之罢参。问者曰："参究话头以何时已？"先生曰："是话头也，在未悟前为方便般若，既悟后为实相般若。未悟前，参一话头便是一话头，有参时有不参时，有打成一片时，有走着而片段不成一片时；迨彻后，一话头该一切话头，一切话头为一话头，大地山河、风云雷雨、四时八节、人我是非，一切三昧，一切修多罗，十方圣哲，四类含生，语的、默的、静的、动的，何一而非话头？学人到此，参也是他，不参也是他，觅一星儿参与不参皆是戏论，皆是诤语，皆不可得。何时而已？落在何处？当人自检，思之，思之。"

曰戒、曰定、曰慧，支开为三，理原不二。任何一学，皆可了彻本来，发明大事。未了彻前，三学竞秀，理有万殊；既了彻已，一物也无，事非殊致。以戒言，能持即定，知持即慧；以定言，知定即慧，能定即戒；以慧言，能慧即戒，常慧即定。明其德曰智、仁、勇，即其体曰法、报、化，绳其用曰戒、定、慧。随处立名，立名即真。既有真也，妄即虚形，非离真而有妄，实藉妄以诠真。真妄虚名，三学焉寄？非达天德者，其孰能游？志公曰：无智人前莫说，打汝色身星散。大慧杲曰：无智人前莫说，打你头破额裂。今昔永叹，贤哲徒怀。

丁，警语

一言知返，千古尚有宪垂；一理契机，当下即明本体。载于史，炫于帙，不胜数也。爰摘古人明言、先哲伟论，而次三学之后，再示入德之程。自不捡赘，遑曰说同。意者抛纶江上，或有金鳞破浪而来，非曰缘木求鱼，平地攦虾也。题曰"警语"。

世尊升座，众集。文殊白椎曰：谛观法王法，法王法如是。

世尊便下座。

黑氏梵志献合欢梧桐花,佛召仙人:放下着。梵志放下左手一株花。佛又召仙人:放下着。梵志又放下右手一株花。佛又召仙人:放下着。梵志曰:吾今两手俱空,更教放下个什么?佛曰:吾非教汝放舍其花,汝当放舍外六尘、内六根、中六识,一时舍却,无可舍处,是汝放身命处。梵志于言下悟无生忍。

调达谤佛,生身入地狱。佛命阿难往而问曰:你在地狱中安否?曰:我虽在地狱,如三禅天乐。佛又令问:你在地狱中还求出否?曰:我待世尊来便出。阿难曰:佛是三界导师,岂有入地狱分?调达曰:佛既无入地狱分,我岂有出地狱分?

世尊在灵山会上,拈花示众,是时众皆默然,唯迦叶尊者破颜微笑,世尊曰:吾有正法眼藏,涅槃妙心,实相无相,微妙法门,不立文字,教外别传,付嘱摩诃迦叶。

阿难尊者问迦叶尊者曰:师兄,世尊传金缕袈裟外,别传何法?迦叶召阿难,阿难应诺。迦叶曰:倒却门前刹竿着。

真净文居洞山时,僧问:《华严论》云:以无明住地烦恼,为一切诸佛不动智,一切众生皆自有之,只为智体无性无依,不能自了,会缘方了。且无明住地烦恼,如何便成诸佛不动智?理极渊深,绝难晓达。文曰:此最分明,易可了解。时有童子方扫地,呼之,回首。师指曰:这便是不动智。又问:如何是佛性?童子左右视,惘然而去。师曰:这便是住地烦恼,若能了之,即今成佛。

又,古德曰:众生不能解脱者,情累尔。悟道易,明道难。

问：如何得明道去？师曰：但脱情见，其道自明矣。夫明之为言信矣，如禁蛇人信其咒力、药力，以蛇绾弄揣怀袖中无难，未知咒药等力，怖骇易去。但谛见自心，情见便破。今千疑万虑，不得用者，是未见自心者也。

问：真正修道人，不见世间过，未审不见个什么过？汾阳昭曰：雪埋夜月深三尺，陆地行舟万里程。曰：和尚是何心行？汾阳昭曰：却是你心行。

志公《事理不二颂》云：心王自在翛然，法性本无十缠。一切无非佛事，何须摄念坐禅？妄想本来空寂，不用断除攀缘。智在无心可得，自然无诤无喧。不识无为大道，何时得证幽玄？佛与众生一种，众生即是世尊。凡夫妄生分别，无中执有迷奔。了达贪嗔空寂，何处不是真门！

维摩会上，三十二菩萨各说不二法门。文殊曰：我于一切法无言无说，无示无识，离诸问答，是为菩萨入不二法门。于是文殊又问维摩：仁者当说何等是菩萨入不二法门？维摩默然。文殊赞曰：乃至无有语言文字，是菩萨真入不二法门。

无厌足王入大寂定，乃敕有情、无情皆顺于王，若有一物不顺于王，即入大寂定不得。

广额屠儿于涅槃会上，放下屠刀，立便成佛。自云：是贤劫千佛一数。

警语醒言，罄竹难书。今但及此，尝一脔而甘全鼎，所谓医病不假驴驮药者也。翠竹黄花，何非般若？何非法身？仁者幸自检耳。

戊，悟缘

　　学人贪程嗜异，未得饰得，百其人，百其病，讵知愈贪愈远，愈嗜愈离。本无远近，何有程贪？本自寂常，何有异炫？倘把一切远、一切近、一切平常奇异、得未得等，贬向他方，又不作贬向他方想，一派圆成，何用不臧？当人当下不趋已入，不炫已奇，无得而得，得无所得也。而谋不出此，意不洞此，慧不照此，于是乎证不及此。笼统颟顸，仿佛依稀，说奇说常，说难说易，闹如十字街头，俨如山阴道上，相羊乎一德，赵趄乎两歧。爰开此章，示彼末学，王须真王，嗜须实嗜。倘认王于纪信，嗜龙等叶公，不可也。录先圣悟缘数则者，杜公子窃符，王孙矫命耳。

　　法闼上座久依五祖，未有所入。一日造室，祖问：不与万法为侣者是什么人？曰：法闼即不然。祖以手指曰：住！住！法闼不然着么生？闼于是启悟。

　　金陵俞道婆，市油糍为业，常随众参问琅琊，琅琊以临济无位真人语示之。一日闻丐者唱莲花落云：不因柳毅传书信，何缘得到洞庭湖？忽大悟，以油糍投地。其夫曰：汝颠邪？婆掌其夫曰：非汝境界。往见琅琊，琊望之，知其造诣，问：哪个是无位真人？婆应声曰：有一位无位真人，六臂三头努力瞋，一擘华山路两分,万年流水不知春。

云门偃以己事未明,往参睦州。州才见便闭却门,偃乃叩门。州曰:谁?偃曰:某甲。州曰:作什么?偃曰:己事未明,乞师指示。州开门一见便闭却。偃如是连三日叩门,至第三日,州开门,偃乃拶入,州便擒住曰:道!道!偃拟议,州便推出,曰:秦时𨍼轹钻。遂掩门,损偃一足。偃从此悟入。

明州大梅初参大寂,问曰:如何是佛?寂曰:即心是佛。大梅闻已大悟。

灵默初谒马祖,次谒石头,曰:一言相契即住,不契即去。石头据座,默便行,头随即召曰:阇黎!默回首,头曰:从生至死,只是这个,回头转脑作么?默言下大悟,乃拗折拄杖而栖止焉。

大珠慧海初参马祖,祖问:从何处来?珠曰:越州大云寺来。祖曰:来此拟须何事?珠曰:来求佛法。祖曰:我这里一物也无,求什么佛法?自家宝藏不顾,抛家散走作么?珠曰:阿?哪个是慧海宝藏?祖曰:即今问我者是汝宝藏,一切具足,更无欠少,使用自在,何假外求?珠于言下自识本心,不由知觉,踊跃礼谢。

俱胝和尚参天龙,龙竖一指示之,俱胝大悟。

临济在黄檗会中,行业纯一。时睦州为第一座,乃问济曰:上座在此多少时?济曰:三年。州曰:曾参问否?济曰:不曾参问,不知问个什么?州曰:何不问堂头和尚,如何是佛法的的大意?济便去问,声未绝,檗便打。济下来,州曰:问话作么生?

济曰：某甲问声未绝，和尚便打，某甲不会。州曰：但更去问。济又问，檗又打。如是三度问，三度被打。济白州曰：早承激劝问法，屡蒙和尚赐棒，自恨障缘，不领深旨，今且辞去。州曰：汝若去，须辞和尚了去。济礼拜退。州先到黄檗处，曰：问话上座虽是后生，却甚奇特。若来辞，方便接伊，以后为一株大树，覆荫天下人去在。济来日辞黄檗，檗曰：不许他去，只往高安滩头参大愚，必为汝说法。济到大愚，愚曰：甚处来？济曰：黄檗来。愚曰：黄檗有何言句？济曰：某甲三度问佛法的的大意，三度被打，不知某甲有过无过？愚曰：黄檗与么老婆心切，为汝得彻困，更来这里问有过无过。济于言下大悟，乃曰：原来黄檗佛法无多子。愚搊住曰：这尿床鬼子，适来道有过无过，如今却道黄檗佛法无多子，你见过什么道理，速道！速道！济于大愚肋下筑三拳，愚拓开曰：汝师黄檗，非干我事。济辞大愚，却回黄檗，檗见便问：这汉来来去去有何了期？济曰：只为老婆心切，便人事了。侍立。檗问：甚处去来？济曰：昨蒙和尚慈旨，令参大愚去来。檗曰：大愚有何言句？济举前话，檗曰：大愚老汉饶舌，待来痛与一顿。济曰：说什么待来？即今便打。随后便掌。檗曰：这疯颠汉来这里捋虎须。济便喝，檗唤侍者曰：引这疯颠汉参堂去。

高峰妙曰：某甲十五出家，二十更衣，入净慈，立三年死限学禅。初参断桥和尚，令参"生从何来，死从何去"，意分两路，心不归一。后见雪岩和尚，教看"无"字，又令每日上来一转，如人行路，日日要见工程。因见说得有序，后竟不问做处，一入门便问：谁与你拖这死尸来？声未绝，便打出。次后径山归堂，梦中忽忆万法归一，一归何处？自此疑情顿发，直得东西不辨，南北不分。第六日随众阁上讽经，抬头忽睹五祖演和尚真赞，末两句云：百年三万六千朝，反复原来是这汉。日前"拖死尸"句子蓦然打破，直得魂飞胆丧，绝后再苏，何啻放下百二十斤担子！其时正二十四岁，满三年限。次后被问：日间浩浩作得主么？答曰：作得。又问：睡梦中作得主么？答曰：作得。又问：正睡着无梦时主人公在何处？于此无言可对，无理可伸。和尚嘱云：从今后不要你学佛学法，穷古穷今，只饥来吃饭，困来打眠。才眠觉来，抖擞精神，我这一觉，主人公毕竟在什么处安身立命？自誓拼一生做个痴呆汉，定要见这一着子明白。经及五年，一日睡觉，正疑此事，忽同宿道友推枕子落地作声，蓦然打破疑团，如在网罗中跳出。所有佛祖淆讹公案，古今差别因缘，无不了了，自此安邦定国，天下太平，一念无为，十方坐断。

铁山瑷曰：山僧十三岁知有佛法，十八出家，二十二为僧。先到石霜，记得祥庵主教时时观见鼻头白，遂得清净。后有僧自雪岩来，写得岩坐禅箴，看我做功夫却不从这里过。因到雪岩，依彼所说做功夫，单提"无"字，至第四夜通身汗流，十分清爽，继得归堂，不与人说话，专一坐禅。后见妙高峰教"十二时中，莫令有间，四更起来，便摸索话头，顿在面前，略觉困睡，便起身下地也。是话头，行时步步不离话头，开单展钵、拈匙放箸、随众等事，总不离话头，日间夜间打成片段，未有不发明者"。依峰开示做工夫，果得成片。

三月二十日，岩上堂云：兄弟家久在蒲团上瞌睡，须下地走一遭，冷水盥漱，洗开两眼，再上蒲团，竖起脊梁，壁立万仞，单提话头，如是用功七日，决定悟去！此是山僧四十年前已用之功。某即依彼所说，便觉功夫异常，第二日两眼欲闭而不能闭，第三日此身如在虚空中行，第四日曾不知有世间事。其夜倚栏杆少立，泯然无知，检点话头，又不打失。转身上蒲团，忽觉从头至足，如劈破髑髅相似，如万丈井底被提在空中相似。此时无著欢喜处，举似岩。岩云：未在，更去做功夫。求得法语，末后云：绍隆佛祖向上事，脑后依然欠一捶。心下道：如何又欠一捶？不信此语，又似有疑，终不能决。每日堆堆坐禅，将及半载。一日，因头痛煎药，遇觉赤鼻问：那吒太子析骨还父，析肉还母话，记得被悟？知客问不能对，忽然打破这疑团。后到蒙山，山问：参禅到什么处是毕工处？遂不知，投山教再做定力功夫，洗荡尘习。每遇入室下语，只道欠在。一日哺时，坐至更尽，以定力挨拶，直造幽微。出定见山，说此境已，山问：哪个是你本来面目？正欲下语，山便闭门。自此功夫日有妙处。盖以离岩太早，不曾做得细密功夫，幸遇本色宗匠，乃得到此。原来功夫做得紧峭，则时时有悟入，步步有剥落。一日见壁上三祖《信心铭》云：归根得旨，随照失宗。又剥了一层。山云：个事如剥珠相似，愈剥愈光，愈明愈净，剥一剥，胜他几生功夫也。但下语犹只道欠在。一日定中，忽触着欠字，身心豁然，彻骨彻髓，如积雪卒然开霁，忍俊不禁，跳下地来，擒住山云：我欠少个什么？山打三掌，某礼三拜。山云：铁山这一着子，几年几日方了。

百丈参马祖为侍者,檀越每送斋饭来,师才揭开盘盖,马大师便拈起一片胡饼示众云:是什么?每每如此,经三年。一日,侍马祖行次,见一群野鸭飞过,祖曰:是什么?师曰:野鸭子。祖曰:什么处去也?师曰:飞过去也。祖遂把师鼻扭,负痛失声。祖曰:又道飞过去也?师于言下有省,却归侍者寮哀哀大哭。同事曰:汝忆父母邪?师曰:无。曰:被人骂邪?师曰:无。曰:哭作什么?师曰:我鼻孔被大师扭得痛不彻。同事曰:有甚因缘不契?师曰:汝问取和尚去。同事问大师曰:海侍者有何因缘不契,在寮中哭,告和尚为某甲说?大师曰:是伊会也,汝自问取他。同事归寮曰:和尚道汝会也,教我自问汝。师乃呵呵大笑。同事曰:适来哭,如今为甚却笑?师曰:适来哭而今笑。同事惘然。次日,马祖升座,众才集,师出,卷却席。祖便下座,师随至方丈,祖曰:我适来未曾说话,汝为甚便卷却席?师曰:昨日被和尚扭得鼻头痛。祖曰:汝昨日向甚处留心?师曰:鼻头今日又不痛也。祖曰:汝深明昨日事。师作礼而退。师再参,侍立次,祖目视绳床角拂子,师曰:即此用,离此用。祖曰:汝向后开两片皮,将何为人?师取拂子竖起,祖曰:即此用,离此用。师挂拂子于旧处,祖振威一喝,师直得三日耳聋。

水潦和尚问马祖:如何是西来的意?祖乃当胸踏倒,师大悟,起来抚掌大笑云:也大奇!也大奇!百千三昧,无量妙义,只向一毛头上,一时识得根源去。乃作礼而退。师后告众云:自从一吃马祖踏,直至如今笑不休。

上之形形色色,若作实会,埋汝千尺,莫谓余言不先;若作不实会,远汝万程,莫谓余言有咎。若云总不作如是会,许你百千亿劫坐在黑山鬼窨,求出不得,求入不得,求住不得,求不住更不得。

然则必如何乃得?

学人在此心上心下,必自念云:"先生若不装模作样,像那古人做宗师的样子,故意要钝置人。倘一口说出,我们当下即得。"

哈哈!果如是也,我得你不得。何也?纵饶三世诸佛、释迦老子一时到来,尽量共力道此一句,亦道不出的,且不问汝诸人得与不得。

或曰:"他或道得出时如何?"

先生曰:"我便拜他三拜。"

或曰:"先生为何如此大赌?"

先生曰:"与其俭也,宁奢。"

第四讲　或者问

或问曰:"凡圣情尽,体露真常,但有文言,皆无实义。赵州云:老僧此间即以本分事接人。若教随伊根机,自有三乘十二分教在。今先生如说云云,不但显违赵州,而亦大背宗旨。"如是数问,先生不答,巍然据座,众渴闻义,敬候朗音。

久之,先生顾示诸子,弹指一声,曰:"会么?"

进云:"不会。"

乃曰:"凡圣情尽,谁知凡圣?体露真常,体所露者,何一非妄?即妄即体,真从何露?今既有真,何真非妄?文言非实,若无文言,即云实邪?若然,三乘十二,不如死牛死狗,汝学佛乘,纵极其至,死牛死狗也,何有于道?昧孰甚焉!

"又,三乘十二若非本分、若非宗旨者,舍三乘十二即本分、即宗旨邪?如是彼说,不通三乘十二者,不闻三乘十二者,悉为本分、悉为宗旨也。是汝学佛乘为冤,不亦谬乎?

"固不仅三乘十二也,曰山川、曰草木、曰鸟兽、曰昆虫、曰星辰、雷电、风雨、晦明、人我、众生等，何一而非本分？何一而非宗旨？故经曰：刹说尘说，三世一切说。又曰：山川、草木、鸟兽，悉皆念佛、念法、念僧。非本分、非宗旨，宁如是云云乎？

"至于溪深长添杓柄，三界内碍石头，见水知源，睹星悟道，踢翻溺器，蹴破脚头，缘风动以知还，闻雷声而悟本，从朝至暮，亘古及今，无一时、无一事、无一法、无一物、无一人、无一言、无一理而不是本分，而不是宗旨也。

"彼以彼为宗旨本分，此以此为本分宗旨。彼若来此，此必毒打彼三十棒曰：赵州，赵州，为何信口开河，不畏人言如此。你卖胭脂我卖粉，买个猪头大家啃。从此各做各的梦，各行各的路，清天白日，一物也无；晴空万里，不挂片丝，再莫骗人家男女了。"

言已，复顾视诸子，曰："会么？"

进云："不会。"

先生曰："咄哉！舍却生盐亭而觅死赵州，驴年会道去。"

进云："如示云云，彼一是也，此一是也，学人浅机，何去何从？"

先生曰："从此。"

进云："何故从此？"

先生曰："九天阊阖开宫殿，万国衣冠拜冕旒。"

《中庸》胜唱

盐亭袁焕仙先生　口授
门人　乐清南怀瑾　编撰　　南充徐剑秋　编撰
　　　内江伍所南　编撰
　　　华阳吕寒潭　记义　　西充杨介眉　记义
　　　潼南傅仲穆　记义
　　　盐亭范天笃　记事　　潼南田肇圃　记事
　　　盐亭黄人俊　记事
　　　广汉杨光岱　记言　　盐亭王乃鹤　记言
　　　盐亭邓岳高　记言
　　　峨山大坪寺释通宽　校讹　　峨山龙门洞释演观　校讹
　　　奉新许建业　校讹　　内江冷笑岑　校讹
　　　内江曾鹤居　校讹
　　　隆昌饶盛华　缮稿

維摩精舍叢書之三

中庸勝唱

天묘署

序

序曰：孔氏之学，该于六经，而子思独传《中庸》。汉儒稽文，程朱言理，皆欲探微言、抉大义，以承圣统。而至道暧昧，门户各标，彼唱此非，莫衷一是。遂使后之学者，迷其径趋，望洋兴叹，不亦大可哀乎！

剑秋、怀瑾等，比来潜心内籍，栖志心宗，遍叩丛席，得闻盐亭袁先生焕仙，出世维摩精舍，诸方重之。今夏都讲，剑秋、怀瑾等数数参谒，叩以心要，先生皆笑而不语。久之，乃曰："若平昔酷嗜何籍？"对曰："《中庸》。"曰："何谓中庸？"以不偏不易之义对。曰："偏而易非中庸邪？则圣人之道隘，而法有增减去取矣。"进曰："偏与易即中庸邪？"曰："圣人之道泛，法无去取，中庸之名虚立矣。"如是数问数答，茫然罔措。因与潼南傅仲穆、释通宽诸君子共师先生，就精舍敷座列席，恭请讲授《中庸》。诸子轮记，剑秋、怀瑾校稿。校已，陈先生阅正。意固在乎激策同俦。久之，遂成巨帙。

斯帙也，妙叶圆通，义诠孔、释，阐幽扬隐，燃诸佛之心灯；振聩发聋，续吾儒之绝绪。诚剑秋、怀瑾等生平所未常闻，亦即孟、荀而后仅有之说也。庸讵知，二千余岁已绝之薪传，得续于今？旷代而下，求孔氏之知音如先生者几人！几人！乃请于先生之前曰："振宗风，正儒学，续众生之慧命，轨万有之一行，胥赖是篇，愿以公世。"先生不答。侪辈攘撼鸠工，付之剞劂。

先生盐亭龙顾井人，父品三，母氏谭。袁、谭皆邑之望族。以先生凤慧，课责綦严。年十三，即遣应童子试，名列前茅，老宿震之。三十服官，四十反政，锐志心宗。自反政迄今二十年，朝夕罔替，发明大事。蜀中尊宿，潼南傅真吾、大竹萧静轩、巴县朱叔痴、荣县但懋辛诸先生等，成维摩精舍，恭延先生主法。剑秋、怀瑾共诸子得闻希有义谛，诚先生一音之转，然亦诸大德共缘之会也。

此帙有时以禅说《中庸》，有时以《中庸》说禅，有时《中庸》与禅共说，有时《中庸》与禅共不说。把百千万亿形形色色入一句中，于一句中演出百千万亿形形色色；尘尘刹刹，有有空空；不立一己，不趣他同，诚万有之奇观，百类之殊至也。若曰逃禅泥孔，泥孔逃禅，讵曰拘墟？聿云眼瞎！

门人南充徐剑秋、乐清南怀瑾敬序

第一编
总说分

第一章　悬说

先生曰："胜义幽邃，离即总殊，曰孔、曰释、曰老、曰庄、耶、回，示范途有千差，原体理非二致。归其径于玄宰，溯其说于灵枢，极其理于相外，都非语言能诠、意识能缘。夫意识不能缘、语言不能诠，说者何说？闻者何闻邪？仲尼曰：'予欲无言。'子贡曰：'夫子之言性与天道，不可得而闻也。'固实诠真，讵曰吝法？且非攻异。若然，《诗》《书》《论》《孟》、《礼》《易》《春秋》，非儒家者言邪？三藏十二，非释家者言邪？大小《可兰》，新、旧《约》，乃至《道德》《南华》、诸子百家，非耶、回、老、庄诸贤哲之言邪？春而仁，夏而荣，秋杀冬藏，彼四时者又无情之言也。有情、无情且费然而言，今曰无说，又曰无闻，无乃非欤？曰：否！否！惟无言也，所以成言之大。惟无闻也，所以全听之绝。大言绝听，弦外希音，固非探堂达寝者，不足以及乎此矣。

"昔须菩提尊者岩中宴座，诸天雨花赞叹，者曰：'空中雨花赞叹是何人？云何赞叹？'天曰：'我是梵天，敬重尊者善说般若。'者曰：'我于般若未尝说一字，云何赞叹？'天曰：'如是，尊者无说，我乃无闻，无说无闻，是真说般若。'庄子曰：'言而足，终日言则近道；言而不足，终日言则近物。'皆斯义也。明乎此，《诗》《书》《论》《孟》《礼》《易》《春秋》、三藏十二，乃至耶、回、老、庄、百家等，汗牛充栋，实无一字。惟无一字也，《诗》《书》《论》《孟》《礼》《易》《春秋》、三藏十二部，乃至耶、回、老、庄、百家，驾日月而常明，亘天地而同枯矣。

"非仅此也，凡百工伎术、声光电化、山鸣谷响、鸟兽之啼、昆虫之迹、岳峙之静、江流之动，若常若变，若是若非，若长若短，若色若非色，若人若我，若圣若凡，宁越斯义？所谓刹说尘说，三世一切，墙壁瓦砾等，永日通宵炽然而说也；不然，释氏不云'不二'，孟子讵曰'尧、舜与人同'，漆园无'天地与我并生，万物与我为一'之论矣。知此胜义非语言能诠、意识能缘，或不诠不缘，即诠即缘。当人自知也。

"昔者临济玄于僧堂里睡，其师黄檗入而见之，以拄杖打板头一下。临济举首见檗，却又睡去。檗复击板头一下，而往上间。见首座坐禅,乃曰:'下间后生却坐禅,汝在这里妄想作么?'座曰:'这老汉作什么?'檗又打板头一下出去。当时有个沩山老人,把这一则事迹举问仰山曰:'只如黄檗意作么生?'仰山曰:'两彩一赛。'知此胜义,为语言能诠、意识能缘,或不能诠、不能缘?亦自知矣。

"既知也,所谓孔,所谓释,所谓耶、回、老、庄,一切贤圣、一切胜义、一切三昧、一切修多罗、一切功德海、五明、六通,无不焕然等见,当体圆成,法尔具足,不假他求。此本经所谓达天德者,亦即《孟子》所谓大丈夫,《大学》所谓有斐君子,释氏之文殊、普贤大人境界,老庄谓之至人,又曰玄宰,回教安立九天四圣之阿尔实、库尔西两天至人,又曰真宰,耶稣谓之上帝,又曰主,皆一体而异名也。倘不于此一觑觑破,日向善知识前,或古人故纸堆中寻章摘句,称郑称扬,谓为多闻,炫称开士,此无智人,睦州斥为'担板汉',永嘉觉谓之'痴狂外边走'也。勉之!检之!"

先生说是语已,凝然冥坐,四众惆然。有问者曰:"凡圣既云不二,一切本自圆成也。他固不问,如何学人不同孔释,孔释迥非学人?尚望哀而详示。"

先生闻此语已,顾示大众。良久,谓曰:"会么?"

进云:"不会。"

先生曰:"赖汝不会。不然,我这一篇无疾而呻、无韵而哦的话言,从何结局?"

复曰:"会么?"

进云:"不会。"

先生曰:"万里凉风嘶逆马,一天明月到故人。"下座。

第二章 略例

演唱、普说、小参、上堂、训诂、拈提、论赞,种种安立名言,要不外显用明体,立己破人也。演唱者,滔滔如洪波之激海;普说者,粒粒若圆器之倾珠;小参则随缘而赴机;上堂乃树范而风远;言必该典,训诂为尚;义叩专工,拈提乃通;至于论赞,抑扬乘其褒贬,去取悉轨阳秋。今此之说,有难遍及,仅以下之三支,诠其义而通其余。例固不仅三,故曰略也。

一、释字。此土以语言文字诠理及事,不通字,义斯晦也。开例之首,先及之。

二、通义。义不通,行焉笃?笃行全事,激义居先。故次释字,曰通义。

三、拈提。释字之失,臻其至,则蔽物。通义之失,臻其至,则囿理。蔽物囿理,宁曰中庸?超方之立于焉尚也,爰立拈提。

《书》曰:"汤执中,立贤无方。"《齐物论》曰:"天下莫大于秋毫之末,而泰山为小;莫寿夫殇子,而彭祖为夭。"云门曰"顾鉴咦",首山曰"家家门前火把子"。之数者,超方之似也。明此,而后出主入奴,把头作尾,无德不通,有感斯应。终日囿于理而远乎理，蔽于物而外乎物。不守一家之言，不倚他人之户；不立自己之场，不落圣贤之臼；不任运而闲闲，不役形而戚戚；不舍雅而居俗，不远俗而鸣高；不立异以非同，不趋同而舍异。或时用字作义，或时用义作字，或时字义两用，或时字义两不用。以之而说《中庸》，则《中庸》法如是；以之而说凡圣，则凡夫、圣人法如是；以之而说百工、伎艺，曰兵、曰农、曰商、曰教、曰财等等法，而此等等一切法无不如是也。此超方之的旨，拈提此旨以示人，古人谓之"评唱"，又曰"拈题"。今演《中庸》，例固尚乎此矣。曰词丽、曰文藻、曰典、曰雅、曰高、曰幽，一切胜名，都非所尚。

必曰燃诸圣之心灯，续众生之慧命，揭宇宙之至理，轨万有之一行，责固肩夫藐躬，义讵让于当仁？此心此志，山岳可移，之死靡他矣。若曰斯言也，似离经；斯义也，实叛道，乃至佞佛逃禅，骛外盲内，一切游词、诽语、谤论、邪言，都非所计！

第三章　诠"中庸"之胜义次第，拈东西学者之失

浅尝西学之人，每病东土之说。曰："事失后先，语每颠倒，条理不纲，杂糅不治。"且引《孟子》七篇、《论语》二十章而难曰："任何一事，可先可后。任何一则，可入可离。又语无回互，理失沟通。所谓破立皆不合乎逻辑者也。"救者曰：

"否！否！"是固拘墟而囿隅，盲者之言也。置无论，以余诠《中庸》十章言，首章显体用之极则，明相行之上趋，而总说中庸。立现、隐、显、微等说，以诠其所不能诠。盖无相中而立相，无言中而立言也。依此体、用、相、行之假名，激信、愿、行，证之至叹。故二、三两章依之而赞美《中庸》，因赞而愿，因愿而行，因行而知难也。故四、五两章又以难行显夫《中庸》。盖行人驰求向外，背本逐末，出入生死，长梦不醒，且终日在中庸道中，而不自知有此一段大事。

先觉悯之，师友激之，于焉乃泛归舟，适彼乐土，瞻望靡及，始知其难。在未掉回舟前，固瞢瞢然忽而易之也。七十子之徒，终身役此而不能息。故子贡问于仲尼曰："愿闻有所息。"仲尼曰："生无息。"子贡曰："然则终无息乎？"仲尼曰："有。视其圹，聿如也，坟如也，则知所以息矣。"子贡曰："大哉！君子息焉，小人伏焉。"难为如何？又，雪峰九上投子，三到洞山；长庆坐破几多个蒲团；释迦舍却头目脑髓，其难又为如何？耶稣谓其徒彼得曰："汝当三次不识主。"耶稣殁，彼得果三反乃洞了此义。了此义已，即请身殉。先圣后圣，前知末学，见道因缘虽有千差，于此生难，实无一异。今曰先后失次，条理不纲，杂糅不治，盲乎非邪？

既难行也，讵不行哉？六、七、八、九、十诸章，乃拈古准今，曰舜、曰回、曰由，皆以难行能行而履乎中庸。既履已，回思畴昔，逆数多生，遍观诸有，皆以不履中庸，流浪生死，轮回六趣，出奴入主，枉受苦乐，虚紫是非。今也如实了知，曰人、曰我、曰物、曰非物，由来不动一念，不启一行，都在中庸道中矣。无一时之或逾，无一事之或忒。只以驰求心、人我心、是非心、一切处、非一切处如是等心，障而难入，自不肯趋。于焉悲喜交激，喜如是难能之法，而我幸能得履乎中庸也；悲如是平遍之法，而人与我无始驰求，不能履乎中庸也。于焉乃生二障：

一、自许。行人届此，彻见人我不二，物我不二，法我不二，一切圆成，不假他有，遂生满想。自云已足，讵知此正孔氏之谓"入德"，宗下谓之"知有"。云门曰："直得乾坤大地无纤毫过患，犹是转句者也。"（按：云门偃上堂云："直得乾坤大地无纤毫过患，犹是转语。不见一色，始是半提。须知有全提时节"云云。宗师语句，本无实法，宁有是处？曰权、曰实、曰体、曰用、曰全提、曰半举，无论形形色色，有有空空，都以诱掖行人入德，奖劝当机履乎中庸。若曰实法，不但损人，而亦埋己也。）

释家者言，谓为解脱深坑，又云般若酒醉人难救。宗门下客谓之净裸裸处，二乘圣人悉住于此。洞山曰："恰似入京朝圣主，只到潼关即便休。"子思哀之，十一章引孔子之言曰，"吾弗能已矣"以策之，俾极于中庸至道。若曰良骥，自必见鞭影而兴驰矣。

二、竞异。行人届此，无上支之过患，必自忖曰："本自圆成，不假他有。何百千三昧、一切功德海之于当人，或具或不具、或具而不透、或透而不周邪？"于是妄计优劣，横较短长，朋从尔思，繁兴尔疑。曰修性、曰修命、曰龙虎、曰坎离、曰汞、曰铅、曰玄、曰丹、曰采补、曰药石，乃至符箓、咒袚、解幻、巫蛊等，莫不由此竞异一念而生。既生也，害于外则黄巾、白莲，祸社会国家贻及后世，而罪不可赎也；害于内，则穷劫而不得择乎中庸，流浪生死，沉沦六道，头出头没，而苦不能出也。讵知初生之虎，体虽具有虎形，而用尚不能畏犬，况曰吞牛？及形而壮也，百兽犹慑其威，宁曰服豕？仰山曰："三明六通，是圣末边事。但达本识心，不愁其末，他时后日，自具去在。若未得本，纵饶将情学他不得。"又以沩山语信之曰："凡圣情尽，体露真常。事理不二，即如如佛也。"子思悯之，引孔子之言曰"索隐行怪，后世有述焉，吾弗为之矣"以折之，俾住于中庸至道。若曰开士，自必见归车而思反也。

故十一章以索隐行怪、半途而废等说以折之、策之而一趣乎中庸。十二、十三、十四、十五四章，曰君子素位而行，曰道不远人，曰行远自迩、登高自卑等，乃扇示行者，如君子也，圣人也，夫妇之愚也，一一平常而遍行中庸矣，因难行能行而践履，而一趣，而遍行也。曰"条理不纲，先后失次，杂糅不治"，又盲乎非邪？

十六、十七、十八、十九四章，行人既一趣而遍行也，必令其长养善保。之四章者，首曰鬼神之为德，以不可度、不可射、不可听、不可遗而形遍行之殊致，所谓空有无、齐物我者也。曰舜其大孝，曰无忧者文王，曰武王、周公其达孝，皆保任之至。洞山《宝镜三昧》曰："臣奉于君，子顺于父。不顺非孝，不奉非辅。"孝之至，乃保任之至。保任之至，而用、而大用、而妙用于焉繁兴。此四章者，又以顺、以孝而保任乎中庸者也。故二十章举"哀公问政"以显中庸之全体大用，明圣道之无所不该。

夫为天下国家也，修身也，劝百工也，柔远人也，怀诸侯也。如是等用，溯其源，稽其行，宁在博学、审问、慎思、明辨、笃行外邪？一切神通、一切三昧、一切功德海，悉在乎斯矣。行人证此，其效必显。故曰虽愚必明，虽柔必强。既明且强也，以此图功，何功不奏？以此京物，何物不臧？未闻田园不治，己业不修，终日兀坐，逞符咒、烧铅汞，为经邦国、大天下也。亦未闻舍治家国、平天下、利人物为繁兴大用也。不然，妖人也，讵中庸至道邪？续众生之慧命，燃诸圣之心灯，揭宇宙之至理，轨万有之一行，其在斯乎！其在斯乎！此章以文言为承上启下，以组织言为中枢，以义言为的轨，以超方言显万化之穷通，笃一行之常异，固以用而显乎中庸者。所谓："芍药花开菩萨面，棕榈叶现夜叉头。"孟子曰："自西自东，自南自北，无思不服。"此之谓矣。

二十一章乃至三十二章，立诚显明，即明诠理，因理即事，横通直达，述古要今，穷理尽性。立规度，法天时，所谓穷四时之态，拈万有之殊。渊渊其渊，浩浩其天，以要中庸三十三章，七引《诗》言，六称君子，而以无声无臭，归结在未说未立以前，是未说前了无一物，一张白纸；既说后了无一物，一张白纸；正说时丝忽迹相不留，纤微事理不寓，了无一物，仍是一张白纸。首尾互通，中如裂帛。霁如雨过天青，皎如云开月白。以结中庸,而精而密,有心皆通。行人证此,即中庸也,记曰:"鹤飞千尺雪,龙起一潭冰。"懋矣哉!夫《中庸》者,果有起有结邪?盖就其文与方便而言也。今表之:

  一、统说"中庸"(第一章)
  二、赞美"中庸"(第二、第三章)
  三、难行"中庸"(第四、第五章)
  四、践履"中庸"(第六、七、八、九、十章)
  五、一趣"中庸"(第十一章)
  六、遍行"中庸"(第十二、十三、十四、十五章)
  七、保任"中庸"(第十六、十七、十八、十九章)
  八、显用"中庸"(第二十章)
  九、要"中庸"(第二十一至三十二章)
  十、结"中庸"(第三十三章)

  总上之说,必武断曰:"任何一章,可先可后;任何一则,可入可离。"且曰:"破立皆不合乎逻辑。"得乎?此固拘墟而囿隅,盲者之言也。于是往反数诘。

  先生笑而谓曰:"如说,古哲所谓一付棺材,两个死汉也。惑哉!惑哉!记曰:'智不囿物,贤不拘方。'逻辑者,论理学之别名也。轫于西方希腊哲人时代,当我土周之中叶,原文逻辑,意盖指为合理之思想与语言矣。明季李之藻译为'名理探',清季严几道译为'名学',有税务司者,又译为'辩学'。'论理学'，日本之译也。今曰'逻辑'，音译也。如佛经'般若'，译智慧，而义不能尽，仍存'般若'之名也。极其大，究其小，融其中，不外语言、思想之合理化。我此胜义，非语言能诠、意识能缘，纵合其辙，不为益；反其轨，讵曰害？如明暗之于太空，明者自明，暗者自暗，于空何有？

"必曰合逻辑，未轫此名、此义前，实无逻辑；必曰不合逻辑，既轫既立此名、此义后，实需实宜有此一学。不然，逻辑之名，宁轮至今？就立此学之场而言，宇宙之大，科哲凡圣等学之宏，欲研讨之，无不适用此学。就破此学之场而言，宇宙之大，科哲凡圣等学之宏，无一可适用此学。何也？诸名无常，皆是假立，非真非实非至矣。

"然则至实、至真、至至，伊何？曰'中庸'矣。中庸之义，不可以语言诠、意识缘，在前《悬说章》已罄。中庸之名，姑待后文《释名章》而演。今以约而言，方便而谈。中者，体也；庸者，用也。遍凡圣、罄空有之学，即事即理，不越体用。体者，显用之理；用者，明体之物。无体不显用，无用不明体也。即无理不成物，无物不显理也。西方之学，多由用而归体，故拘于物；东土之言，多明体而及用，故囿于理。拘物之弊，每泥条理，所谓'死在句下'者也。囿理之病，失在涣杂，所谓'远乎环中'者也。然此亦法尔如是也。彼由用而反体，舍此物之理，此物之理谓条理井然也，则胜行何起？此由体而起用，舍此理之物，此理之物即涣杂不拘也，则罘筌何忘？故曰西门东门，皆可入城。又曰铁器火器，都能杀贼。城也者，喻中庸之大道也；贼也者，权执西执东之妄计也。东门之人谓西门之人曰：'必东门入而后及城。'亦犹西门之人谓东门之人曰：'必西门入而后达城。'其惑一也。持铁器者遇贼时必曰：'火器杀贼为利。'于是舍铁器而别觅火器，而贼飔；亦犹持火器者遇贼时必曰：'铁器杀贼为是。'于是舍火器而别觅铁器，而贼飔。其惑亦一也。讵知'到头霜夜月，依旧落前溪'邪？

"惜哉！惜哉！孔氏的旨，中庸大义，孟、荀而后已失薪传。治汉学者，曰今文学派，曰古文学派，要皆借他人门面为自己装潢，著书等身，更不过品行端洁而已；至品行之不端洁者，更可悲也。治宋学者，自云得不传之学于遗经，在汉学家，犹依据古人故意释经证古，今则终日兀坐，且誉静坐者为真好学。然则不兀坐者即非真好学邪？碍如此！又曰：'春来不折枝，折枝有伤天地好生之德。'迂如此！毕生把一个'私欲净尽，天理流行'的话言、律己身、验学人，又浅薄如此！苦哉！苦哉！孔子之学、中庸之道，竟被他汉、宋两派学者和会杂糅，于是乎亡全丧真，不但觅无灵魂，而筋肉皮骨都不可得也。

"圣人之学，若在字义或事理，十五入学，七十从心，白费工夫矣。圣人之学，若在终日兀坐、春不折枝等，少正卯不必诛，乃至师项橐、琴师襄、官苌弘、礼老聃，游说于盗跖，自卫返鲁，述礼正乐等，及汤、武一怒而安天下之民，背义失道矣。可乎？可乎？私欲净尽，天理流行，亦一期方便之言、半途之说，登堂达寝者，固不如斯。何也？二法矣。法既二，岂《中庸》云'其为物不二，则其生物不测'之义乎？讵知天理即人欲，人欲即天理，舍天理别无人欲，舍人欲亦别无天理也。天理人欲，实不二，然又非一。果一也，圣人即凡夫，凡夫即圣人；吾侪学圣人者，是以圣人而学圣人，头上安头也。果二也，圣人终是圣人，凡夫终是凡夫；吾侪学圣者，明知其不至而欲至，是嗜甘者知苓、连为苦而大嚼也。惑哉！惑哉！昔临济玄云：'谁知吾正法眼藏，竟向这瞎驴边灭却。'然欤？非欤？亦可笑也！（按：临济此语，非罚非赏。今借作罚，实一期行言之便。读者若认作实罚实赏，不但不会临济此语，而亦冤诬古人，自投涂炭也。）

"仲尼之道欲绝而未绝，汉、宋两派学者，附会比拟而道遂绝。老、庄之道将亡而未亡，丹道、符箓两派学者，立奇鸣异而道遂亡。然则吾土黑暗矣？曰：否！否！有释氏之学，起于晋、宋，心灯西照，吾学东明。不然，孔子何以谓之圣？孟子何以权名贤？吾侪且不得而知也，况微言大义，圣学薪传乎？昧者不报饮水之源，翻仇惠我之好，曰佞佛、曰逃禅，亦可丑也！甚有窃议余说为糅杂五宗，不守一德者，亦昧甚矣！夫圣人之学，不但不守一家，即人即我，亦当摈而不守。孔曰毋意、毋必、毋固、毋我；佛曰人无我、法无我；老曰吾之大患，为吾有身；庄曰今者吾丧我；此也。又，不但杂糅五宗也，物并育，道并行，孔子之言；不齐之齐，庄生之论；自他不二，释迦之说。讵知世无孤独而不朋从之理事乎？纯一材不成屋，纯一人不成家，纯一事不成国。如只柱无余，屋不成；只男无女，家不成；纯一财而无兵、农等，国必不成。此如是也，况演唱圣人大义、中庸的旨乎？今曰不守一德而杂糅，古德曰，两个驼子相逢，说世上而今无直人也。可嗤！可咄！

"役物之弊（即由用而未明体者），极其至，则残杀攻伐；囿理之愆（即明体而未起用者），极其至，则柔惰不振。此世界之所以日寻兵革，祸不旋踵也，役物多强，囿理每弱。若强则总强，理无战伐；弱则总弱，义鲜斗争。此学术好尚之不同，强弱于焉而有异，无怪乎日寻凶暴而不息也。倘不因而救渡，则此全球二十余万万人数，不数百年无遗种，则管领宰割此世界者，不为禽即为兽。彼且坐视吾人之肥瘠，待而窥我也，可不儆乎？语曰：'险处岂常忘顾鉴，纵行平地索提防。'余与若敢不勖？曰西、曰东、曰条理不纲、曰杂糅不治，曰无回互沟通、事失先后、语每颠倒等等，一切浮言賸语矣！"下座。

第四章　中庸释名

"中"，《说文》："和也。从口、丨，上下通。陟弓切。""庸"，《说文》："用也。从用，从庚。庚，更事也。余封切。"

朱子申程子之义曰："不偏之谓中，不易之谓庸。中者，天下之正道；庸者，天下之定理。"

今注曰：

中，离二边，绝三际，悬立之假名也。

庸，微二边，即三际，虚言之权号也。

必曰通上下，然则左右、前后、四隅及中不能通邪？果尔，圣人之道有碍有尽，其得谓之中乎？庸，用也。然则不用时即不得谓之庸乎？果尔，则用与不用，截然画为两橛。《中庸》曰"其为物不二，则其生物不测"谬矣。又，上对下言，下因上有，无上则无下，无下亦无上。今此曰上，若到今此之上以视乎上，则上在今此之上，而昔所谓今此之上者实居下也。释下亦然。若曰揭一以概余，拈一以通万，摘一以远冗，则又指途不精，行人惑于去取，非所以张圣范而循循善诱于学子莘莘矣。

曰："不偏之谓中，不易之谓庸。"然则偏与易即非中庸邪？"中者，天下之正道；庸者，天下之定理。"夫道有正必有邪，理有定必有不定。偏与易而非中与庸，则中庸之道不遍，圣人之义狭。孔子七十而从心所欲定逾矩矣。道有邪正，理有定动，《中庸》之言曰"百世以俟圣人而不惑"谬矣，其得谓之通义乎？

无边不显中，边以中立，中因边有。是无边而中亦不立，无中而边亦不有也。了此，乃谓之全边全中。三际者，过去、未来、现在也；然亦假名。过去已去，未来未来，才说未来，又已过去，现在亦不住也。不住不得言有，过、未亦然。虽不得言有而实有，此过、未、现之假名，故又非无也。虽非无，而眼不得而见，耳不得而闻。此不见不闻，中之极则，故曰"离"。论曰："其入也离。"百丈曰："离此用，即此用。"无以名之，假名曰"中"，曰"体"。

虽非有，而眼实得而见，耳实得而闻。此得见得闻，庸之极则，故曰"微"。论曰："其出也微。"百丈曰："即此用，离此用。"无以称之，权称曰"庸"，曰"用"。

体用相乘而理事成，即阴阳相合而化育成也。无体不成用，无用不显体。中与庸非二，然又不一。行人知此，不但《中庸》十章义尽，孔孟毕世之言、老庄罄有之说、释氏三藏，回、耶、百家之旨，一时毕尽，而无丝毫遗异矣。旨哉！旨哉！慎勿自启狐疑，妄计得失。倘无如是等过，一觑即破。子路之拱、曾子之唯，当下现成。大慧杲所谓囤地一下也。行人果得囤地一下，即时证入中庸，而与尧、舜、禹、汤、周公、孔子、颜、曾、思、孟等把手同行。以释家言，则三世诸佛悉在斯也。讵曰"茅山访道，千里决玄"邪？不可失，不可忽。勖之！勖之！

曰解脱、曰般若、曰法身、曰真如、曰菩提、曰涅槃，曰无上正等正觉，释迦之言；曰自然、曰玄宰、曰螭珠、曰灵枢、曰天君，老庄之说；曰真宰、曰上帝、曰主，耶、回之语；孔曰明德、曰仁、曰中庸、曰心、曰性等，皆此一事而立多名。马师曰："非离真而有处，立处即真也。"然真亦因假而有。若无假，真亦不立。千古立则，圣人成化，皆黄叶止啼，都无实义。若泥实义，非圣人之言也。故曰："戏把枯桐收作乐，权将黄叶指为金。"知此，上之释字、通义等，通亦得，不通亦得，通不通总得。不然，饶汝把尧、舜、禹、汤、孔、佛、耶、回玄言妙义，蕴在脑中，总是不快漆桶。何也？盖不知"夜来一派多情月，依旧烟笼十里堤"也。

先生说是语已,顾视大众,以手击案一下,瓦屋皆有声。久之,乃曰:"会么?"众无语。

先生复曰:"此章释名,如是!如是!"

第二编
正说分

第一章　统说"中庸"

第一节　总论

"梁太子昭明者,开《金刚般若波罗蜜多经》为三十二分,识者悲之,谓妄割先圣伟范宏言,身陷地狱,名讥大雅。今先生割裂经义,开此十章,明知故犯邪?抑别有绍承而启未来邪?胡不远咎,自毁如此?"

先生曰:"余早晚入地狱也。"问者大惑。

曰:"会么?"

进云:"不会。"

先生曰:"昔赵州谂云:'我不入地狱,阿谁教化汝?'

比来与若，说玄说妙，说短说长，义已违乎胜谛，形固囚于情牢。昭明死入地狱，余今生困愁城。非仅余也，先圣后圣，无不共萦此苦。盖至高、至妙、难行、难信之法，初欲演之，非语言能诠、意识能缘。继欲缄口，而众生长劫沉沦，爱河莫度，大径不游。故仲尼兴'余欲无言'之叹。至若释迦掩室摩竭，净名缄口毗耶，《楞严》曰'真非真恐迷，我常不开演'，皆此义也。然则终不说乎？此固不可。于焉开方便，示权宜，横说竖说，以说说，以不说说。右之左之，前之后之，上下之，总以奖策或诱掖行人履乎中庸而已。既履也，是法可，非法亦可；开此经为十章、三十三章可，千章或一字一章、不立一章均无不可。不然，饶汝鞭笞三藏，驰骋五车，痴狂外边走也，何有于当人邪？今以十章说《中庸》，此而曰'统'，义固尚乎斯也。"

第二节　经文

[朱注第一章]

天命之谓性，率性之谓道，修道之谓教。道也者，不可须臾离也。可离，非道也。是故君子戒慎乎其所不睹，恐惧乎其所不闻。莫见乎隐，莫显乎微，故君子慎其独也。喜怒哀乐之未发谓之中，发而皆中节谓之和。中也者，天下之大本也；和也者，天下之达道也。致中和，天地位焉，万物育焉。

一、释字

天：《说文》："颠也。至高无上，从一、大。他前切。"朱注曰："天以阴阳五行化生万物，气以成形，而理亦赋焉。"今注曰："靱始而上之谓天。"

命：《说文》："使也。从口，从令。眉病切。"朱注曰："命，犹令也。"今注曰："不能违越之谓命。"

之：《说文》："出也。象艸过屮，枝茎益大，有所之。一者，地也。止而切。"朱注无释。今注曰："出荡十方而无碍之谓之。"

谓：《说文》："报也。从言，胃声。于贵切。"朱注无正释。今注曰："尚其所指而语人之谓谓。"

性：《说文》："人之阳气，性善者也。从心，生声。息正切。"朱注曰："性即理也。"今注曰："空有无之谓性。"

显：《说文》："头明饰也。从页，㬎声。呼典切。"朱注曰："明，显也。"今注曰："无处不见曰显。"

微：《说文》："隐行也。从彳，㪿声。无非切。"朱注曰："微，细事也。"今注曰："无处能见曰微。"

慎：《说文》："谨也。从心，真声。时刃切。"朱注曰："戒惧而谨也。"今注曰："勿忽而不苟曰慎。"

独：《说文》："犬相得而斗也。从犬，蜀声。羊为群，犬为独也。徒谷切。"朱注曰："独者，人所不知而己所独知之地也。"今注曰："灵光独耀，迥脱根尘，曰独。"

致：《说文》："送诣也。从夂，从至。陟利切。"朱注曰：

"致，推而极之也。"今注曰："至也，言至乎此而证入中庸也。"

二、通义

"天"，轫始而上之谓天。释氏缘生之说曰："诸法不自生，不他生，不共生，不无因生，缘生。"此说统万有，偕诸义，取以释此甚偕。何也？盖有此缘而轫始。上者，天也；下者，地也；中者，人也。权此土而立之假名也。"而"者，谓此土立名，并同化、非同化人物也。不然，色界诸天，天人谓上；无色界为天，己色界、下欲界不名曰天，岂通义乎？故曰轫始而上之谓天。故此"而"字为不可忽。

"命"，不能违越之谓命。如轫始为晴，无论自他，不得名阴。轫始而阴，无论自他，不得名晴。故曰"不能违"。又不得谓晴后即阴，阴后即晴，且正晴时无阴，正阴时无晴也。故曰"不能越"。有轫始而上曰天。天，上也，颠也。此上、此颠，即现示此晴、此阴最初一现者。此一现也，在无知之现示者，不能违越，非晴非阴，亦犹领受彼现示者，不能违越非晴非阴也。故曰"不能违越"。成此不违不越，权称曰命。

"之"，出荡十方而无碍曰之。谓轫始而上而命，则此"之"也，出荡十方而无碍，入则纤毫而不留，使无此"之"，则彼晴彼阴从何而命而显邪？临济玄曰："东涌则西没，南涌则北没，中涌则边没，边涌则中没。"故曰出荡十方而无碍曰之。

"谓"，尚其所指之谓谓。盖自尚其所欲言而及他也。

"性"，非语言能诠、意识能缘。今曰"空有无之谓性"，盖方便而言也。《说文》"人之阳气，性善者也"，朱注"性即理也"，两义皆悖。必曰人之阳气性善，然则人之阴气性恶，非性欤？必曰性即理，然则非理，非性欤？是此性狭而不遍也。讵知阴阳相乘而化育成，善恶相乘而社会成。故无一事理而不备善恶，即无一事理而不该阴阳。舍阴阳善恶，则无所谓事理也。执一事理而曰全，众盲摸象，讵达者之言乎？然则合阴阳善恶，曰理曰事，即性乎？曰非。舍阴阳善恶，曰事曰理，即性乎？曰非。然则必如何而曰性？古哲于斯，各封己说；必欲诠真，宁逾亲证？若然，亲证当依何陟？

孟子曰"性善"，荀子曰"性恶"；告子，孟子之徒也，反其师说曰，"性无善无不善"。等斯说也，皆远宗乎孔子者也。考《论语》，子贡曰："夫子之言性与天道，不可得而闻矣。"夫子贡者，亲炙于圣门，且不可得而闻，余也孰得而闻？又，既不可得而闻，然则此不可得而闻者，为已闻？为未闻？若曰已闻，云胡不闻？若曰未闻，知此不可得而闻者，为已闻为未闻？亦可怀也。又，子曰"性相近也，习相远也"，检《论语》之记问孝、问政、问礼、问为邦，皆有问乃答。今则不叩而鸣，自曰性相近也，习相远也，何邪？讵知希有之法，不说不可，欲说无从。虽颜、曾之徒尚不能兴一问，况游、夏乎？今兹去圣已遥，行人内失自修之勤，外无师友之勖，困妙义于字里行间，昧胜行于人欲天理，曰得中庸的旨，孔、孟薪传，真缘木求鱼，痴人说梦，自欺欺人矣！讵不惑哉！讵不惑哉！

昔余以此义叩一老宿。宿曰："此理至明。人性与人性相近,与狗性相远。狗性与狗性相近,与人性相远。近者,亲也;远者,疏也。"

余曰:"止!止!且不问习,人与人性相近也,商臣弑父,五公子争立,乃至夫妇、朋友互相攻贼者,何邪?与狗性相远也,人见狗必致狗死,狗见人必致人死。斯世界者,不尽人必尽狗,云何狗有饲养于人,人不必尽杀其狗者,何邪?"

宿大窘,曰:"若言伊何?"

余曰:"此理至明,实无当人摹拟处。若穿凿太玄,附会过异,则去道愈远,滞而难通矣。夫远近乃相对而立,无近不表远,无远不立近也;相乃连介之说,片面不言相。性者,习之体;习者,性之用。无体不表习,无习不见体也。性,当体即是,对习而言,故曰近;习,对境乃有,于性而言,故曰远。"

宿闻语未卒,色然而喜,起而语曰:"旨哉!旨哉!希有之论也。得自何书?传自何人?"

余曰:"非因师得,不以书通。每日但虔参一个话头,敬念千声佛号而已。"

宿闻语已,凝神久之,乃怫然曰:"我已投孔子,不再佞释迦。"

余曰:"若不尔者,许先生穷劫不识孔子。何也?不会'性相近、习相远'矣。"

清之季,华阳谢先生者,以傅大士偈闻余曰:"空手把锄头,步行骑牯牛。人走桥上过,桥流水不流。"杜顺大士偈曰:"益州牛吃草,嘉州马腹胀。天下觅医人,灸猪左膊上。"余闻大诧，立斥其僻，且咎其愚，引孔子"攻乎异端"、"不语怪力乱神"等说折之。谢故笑而不言。三台张先生梦余者，闻之让曰："闻忠言而逆，岂开士之行乎？"乃授余以《金刚般若波罗蜜经》。余三十服官，四十反政；既反政已，暮究朝参。民国二十七年夏，张先生梦余弃世，固已二十年也。忽于成都春熙路遇谢先生，谢神形清逸，怡然自伟。余喜而握其手曰："比来如何？"

谢曰："潜心净宗。"

余曰："若然，念佛进程，现为如何？"

谢曰："余正念时无念，无念时却念。"

余曰："果尔，得念佛三昧也。"

谢曰："不敢。"

又二年，复遇于成都之春熙路，相邀品茗。余固知其未至也，复申问如前，谢答亦如前。余曰："若然，还往生否？"

谢曰："当然往生。"

余怫然而怒，且诘曰："无念已得法身，而念法身已起用。无念而念，念而无念，法身即起用，起用即法身，当人当下，即显净土，且能接引众生来生汝土也。今曰往，往何处？又曰生，生何土？曩者足下曾以傅大士、杜顺大士法身颂示余，今云'无念而念'，是已得法身。既得法身，此颂当明。即请足下为余通说，彼二颂者，意果何在？"谢大沮。

余曰："若此不会，今为足下寻个注脚。唐之中叶，有尊宿者曾于此偈注云：'太行山上云蒸饭，佛殿阶前狗矢天。刹竿颠上煎锤子，三个胡孙夜簸钱。'其义云何？"谢闻已，窘如前。

余又曰："若此不会，再与足下寻一注脚。曹山寂读此颂已，曰：'我意不欲如是道。'门弟子请别作之，其词曰：'渠本不是我，我本不是渠。渠无我即死，我无渠即余。渠如我是佛，我如渠即驴。不食空王俸，何假雁传书。我说横身唱，君看背上毛。乍如谣白雪，犹恐是巴歌。'其义复为如何？"谢又窘如前。

余曰："不但足下会他不得，纵饶把这一切玄言妙语会得透顶透底，还是法身边事，犹未透得法身向上事。"

谢曰："然则法身向上事为何？"

余曰："余言轻，不足信汝。今再以古德言章，开若之惑。北宋之末，有一尊宿曰张无尽者，见皓布裩，举大士此颂。皓亦曰：'斯颂也，只颂得法身边事，而法身向上事则颂不得也。'无尽曰：'请师颂。'皓遂应声而颂曰：'昨夜雨滂亨，打倒葡萄棚。知事普请行者人力，拄的拄，撑的撑，撑撑拄拄到天明，依旧可怜生。'当人果于上之一切葛藤，了得清清澈澈，而不作了与不了想，庶几无念而念，念而无念。不然，自欺欺人也。"

谢闻语已，窘不自胜，愤不自胜，而喜亦不自胜。即时礼而诘曰："然则必如何而可？"

余曰："毋躁！毋躁！足下既念佛也，仍然把一句佛号，朝斯夕斯，行时坐时直下念去，一朝念到无可念处，取不得，舍不得，忽然转身摸着自己鼻孔，或此方报尽，生彼方净土，花开见佛，悟无生已。然后洞彻今说，滴滴转珠，字字吐玉，与三世诸佛一口同音，一切圣贤无二无别，实又一句也用不着，而一字也未说也。"

谢闻说已，欢喜踊跃，色然赞曰："希有哉！此论也，开我未闻。"

法身者，性也。某老宿不信而难入，谢先生信而入也未至。斯二先生者，皆今人也。至于古人，二祖断臂，云门损脚，佛灯封龛，性之难注如此！今曰"空有无之谓性"，义安在？义安在？权语也。

一切有情、无情，曰事、曰理，未韧始前固不可状、不可名、不可评也。不可状、不可名、不可评，不得言有。如上晴阴喻，未韧始前不可言晴，或新晴、久晴、晴善、晴不善等；阴喻同。故曰非有。有情、无情，曰事、曰理，既韧始后，实可状、实可名、实可评也。实可状、实可名、实可评，不得言无。如上晴阴喻，韧始后不可言现晴、现阴、无晴、无阴。立名与评，例同上说，故曰非无。正有时非实有，若实有，有即不坏，晴则总晴，阴则总阴。今不尔者，故曰正有时非实有，因无故有。古德所谓，言有时纤毫不立也。正无时非实无，若实无者，无即不有，若有则不名无。若然，无则总无，而世无若晴若阴之状，况名与评邪？故曰正无时非实无，因有故无。先哲所谓，言无时遍界不藏也。

总上之说，法尔如幻，安立权名，曰"空有无之谓性"。行人如实了知，如实证知，释曰见性，老曰自然，耶曰识主，回曰真宰，孔曰中庸矣。证实相，了生死，得大涅槃，上趣乎三藐三菩提也。此实语者,如语者,不妄语、异语者。行人苟不自疑,当下即入,不依他得,不从师授,不因己灵,一切圆成也。曰修性,曰修命,曰坎离、龙虎、三还九转,犀然而妖异自见矣。不然,斯脱网而无日,泛归舟以何年?昔永嘉觉虑行人不能决择,丝路无从也,乃大声疾呼曰"证实相,无人法,刹那灭却阿鼻业。若将妄语诳众生,愿遭拨舌尘沙劫",千载下犹耳提面命也。吾人倘不甘暴弃,必自思自反,自怒自遣,而涕满襟,而泣滂沱矣。曰亲证者,必依此而陟,讵他异哉?

次以五释,统说全章经文。

(一)释"天命之谓性"至"谓教"

广言,天即性,命即性,之即性,谓即性;一切世间、非世间,遍空有、穷三际,何一而非性?必曰天命之谓性,此一性字而曰性,不可矣。若此一性字乃曰性,余不得曰性,性碍也、狭也,岂中庸博厚、高远、攸久、生物不测之义乎?以约言,不但此一性字也无,而无亦无;不然,下文曰隐、曰微,义当何释?有一滴可睹、一粒可数者,其得谓之隐与微乎?夫广与约,固非性,然亦非离广与约而别有也。盖有非是有,因无而有;无非是无,因有而无。故曰"空有无之谓性"。性即道,非离性而别有道也。"率"字与上文"之"字义合。又循也,谓循此性而出即道也。整理此道以示人,令其择乎中庸。孔曰入德,释曰见性,修道之谓教也。圣人立言,明显如此,宁有盲者说常、说异、说坎、说离,如是妄计邪?

（二）释"道也者"至"不闻"

虑行人向外驰求，舍心别觅，计外有也，开其说曰"道也者，不可须臾离，可离非道"以救之。既不驰求向外，或执无言、无说、无声、无臭，而潜念无为计内无也，乃申其义曰"君子戒慎乎其所不睹，恐惧乎其所不闻"以启之。行人如无如是等过，圣人之言从何而立？中庸之名宁居此世？果于此一觑觑破也，所谓入德、所谓见性、所谓允执厥中、所谓曾子之唯、子路之拱，一时瓦解冰消。昧者执何者为胜法、劣法，何者为道，何者为教邪？

（三）释"莫见乎隐"至"独也"

不住内外，而虑其任运闲闲，执一切不计为自然、为解脱、为乐天也，乃指的途，示彼显径曰"莫见乎隐，莫显乎微"。无处不见曰显，无处能见曰微；若然，显微现隐，一派圆成。何事而非事？何事而是事？任运固闲闲，不任运讵不闲闲邪？"君子慎独"，独也者，非屋漏自勖，暗室自律，凝神静坐，百需仰人，如三家村中土地也。果尔，福必折尽，自救不了，矧曰以道自教、教人邪？独者何？灵光独耀、迥脱根尘矣。若曰笃恭暗室，无惭屋漏，此小知细行，未脱拘系，安知大象所游，大智所诣，有超然于言相之外者邪？该中庸之大义，续诸圣之心灯，必俟君子。

（四）释"喜怒哀乐之未发"至"达道也"

行者沦空有、囿显微、泥内外、执一而不得乎中，或居中而忘于一也，当下专拈曰"喜怒哀乐之未发谓之中，发而皆中节谓之和"，何等亲切！何等现成！又虑执喜怒未发为中、发为不中、中节为和、不中节为不和而失圆也,复以体、用明之,令行者无时、无事、无地皆能证乎中庸。故曰"中也者,天下之大本也;和也者,天下之达道也"。本者,中也、体也;和者,庸也、用也、达道也。体、用之义如上释。

(五)释"致中和"至"育焉"

天地位,万物育,中之至,亦和之至也。耀全章之统旨,立万世之极规,行人即此,乃证中庸,宗门下客曰"大事了毕"矣。不然,统谓不至。故曰"致中和,天地位焉,万物育焉"。天地位,万物育,乃法尔圆成,非他与,非师授,非求得,非江湖下士所谓取坎填离、乾坤大转、阴阳大交、炼精化气、炼气化神、炼神还虚及修性、修命之一切光影、一切空有、一切玄妙等境界也。此法尔圆成者,中亦育,和亦育,不中不和亦无不育;中亦位,和亦位,不中不和亦无不位。臻此,孔子"七十而从心所欲不逾距"也,华严之"理无碍,事无碍,理事无碍,事事无碍"者也。然此一路,不趋已入,非假方便,亦无渐顿,不因师授,不以己求,宁有趋而不入者乎?苟不臻此,葛藤极多。古德云:"枯木岩前歧路多,非上上根人不至。"何也?彼上上根者,不尝一脔而自足,不护己短而轻人,诚求师友,虔修胜行,不底于成,势必不已!上上根者,亦非别有他长也。

第三节　拈提

宋侍郎张九成者,号无垢居士,未第时,慕杨文公、吕微仲之学。谒宝印明,叩入道之要。明曰:"此事惟念念不舍,久久纯熟,时节到来,自然证入。"复举柏树子话,令时时提撕。一夕如厕,(先生曰:"古人用功何等精进!如厕犹勤,余可知也。")正提柏树子话,闻蛙声,释然契入。述偈曰:"春天月夜一声蛙,惊破乾坤共一家。正怎么时谁会得?岭头脚痛有玄沙。"

旋谒大慧杲于径山,与冯济川辈议及格物,大慧杲曰:"公只知格物,不知物格。"(先生曰:"晴天霹雳,见缝插针。")张茫然,大慧杲大笑。张曰:"师能开谕否?"杲曰:"小说载唐人有与安禄山谋叛者,其人先为阆守,有画像在焉。明皇幸蜀见之,怒令侍臣以剑掣其首。时阆守在陕西,首忽落。"张闻举,顿领微旨。题其轩曰:"子韶格物,昙晦物格。欲识一贯,两个五百。"(先生曰:"若要识真学孔者么?只这是。你看他出格人物,何等气慨!不拘一墟,不瞒己,不瞒人,必要澈头澈尾,打穿后壁。")又以临济四料拣叩曰:"此甚议论?"大慧杲曰:"公之见解,只可入佛,不可入魔,安得不从料拣中去邪?"遂举克符问临济至"人境两俱夺",不觉欣然。杲曰:"余则不然。"张曰:"师意如何?"师曰:"打破蔡州城,杀却吴元济。"张于言下得大自在。尝曰:"某了末后大事,实在径山老人处。"(先生曰:"这回不是梦,真个到庐山。"又曰:"是谁说的?")

其甥于宪者,侍张次,张令拜径山杲。宪曰:"素不拜僧。"张令扣以法要,宪遂举《中庸》"天命之谓性,率性之谓道,修道之谓教"以问。杲曰:"凡人既不知本命元神下落处,又要牵好人入火坑。如何圣贤于打头一着不凿破?"宪曰:"吾师能訾否？"大慧杲曰："天命之谓性，便是清净法身；率性之谓道，便是圆满报身；修道之谓教，便是千百亿化身。"言已，张顾宪曰："子拜何辞？"

先生曰："三身具，释氏之学，天地之道尽也，孔、老、耶、回、百家之学亦尽矣。瞎汉！瞎汉！孔子何曾要汝取坎填离，作一切大背圣道，惊奇欺俗等说，曰修性、曰修命、阴阳大转、神存黄庭、气还虚府邪？大慧杲亦何曾教汝取坎填离、修性修命为得法、化、报邪？此不明，害必巨，所谓因地不真，果遭迂曲。今皓首穷研，毕生不至者，囿乎此也。可叹！可叹！张无垢，儒者也，潜心内籍，必臻于至，此之谓善学儒。大慧杲，释者也，于儒家者言，精透如彼，此之谓善学释。岂陋者画地自封、同舟较胡越、一室论长短邪？故曰：'大象不游于兔径，大智不拘于小节。'"

第二章　赞美"中庸"

第一节　总论

朱子谓其下十章，盖子思引孔子之言，以终此章（天命章）之意，义失偕。何也？十章外余章者，非引孔子之言欤？子曰"无忧"，子曰"舜其大孝"等，何邪？必曰非释此章之意，然此余章者，何不列于他经，如《论语》等，而必归此篇又何邪？此固例也。至"次言存养省察之要，终言圣神功化之极，盖欲学者于此反求诸身而自得之，以去外诱之私，而充其本然之善"等，义虽近是，然亦为初机者说也。若曰升乎堂寝，益滋其病，何也？外诱之私与本然之善相对为二，非本经"其为物不二"义也。

又，去外诱之私是增，充内有之善是减。不增何去？不减何充？有增有减，岂本经"不动而信，不言而成"之义乎？况曰反求诸身而自得，既有自得，必非无得；既非无得，必是有得。若是有得，岂无为义乎？故余是其说为接导初机之是，非是其所是也。初机者不是，此德胡入？已入者苟是，此业何至？朱子一代硕儒，语失圆透、义远精工若此。盖其所治，乃言前荐得，句下精通，非彻证乎中庸者欤！风穴沼曰："设使言前荐得，犹为滞壳迷封。纵饶句下精通，未免触途狂见。"故余不惜口业而揭如上说。甚矣，立言之难，不亦甚乎？此诸圣在未说前而欲缄口也。

余以十章说是经，首立统说，次言赞美，盖因立此之统，故有继统之赞，讵得已乎？黄叶枯桐，原无实义。然则赞何赞？美何美？

久之，先生以手示一圆相曰："古德云：'不可毁，不可赞，体若虚空无涯岸。大千沙界海中沤，六道四生如梦幻。'"

第二节　经文

［朱注第二章］

仲尼曰："君子中庸，小人反中庸。君子之中庸也，君子而时中；小人之中庸也，小人而无忌惮也。"

［朱注第三章］

子曰："中庸其至矣乎？民鲜能久矣。"

一、释字

反：《说文》："覆也。从又、厂。反形。府远切。"今注曰："逆对方之事理曰反。"

时：《说文》："四时也。从日，寺声。市之切。"今注曰："表过、未、现之假程曰时。"

忌：《说文》："憎恶也。从心，己声。渠记切。"今注曰："外愧于行曰忌。"

惮：《说文》："忌难也。从心，单声。一曰难也。徒案切。"今注曰："内愧于心曰惮。"

至：《说文》："鸟飞从高下至地也。从一。一犹地也，象形。不上去而至下来也。脂利切。"今注曰："极十方而无往曰至。"

二、通义

"仲尼"、"子曰"者,"子",孔子,仲尼其字。"曰",子思重其说而证其人,以信示乎他也。无征则不信,不信则民弗从。"民"也者,用于政,人民也;趣乎中庸,行人也。人民不信,政必失;行人不信,述此中庸者,无的而放矢,岂子思之意乎?故孟子道性善,言必称尧舜;孔子,至人也,犹曰宪章文武;释曰世尊,皆重其说而定于一尊,以信示来兹矣。不然,于自为不重,于人为轻法,皆过也。后释同,后故不释。

有君子中庸,有小人中庸。君子必反小人中庸,小人必反君子中庸,故曰"逆对方之谓反"。无论事理,法尔然也。此君子者,非曰在位,如《诗》"彼君子兮"等,谓彻证乎中庸者,君子也。既彻证也,虽无位,亦君子。反之,在位亦小人。

春仁、夏荣、秋杀、冬藏,四时之代谢,君子中庸也。故曰"圣人者,与四时合其序,天地合其仁"。曰仁、曰荣而曰中庸;曰杀、曰藏则反是。曰杀、曰藏而曰中庸,曰仁、曰荣又反是,岂君子行四时之化,履中庸之道哉?君子内无所蕴,外无所诱,当仁而仁,当杀而杀,宜荣则荣,宜藏则藏,而此宜此当,丝忽不居,故曰"时中",又曰"无中"。盖就其用言曰时,即其体说曰无。无即时,时即无;有时用无即时,有时用时即无;有时时无两用,有时时无两不用。此君子之胜行,中庸之至德矣。

小人反是——曰仁、曰荣,放而逸,检于心,鉴于行,罔知忌惮。其至,宋襄公、陈仲子之俦也。曰杀、曰藏,肆而恣,天变不畏、人言不恤。其弊，商臣、盗跖之流也。故曰"无忌惮"。无忌惮者，谓行人未彻证乎中庸也。若曰已证，忌惮中庸，不忌惮亦中庸，忌惮、不忌惮无一而非中庸。故曰"中庸其至矣"。惟其至，行人望而难即，习不能趋，故曰"民鲜能久"。讵知是法无间，无间者，"久"之至德也。此"鲜能"，非君子能能，小人不能。盖君子无能可能，故曰"鲜"；小人有能不能，故曰"鲜"；"中庸其至矣乎？民鲜能久"，义固尚乎斯。若曰中庸之至德，而人而民鲜能者，抑亦久也，岂通义哉？陋甚矣！

第三节　拈提

大耳三藏到京，云得他心通，帝命忠国师验之。师曰："汝得他心通邪？"对曰："不敢。"师曰："汝道老僧即今在什么处？"曰："和尚是一国之师，何得却去西川看竞渡？"良久再问，曰："和尚是一国之师，何得却在天津桥上看弄猢狲。"师良久，复问曰："汝道老僧只今在什么处？"藏罔测。（先生曰："实见实见，即见即见，真见真见。"）师叱曰："这野狐精！他心通在什么处？"藏无对。（举已，先生曰："只如大耳三藏，是不会无对，会了无对？若在此下得一语，许你亲说中庸，亲听中庸。"）

又，僧问赵州曰："大耳三藏第三度不见国师，未审国师在什么处？"州云："在三藏鼻孔上。"僧后问玄沙云："既在鼻孔上，为什么不见？"沙云："只为太近。"又，白云端云："国师若在三藏鼻头上，有甚难见？殊不知国师在三藏眼睛上。"（先生曰："当人倘于这几则话言上，下得一转语，亲亲切切，不蔓不枝，许你亲说中庸，亲听中庸。"）**众复无对。**（先生曰："今天说的呀。"）

又，昔者僧问嵩山峻曰："如何是修善行人？"峻曰："担枷带锁。"曰："如何是作恶行人？"峻曰："修禅入定。"曰："某甲浅机，请师直指。"峻曰："汝问我恶，恶不从善；汝问我善，善不从恶。"僧良久，峻曰："会么？"曰："不会。"峻曰："恶人无善念，善人无恶心。所以道，善恶如浮云，俱无起灭处。"其僧大悟于言下。后破灶堕闻举，赞曰："此子会尽诸法无生。"

先生曰："试问诸法无生，从何处会？且不说尽。既无处会，赞来，赞来！若云赞他不得，大法无灵；如云赞得，龟毛千尺。然则毕竟如何？"

先生以目顾视大众，良久，乃曰："流水不曾怀昨日，桃花依旧到春时。"下座。

第三章　难行"中庸"

第一节　总论

千里基于步始，万行肇自机先。上之二章，由统而赞。行人虽未税驾,然扬鞭之概,固已潜于念初也。师友激之,环境袭之,于焉决择,乃裹糇粮,而古道绝行人,芳草斜阳,马蹄每乱,素丝歧路,达者犹迷。在未启行前,放荡西东,回车不辔,固忽而易之也。乃者,进不可,退不可,不进不退、上下左右均不可。望前途之茫茫,眇己躬之孑孑。徘徊去取,遂生四难:一、发心之难;二、尚友之难;三、依师之难;四、不自瞒难。

一、发心之难

厥有三支:始难、识难、一难也。

(一)始难

行人无始驰求向外,背本逐末,熟径难忘,欲回车别觅新途,改趋如揽逆舟,不苟安而闲闲、心纷而悬悬者,百不一睹也。今日策其心于坦道,轨其行于中庸,即此回心,而为极难。何也?望渺渺而惊远,神怆怆以慑危。故曰始难。

(二)识难

既回心已,宁有千里无波之逝水,亦无一行不阻之坦途。前境稍违,自心不牧。不希奇异,便困平常。希奇异则阴阳、丹道,越理悖行,万流竞射,一德无归。极其弊,黄巾、白莲、蛊袄、巫觋也。困平常,则囿心一隅,所谓坐在黑山鬼窖者也。既罹斯咎,百药难辛。此之二过,乃行人忽而失照,遂尔百异千奇,古德曰"一翳在目,空花乱飞。"故曰识难。

(三)一难

无上二支之过,一行斯尚,万派不羁,此为至难。《书》曰

"咸有一德";孔子曰"吾未见好德如好色者也";赵州问台山路,婆子曰"蓦直去";一行之楷则也。故世无不笃行之君子,亦无不二三其德之小人。笃行者,一行也。故曰一难。

有上三支如是之难,曰发心之难。

二、尚友之难

亦有三支:知难、交难、笃难也。

(一)知难

无友,则我行斯独,有过无攻也。子夏之贤,犹咎独居;夏禹大圣,尚拜昌言。倘使雪峰而不取证于岩头,慧南而不切激于文悦,宁有最后一段风流韵事乎?友于当人,重于丘岳矣。然人海茫茫,谁标达哲?纵欲友直,吾其谁从?故曰知难也。

(二)交难

既知也,人不我与,或与也而交道不终。遗金割席,见弃高明。交难也。

(三)笃难

仲尼曰"以文会友,以友辅仁",文者,彰内心之德也。有此内心之德,乃沛外有之文。既有外有之文,斯感辅仁之友。不然,群居终日,言不及义,而圉我于邪行,安我于乱德矣。

唐之黄檗者,行乞洛京,有一妪出荆扉,闲顾而语曰:"太无厌生。"檗曰:"汝犹未施,责我无厌,何邪?"妪笑而掩扉。檗大异,进而与语,多所发药。临去,妪复语之曰:"可速往南昌,见马大师去。"

又，丹霞天然者，初业儒，将入长安应举。有禅者曰："仁者何往？"丹霞曰："长安选官去。"禅者曰："选官何如选佛？"丹霞曰："选佛当往何所？"禅者曰："今江西马大师出世，是选佛之场。仁者可速往。"

黄檗、丹霞，果于是行，了彻大事。之二者，以文会友之显例也。倘黄檗、丹霞无内蕴之德，失外彰之文，彼一妇人、彼一禅者，非有杯酒之接，一日之雅也，宁有如是之激勉邪？不然，天下人皆激而之南昌也，岂理事哉？经曰"笃躬而天下平"，笃躬者，笃内蕴之德，彰外有之文也。若然，天下犹平，况交友乎？讵知行人日耽习染，昧而不觉，移山犹易，笃躬至难。故曰笃难。

有上三支如是之难，曰交友之难。

三、依师之难

亦有三：(一) 值明师难；(二) 启自信难；(三) 会合时难。

（一）值明师难

我眼本正，因师故邪，今古同慨也。学人本无欣异趋奇，纯然一幅净纸，而师家无实证，一一相似而言，糅杂而谈。问东则对东，问西则对西，为据实之谈；问东则以西对，问西则以东对，为超方之说。狐媚学人，亲瞒自己。末法时代，亲证者少，和会者多。一犬吠虚，千猱哇实，所谓"久竹生青宁，青宁生程"，天下翕然从风，众盲貌焉归化。虽有独立特行之圣哲，悯众生愚痴以张慧，魔外恣逞，而然犀亦不可能。何也？君不见乎达摩仰毒、师子断头乎？故曰值明师难。择师具眼，古哲多途。今略以下之二事决择之。

1. 品行高洁、戒律精严者；
2. 不以法缚人、理陷人、无得无授者。

（二）启自信难

既值明师，昧于决择，疑而不信，或信而不专。圆悟勤犹舍五祖演而之金山，黄龙南因石霜圆乃登南岳。故密乘事师，示有仪轨，盖启自信而信人，信人即所以自信也。

（三）会合时难

知明师也，地分南北，事互穷通，趋庭不易，负笈维艰，所以牛头切思四祖，黄檗谒错马师。故曰会合时难。

统此三支，曰依师之难。

四、不自瞒难

亦有三：（一）被己瞒；（二）被他瞒；（三）总不被一切瞒瞒。

（一）被己瞒者

行人自曰：一切法尽空有、穷三际，总不外此一心。此心者，我也。若无此心，则一切种种从何而立？既有此立，非我何立？我立有我，我当不坏。今不尔者，修命之说灼焉而炽，则滥觞乎阴阳、丹道、解幻、蛊巫。故曰被己瞒。

（二）被他瞒者

知心非有，心非有者，然实有有。今既有有，有实因他而有。于是乎炼神还虚之说炽也。故曰被他瞒。

（三）总不被一切瞒瞒者

已无上之如是等过，认空有一切皆空，执以为是，曰不受一切瞒。于是放荡形外，莫驭环中，置国家于不顾，弃父兄而如遗。身陷险过，浪不知非。故曰总不被一切瞒瞒。

总上三支，为不自瞒难。

行人果于上之数者，穷研而精讨，则立此"难行中庸"为有意、为无意、为何意？不剖而析也。

第二节　经文

［朱注第四章］

子曰："道之不行也，我知之矣。知者过之，愚者不及也。道之不明也，我知之矣。贤者过之，不肖者不及也。人莫不饮食也，鲜能知味也。"

［朱注第五章］

"道其不行矣夫！"

一、释字

行：《说文》："人之步趋也，从彳，从亍。户庚切。"今注曰："反止曰行。"

明：《说文》："照也。从月，从囧。武兵切。"囧者，窗牖丽楼闾。明，象形。古文朙，从日。今注曰："破暗曰明。"

二、通义

道,中庸之至道。当人一切事理、非一切事理,明而适,行而适,无过不及也。不行,则天地闭、贤明隐;不明,则天地晦、贤明遁。贤明者,所以开明天地、式范万流也。反止曰行,今曰不行,则反行即止;破暗曰明,今曰不明,则破明即暗。若然,则君不君、臣不臣、父不父、子不子、兄不兄、弟不弟;夫夫妇妇、上上下下,咸失其适。讵中庸之道邪?记曰"天下昏昏,黯然失钓",责固肩乎贤明也。而智、而愚、而贤、不肖,不曰过,即曰不及。愚者固愚而不及,非知;贤者又越而过之,亦愚;不肖者,固不及而非贤;彼贤而过之者,亦不肖也。一十五双,宁有轩轾?夫过、不及而失驭乎中庸,无过、不及即趣乎中庸也。至简至易,宁逾于斯?曰行、曰难,无乃冤乎?既趣入也,过亦中庸,不及亦中庸,不过不及、亦过亦及皆中庸;贤亦中庸,愚亦中庸,不肖与智无不中庸。以之京于国则大,齐于家则治,用于民则亲,律于己则逸;柔远人、怀诸侯、来百工,无一事而不宜,无一行而不迈。所谓繁兴大用,孔子"七十而从心所欲不逾矩"也。下文之"必得其位、必得其禄、必得其名、必得其寿",如是已举、未举,一切必得等,不假他求,一时具足。而当人昧不肯趋,习不欲趋,奋不能趋,以至易而形至难。搁如是胜行而不知趋,枉陷沉沦,虚萦生死,真自饮自食而不知其味也。故曰难行。

人固无不饮且食者,既饮且食也,叩以味非不知,然其所以为味者，则昏昏而罔言也。一时不中则失和，一时不和则非中。不中不和，乖戾斯激。人固无一日不履乎中庸也，既履也，叩其道非不知，然其所以为道者，则昧昧而忘言也。此至简至易，而行者蹀躞难趣。故子思引孔子之言曰"道其不行矣乎"，启难行之永叹，兴末学之跻齐。故曰难行。必曰游乎通径，义固在乎当仁。

第三节　拈提

问曰："此中庸者，千圣之心灯，不思而得，无为而成，当体即是，不假修治，无乃过易欤？"

先生曰："唯，唯，过易！过易！"

或诘曰："古德千里趋诚，殊方决择。有周克殷，《洪范》犹借传于箕子；永嘉入道，妙谛尚趣证乎卢公。况十五志学，七十从心，警枕封衾，铭心断臂者，更无论也。无乃过难欤？"

先生曰："唯，唯，过难！过难！"

诘者又曰："曾子之唯，了在一贯；子路之拱，闻于时哉。一唯即得，一拱斯通。此亦何得？既无所得，斯亦何难？又，武王受命，经称曰'末'；宝掌闻玄，年已逾耋。彼二至人，尤难如此！实已非易。故曰有缘者得，无心者通。无乃非难非易欤？"

先生曰："唯，唯，非难非易。"

如是数问数答，总如前式。海众罔知所寄，默然无语。

先生亦肃然在座。久之，乃朗吟曰："鹧鸪啼了又鸣鹅，先到黄鹂四五声。毕竟惜春情未已,强扶筇杖为他行。"吟已,问曰:"会么?"

众云:"不会。"

先生曰:"从古及今,不知谁人能会?"

复曰:"此章权名难行,盖由统而赞,既赞思行,因行知难,行人当然过程。然师家亦感诲人之匪易也。曰君子、曰小人、曰贤智、曰愚不肖,一切病一切非病,彻底剖陈,通体揭出,而病源贼薮,要不外过、不及也。若曰过量人,一闻便悟,一举斯通。借摇扇于江外,假活语于楼中,抑亦钝根阿师,况取语口头,闻玄纸上邪?唐之中叶,有庞公蕴者,庵中独坐,蓦地云:'难,难,难,十石油麻树上摊。'庞婆接声云:'易,易,易,百草头上祖师意。'其女灵照复曰:'也不难,也不易,饥来吃饭困来睡。'彼一家者唱和如此。迄宋,有妙喜老人者,圆悟勤入室之骄子也,而于此三则话言,下了一个注脚云,'此三人同行不同步,同得不同失。若以心意识博量卜度,非独不见三人落着处,十二时中亦自昧却本地风光,不见本来面目,未免被难易、不难易牵挽,不得自在。欲得自在,将此三人道的作一句看。妙喜已是拖泥带水下注脚也'云云,汝等诸人,若云将此三人道的作一句看,或作道理会,或作无义路解,不但辜负三人,并且埋没妙喜,又自把己置向镬汤烈火中也。然则毕竟如何?"

久之,顾视大众曰:"千圣不知何处去,倚天长剑逼人寒。"下座。

第四章 践履"中庸"

第一节 总论

迢迢前路,踽踽行人,回车既辔,险阻斯兴,叱驭悲途,今古同慨也。不行则归思莫偿,即行而道阻难通。此三世贤哲,又以难行能行而践履乎中庸也。故次难行而曰践履。行人届此,许曰入德。倘默默计玄妙之理,津津执贤圣之言,不曰入德,聿云造业。业有二途,曰黑、曰白,白喻善,黑喻恶,此又造黑业者也。或曰,此谓恶业可乎?曰可。盖谓其滞理沉玄,塞却悟门,穷劫而不得证乎中庸,以善因而遭恶果也,宁曰践履乎中庸?宁曰入德?儒曰入德者,约宗下而言初机也。初机于此,略有三病:一、决择力薄;二、安住力薄;三、精进力薄。

一、决择力薄

行人流而忘返,今返知难,知难犯难,犯难无难。程子曰:"用力之久,一旦豁然。既豁然已,乃曰入德。"然此入也,实有多途。释曰八万四千法门,门门可入。今约而言,安立为三:

(一)就体

"三月不违仁","瞻之在前,忽焉在后","如有所立卓尔，虽欲从之，莫由也已"，如是等等，就体而消，悉曰就体。楷范极多，兹涉其略。古德曰："就体消停得力迟。"盖谓其滞体而难脱落，不能别行一路也。

（二）从缘

山梁雌雉，子曰："时哉！时哉！"子路拱之。又灵云见桃花而悟本，香岩击翠竹以明心，从缘也。古德曰："从缘得力者强。"盖谓其直切契证，而远乎情缘意度也。

（三）文字

依先圣教言，如理而知，如实而行。或观或止，以戒以诚，丕说诠乎已言，幽理彰于未著，曰从文字。古德云："从文字得力者弱。"盖幽虽显著，理难澈忘矣。

约开三支，豁然则一。然一豁然而登极地，千古其难，大都半途而滞。经曰"一切圣贤皆以无为法而有差别"也。临济三玄、曹洞五位、沩仰圆相、云门顾鉴咦等，纷然而兴，要皆锻炼学人透顶透底而到末后。不然，三藏十二部，孔、老诸经，耶、回、百家之说，从何安立？皆废词也。悟既囿乎浅深，见固别于近远；远而卑近，近又难远。如是交攻，离娄失觅于骊珠，盲人任驰乎瞎马。故曰决择力薄。

二、安住力薄

行人无上支之过也，彻见人我不二、物我不二、法我不二，而落在无事甲里，习不能拔，或任性奔驰，中行不趋。黄龙慧南曾于若辈悯而下一大拶曰："何不无事令有事，有事令无事，所谓净佛国土,成就众生。"又,此言安住者,不以有住而住,不以无住而住,应如是住!而学人昧不能住,故曰安住力薄。

三、精进力薄

无上二支之过也,取不得,舍不得,用力不得,不用力复不得。颜渊曰:"既竭吾才,又竭我力。"行人企此,每况任运,讵知才有所重,便有所轻;轻重交攻,去道愈远。古哲警之曰:"有佛处不可住,无佛处即走过。"又,船子诚诚夹山会曰:"汝后当藏身处莫踪迹,莫踪迹处莫藏身。"咨尔多士,曰谁跻此?故曰精进力薄。

总上三支,初机之通病,末法之共难。若曰掇明珠于发髻,度金针于绣师,宁舍乎是?宁忽乎是?

第二节　经文

[朱注第六章]

子曰:"舜其大知也与?舜好问而好察迩言,隐恶而扬善,执其两端,用其中于民。其斯以为舜乎?"

[朱注第七章]

子曰:"人皆曰予知,驱而纳诸罟擭陷阱之中,而莫之知辟也。人皆曰予知,择乎中庸而不能期月守也。"

[朱注第八章]

子曰:"回之为人也,择乎中庸,得一善则拳拳服膺而弗失之矣。"

［朱注第九章］

子曰："天下国家可均也，爵禄可辞也，白刃可蹈也，中庸不可能也。"

［朱注第十章］

子路问强。子曰："南方之强与？北方之强与？抑而强与？宽柔以教，不报无道，南方之强也，君子居之；衽金革，死而不厌，北方之强也，而强者居之。故君子和而不流，强哉矫！中立而不倚，强哉矫！国有道，不变塞焉，强哉矫！国无道，至死不变，强哉矫！"

一、释字

迩：《说文》："近也。儿氏切。"

纳：《说文》："丝湿纳纳也。奴答切。"按："纳，古作内。"《说文》："内，入也。从冂，自外而入也。"

择：《说文》："柬选也。丈伯切。"

强：通"彊"。《说文》："弓有力也。巨良切。"今注曰："胜进貌，远乎弱也。"

而：朱注曰："而，汝也。"

革：《说文》："兽皮治去其毛，革更之象。古核切。"朱注曰："革，甲胄之属。"

矫：《说文》："揉箭箝也。居夭切。"朱注曰："矫，强貌。《诗》曰'矫矫虎臣'是也。"

二、通义

（一）"舜其大智"全章

至德盛业，当下完成，实非他异，亦非自庸。行人每昧昧外求，不然戚戚而内计也，以故转觅转远，转计转非。子思悯之，举孔子之称舜曰云云。迩言恐泥，察之则远患；幽理难通，问之则达全，即践履中庸也。两端者，善恶、是非等也。执善恶、是非以用于人，善者善之，不以远于我而恶其善；恶者恶之，不以迩于我而善其恶，即践履中庸也。人情恶直喜谀，隐其恶而扬其善，使恶者内惩，善者外勖，亦践履中庸也。斯义也，人人能知，人人能行，而人人知而不行。舜固知而行者矣，孔子赞之曰"大智"，智固如斯也，岂有他哉？必曰烧丹汞、修性命、书符竞异，而曰践履、曰用中、曰胜业大德，惑矣。又，知者，慧也。大知者，大慧也。通此，释之三藐三菩提，孔子之中庸也。其易践易履如此！而昧者不履，即履也不至。惜哉！惜哉！

然此践履，此亦有二：一、君子之中庸，二、小人之中庸。君子之中庸者，执两用中，隐恶扬善，好问察迩，终日践之履之。影来镜里，风过长空，一丝朕兆不留，半忽迹相无着，所谓超乎事理也。小人之中庸者，亦执两用中，隐恶扬善，好问察迩，终日践之履之，而终日践、终日履，所谓囿乎事理也。君子、小人之践履中庸也，名一而迹异，然迹虽异而践履实又不二。

（二）"人皆曰予知"全章

上知不知，今曰"余知"，余必不知。何也？驱我而纳于罟擭陷阱中，我莫之避，知欤？决择乎中庸，我不能期月守，知欤？然则必如何而可？上以舜例，如上"大知"云云，下以回明，如下"一善"云云，即远乎罟擭陷阱也。夫大知者，大慧也。一善者，胜行也。大知不知，胜行无行，凡圣非居，善恶宁系？凡圣、善恶且不居系，在罟擭如观火，居陷阱若游园也。不然，虽以天下荣、四海奉，而形囚利域，志困名场，尽善不善，皆罟擭陷阱也。大慧、一善者，中庸之一体而异名耳。是履乎中庸，罟擭陷阱即天堂；不履乎中庸，而天堂即罟擭陷阱矣。

（三）"回之为人也"全章

闻一知十，人中龙象，入德班头也。得一善则拳拳服膺而弗失。"拳拳"者，奉持义；弗失，则久而能守义。久而能守，本经"不息则久"义。程子曰"用力之久，一旦豁然贯通"；古德所谓"生路转熟，熟路转生，自然契证矣"。行人十百而无一契，病正反此。

（四）"天下国家可均"全章

均天下，辞爵禄，蹈白刃，诚难能也。果一策心，夷、齐弃国之推自焚，成仁取义，于是乎在。此中庸者，即之不可，离之更乖。趣志莫策，识心岂缘？故曰"中庸不可能"。然亦有二义：一、小人之中庸，未入德者也，去取皆违，无一能是，故曰不可能；二、君子之中庸，已入德者也，去取皆中，无一不是。既无不是，何一非庸？果尔，可能且无，况不可能邪？故曰不可能。若曰是中庸者不可能，或必可能，或可能不能、不能可能等，理则滞于二边，事固惑于三际。岂孔子之心灯、子思之薪授乎？

（五）"子路问强"全章

"强"，胜进貌，远乎弱。以释氏六度言，则精进也。此支明践履的轨，示精进上行；子思引子路之问，揭孔子之酬，启行人之向。曰"南方之强"，"北方之强"，"抑而强"者，而，汝也，即子路，即行人也。强行虽三，而胜进则一。要之以时、以地而立名，非以名而有时、有地也。昧者释此三强，有优有劣，有取有舍，碍甚矣！倘优南而劣北，从而取舍其强，则临阵校军，无衽金革之厉行、死不厌之激气，大敌何摧？升平何至？曰"和而不流"，"宽柔以教"，"不报无道"，固善也。不御之极，其弊，必宋襄之仁、建文之义，讵中庸之胜行乎？余二义，释推及之。当人果能游刃乎三强，行超乎一尚，践履之至，亦中庸之至也。

第三节　拈提

"三千威仪，八万细行，释家者言；威仪三百，礼仪三千，孔氏之说。《论语》曰'入则孝，出则弟，谨而信，泛爱众而亲仁。行有余力，则以学文'等一切名言、胜义，一一践履乎？曰不践履，禽兽也。且孝行如羊、义行如雁、仁行如象、侠行如黄鹂子者，比比焉，可以人而不如禽兽乎？曰必践履乎？如是三千、如是八万、如是出则、如是入则、如是行、如是学，是劳形摇心，终日毕生，困而不申，讵曰得天、乐天、任天者邪？中庸之至道、孔氏之胜行，或不如是也？"

先生闻已，久之，顾视大众，众无语。乃曰："孔夫子说的'在下位，不获夫上，民不可得治也'。"语已，诘众。众复茫然。

先生复以手击案有声，曰："荐取。"众仍无语。

乃曰："昔径山杲答赵师重书云：当人不见德山有言：'汝但无事于心，无心于事，自然虚而灵、寂而妙。若毫端许言之本末者，皆为自欺。何故？毫厘系念，三途业因，瞥尔情生，万劫羁锁。圣名凡号，尽是虚声；殊相劣形，皆为幻色。汝欲求之，得无累乎？及其厌也，又成大患。'所以释迦老子在法华会上只度得八岁女孩，华严会上只度得个妙龄童子，涅槃会上只度得个市井屠儿。看他三个成佛的样子，又何曾向外取证、辛勤修学来？佛亦只言，我今为汝保任此事终不虚也。只说为他保任而已，且不说有法可传，令汝向外驰求，然后成佛。幸有如此体格，何故不信？

"苟能直下信得及，不向外驰求，亦不于心内取证，则二六时中，随处解脱。何以故？既不向外驰求，则内心寂静；又不于内心取证，则外境幽闲。故四祖云：'境缘无好丑，好丑起于心。心若不强名，妄情从何起？妄情既不起，真心任遍知。'

"当知内心外境，只是一事，切忌作两般看。记得沩山和尚问仰山曰：'妙净明心，子作么会？'仰山云：'山河大地、日月星辰。'沩山云：'汝只得其事。'仰山云：'和尚适来问什么？'沩山曰：'妙净明心。'仰山曰：'唤作事得么？'沩山曰：'如是，如是。'

"我把这一则古文,长长短短摘来作第四章践履中庸的拈提,当欤?非欤?诸仁者试道看。若言当,事隔释孔;若言不当,又看作两般。"众复无语。

先生曰:"富嫌千口少,贫恨一身多。"下座。

第五章 一趣"中庸"

第一节 总论

万派朝宗,到头原汇一海;五灯共焰,彻底宁趋二途?歧路堪悲,笃行斯尚,故次践履而曰一趣。一趣者,忘二边,绝中道,无奇异之可名,无平庸之可形,理无胜劣,义失浅深,寄短于长,位高而下,一是非,齐小大,当人必游之的径,三乘入德之共程。然行人于此,每生二障:一、自许;二、竞异。总评章悉举也。然亦有远乎此障,逸然达寝,不假阶梯,遂尔及奥者乎?曰:"有。"古德云:"云门干矢橛,全超法报化。无事出山游,百钱杖头挂。"虽然,不啐地折嚗地断,即程子所谓"一旦豁然贯通"者而云云,寐语也。检之!检之!慎勿闭户而王。

第二节　经文

[朱注第十一章]

子曰："素隐行怪，后世有述焉，吾弗为之矣。君子遵道而行，半途而废，吾弗能已矣。君子依乎中庸，遁世不见，知而不悔，唯圣者能之。"

一、释字

素：《说文》作"𦃟"。"白緻繒也。从糸㐎，取其泽也。桑故切。"朱注曰："素，按《汉书》当作'索'，盖字之误也。'索隐行怪'，言深求隐僻之理，而过为诡异之行也。"今注曰："素，质也，本也。"

二、通义

朱子曰："'素'当作'索'，求也。言深求隐僻之理，而过为诡异之行。"此义，余是而嫌其未竟，何也？索隐行怪，诡迹易彰，愚尚能辨，和者鲜也。和既鲜，害焉巨？此谓"素，质也，本也"，非索非求也。盖怪行隐于本素，智而难测，从者众也。从者众，祸斯烈。倘无大人者出，辟而正之，以盲引盲，天下梦然从风，后世翕焉归化，人伦失序，社会不轨，祸可问乎？春秋无孔子，少正卯千古闻人；战国失孟轲，陈仲子一世廉士。是非失经，大道何揭？

"才有是非，纷然失心。"行人届此，不欣奇异，便困平常。是非名判，吉凶立形。困于常，则胜境莫至，功每亏于一篑，事或废自半途；欣于异，一德每愆，万行多戾，讵曰索隐行怪？抑亦丝路悲途。然则遵何道乎？曰："一道。""一何道？"曰："中庸之至道。"盖中庸者，事离平异，理绝是非，无斯不服，悉举咸宜。竞秀万行，归咸一趋，故曰一趣。

上云"是非失经，大道何揭"，又此云"才有是非，纷然失心"，自语相违乎？曰：否，否！上之云者，盖未入德或入而不至，非履乎中庸者也。若而入焉，倘不精检是非，爱河何度？古曰度河须用筏。既入德，或入而至已达乎中庸者，必曰是非精检，是到岸犹借舟也。总之，此中庸者，当人必亲证，肆口工心，万劫不至。讵语言能诠、意识能缘乎？既亲证已，是亦得，非亦得，不是不非、即是即非总得；"遁世不见，知而不悔"亦得，悔亦得。企此即圣人，非圣人而企此矣。若曰必圣人而企此，是凡夫无分也。凡夫无分，然则说此中庸者，为圣人而说，不为凡夫而说，岂理也哉？夫食因饥而食，今曰食因饱食，非饥者食，惑乎？非欤？故曰语证则不可示人，说理又非证莫了。

第三节 拈提

唐牛头法融者，学通经史，雅贼儒典。后落发住牛头山幽栖寺北岩之石室，有百鸟衔花之异。贞观中，四祖道信入山访之。见师端坐自若，曾无所顾。祖问曰："在此作什么？"融曰："观心。"祖曰："观是何人？心是何物？"（先生曰："毒辣！毒辣！"）融无对，便起作礼曰："大德高栖何所？"（先生曰："可笑抛纶处，金鳞破浪来。"）祖曰："贫道不决所止，或东或西。"融曰："还识道信禅师否？"祖曰："何以问他？"融曰："向德滋久，冀一瞻礼。"祖曰："即贫道也。"融曰："因何降此？"祖曰："特来相访。莫更有宴息之处否？"融指后面曰："别有小庵。"遂引祖至庵所。绕庵惟见虎狼之迹，（先生曰："不识冈颜富，焉知石王贫。"）祖乃举两手作怖势。（先生曰："作家宗师，宛尔不同。"）融曰："犹有这个在。"（先生曰："逢人且说三分话，未可全抛一片心。四祖，四祖，我为你呼冤。"）祖曰："这个是什么？"融无语。（先生曰："胡思乱想作么？"）少选，祖却于融宴坐石上书一"佛"字。（先生曰："唉！你破戒不小。"）融睹之竦然。（先生曰："然为礼也。"）祖曰："犹有这个在。"（先生曰："好说！好说。"）融未晓，乃稽首请说真要。（先生曰："食他唾余作么？"）祖曰："夫百千法门，同归方寸。沙河妙德，总在心源。一切戒门、定门、慧门、神通变化，悉自具足，不离汝心。一切烦恼、业障，本来空寂。一切因果，皆如梦幻。无三界可出，无菩提可求。人与非人，性相平等。大道虚旷，绝思绝虑。如是之法，汝今已得，更无阙少，与佛何殊？更无别法。汝但任心自在，莫作观行，亦莫澄心，莫起贪嗔，莫怀愁虑，荡荡无碍，任意纵横，不作诸恶，行住坐卧，触目遇缘，总是佛之妙用，快乐无忧，故名为佛。"师曰："心既具足，何者是佛？何者是心？"祖曰："非心不问佛，问佛非不心。"师曰："既不许作观行，于境起时心如何对治？"祖曰："境缘无好丑，好丑起于心；心若不强名，妄情从何起？妄情既不起，真心任遍知。汝但随心自在，无复对治，即名常住法身，无有变异。"牛头闻已，大悟言下。

先生曰："你说一句良心话，悟个什么？若言有悟，平地吃扑；若言无悟，何年返屋住？后与黄梅并挺高誉，从此百鸟亦不衔花，虎狼已不纵横。师乃躬自于百里外负米供众。瞎汉！瞎汉！这便是大人先生择乎中庸而入一趣的好样子！他又何曾说奇说异、说阴说阳、说取坎、说填离来？融师乃于百里外负米供众，他又何曾妆点臭架子，摆点滥套头，目示云汉，不顾他人，废自半途来？负米必躬亲，且远在百里，又何曾使唤六丁六甲，驱役什么神鬼来？行人！行人！这便是不废半途，不素隐行怪，而一趣乎中庸的好楷范！反此，岂君子之行欤？所以说，牛头在未见四祖前，未免被他百鸟和虎狼伺出个漏窦。既见四祖后，不但百鸟和虎狼窥他不破，即无数天、无数魔，无数声闻、缘觉、菩萨、佛等，尽未来际，亦窥他不破。又，不但无数魔、无数天，无数声闻、无数缘觉、菩萨、佛等，尽未来际，窥他不破，即彼牛头融者，窥彼牛头融自己，亦不能破。何也？"

先生以目顾示大众，良久，乃曰："千山月酿枫林醉，一枕秋饶桂院凉。"

复曰："一，数之始。《书》曰'咸有一德'，又'惟精惟一'，《礼记·礼运》曰'欲一以穷之'；老子曰'道生一，一生二'。余固曰：成于一，败于二。事以专工，业以纷败，自昔然也。中庸之立一趣，意在斯乎？意在斯乎？然执一而不通变，嗜歧而不专工，入德之病，障道之愆矣！昔宋有永明寿者，虑学人各封己说，大道失通，于焉启层楼，馆开士，决择微言，去取邪正，一时的向，翕然从风，所谓轨万有之一趋，启众生之一德者也。昌明宗旨，如日丽天；而提倡净宗四偈，至今成为极大窠臼。吁！圣如永明，犹罹斯咎。立言之难，为如何乎？近来学人，每每以此四偈叩余，余皆不答，或不得已，乃随书数字与之。为窠臼，为醍醐，幸仁者善自检焉。语曰：四偈煌煌耀古今，行人到此每沉吟。万缘非有休狂趁，一物也无何处寻？戏把枯桐收作乐，权将黄叶指为金。等闲透过成亏话，好听清宵昭氏琴。"

先生说是语已，色霁声和，笑而谓众曰："会么？"

众曰："不会。"

先生曰："不会更好。何也？不会，我说的便是一趣中庸。若会，便成了中庸一趣说我了！"下座。

第六章　遍行"中庸"

第一节　总论

日月经天，崖穴犹嫌明而不遍，矧乃鳃天下之大和，泛中庸之的轨，行忘多德，墟拘一隅，可乎？虑行人奋志而梦也，爰立

"一趣"。倘学者役神而罔,宁舍"遍行"?故次"一趣",曰"遍行"。遍行者,曰智曰愚,曰远曰近,曰富贵,曰贫贱,曰患难,曰上下,无一行之不遍,然亦无一德之不全,德之全即行之遍,行之遍实德之全,故永嘉觉曰:"一月普摄一切水,一切水月一月摄。"事固洞乎环中,形必忘于相外者也。倘滞壳于丝忽,迷封于毫厘,乃小人之细行,讵大人之通径?章次第六,安立遍行,意在斯乎!意在斯乎!

第二节 经文

[朱注第十二章]

君子之道,费而隐;夫妇之愚,可以与知焉;及其至也,虽圣人亦有所不知焉。夫妇之不肖,可以能行焉;及其至也,虽圣人亦有所不能焉。天地之大也,人犹有所憾。故君子语大,天下莫能载焉;语小,天下莫能破焉。《诗》云"鸢飞戾天,鱼跃于渊",言其上下察也。君子之道,造端乎夫妇;及其至也,察乎天地。

[朱注第十三章]

子曰:"道不远人,人之为道而远人,不可以为道。《诗》曰:'伐柯伐柯,其则不远。'执柯以伐柯,睨而视之,犹以为远。故君子以人治人,改而止。忠恕违道不远。施诸己而不愿,亦勿施于人。君子之道四,丘未能一焉:所求乎子以事父,未能也;所求乎臣以事君,未能也;所求乎弟以事兄，未能也；所求乎朋友先施之，未能也。庸德之行，庸言之谨，有所不足，不敢不勉。有余，不敢尽。言顾行，行顾言。君子胡不慥慥尔？"

［朱注第十四章］

君子素其位而行，不愿乎其外。素富贵，行乎富贵；素贫贱，行乎贫贱；素夷狄，行乎夷狄；素患难，行乎患难。君子无入而不自得焉。在上位，不陵下；在下位，不援上；正己而不求于人，则无怨。上不怨天，下不尤人。故君子居易以俟命，小人行险以徼幸。子曰："射有似乎君子，失诸正鹄，反求诸其身。"

［朱注第十五章］

君子之道，辟如行远必自迩，辟如登高必自卑。《诗》曰："妻子好合，如鼓瑟琴。兄弟既翕，和乐且耽。宜尔室家，乐尔妻帑。"子曰："父母其顺矣乎！"

一、释字

费：《说文》："散财用也。房未切。"朱注曰："费，用之广也。"今注曰："无用不及曰费。"

隐：《说文》："蔽也。于谨切。"朱注曰："隐，体之微也。"今注曰："无用能及曰隐。"

二、通义

此开为四：（一）知行之遍；（二）平易之遍；（三）上下

之遍；（四）远近之遍。遍固不仅四，然以此四而纲其遍，非曰杂糅圣经，固所在而立名，因名而显实也。

（一）知行之遍（"君子之道费而隐"全章）

君子之道，无用不及曰费，无用能及曰隐。惟无不及也，夫妇之愚、不肖者，无不能知、无不能行，故曰费。惟无能及也，及其至，虽圣人亦不能知、不能行，故曰隐。是法也，非语言能诠、意识能缘。意识且不能缘，语言且不能诠，然则圣人之知，知何法邪？行，行何法邪？知行且无，今曰能知之、能行之，则非圣人必也。故曰圣人若知，则非圣人。语言既不能诠，意识既不能缘，然则夫妇之愚、不肖者，知何法邪，行何法邪？今既灼然而知、赍然而行，是无相而相，相而无相之知行已起，则非凡夫必也。故曰凡夫若知，则非凡夫。行人证此，语大，天下莫载；语小，天下莫破。所谓形忘彼我，言绝是非，破立皆不能诠，况乎载不载乎？鸢飞鱼跃，无不察决乎此也。故曰"君子之道，造端乎夫妇；及其至也，察乎天地"。知行之遍，于焉而立。

（二）平易之遍（"道不远人"全章）

子事父、臣事君、弟事兄，朋友先施，自好者犹能。今曰孔子未能，谦欤？曰：否。谦则近伪。然欤？曰：否。此而不能，彼孔子者又乌乎能？然则何说欤？盖为高推圣境者投一辛剂耳！

唐之中叶，有德山者，蜀之简州人，娴通经论，闻南方禅席颇盛，乃曰："千劫学佛威仪，万劫学佛细行，未得成佛。今南方魔子，敢曰'直指人心，见性成佛'。我当搂其窟穴，灭其种族，以报佛恩。"遂担《青龙疏钞》出蜀。及见龙潭，夜话次，山欲就下间寝，而道黑难行。潭点纸烛度与山，山拟接，潭复吹灭，山遂大悟。翌日，将所有《疏钞》一炬而焚，曰："穷诸玄辩，若一毫置于太虚；竭世枢机，似一滴投于巨壑。"遂杖锡观方。后住德山，天下慕焉归化。

向使德山不见龙潭，必曰千劫学佛威仪，万劫学佛细行，宁有最后一段大事乎？既见已，千劫只在目前，万劫即是今日，故曰道不远人。当人为道，必曰远也，是必非道。《诗》之"伐柯"、"忠恕违道不远"等，比而知也。孔子于上之四道，犹曰"未能"。然则谓孔子为未证入中庸者，可乎？曰：不可。若然，于彼四道未能者，犹能证入中庸，不可画地自限，况已能、尽能、间能者，而曰不能，自暴弃邪？故曰中庸之道，遍乎平常。孔子为高推圣境者而云，非仅基于特也。

（三）上下之遍（"君子素其位而行"全章）

上不陵下，下不援上，正己无求，不尤不怨，居易以俟，远离险行。或有未治，反求诸身，中庸至道，君子之胜行也。君子之胜行，即素位而行，不骛乎其外也。居富贵而不骄不吝，于贫贱无怨无忒，素夷狄、素患难各安其行。遍上下，一切无入而不自得者，中庸之行，胜行也。求在我者也，讵外驰哉？

（四）远近之遍（"辟如行远"全章）

是法虽无远近，然未证入者，实有亲疏。曰远、曰近，名虽万行，于遍则一。未入者远而难即，行之自迩；已得者迩尚云无，即之讵遥？是远近不越乎遍行，亲疏悉归乎权语。果能此也,《诗》曰:"妻子好合,如鼓瑟琴。兄弟既翕,和乐且耽。宜尔室家,乐而妻孥。"又,古德曰:汝家眷属一群子。曰父、曰母,其有不怡然而顺乎?顺之至,乃遍之至;遍之至,亦孝之至,所以成下章保任之至矣!

第三节　拈提

僧继宗者,问见性之义于天台云居智,智曰:"终日见,未尝见,求名处体相不可得,能所俱绝,名为见性。"宗曰:"此性遍一切处否?"智曰:"无处不遍。"宗曰:"凡夫具否?"智曰:"上言无处不遍,岂凡夫而不具乎?"宗曰:"因何诸佛、菩萨不被生死所拘,而凡夫独萦此苦?何曾得遍?"智曰:"凡夫于清净性中,计有能所,即堕生死。诸佛、大士,善知清净性中不属有无,即能所不立。"宗曰:"若如是说,即有能了、不能了人。"智曰:"了尚不可得,岂有能了人乎?"宗曰:"至理如何?"智曰:"我以要言之,汝即应念清净性中,无有凡圣,亦无了不了人。凡之与圣,二俱是名。若随名生解,即堕生死。若知假名不实,即无有当名者。"又曰:"此是极究竟处。若云我能了,彼不能了,即是大病;见有净秽、凡圣,亦是大病;作无凡圣、能所看,属拨无因果;见有清净性可栖止,亦大病;作不栖止解,亦大病;然清净性中,虽无动摇,且不坏方便应用,及兴慈运悲,如是兴之处,即全清净之性,所谓见性成佛矣。"继宗闻已,踊跃礼谢而退。

"继宗闻如是开发，即便踊跃礼谢而退，何等便捷！今说《中庸》四遍已竟，个中若有个汉，亦踊跃礼谢而去么？若有，无云而雨；若无，亦无云而雨；若曰即有即无、即无即有，亦无云而雨。"

或曰："先生所举僧继宗等，释氏之徒。今兹所说，儒家之语。彼问见性成佛，得义即通。此云择乎中庸，焉能顿了？今云个汉有踊跃礼谢者么，无乃疆域不分、课人过苛欤？"

先生曰："唯，唯，无云而雨。"海众莫崖其涯，寂而无语。

先生曰："此四遍行者，该三千威仪、八万细行。然此三千、八万，实该一行。此一行者，又无行也。惟无也而该有，惟有也而实无。有无不御，取舍咸宜。一性圆成，虚通万类。无德不具，有感斯欣。此遍之至，亦云居智所谓极究竟处也。当人不假功勋，不依修证，不趋即入，动念又乖。一入便彻证中庸，无渐顿、无方便、无三贤十圣，非去来今。而行人昧不肯入，偏偏要彼疆此域，说释说孔，说苛说不苛，奈何？奈何？"

先生顾视大众，良久，曰："何事痴求佛法僧，羡他北秀与南能。分明一片闲田地，过去过来问主人。"说已，问曰："会么？"

众云："不会。"

先生曰："无云而雨。"下座。

第七章　保任"中庸"

第一节　总论

差每失于毫厘，应即乖于律吕，法非渐顿，等班贤愚。二乘十圣之立，一簇三关之名，于焉懋也。君子游之，形先物外；小人泥之，神役环中。系驹伏鼠，长年戚戚。信燕疑狐，毕世波波。此行者之戚，先圣之悲也。故次"遍行"，爰立"保任"。昔洞山价谓曹山寂曰："吾在云岩先师处，亲印宝镜三昧，事穷的要，今付于汝。"末曰："臣奉于君，子顺于父。不顺非孝，不奉非辅。潜行密行，如愚如鲁。但能相续，名主中主。"斯固保任之楷模，长养之规范。三世贤哲，无不借径于斯。若曰超人，则腊月扇、盛暑炉矣。

第二节　经文

[朱注第十六章]

子曰："鬼神之为德，其盛矣乎？视之而弗见，听之而弗闻，体物而不可遗，使天下之人，齐明盛服，以承祭祀。洋洋乎如在其上，如在其左右。《诗》曰：'神之格思，不可度思,矧可射思?'夫微之显,诚之不可揜如此夫!"

[朱注第十七章]

子曰:"舜其大孝也与!德为圣人,尊为天子,富有四海之内,宗庙飨之,子孙保之。故大德必得其位,必得其禄,必得其名,必得其寿。故天之生物,必因其材而笃焉。故栽者培之,倾者覆之。《诗》曰:'嘉乐君子,宪宪令德。宜民宜人,受禄于天。保佑命之,自天申之。'故大德者必受命。"

[朱注第十八章]

子曰:"无忧者,其惟文王乎!以王季为父,以武王为子。父作之,子述之。武王缵大王、王季、文王之绪,壹戎衣而有天下。身不失天下之显名,尊为天子,富有四海之内,宗庙飨之,子孙保之。武王末受命,周公成文、武之德,追王大王、王季,上祀先公以天子之礼。斯礼也,达乎诸侯、大夫及士、庶人。父为大夫,子为士,葬以大夫,祭以士;父为士,子为大夫,葬以士,祭以大夫。期之丧达乎大夫,三年之丧达乎天子,父母之丧无贵贱,一也。"

[朱注第十九章]

子曰:"武王、周公,其达孝矣乎!夫孝者,善继人之志、善述人之事者也。春秋修其祖庙,陈其宗器,设其裳衣,荐其时食。宗庙之礼,所以序昭穆也;序爵,所以辨贵贱也;序事,所以辨贤也;旅酬下为上,所以逮贱也;燕毛,所以序齿也。践其位,行其礼,奏其乐,敬其所尊,爱其所亲；事死如事生，事亡如事存，孝之至也。郊社之礼，所以事上帝也；宗庙之礼，所以祀乎其先也。明乎郊社之礼、禘尝之义，治国其如示诸掌乎？"

一、释字
揜：《说文》："自关以东，谓'取'曰'揜'。一曰覆也。衣检切。"

孝：《说文》："善事父母者。从老省，从子。子承老也。呼教切。"《礼记·祭统》："孝者，畜也。顺于道，不逆于伦，谓之畜。"《孝经疏》引《孝经援神契》云："天子孝曰就，诸侯孝曰度，卿大夫孝曰誉，士孝曰究，庶人孝曰畜。"

缵：《说文》："继也。作管切。"

末：《说文》："木上曰末。从木，一在其上。莫拨切。"朱注曰："末，犹老也。"

旅酬："旅"，《说文》："军之五百人为旅。力举切。""酬"，《说文》："主人进客也。市流切。"朱注曰："旅，众也。酬，导饮也。旅酬之礼，宾弟子兄弟之子，各举觯于其长，而众相酬。"

禘尝："禘"，《说文》："禘，祭也。《周礼》曰：'五岁一禘。'特计切。""尝"，《说文》："口味之也。市羊切。"按：《玉篇》："尝，祭也。"《尔雅·释天》："秋祭曰尝。"郭注："尝，新谷。"

二、通义

此分四：（一）总持；（二）受命；（三）无忧；（四）达孝。

（一）总持（"子曰鬼神之为德"全章）

微而至于无微乎？曰：否，尚有无在。若然，此微也，无尚不立，显于何有？曰：否，否。惟无而不立也，故无在而不显，古人所谓现成公案，此曰"诚之不可揜"。"视之而弗见，听之而弗闻"者，非无见无闻，惟不可见、不可闻耳。不然，体物而遗也。今既不遗，"使天下之人，齐明盛服，以承祭祀。洋洋乎如在其上，如在其左右。"果有鬼神邪？谁见谁闻？无邪？而德又实莫之盛。《诗》曰："神之格思，不可度思，矧可射思？"固非语言能诠、意识能缘也。此不可诠、不可缘，大道之正轨、中庸之总持。于保任章首揭此者，盖欲行人持此之总，任此之巨，保此之尚，自益而益人，援天下之溺，龥万有之和也。故曰总持。

（二）受命（"子曰舜其大孝也欤"全章）

命受而位正，位正道行，行斯普也。然则必如何而受命？曰孝。孝如上释。孝者，功勋，孝之至，功勋之至。功至而赏亦至。故曰"大德必得其位、必得其禄、必得其名、必得其寿。"德者，状功勋之懿行也。功勋之懿行，即孝之懿行，即保任之懿行。舜其大孝，大保任也。保任大而功勋大，功勋大而赏大，于是乎贵为天子，富有四海，大命受、大位得也。然此位者，非仅人君之位，盖彻证乎中庸得位也。孟子曰："居天下之广居，立天下之正位，行天下之达道。"位也者，位乎此，不得此，虽南面而君天下，失位也；苟得此，彼陋巷之回，敝衣之由，一夫不治，八口常饥，皆得位也。桀纣失之，孟子斥为"独夫"；宣尼得之，后哲尊曰"素王"。曰名、曰禄、曰寿，咸同此释；不然，操、莽贤于夷、齐，原宪下于盗跖矣，讵理乎哉？《诗》曰："嘉乐君子，宪宪令德。宜民宜人，受禄于天。保佑命之，自天申之。"此重赞保任之至，宜民宜人而天申，命斯受矣。

（三）无忧（"子曰无忧者其惟文王乎"全章）

上令下行，父作子述，如礼而知，如实而行，忧于何有？在未克定大乱前，威或假乎武功，德每沛于文治。今天下既有，上祀先公，达乎诸侯，爰及士庶。阶虽等差，礼无贵贱。如理而知，如实而行。诗曰："向来枉费推移力，此日中流自在行。"忧于何有？故以文王喻之曰无忧云云。此无忧者，保任之至适也。

（四）达孝（"子曰武王周公其达孝矣乎"全章）

序昭穆、序爵、序事、逮贱、序齿及践位、行礼、奏乐、敬所尊、爱所亲、事死如生、事亡如存等，又善继善述，曰郊社之礼、曰禘尝之义，如理而知，如实而行，即孝之至，即保任之至。故以武王况之曰"达孝"。达者，达乎此也；达乎此，即保任乎此。孝之至，亦保任之至也。故曰："明乎郊社之礼、禘尝之义，治国其如示诸掌乎。"治国以政，政莫先于彰秩序。今兹宗庙之礼、郊社之礼、禘尝之礼，井然而张，灼焉而序。治于国，宁曰不大而业？以京天下者，未之有也。故保任之至，又以启下章"显用"之至矣。

第三节　拈提

长庆安造百丈,礼而问曰:"学人欲求识佛,何者即是?"丈曰:"大似骑牛觅牛。"庆曰:"识得后如何?"丈曰:"如骑牛人归家。"庆曰:"未审始终,如何保任?"丈曰:"如骑牛人执杖视之,不令犯人禾稼。"长庆自兹领旨,息却狂心,更不驰求,即时享受下半截的风光。

"当人当下试一自忖:道他长庆是保任?是非保任?若曰是保任,不但活埋长庆,而且拖累百丈;若曰非保任,又眼睁睁把子思引的'舜其大孝'、'文王无忧'、'武王、周公达孝'等,和自己及他人一齐抛向火坑,殆不仅错判诸方,冤诬古人也。此而不明,必把南泉老人道的'王老师自小养一头水牯牛,拟向溪东牧,不免犯他国王水草;拟向溪西牧,不免犯他国王水草。不如随分纳些些,总不见得'的话言,把来凑泊在保任上。曰溪东溪西,未亡罥筌;随分些些,实超相外;且不问云门拈的'牛内纳及牛外纳',和云峰悦及幻寄拈的一切也。此而不明,又必把德山道的'无心于事,无事于心。自然虚而灵,空而妙',把来凑泊在保任上。若有诘者难其所通,则引古人'高高山顶立,深深海底行'等语,硬作主张,强为和会;谬燕石而曰玉,混鱼目以为珠。永嘉觉曰'魔强法弱',奈何?奈何?"

先生说是语已,顾视大众。久之,乃曰:"老何没后吟声绝,虽有郎官不爱诗。无复篇章遗道路,空留风月在曹司。"

复问众曰:"下文如何?"

有对者曰:"不知。"

先生曰:"余亦不知。古人说的,向下文长,不如付在来日。"下座,众未散。

久之,先生复上座,未语。有出问者曰:"先生为某等讲说《中庸》,案此已七章也。章章雷同,一律有总有拈,无乃程式过呆,而变化不兴欤?"

先生大声曰:"太史公说的。"

问者大愕,莫崖其际。良久,进曰:"不会。"

先生回:"连'唯唯、否否、不然'已不知。"

乃曰:"天常上地,地常下天,而地不能上天,天不能下地,是天地呆而变化不兴也?春生秋杀,夏茂冬藏,历劫不逾,是秋不能生,春不能杀,而夏不能藏,冬不能茂,彼四时者,呆而变化不兴也?孔子十五志学,七十不逾;释迦四十九年转此一法,此二至人者,亦呆而变化不兴也?汝毕竟是汝,吾终是吾;吾不是汝,汝不是吾;吾若是汝,汝若是吾,则吾汝不成。今不尔者,是吾与汝亦呆而变化不兴也?他如狗不是牛,牛不是狗,金不是粪,粪不是金,乃至一草一木、一土一石、一空一非空、一有一非有,无不尔者,等如上说,是一呆一切呆,而一切变化非变化,亘古而不兴也?汝不为呆而呆余说,何邪?虽然,幸有此一呆也;若无此呆,则无汝我;既无汝我,焉有时空?既无时空,汝从何处开两片皮来向我说呆、说不呆、说变化、说不变化乎?"问者大窘,目瞬而不能觉,舌翘而不能缩。

良久，先生霁颜和声，谓彼问者曰："会么？"

进云："不会。"

先生曰："不堪风唳鹤，况对月眠龙。"以木击案，瓦屋有声，下座。

第八章 显用"中庸"

第一节 总论

"出山扶客掉，在岳济民田。"用固张乎大小，时必期于短长。世固鲜无材而不用，亦鲜有用而非材。即材即用，即用即材，要在运斤者何如耳。用而适，窃国者侯；用而失，窃钩者诛。适与失，形虽明判乎偏正，妙则悉轨于中庸。叶于中，州官火毁民房，滴滴显慈人之沛；远夫道，百姓灯然暗室，点点埋益己之私。是故中庸不寓，大用何兴？故次遍行、保任而曰显用。用也者，用乎此；显也者，显乎此。舍此而显、用同非，中偏皆邪也。吾土内圣之学，内乎此；外王之学，外乎此。内不圣而外王，王亦盗也；外不王而内圣，盗亦王也。是王盗之迹判于形，王盗之实根于心。今曰为政而不辔乎中庸，险必逾于朽索之驭六马，芥舟而捕长鲸也，多见其不自知量。颠越戮辱，讵仅道失中庸乎？必曰遗讥后世。哀公之问、仲尼之训，炯之哉！

第二节 经文

[朱注第二十章]

哀公问政。子曰:"文、武之政,布在方策。其人存则其政举,其人亡则其政息。人道敏政,地道敏树。夫政也者,蒲芦也。故为政在人,取人以身,修身以道,修道以仁。仁者,人也,亲亲为大。义者,宜也,尊贤为大。亲亲之杀,尊贤之等,礼所生也。在下位,不获乎上,民不可得而治矣。故君子不可以不修身;思修身,不可以不事亲;思事亲,不可以不知人;思知人,不可以不知天。天下之达道五,所以行之者三。曰君臣也、父子也、夫妇也、昆弟也、朋友之交也。五者,天下之达道也。知、仁、勇三者,天下之达德也。所以行之者,一也。或生而知之,或学而知之,或困而知之;及其知之,一也。或安而行之,或利而行之,或勉强而行之;及其成功,一也。"

子曰:"好学近乎知,力行近乎仁,知耻近乎勇。"知斯三者,则知所以修身;知所以修身,则知所以治人;知所以治人,则知所以治天下国家矣。凡为天下国家有九经:曰修身也、尊贤也、亲亲也、敬大臣也、体群臣也、子庶民也、来百工也、柔远人也、怀诸侯也。修身则道立,尊贤则不惑,亲亲则诸父昆弟不怨,敬大臣则不眩,体群臣则士之报礼重,子庶民则百姓劝,来百工则财用足,柔远人则四方归之，怀诸侯则天下畏之。齐明盛服，非礼不动，所以修身也；去谗远色，贱货而贵德.所以劝贤也；尊其位，重其禄，同其好恶，所以劝亲亲也；官盛任使，所以劝大臣也；忠信重禄，所以劝士也；时使薄敛，所以劝百姓也；日省月试，既禀称事，所以劝百工也；送往迎来，嘉善而矜不能，所以柔远人也；继绝世，举废国，治乱持危，朝聘以时，厚往而薄来，所以怀诸侯也。凡为天下国家有九经，所以行之者，一也。

凡事豫则立，不豫则废。言前定则不跲，事前定则不困，行前定则不疚，道前定则不穷。在下位不获乎上，民不可得而治矣。获乎上有道，不信乎朋友，不获乎上矣。信乎朋友有道，不顺乎亲，不信乎朋友矣。顺乎亲有道，反诸身不诚，不顺乎亲矣。诚身有道，不明乎善，不诚乎身矣。诚者，天之道也。诚之者，人之道也。诚者，不勉而中，不思而得。从容中道，圣人也。诚之者，择善而固执之者也。博学之，审问之，慎思之，明辨之，笃行之。有弗学，学之弗能，弗措也；有弗辩，辩之弗明，弗措也；有弗行，行之弗笃，弗措也。人一能之，己百之；人十能之，己千之。果能此道矣，虽愚必明，虽柔必强。

一、释字

政：《说文》："正也。之盛切。"

方：朱注曰："方，版也。"按：《仪礼·聘礼》："不及百名，书于方。"

策：朱注曰："策，简也。"按：蔡邕《独断》："策者，简也。其制长二尺，短者半之。其次一长一短，两编下坿，单执一札，谓之为简；连编诸简，乃名为策。凡书字有多有少。一行可尽者，书之于简；数行可尽者，书之于方；方所不容者，乃书于策。"

敏：《说文》："疾也。眉殒切。"朱注曰："敏，速也。"

经：《说文》："织纵丝也。九丁切。"朱注曰："经，常也。"

眩：《说文》："目无常主也。黄绚切。"朱注曰："不迷于事也。"

跲：《说文》："踬也。居怯切。"

措：《说文》："置也。仓故切。"

二、通义

为天下国家之经九：曰修身、曰尊贤、曰亲亲、曰敬大臣、曰体群臣、曰子庶民、曰来百工、曰柔远人、曰怀诸侯。达道五：曰君臣、曰父子、曰夫妇、曰兄弟、曰朋友。如是已举未举，舍知、仁、勇而理莫阶、事莫由、道莫运。故曰知、仁、勇，天下之达德矣。达者，通也。有一碍则非通。今曰达，则事无碍、理无碍、事理无碍、事事无碍，而一无所碍也。盖仁以董事，知以应事，勇以成事。三者重一必偏，轻一必阙。合则非一,离又不三。全体用,一是非,别善恶,明去取,不可以言语诠、不可以意识缘也。无以名,无以状,强名曰中庸之全体大用、三世圣哲之一行胜门。当人但跻乎此,一切事、一切理、一切事理、非事理毕,所谓"大事了毕"也。况曰为天下、治国家乎?庄子曰:"圣人以其余绪而治天下。"

"知、仁、勇,儒之三德;法、报、化,释称三身。德、身二乎?"

曰:"不二。"

"一乎?"

曰:"不一。"

"然则知、仁、勇即法、报、化欤?"

曰:"然。"

或曰:"法、报、化非知、仁、勇欤?"

曰:"然。"

进曰:"知、仁、勇之于法、报、化,法、报、化之于知、仁、勇,即是即非、即非即是欤?"

曰:"然。何也?愚者囿之即非一,达者游之而不二矣。"

或大诧,忿而诘曰:"先生如是乱糅,不但毁孔,且亦叛释。"

先生亦忿而语曰:"汝如是谬会,不但远释,而亦诬孔。"

或曰:"经文俨然见在,学人固不远释而诬孔也。"

先生亦曰:"经文俨然见在,且法尔亦如是也。胡得云余毁孔而叛释?"

或云:"不会。愿垂明示。"

先生曰:"知么?汝之言,依文解义,大晦释氏之真诠;滞理求通,深远孔子之的趣。今余彻见汝是听经学人,决非远行客子,亦犹余彻见孔云知、仁、勇三德,即释说法、报、化三身者,一也。乃者,必谓余彻见汝非听经学人,而是远行客子。可乎?可乎?昧孰甚!昧孰甚!

"妙喜老人诠'天命之谓性'为'清净法身','率性之谓道'为'千百亿化身','修道之谓教'为'圆满报身'。彼果诬也?妙喜者,圆悟勤亲承法嗣之骄子,临济宗荷负大道之啸狮也,临济宗旨宁秀到今?况彼时于宪设拜、无垢对扬,肆筵沛法,如日丽天。余果诬也,彼三尊宿者,宁不诬乎?"或莫对。

先生复曰:"谛听!谛听!千古无有以实法与人的圣人。故岩头曰:'若以实法与人,食土亦消不得。'若然,横说竖说、有说无说、是说非说、反说正说、炽然而说,总以诱掖学人入乎中庸而已,讵有他哉?果能入也,何事不可?况三德、三身等说邪?其或不然,纵将十三经、三藏十二蕴之于心,犹是落空亡外道,执有为魔军也。讵知证入中庸者,孔亦可、释亦可、是亦可、非亦可,拈一茎草演出三世一切凡圣种法;把三世一切凡圣种法演入一茎草。尘尘尔、刹刹尔、法法尔,无一不可。孔子曰:'无可无不可。'

"若然,彼三德、三身已证入者,置勿论。未入、欲入或正入之初机,究以何法趣证乎?曰博学、审问、慎思、明辨、笃行。是五法者,迷津筏、苦海航也。释氏六度、四摄、八万四千法门，悉摄于斯，悉尽于斯。

"行人不于此五法研工，而务修阴阳、坎离等，无乃舍近求远、歧路或不至欤？纵至，亦绕而苦。何也？法身无相，无相何修？今既有修，必非无相，既非无相，讵曰法身？又，不仅法身无相，而化、报亦无相也。此五欲身者，念念生灭。必曰修，修生法邪？修灭法耶？若曰修生，才云修生，此生已灭，已灭何修？若曰修灭，已灭已灭，灭更何修？然则毕竟无修？曰：否，否。当人果于博学、审问、慎思、明辨、笃行而证乎中庸也，自然一切成现，不必问人。修亦得，不修亦得。不但阴阳、丹道、坎离等法得，乃至贩夫、牧卒，无一而不得。何也？知本也。本者何？中庸也。故曰此谓知本、此谓知之至矣。不然，任汝说修、说不修，总是痴狂外边走。遑曰九经、五达道，以为天下治国家者乎？行人洞此，愚必明，柔必强。而明而强，标洪范于来世，趋的向于今时，于是乎在也。取譬蒲芦，政布方策等，阅简而知，固不必一字咀文，一句较义。但证此知、仁、勇，即纲举网张，而为政之道毕，中庸之道毕矣。"

第三节　拈提

"舜，陇亩匹夫耳；文王昌，小国君耳；回，陋巷布衣耳。舜以匹夫，妻帝二女，内无群雌粥粥之嫌；君天下，驱四凶；殛鲧陟禹，禹不以父死之仇而仇舜，舜不以子肖之贤而贤鲧；厥德用修，为章后世，外无人言啧啧之毁，道固何欤？姬昌以百里地而收大有功,颜回无一阶荣而有千世誉,道又何欤?此古人也。今虚云、妙树者,二老夫也。一言达者,炫如吐玉;一履开士,赞曰胜行,此又何欤?至于龙女八岁,善财妙龄,涅槃会上屠儿,金陵道畔婆子,桃花取证于灵云,溪深每长于杓柄,古今因缘,百笔难罄,此又何欤?"

先生说已,顾视大众,良久,乃曰:"余于此下语不得。"

或曰:"不下语可乎?"

先生曰:"嘴上加嘴。"

久之,或又曰:"毕竟如何?"

先生曰:"三子者不同道,其趋一也。一者何?曰仁也。君子一仁而已矣。何必同?仁也者,法身也。得此,而化、报,而知、勇,而干矢橛、庭前柏树子、北斗里藏身、顾鉴咦、家家门前火把子,曰惟精惟一、曰一贯、曰明德、曰中庸,乃至一切事、一切理、一切胜行、非胜行,曰兵、曰农、曰财、曰教、曰政、曰工、曰商、曰艺,一时毕具,丝急不逾。不然,任汝称扬称郑,徒滋小勤,于道更远。"

又曰:"人不急其缓,缓其急,大其小,小其大,如实而知,如理而行,万事毕也。讵曰为政乎?孟子曰'以齐王,如反掌'。岂诬语哉?哀公外弱于齐、威于晋,内又不牧于臣庶,故兴为政之问。孔子云云,盖探本之论也。方策,成文也;蒲芦,细物也。至易至细,而行之者人。故重修身,所谓躬己正南面,不言而信,不动而成也。夫身修,不言且信,不动且成,况言与动乎?君子所以修身为大也。然则何修乎?曰:好学近知,力行近仁，知耻近勇，舍知、仁、勇，不可言修身。舍修身，必不曰知、仁、勇也。知、仁、勇之于修身，不可二，不可一，不可即，不可离。故曰，知斯三者，则知所以修身，所以治人，所以治国家、平天下也。当人不正己躬，兴知、仁、勇之妙行，而责于齐曰'弱我'，晋曰'威我'，内讼于臣庶曰'尔干我、远我、掷我、无我'，于是媾狱逞兵，等亲戚于胡越，视同舟如仇雠。此缓其急，急其缓，大其小，小其大。齐之为齐，所以有于田氏；晋之为晋，所以衰于诸侯；鲁之于鲁，所以弱于三家。沦三代为春秋，降春秋而战国也。千古成败，如出一辙。前覆而后不知鉴，悲夫！悲夫！

"余髫年入学，有先生氏蒲者，善诱塾童，课余必说故事，以启奋儿童，令其乐而忘苦。曰某村有孟、仲、季者，皆瞽。孟、仲精甲子术，每事必以甲子排决休咎，百不一爽；季固不知也。一日三人同出，长次雁行。不知每日所行故道，陷而为坑。孟忽陷入，应声曰：'甲子乙丑海中金，不知旧路化为坑。'言未已，其弟仲亦陷入，亦应声曰：'丙寅丁卯炉中火，大哥陷了又陷我。'言未已，其弟季亦陷入，而应声曰：'我亦算不了甲子，可笑陷了一坑瞎子。'这一则故事，真所谓烛破古今。无论自命为知或愚，人推为知或愚，而未修身或已修未至者，莫不同在此一坑中。先圣悲之，子思悯之，共三世贤圣都在此坑外或在此坑内，大声疾呼曰：'曷兴乎？曷兴乎？'"

说已，先生顾视大众，良久，乃曰："会么？"众无语。

先生曰："若云会，吾与汝同在坑内，同瞎子笑；若云不会，吾与汝同在坑外，闻瞎子叫。我已不管你笑和叫，依然把这一篇显用中庸的拈提说了。"下座。

第九章　要"中庸"

第一节　总论

　　要者，约也。《左传·哀公十四年》："使季路要我，吾无盟矣。"谓行人必云云而约乎中庸也。又，结也；《国语·晋语》："以要晋国之成。"行人必云云以要结乎中庸之成也。又，坚止也；《汉书·文帝纪》："皇太后固要。"行人必云云而坚止乎中庸也。又，求也；《孟子·告子》："以要人爵。"谓行人必云云以求乎中庸也。又，察也；《书·康诰》："要囚。"行人必云云而明察乎中庸也。又，取也；《淮南·原道》："以要飞鸟。"谓行人必云云以取乎中庸也。义虽千差，归程匪二。盖行人因难行能行而践履、而一趣、而保任、而显用也。行已履乎上阶，义固参于妙谛。一行张万派之权，众妙擅独到之实。故次显用曰要。极其至，凡圣不二，空有咸齐。理失浅深，事非巨细。即此离此，无一而不要乎中庸；离此即此，漏万仍阶乎至道。释曰不思议，孔曰物不测，讵有他哉？故曰"要"，谓行人一止一动、一语一默、一舍一取、一来一往、一有一空、一非一是、一浅一深、一长一短，无一而不要乎此。故又曰不可离。不可离者，要之至也。显用之极，归于至要。然此至要者，用极而要，又非离用而别有要。若别有者，魔法、二法也。讵大人之胜行哉？行人届此，取之则左右逢其源，从心所欲不逾矩。故曰：功已齐于诸圣，德实焕乎无为。

第二节　经文

[朱注第二十一章]

自诚明，谓之性；自明诚，谓之教。诚则明矣，明则诚矣。

[朱注第二十二章]

唯天下至诚为能尽其性，能尽其性，则能尽人之性；能尽人之性，则能尽物之性；能尽物之性，则可以赞天地之化育；可以赞天地之化育，则可以与天地参矣。

[朱注第二十三章]

其次致曲，曲能有诚；诚则形，形则著，著则明，明则动，动则变，变则化。唯天下至诚为能化。

[朱注第二十四章]

至诚之道，可以前知。国家将兴，必有祯祥；国家将亡，必有妖孽。见乎蓍龟，动乎四体。祸福将至，善，必先知之；不善，必先知之。故至诚如神。

[朱注第二十五章]

诚者自成也，而道自道也。诚者，物之终始；不诚，无物。是故君子诚之为贵。诚者，非自成己而已也，所以成物也。成己，仁也；成物，知也。性之德也，合外内之道也。故时措之宜也。

［朱注第二十六章］

故至诚无息，不息则久，久则征，征则悠远，悠远则博厚，博厚则高明。博厚，所以载物也；高明，所以覆物也；悠久，所以成物也。博厚配地，高明配天，悠久无疆。如此者，不见而章，不动而变，无为而成。天地之道，可一言而尽也。其为物不贰，则其生物不测。天地之道：博也，厚也，高也，明也，悠也，久也。今夫天，斯昭昭之多，及其无穷也，日月星辰系焉，万物覆焉；今夫地，一撮土之多，及其广厚，载华岳而不重，振河海而不泄，万物载焉；今夫山，一卷石之多，及其广大，草木生之，禽兽居之，宝藏兴焉；今夫水，一勺之多，及其不测，鼋鼍蛟龙鱼鳖生焉，货财殖焉。《诗》云："维天之命，于穆不已。"盖曰天之所以为天也。"于乎不显，文王之德之纯。"盖曰文王之所以为文也，纯亦不已。

［朱注第二十七章］

大哉，圣人之道！洋洋乎发育万物，峻极于天。优优大哉！礼仪三百，威仪三千，待其人而后行。故曰苟不至德，至道不凝焉。故君子尊德性而道问学，致广大而尽精微，极高明而道中庸。温故而知新，敦厚以崇礼。是故居上不骄，为下不倍，国有道，其言足以兴；国无道，其默足以容。

《诗》曰:"既明且哲,以保其身。"其此之谓与?

[朱注第二十八章]

子曰:"愚而好自用,贱而好自专。生乎今之世,反古之道。如此者,裁及其身者也。"非天子,不议礼、不制度、不考文。今天下,车同轨、书同文、行同伦。虽有其位,苟无其德,不敢作礼乐焉;虽有其德,苟无其位,亦不敢作礼乐焉。子曰:"吾说夏礼,杞不足征也;吾学殷礼,有宋存焉;吾学周礼,今用之,吾从周。"

[朱注第二十九章]

王天下有三重焉,其寡过矣乎?上焉者虽善无征,无征不信,不信民弗从;下焉者虽善不尊,不尊不信,不信民弗从;故君子之道,本诸身,征诸庶民,考诸三王而不谬,建诸天地而不悖,质诸鬼神而无疑,百世以俟圣人而不惑。质诸鬼神而无疑,知天也;百世以俟圣人而不惑,知人也。是故君子动而世为天下道,行而世为天下法,言而世为天下则。远之则有望,近之则不厌。《诗》曰:"在彼无恶,在此无射。庶几夙夜,以永终誉。"君子未有不如此,而早有誉于天下者也。

[朱注第三十章]

仲尼祖述尧、舜,宪章文、武;上律天时,下袭水土。辟如天地之无不持载、无不覆帱;辟如四时之错行,如日月之代明。万物并育而不相害,道并行而不相悖。小德川流,大德敦化。此天地之所以为大也。

［朱注第三十一章］

唯天下至圣，为能聪明睿知足以有临也，宽裕温柔足以有容也，发强刚毅足以有执也，齐庄中正足以有敬也，文理密察足以有别也。溥博渊泉而时出之，溥博如天，渊泉如渊。见而民莫不敬，言而民莫不信，行而民莫不说。是以声名洋溢乎中国，施及蛮貊。舟车所至，人力所通，天之所覆，地之所载，日月所照，霜露所队，凡有血气者，莫不尊亲，故曰配天。

［朱注第三十二章］

唯天下至诚，为能经纶天下之大经，立天下之大本，知天地之化育。夫焉有所倚？肫肫其仁，渊渊其渊，浩浩其天。苟不固聪明圣知达天德者，其孰能知之？

一、释字

自：《说文》："鼻也。象鼻形。疾二切。"朱注曰："自，由也。"今注曰："显始而溯其来曰自。"

曲：《说文》："象器曲受物之形。或说曲，蚕薄也。丘玉切。"朱注曰："曲，一偏也。"

纯：《说文》："丝也。常伦切。"朱注曰："纯，纯一不杂也。"今注曰："不杂而无染曰纯。"

凝：《说文》："水坚也。鱼陵切。"朱注曰："凝，聚也，成也。"

烖：《说文》："天火曰烖。从火，𢦏声。祖才切。或从宀火。"

射:"射,音斁。"《诗·周颂·振鹭》章作"斁"。郑笺训"厌"。"射"、"斁"古音"妒"。

二、通义

二十一章至三十二章,诠之曰"要中庸"。然此十二章者,章尽其至,至尽其理,理要于实。实也者,不可说、不可思、不可议、不可形,而又不可不说、不可不思、不可不议、不可不形者也。初欲默而不析,事近笼统;继欲条而彰之,不但理非言诠,且增学人情尘、初机识网矣。百思莫是,于是乎假立十二支,权通一贯言。

(一)要证("自明诚谓之性"全章)

本自清净,离真妄、绝是非,曰诚。正觉直观,理事无碍、空有双诠而破暗,曰明。诚,定也;明,慧也。由定而慧,慧显而性见;由慧而定,定诠而教成。然则定慧二乎?曰:否。当人正定时慧在定,正慧时定在慧,故曰非二。一乎?曰:否。当人正慧时非定,正定时非慧,故曰非一。然则教与性一乎?曰:否。性者,体也;教者,用也。体用判然,乌得云一?二乎?曰:否。无体何用?无用何体?乌得云二?夫诚也、明也、性也、教也,一体而异名,名异而体一。不臻于至,理有千差;苟止于善,事无二德。然非亲证,徒滋辩言。古德曰:"语证则不可示人,说理则非证莫了。"故首曰"要证"。

(二)要量("惟天下至诚"全章)

至诚者,沛定慧之妙趋,张心性之玄宇。无以诠之,假名曰性。须知此性之量，即诚之量。诚之量，即天地人物之量。行人但尽己性之量，人性、物性、天地之性悉尽其量也。参，三也。我与天地并形而为三，合体原非二。是天地即我，我即天地。曰赞、曰参，一派现成。放乎中流，扁舟何系？故曰赞天地之化育、参天地之化育。释氏之言曰："如所有性，尽所有性。"故次"要证"而曰"量"。

（三）要等（"其次致曲"全章）

法本平虚，人有愚智。三乘于焉而焕立，十地因之有宪垂。倘千钧期负于下劣，万里责趋于羸乘，有不折鼎足而覆公𬤊者乎？等之立，圣人方便也。"其次"，郑注曰："指贤人以下，凡诚有未至者而言。""曲，"一偏之善。"其次致曲"者，盖谓行人悟一理而未该乎中庸之全。然即其理，星星燎原，势固期乎必证。所谓"大风起于青𬞟之末，而甚于土囊之口"也，故曰"有诚"。释家者言"莫轻末学"，初祖曰"莫轻未悟"，悉为此而言也。即此，必诚、必形、必著、必明、必动、必变、必化；及其化也，无论生而知、困而知、学而知、安而行、利而行、勉强而行，成功则一。未跻于此，固不得言不二也。次要证、要量而曰等。可紊其进程、乱其步趋乎？权曰"要等"。

（四）要验（"至诚之道可以前知"全章）

《易·说卦》："神也者，妙万物而为言也。"又，"明也。"《荀子·修身篇》曰："莫神一好。""至诚如神"，验其吉凶、悔吝、兴亡、善不善如神也。曰前知、曰后知、曰现知，乃至百千三昧、无量功德海、胜行、劣行，都非外有，皆此一法之所印，一行之所彰。若外有，则妖则异也。然则"现乎蓍龟"，非外乎？既外也，非妖乎？异乎？曰：非。何也？此蓍龟之现，即一法之现；一法之现，即一诚之现。故曰："动乎四体，祸福将至，善，必先知之；不善，亦必先知之。"如理而知，如实而知，三世一切圣哲共游之通径，非妄立谶语、诡说阴阳者，不根于心而说神说异也。验也者，验乎此。必验此，乃曰择乎中庸，至诚如神。故次"等"而曰"验"。

（五）要德（"诚者自成也"全章）

本自具足，不假他求，故曰"自成"。自成者，"诚"也。非诚，则必借他。借他，则无自。无自，则无物。无物，则世间相坏矣。世间相坏，六度四摄依何而沛？此而莫沛，则长劫沉沦、世界黑暗也。君子者，行人也。谓行此者必君子；反之，则不行也。君子之贵，贵此；成己以仁，充内心之德；成物以智，显外有之宜；内充外显，无措不宜。是性之德，即中庸之至德。中庸之至德，即性之德也。非此，而人、己必不成矣。故次"验"而曰"德"；要者，要此，权曰"要德"。

（六）要不二（"故至诚无息"全章）

"至诚"，无来无去，无是无非，非有非空，不二不一，即之不可，离之则乖，故曰"不息"。"不息则久，久则征，悠远、博厚、高明"等，事虽炫于千奇，理实原于一趣。显章万类，离娄失明；动毁三千，空生在定；故曰不二。惟不二也，群有森罗，皆印于一；纤无不立，实昭乎万，故曰"不测"。此法尔如是，本自圆成，无待功勋，讵云修证？昧者泥于不息则久、久则征，乃至博厚、高明等，为阶而进、梯而升，渐而非顿，或顿而非渐，亦可哂矣！虽然，此就已趣乎中庸、入不二法门者言也。一曲之致，必大惑焉。若曰外境、内心不二，然则一草一木、一人一狗，皆不二也。果尔，草即木，木即草，人即狗，狗即人。可乎？曰：不可。是昧于长短、大小之义，囿乎人我、色空之见；滞名相之执，亡体用之全。盖体固不二，用则非一也。

若曰必无阶梯、顿渐，则昭昭之多，不覆万物、系星辰；一撮之土，不振河海、载华岳；一卷无广大，则动、植、宝藏不丽于山；一勺非不测，则蛟龙鱼鳖不媚于渊。不但显坏名言，而亦大悖事理。可乎？曰：不可。惟无也，故生有。若有有，有复何生？有不生有，因无而有。有阶有梯、有顿有渐，例同此释。必曰有，是有此昭昭、一撮、一勺等，则长此昭昭、一撮、一勺而变化不兴、化育不成，曰系星辰、振河海等，寐语也，岂事理哉？斯义也，固一心之所显，一法之所印。至玄至妙，至平至庸。事无阶梯，理非顿渐。故孔子引《周颂》之《诗》曰："维天之命，于穆不已。"盖理虽万殊，形上则一。子思以"文王之德之纯"、"纯亦不已"况之。不已岂纯？今纯而不已，是故为物不二、生物不测，天地之至德，圣人之至行，中庸之至道也。故次"要德"而曰"不二"。

（七）要不息（"大哉圣人之道"全章）

中庸非至德不凝。一性虚明，讵怠者能至？尊德性、道问学、致广大、尽精微、温故知新、敦厚崇礼，入德之新阶、臻至之显径也。怠者每望而废自半途，盖究其体，"洋洋乎发育万物，峻极于天"，遂兴仰之弥高之叹。即其用，"威仪三千，礼仪三百"，又启钻之弥坚之思。讵知一性圆成，乌有难易？既无难易，行者莫阶。事每慊于未济，道固需乎待人。"故曰：苟不至德，至道不凝。"至德者，精进不怠之德。居上而骄，为下而倍，必不然也。精进乃德之至，而凝道之至。既至也，何用不臧？曰兴、曰容，动止皆适。而骄、而倍，灾必及身。故子思引《大雅·蒸民》之篇曰："既明且哲，以保其身。"次"不二"曰"不怠"，义固尚乎斯矣。

（八）要分（"愚而好自用"全章）

智不越分，明不违时。自用自专，违越交戾，讵曰利他？抑亦损己。议礼、制度、考文，国家重政，四庶共型也。非德懋位尊，莫由废作。位尊而德替，苟有作焉，必不足以飏天下之大和；德懋而位卑，苟有作焉，必不足以征天下之大信。故曰："非天子不议礼、不制度、不考文。"又曰："虽有其位，苟无其德，不敢作礼乐。虽有其德，苟无其位，不敢作礼乐。"盖不越不违，益己利人，于是乎在。曰灾曰患，安有寄乎？子曰："吾说夏礼"云云，又明示生今而道不反古，且以用乎今，理如是也，分如是也。故次"要不怠"而曰"要分"。

（九）要誉（"天下有三重焉"全章）

"三重"，朱子引吕氏之说曰议礼、制度、考文，且曰："唯天子得以行之，则国不异政，家不殊俗，而人得寡过也。"

先生曰："不然。三重者，由本章一'上征'、二'下尊'、三'君子之道本诸身'等，三重也。前章前文前义已罄，此章此文此义自形。朱子不以'故君子之道本诸身'与'上征'、'下尊'等安立为三者，以此'故君子'之'故'字难消耳。讵知故者，古也；故君子即古君子也。上征，征则民信。下尊，尊则民从。'君子之道，又本诸身，征诸庶民，考诸三王而不谬，建诸天地而不悖，质诸鬼神而无疑，百世以俟圣人而不惑。'是天下协偕，虽欲动而世不为天下道，行而世不为天下法，言而世不为天下则，不可能也。故远之必有望，近之必不厌。《诗》曰'以允终誉'，又曰'君子早誉'，岂偶然哉？重此三也。舜、禹之有天下，实重乎三；汉、唐之有天下，权重乎三；桀、纣之失天下，远轻乎三。君子早誉，宁忽乎三？誉早而过自寡，过不寡而誉必不早矣。今之君子，全失此三，而欲大邦国、京天下，过乎？非欤？故次'要分'而曰'要誉'。"

（十）要大（"仲尼祖述尧舜"全章）

尧、舜、文、武，人也；天时、水土，物也。祖述宪章，上律下袭，远绳乎人，近准诸物，取而律己，亦以益人，不攻异端，不堕平常，一味素行，无德不周。此君子之道全，中庸之德大也。取譬天地，借喻四时，乃至"万物并育而不相害，道并行而不相悖。""小德川流，大德敦化"，又形君子之德大、中庸之道全也。曰大、曰全，名异而体一。斯即通衢，安问别径？仲尼之大、天地之大，此而已矣。故次"要誉"而曰"大"。

（十一）要临（"唯天下至圣"全章）

既大也，或虑不明，比而知，闻而知，思而知，不切证而知，皆非临矣。灯下见物，月下见物，日下见物，物固非三，见则不一。此曰"临",以喻乎见,日下见也。临此,寓乎仁,则"宽裕温柔,足以有容"。大乎勇,申乎义,则"发强刚毅,足以有执"。齐乎礼,则"齐庄中正,足以有敬"。激乎智,则"文理密察,足以有别"。智、仁、勇诸德丕显,法、报、化三身齐形。随处立名,立名即真;所在消权,消权即实。故曰"溥博如天,渊泉如渊;见而民莫不敬,言而民莫不信,行而民莫不悦"也。行人跻此,"舟车所至、人力所通、天之所覆、地之所载、日月所照、霜露所队,凡有血气者",莫不尊之、亲之,故曰"配天",故曰"至圣",故曰"声名洋溢乎中国。"天者,仰首而见,不待他证,不依例明。亲临乎中庸者,亦如仰首见天,不待他证,不依例明也。必如是乃曰"临",反之曰不至。何也?纪信辇、叶公龙,非不壮观,然非诠实矣。"配天"者,天以无形而化生万物,行人以无为而临乎中庸,故曰"配"。配,犹偶也。行人、至圣,不二不一。在途曰行人,归家曰至圣。故次"要大"而曰"临"。

(十二)要本("唯天下至诚"全章)

此章首曰"自诚明"云云,尾曰"唯天下至诚"云云,是首尾以诚诠实,因实立中。曰誉曰证、曰大曰临,随处安名,有名即实,实而不居,居之乃权。言条理,章章井然,句句非紊;判失纲,处处殊至,节节支离;观乎趣,维摩室中,百幻千奇,三都不足以壮其丽;探乎寂,空生崖下,春明花孔,万德不足以显其玄。有情无情,一切繁兴在我;即用离用,众妙之纷非他。行人跻此,大本立矣。记曰:"本立而道生。"孟子曰:"取之则左右逢其源。"源者，本也。《大学》曰："此谓知本，此谓知之至矣。"凡兴一用，莫不本此。非语言诠、意识缘。可言可诠，重彼而轻此，或重此而轻彼者，都非亲非临，必有"所倚"也。既有所倚也，讵曰"经纶天下之大经、知天地之化育、立天下之大本"邪？故次"证"、"临"等曰"本"，以结本章之全，显文言之整。

然则本有结乎？曰本也者，不来不去，不生不灭，不净不垢，不断不常，头且无，尾何有？今曰结，权语也。惟不倚，曰灵光独耀、曰照体独立、曰绝待、曰直觉。非比非喻，不可赞、不可叹、不可即、不可离，"肫肫其仁，渊渊其渊，浩浩其天"。跻乎此，"聪明圣知、达天德者"矣。然此聪明圣知、达天德者，非他非异，行人但一要乎本，即得也，岂二致哉？慎勿重彼轻我，高推圣境，穷劫不至，自取沉沦。故曰"要本"。

第三节　拈提

"此章开十二支。首曰证、次曰量、三曰等、四曰验、五曰德、六曰不二、七曰不息、八曰分、九曰誉、十曰大、十一曰临、十二曰本。然则仅此十二支乎？"

曰："否，否。八万四千法门，门门无尽。彼十二支者，太仓一粒耳。"

"然则何不开一、或二三、或四五，而独标十二，有说邪？"

曰："有。"

曰："何说邪？"

曰："我亦无知。"

曰："既曰有也，何得云无知？"

曰："我若有知，即夺汝无知；汝既无知，亦云何夺？既无有夺，故曰无知。"

或大窘，莫知所措。

先生曰："向汝道：灵光独耀、迥脱根尘；事理双忘，不拘文字。曰一、曰二、曰三四，从何建立？此中庸者，尚是假有，况此十二支乎？朝三暮四，暮四朝三，原以慰乎狙怒，支固任乎人开。必于此课胜劣、检是非，惑甚矣！虽然，尝一脔而甘全鼎，饮一滴而美大溟。破句《楞严》，已垂古范；庭前柏树，早播风规。则此一句尤丽，矧曰支乎？迷悟在乎当仁，胜劣匪关法舍。此要之立，亦云是耳。"

拈曰：舒州龙门清远佛眼者，与圆悟勤佛果、佛鉴为知友，宋之三佛者也。眼初读《法华》，至"是法非思量分别之所能解"，质其师，师不能答，遂遍参，至太平，见五祖。旋乞于庐州，偶雨仆地，烦懑间，（先生曰："百折不回是好汉，半途而废岂丈夫？"）闻二人交相恶骂。谏者曰："你犹自烦恼在。"师于言下有省。（先生曰："会么，会么？一切处成正等觉，并不在你把古人或今人的奇言妙义蕴在胸中，作是非道理会，才叫用功。"）及趋五祖，凡有所问，祖即曰："我不如你，你自会得好。"或曰："我不会，我不如你。"（先生曰："你看他作家宗师，钳锤何等严密！何等恶毒！何等亲切！当今有如是师家么？若有，与我燃香来，拜他百拜。"）眼愈疑。（先生曰："又吞钩一个。"复曰："见块狂趋韩地犬，不贪香饵碧潭龙。"）遂咨决于元礼首座，礼以手引师之耳，绕围炉数匝，且行且语曰："你自会得好。"师曰："有冀开发，乃尔相戏邪？"（先生曰："知恩者少，负义者多。"）礼曰："他后悟去，方知今日曲折耳。"后寒夜孤坐，拨炉见火如豆许，恍然自喜曰：（先生曰："你看！你看！要发疯了！清平世界哪里有如许多事来。"）"深深拨，有些子，平生事，只如此！"（先生复曰："而今世上人眼浅，只重衣冠不重贤。"）遽起，阅案上《传灯录》，至破灶堕因缘，忽大悟，作偈曰："刁刁林鸟啼（有这事），披衣终夜坐（何必）。拨火悟平生（见神见鬼），穷神归破堕（可知礼也）。事皎人自迷（平地吃仆），曲谈谁能和（一种没弦琴，惟师弹得妙）？念之永不忘（休妄想），门开少人过（白虎当轩，闻者丧胆）。"圆悟勤因诣师寮，举青林搬柴话验之。（先生曰："一家有事百家愁，一马不行百马忧。"又曰："士穷见节，患难见交。"）且谓："古今无人出得，你如何会？"眼曰："也有甚难？"悟曰："只如他道，铁轮天子寰中旨意作么生？"眼曰："我道帝释宫中放赦书。"（先生曰："两个明眼人，一齐说瞎话。"）悟退，与人曰："且喜远兄便有活人句也。"

"眼师在未拨火及阅破灶因缘前，固一行者也；及悟后，亦行者也。在未悟前说他是聪明圣知、达天德者，他心里如何？既悟后，仍然说他是聪明圣知、达天德者，他心里又如何？且不说眼师，即行人自身，只如今日闻法者，闻拈提此语，心里又如何?"众无语。

先生顾视大众,良久,乃曰:"上穷碧落下黄泉,两处茫茫都不见。"下座。

第十章 结"中庸"

第一节 总论

首以尾彰,势未形而大用已毕;尾因首显,局已终而希工正勤。事固无分乎首尾,理讵有诠乎初终?今曰结,因总而结;今曰终,全始而终。总结始终之立,以权、信、赞、行、证之趣为实,因权及实。及实,匪特无权,而实亦不可得矣。实不可得,而无所不得。内蕴之仁,外沛之德,于是乎不言而信、不动而成也。不言何始?不动何结?始结双忘,实昭潜德。显微两知,蹈乎中庸。行人之业丕显,百辟其刑;君子之学笃恭,万方足式。归其至于无声,恶其文之有著,暗然日章,的然日忘,道固判于君子、小人,德实诱乎初机、来者也。始则戒惧,不睹不闻;终又要归无声无臭。反复谆谆,掖诱炯炯。记曰:"百花落尽啼无尽,又向乱峰深处啼。"懋也哉!

第二节 经文

[朱注第三十三章]

《诗》曰"衣锦尚䌹",恶其文之著也。故君子之道,暗然而日章;小人之道,的然而日亡。君子之道,淡而不厌,简而文,温而理,知远之近,知风之自,知微之显,可与入德矣。《诗》云:"潜虽伏矣,亦孔之昭。"故君子内省不疚,无恶于志。君子之所不可及者,其唯人之所不见乎?《诗》云:"相在尔室,尚不愧于屋漏。"故君子不动而敬,不言而信。《诗》曰:"奏假无言,时靡有争。"是故君子不赏而民劝,不怒而民威于铁钺。《诗》云:"不显惟德,百辟其刑之。"是故君子笃恭而天下平。《诗》云:"予怀明德,不大声以色。"子曰:"声色之于化民,末也。"《诗》曰:"德輶如毛。"毛犹有伦,"上天之载,无声无臭",至矣!

一、释字

闇:《说文》:"闭门也。乌绀切。"引申有隐晦义。

的:《说文》作"旳,明也。都历切。"引申有表见义。

奏:《说文》:"进也。则候切。"《诗·商颂·烈祖》章作"鬷"。《毛传》"鬷,总。"《释文》:"子东反。"

假:《说文》:"至也。《虞书》曰'假于上下'。古额切。"《诗》毛训"大";郑训"格"。

二、通义

此章七引《诗》言,赞至道,结全篇。初言入德,次言潜伏,三曰屋漏,四曰奏假无言,五曰不显惟德,六曰予怀明德,七曰无声无臭。朱子曰:"举一篇之要而约言之。其反复丁宁示人之意,至深切矣。学者其可不尽心乎?"

先生曰:"尽心"二字以诠此章,极善!极善!恐朱子之说,大异余言。果学人如余说尽心也尽心,不但诠中庸尽,天下事若理,乃至十三经、三藏十二部、《道德》、《南华》、耶稣新旧《约》、回教《可兰》、诸子百家无一不尽。何也?心尽至于无可尽处,尚有处在,不得言尽。此无可尽处亦尽,于是乎人尽、我尽、有尽、空尽、断尽、常尽、是尽、非尽、凡夫尽、圣人尽,乃至一切处、非一切处无不尽。果尔,今之《中庸》十章尽。此十章尽也,说此《中庸》者,闻此《中庸》者,无不尽。然后从此无不尽中,说入德、说潜伏、说奏假无言及无声无臭等,而说者、闻者,乃至十三经、三藏十二部、《道德》、《南华》、耶、回、百家,头头上显、物物上明,觅尽不得,非尽亦不得。此中庸之至德,行人之尚趋也。故曰"万物并育而不相害,道并行而不相悖"。朱子之意,果余说乎?不但注此《中庸》尽,当人无始大事,亦了尽矣。

余权立十章,此开为七,余之统说、赞美、难行,入德也。践履当潜伏,一趣当屋漏,遍行、保任当奏假无言,盖遍行保任之至，无斯不顺，无斯不服，不赏而民劝，不怒而民威也。显用者，丕显惟德也。现法、报、化三身，全智、仁、勇三德。本章总论曰："行人之业丕显，百辟其刑；君子之学笃恭，万方足式。"要者何？要予怀明德也。结者何？结无声无臭也。

此篇始曰"天命之谓性"，结曰"上天之载"，是始以天始，而结以天结也。天者，颠也。余说曰"轫始而上之谓天"。天亦幻有，皆依假立。未轫始前、既轫始后、正轫始中，悉不得言有天。何也？除前、后，无中，犹除过、未，无现也。若然，"天命之谓性"非始，"上天之载"非结，余三十一章非中。非始、非结、非中，而曰某始也、某中也、某结也，瞎汉也。然则是中庸者，无始、无中、无结邪？曰：担板汉也。明明始，明明中，明明结，乌得坏世间法而立奇兴异曰无？《中庸》首曰"天命之谓性"，继曰"莫见乎隐，莫显乎微"，终曰"无声无臭"，而有"上天之载"，味此，则"十世古今，始终不离于当念；无边刹境，自他不隔于毫端。"所谓言有时丝忽不立，言无时遍界不藏也。故此章七引《诗》言，六称君子，赞中庸之至德，美君子之胜行；结全篇之统旨，显未来之洪规。学人果如上说"尽心"，讵曰余注此为赘举，子思述之，亦蛇足矣。

复曰：余说《中庸》前之九章，章章尽至、字字透圆，纵颜、曾复起，孟、荀再生，赞不可，不赞不可，赞不赞均不可，共彼全力而欲得一善、不善等过，尽未来际，无一罅可乘也。惟于此章，漏一大隙，百拙万拙，千痴亿痴，若曰补之，匪特孟、荀、颜、曾无下手处，而释、老、耶、回亦开口不得。个中兄弟，还有检别得出么？若有，即请出来对众宣说，盐亭老人许你识得尽心，不管他什么朱子、程子。若无，便是"侍臣鹄立通明殿，一朵红云捧玉皇"了。下座。

第三节　拈提

典牛依湛堂准于泐潭。一日潭普说曰："诸人苦苦就准上座，觅个什么？"遂拊膝曰："会么？雪上加霜。"（先生曰："倾筐倒箧，从头至尾，尽量把与当人也。会么，会么？好会！好会！速会！速会！"）又拊膝曰："若也不会，岂不见乾峰示众云：'举一不得举二，放过一着落在第二。'"（先生曰："如此信口开河，不但心黑，而且脸厚。"）师闻，脱然颖悟。（先生曰："一出门来人咬狗，拣个狗来打石头。从来不说颠倒话，阴沟踩在脚里头。咦！咦！不知他悟个什么？况曰顿邪？"）尝和忠道者《牧牛颂》曰：（先生曰："见财起意非君子，临危致命乃丈夫。"）两角朝天，（盲认贼赃，成何体统。）四脚踏地，（明知故犯，事出有心。）拽断鼻绳，（恭喜！贺喜！前门失牛，后门丧马，从此做亦不做，要亦不要。嘎嘎，嘎嘎！）牧甚屎屁。（这才是中立而不倚、上天之载、天命之谓性、自诚明、自明诚、大学之道、庭前柏树子、麻三斤、楚王城畔、汝水东流、西方日出卯、放汝三顿棒、小参不答话、斩猫、斩蛇等等，一时来也。好看！好看！）张无尽见之，甚击节。（先生曰："才有是非，纷然失心。隔壁洞房花烛，他人金榜题名，关汝甚事？大惊小怪作么？"）

问者曰："先生说如是等言，哪一段、哪一句是结中庸的拈提？"

先生曰："哪一字、哪一画、哪一点不是结中庸的拈提？"

进曰："不会。"

先生曰："会则朝三暮四，不会则暮四朝三。"

先生复曰："或问洞山价曰：'时时勤拂拭，为什么不得他衣钵？未知什么人合得？'山曰：'不入门者。'曰：'只如不入门者，还得也无？'山曰：'虽然如此，不得不与他。'山又曰：'直道本来无一物，犹未合得他衣钵。汝道什么人合得？这里合下一转语，且道下得什么语？'（先生曰："卖尽风流。"）时有一僧，下九十六转语皆不契。（先生曰："鼠子钻牛角，何年乃出头？"）末后一转始惬山意。（先生曰："龟毛千尺凭君弄，绣出鸳鸯不似他。"）山曰：'阇黎何不早恁么道？'别有一僧密听，只不闻末后一转。（先生曰："上钩也，何不闻，四海浪平龙睡稳，九天风静鹤飞高？"）遂请益其僧，僧不肯说。（先生曰："好手！好手！"）如是三年相从，终不为一举。一日因病曰：'某三年请举前话，不蒙慈悲。善取不得，恶取去也。'遂执刃白其僧曰：'若不为某举，即杀上座去也。'（先生曰："好汉！好汉！"）其僧悚然曰：'阇黎，且待我为你举。'（先生曰："无疾而呻，当面欺人。"）乃曰：'直绕将来，亦无处着。'僧礼谢。（白昼见鬼也。）"

先生曰："九十六转语，语语堆金，句句集玉。洞山不肯，未免压良为贱。末后一转，无头无尾，百丑千奇，乃洽山怀，无乃嗜痂而甘？别有一僧密听，九十六语皆闻，惟不闻末后一转，真是平地死人无算，活天冤苦，何也？此九十六转语者，余固不得而闻，末后一转，声闻至今，不但余闻也，山河大地、一切有情无情，莫不悉见悉闻。倘彼僧者，若于彼时同此一闻，三年之病冤、一刀之袭丑矣。况曰'直饶将来，亦无处着'乎？虽然，必闻此，大事乃毕；必举此，《中庸》乃结。乃毕乃结，而后大庾岭头一段提不起的公案，乃至时时勤拂拭、本来无一物、受授不受授等，当人如观掌珠、如察爪纹也。中庸始、中庸结，乃至仲尼授、子思受，如观掌珠、如察爪纹也。雪窦显曰：'他既不受，是眼将来必应是瞎。还见祖师衣钵么？若于入门，便乃两手分付，非但大庾岭头一个提不起，设使合国人来，且款款将去。'天童曰：'长芦即不然，直须将来。若不将来，争知不受？直须不受，若不不受，争免将来？将来的必应是眼，不受的真个是瞎。还会么？照尽体无衣，通身合大道。'如是已举未举，亦如观掌珠、如察指纹也。"

举是语已，先生顾视大众，良久，弹指一声曰："会么？"众无语。

先生复曰："会，则我结《中庸》，不会，则《中庸》结我。然则毕竟如何？"

良久，乃曰："停车坐看枫林晚，霜叶红于二月花。"下座。

第三编
结说分

余说此帙,任何一章、任何一则,把得便行,一行便入,一入便深,无分智愚,不列渐顿,皆能履乎上阶而蹈中庸。倘栖心两歧,妄意优劣者,必不能至。何也?盖孔、释、老、庄、耶、回,皆一时假现,水月镜花;实因当人一念而有,都非实法,无有是处矣。是此非彼,是彼非此,悉为昧行,悉为寐语。此喻如筏,如获度已,何筏非是?如未得度,何筏是是?老、庄、耶、回且暂搁置,即孔、释说,实无轻轩,仁者自闹。宣尼显化此土,言教多轨现行;迦文揭义殊方,事理兼诠过、未。因缘而显,缘寂斯冥。开士一见便明,何情絮絮啧啧?窃谓生死事大,远祸为佳。长夜不醒,菩萨常啼;一行有失,亲戚永叹。当人但检己阙,无较他非。苟臻于至,自然头头上显、物物上明。庄子曰:"欲是其所是,非其所非,莫若以明。"不着问人,孰优孰劣,何去何从,如察指纹、如观掌果也。

然则释、孔之学，果无出入乎？是又不然。体则无殊，用即有异。释氏之说，极其大而条理外彰，行者易趋；孔子之说，邃其幽而理事内蕴，当人难入。入则非二，未入不一。故曰异也。倘忘其筌，宁有同乎？

又，迦文灭后，门人集结，心灯迄今犹自相续，广开十宗，宏宣万法。愈演而条理愈精，愈精而入德愈易，愈易而行者愈忽，忽则怠，怠则慢，慢则殆，殆斯亡也。比来海内入此门者，寥寥数人。视久成劳，法久成弊，可不慨乎？

宣尼没已，杨、墨乱真。殆至孟、荀，儒宗乃振。孟、荀而后，已绝薪传。汉、宋学者，其力未充，不探源掇要，誓诣上宫，乃和会比互，遂尔绝灭。

总上诸因，孔以难入而先取亡；难入，故其嗣易斩。释以易趋而后及殆；易趋，故其统犹承。先后虽殊，丧道厥一。今释此经，摘释氏易趋之途，易孔子难入之径。权标十章，德入一门。讵曰长驰无弊？实亦一期坦程。历来谈孔者必斥释，谈释者必斥孔，迂哉！迂哉！小也！小也！陋乎！陋乎！

昔大慧杲致鄂守熊叔雅书曰："当人不强知、不强会，脚踏实地处，不疑孔、不疑佛，然后借佛、借孔、借老鼻孔，要自出气，真猛勇精进，胜丈夫所为也。愿猛着精彩，努力向前。"同邪？异邪？又示张太尉益之曰："三教圣人，立教虽异，而其道同归一致。"又示成机宜季恭曰："蓦然不知不觉，向露字上绝却消息，三教圣人所说之法，不着一一问人，自然头头上明、物物上显矣。佛不云乎？菩萨摩诃萨，以无障无碍智慧，信一切世间境界，是如来境界。古德云：'入得世间，出世无余。'"又同邪？异邪？

圭峰者，唐之开士也。其言曰："元、亨、利、贞，乾之德也，始于一气。常、乐、我、净，佛之德也，本乎一心。专一气而致柔，修一心而成道。"攻释为同邪？伐孔为异邪？皆不驭也。故曰：若得团地一下了，儒即释、释即儒、僧即俗、俗即僧、我即你、你即我。会此，余说《中庸》为入孔、为入释、为孔释俱入、为孔释俱不入？"分明一片闲田地，过去过来问主人。"咄！惑哉！似此爰选三要，昭示行人。要固不仅三，今以三而总乎要：

一、勤修十学（即本经权开之十章）；

二、无窥他短，但补己愆；

三、一心不异。

行人但持此三，的诣上阶，时日冈期，岁月不较，不入圣、不超圣者，赵州有言："截取老僧头去。"倘徘徊歧路，去取两头，或知而不趋，趋而不切，无智人也。讵曰达天德者乎？诗曰："洛阳三月花如锦，多少工夫织得成？"玩之，荐之！

灵岩语屑

盐亭袁焕仙先生　法语
门人　乐清南怀瑾　编辑　　广汉杨光岱　编辑
　　　南充徐剑秋　编辑
　　　内江伍心言　校讹　　内江伍所南　校讹
　　　西充杨　觉　校讹　　华阳吕寒潭　校讹
　　　内江曾鹤君　校讹　　潼南田肇圃　校讹
　　　峨山大坪寺释通宽　编辑
　　　曹溪南华寺释曼达　校讹　　峨山大坪寺释通远　校讹
　　　简阳汪克成　缮稿

維摩精舍叢書之四

靈巖玉屑

无盡署

序

笑岑曰：盐亭袁夫子焕仙掩关灵岩，诸方以函候或面存者，实繁有徒。凡所酬答，同学辑之曰《灵岩语屑》。灵岩者，唐天竺僧阿耆多尊者道场，锦城西胜地也，位灌县城后十里。诸峰耸蔚，俯瞰万流，极趣清幽。夫何语哉？且屑屑也。盖常闻诸夫子曰："至道无言，然非言而至道莫显；苟通其至，曾子所谓言满天下无口过者也。"若然，虽有广长舌焉，遍覆三千大千世界，寂然无声矣。无声而言，故曰屑。曰诗，曰联，曰偈，曰书简等，要皆水月镜花，一时假现。读者但识斯名，至道也。孔也，释也，老、耶、回、庄也，尽空有，遍尘刹，无疾而呻矣。谨序。

门人内江冷笑岑敬序

一九四四年

一、壬午辑

怀瑾曰：壬午，焕师掩关灵岩，怀瑾卸职，往彼栖止，值师忌语。朋从我思，繁兴我疑，无由启迪。好友释传西曰："余以若意禀师，求笔答如何？"怀瑾喜而合十曰："可，可。"因禀师："忌语则笔示，非忌语则口授。"焕师颔之。数十日中，遂成巨帙。今兹搜箧残简，尚存少许，犹可择读也。其言显，其义幽，其理约，其事质。吁！此千圣之心灯，入德之梯航也，敢曰自私？爰出鸿爪，飨我同仁。余尚有近体小诗七绝十首，寓言胜义，醒悟来机，又今古之绝唱者也。诚恐小见狐疑，贻陋者泥滞之误，至令醍醐上味，化为毒剂，故不录出。颜曰"壬午辑"。辑曰：

问："怀瑾朝夕孜孜，百无所寄，祈先生示个归家坦途，入道捷径。"

先生笔答曰："蓦直不息，即是坦途；曰二曰三，允非捷径。"

问:"直捷下手工夫,义当何先?迈向归家道路,车从何辔?"

先生曰:"汝但外舍六尘,内舍六根,中舍六识,而不作舍不舍想,自然头头上明,物物上显,途中即家舍,家舍即途中也。捷莫捷于斯,先莫先于斯;三乘共载,一德同该,今古彻门,莫尚乎是。"

问:"何云六根?何云六尘?何云六识?"

先生曰:"石头即六根,柱子即六尘,琢棒即六识。"

问:"先生如此漫言,学人不会。"

先生曰:"如此漫问,谁要汝会?"

问:"教云,眼耳鼻舌身意六根,对色声香味触法六尘,根尘相接,所生眼耳鼻舌声意等之识,别曰六识。今曰六根即石头,六尘即柱子,六识即琢棒,无乃大违教义,言不该典欤?"

先生色然不悦,怂然握管,书曰:"汝既已明了教义,贯通道理,即自解脱可也,何投吾处絮絮叨叨?"于是掷笔,寂然在定。

怀瑾无语,潜退。

翌日再参,问:"既不许作如是道理会,然则学人浅机,从何得入?"

先生曰:"汝是何年何月何时何地出的?"

怀瑾无语,久之。

先生曰:"既未出,入何为?出入既无,当下一派圆成。谁是浅机?谁为深学?咄,无疾而呻,无病而药,释迦老子亦救汝不得也。"

问:"学人于此,上不得,下不得,取不得,舍不得,尽平生力忘不得,计不得。祈师慈悲,方便接引。"

先生曰:"好,好!恐汝虽如此说,未到此地。果届此也,恭喜,贺喜!好消息将到矣。谛听,谛听!当人于此,千万不可退步,不必作必悟想,不必作不悟想,不必想,不必不想;行时坐时,醒时眠时,朋友交接时,妻儿子女会合时,但略略管带,自然坛子内走不脱鳖。"

问:"学人疑情不起,奈何?"

先生曰:"只为你要信。信不立,疑何驭?疑、信两忘,复是何物?此第一彻头也,千万莫要放过!"

问:"疑、信两忘,就学人分上捡之,却无一物。"

先生曰:"瞎汉!说却无一物者,是有一物邪?无一物邪?好看,好看!此释迦老子、三世诸佛及一切贤圣入德之门也。这个彻头,尽大地是我口都赞不及,慎勿失之交臂。"

问:"闻诸同参,疑情有二:一粗、一细,云何曰粗?"

先生曰:"朝天玉树春千尺。"

问:"如何曰细?"

先生曰:"带笑宫花月二分。"

问:"学人机浅,祈师如学究训蒙童,如俗而说,如理而说,觌面直提,开我迷昧。"

先生曰:"如此直截,何用肆口鼓簧,恣情摇舌,必欲饮此一勺恶水?余岂借他?谛听,谛听!如有一问题,欲决择而不能决择，心悬悬如摇旌，曰粗；无一事一理不了知，无一事一理不决择，无一事一理可寻思，自心空廓，眼所见处，澄然常寂，乐趣横生，根尘与识，自心及境，不一不异，无欠无余，如是胜行，悉已具足，而此心中似有一事未办，一理未谐，仔细捡点，又丝忽迹相不寓，半星朕兆无有，曰细。"

问："如是胜行，学人浅机，何能一时即臻，一趣即至？既难臻至，何能顿超？"

先生曰："一派现成，谁要汝臻？本无去来，谁叫汝至？横遍十方，谁令汝超？实无有渐，谁云为顿？因诠劣法，故有胜行；曰深曰浅，允为魔说。法尔圆成，慎毋自闹。"

问："千古圣哲，人也；学人虽愚不肖，亦人也。既云如是现成，如是直捷，如何学人不会，先圣独会？乞师朗示。"

先生曰："汝自不会，不妨人会。人自人会，不妨汝之不会。会则学人即圣哲，不会则圣哲亦学人。圣哲学人，名虽有二，体实无殊。汝但把会与不会等念，抛到异域；学人圣哲等名，贬向殊方，自然虚而灵，寂而照，不着问人，法华会上的多宝如来，不但与释迦老子分半座，亦须与汝分半座也。"

问："上说疑情，既有粗细之判，必有真假之诠。既有真假，云何曰真？"

先生曰："汤元煮油锅。"

问："如何是假？"

先生曰："油锅煮汤元。"

问："如是之谈，益增学人迷惘。望师剀切直示，开我巨惑。"

先生曰："咄！何不云迷惘益增学人，开我不惑？"

怀瑾无语，久之。

先生曰："会么？会么？诸名无常，皆依假立；若无假有，真亦强名。诠疑情曰假者，即上说粗相，有间断者也。说疑情曰真者，即上说细相，无间断者也。真疑若起，不一日，不二日，不三日，不一时，不二时，不三时，必摸着向上关棙，发明无始大事，嘎嘎大笑也！"

问："从古迄今，有不疑而至悟者乎？"

先生呼："怀瑾！"怀瑾应诺。

先生曰："从古及今，有未食饭而曰已饱，未饮酒而曰已醉者乎？"

问："如说，无疑则无悟，欲悟而必借径于疑也，明矣！然则学人疑情不起，环顾自躬，实无纤疑，奈何？"

先生曰："今有三法，能兴汝疑。"

问："何者云三？"

先生曰："一、恸念生死；二、发露忏悔；三、勤参话头。如是三事，任何一事，皆能兴汝大疑。"

问："云何言恸念生死？"

先生曰："当人无始驰求，背本逐末，生不知来处，死不知去处，头出头没，舍生受生，枉受轮回，虚萦苦乐。如是等过，极思出离；思之至极，于焉起行；难行能行，日渐增至，细检出离，无法出离；无法出离，誓必出离，粗疑生也。粗疑既生，日日臻上，渐至觅行不得，觅不行不得，觅难不得，觅不难不得，觅生不得，觅死亦不得，觅人法是非、山河大地、苦空无我，一切皆不得。二六时中，乐趣横生。而此心中，又若有一事焉未办，有一理焉未谐，细疑生也。细疑生，即真疑起矣。"

问："云何发露忏悔？"

先生曰："汝当恸念师恩、父母恩、五伦九族一切众生恩，欲报难报，难报必报。既曰必报，当充我力；欲充我力，远过为先。行人必自检讨——往昔所作十恶不善等业，皆障我行；人我胜劣等法，皆违我道。当于佛前、法前、僧前，恸悔过去已作之过，切忏不践将来未蹈之愆，心生惭愧，身堪起行，粗疑生也。粗疑既生，日日臻上，渐至觅过不得，觅非过不得，觅善不得，觅非善不得，觅忏悔不忏悔、一切胜劣等法，山河大地、日月星辰、苦空无我等等，已举未举，皆不可得。二六时中，乐趣横生。而此心中，又若有一事焉未办，有一理焉未谐，细疑生也。细疑生，即真疑起矣。"

问："云何勤参话头？"

先生曰："话头者，止观双运，遮照同时。创于唐，盛于宋。初机入德之津梁，千圣共由之胜法也。汝但朝斯夕斯，行时卧时，刻刻提撕，时时照检，一切胜行，自然而沛，矧曰疑邪？"

问曰："云何为话头？"

先生曰："汝但于未提话头以前，看此话头从何而生；既提话头以后，看此话头从何而灭；正提话头时，看此话头依何而住。话头之义，不必问人，当人自合开口大笑也。"

问："学人迷昧，罔测幽深，请师将古人说的、参的，直举一二，以醒愚昧，并兴来学。"

先生曰："北斗里藏身、小参不答话、庭前柏树子、狗子无佛性、麻三斤、干矢橛、西方日出卯、父母未生前面目是谁、无梦无想主人公在何处安身立命、念佛是谁、家家门前火把子、东山水上行、一归何处，如是已举未举，悉名话头。古德究参，皆能结秀。今欲悉说，尘劫不尽。"

问："话头既多，依何为要？若曰兼摄，事涉分歧，趣此两端，祈师直示。"

先生曰："任一话头，皆能结秀。曰二曰三，允为魔说。古人喻为鼠子咬棺材，只在一处。修多罗曰：'制心一处，无事不办。'若曰至行，一已云多，况二三邪？"

问："大慧杲，宋之大宗匠也，常以'无'字示人究参；天奇瑞，明之大宗匠也，常以'谁'字示人究参；钱伊庵者，又以学人必参'无梦无想主人公在何处安身立命'，乃能于八识上大亚一刀。而现在丛席，多示学人参'念佛是谁'。今先生云云，任一话头皆可结秀，彼非欤？此非欤？乞示。"

先生厉声曰："家家门前火把子。"

怀瑾曰："不会。祈师直指。"

先生色霁，笑而谓曰："家家门前火把子。"

怀瑾曰："不会。祈师如理而说，如俗而说。"

先生曰："他非我不非，何也？因有汝问，才有他非；因有他非，才有不非。始无汝问，所谓你我他者，从何而立？既无有立，非从何非？况不非邪？好看，好看！麻三斤、干矢橛、庭前柏树子、犀牛扇、食胡饼、吃茶去，一时来也。谁管他大宗匠、小宗匠，高人琢棒，一时与我贬向他方，踏在足下。为何如此？要汝精精勤勤、快快活活参话头。"

问："是话头者，约分有义路、无义路、半有半无义路。今不可一味笼统，教令学人，随捡一话头无味苦参也。当否？祈示。"

先生曰："何一话头有义路？何一话头无义路？何一话头半有义路、半无义路？汝若细检，今即汝者，为有义路？为无义路？为半有、半无义路？道来，道来！向汝道，任一话头，皆可结秀，犹自趁块作么？"

问："如说尚矣，学人浅机，参法依何？"

先生曰："如参'柏树子'话，朝斯夕斯，行时卧时，口计心思，缘不外逸，一心只在此话头上，如蜂就蜜，如蚁就膻，如马就道，然后从此口计心思、缘不外逸上，轻轻提起，略略管带，不用思量，不用卜度，不用有心，不用无心，不必待悟，不必不悟，惺惺行履，如实而行，如实而住，如实而坐，如实而卧，自然有瓜熟蒂落的时节。"

问："正参究话头，杂念纷陈时如何？"

先生曰："精进！盖杂念纷陈，正汝懈怠。倘不懈怠，心缘一境，彼杂念者，从何而入？喻如无蚁之堤，水不能溃。勿忽，勿忽！"

问："正参究话头，忽尔神昏志昧，身不能堪，欲睡眠时如何？"

先生曰："要睡便睡，不可睡时便参究不得也。"

问："正参究话头，忽尔亲仇交集，家事、国事、己事、他事，一时纷来，如何？"

先生曰："如理而作事，如理而交代，各就各位，正好究参，关汝何事？"

问："正参话头，妻儿子女一时纷至，各相毁誉，去取抑扬时如何？"

先生曰："文殊、普贤、观音、势至，一齐来接汝也，正是得力关头，何亏于汝？"

问："正参话头，家徒四壁，朝夕不谋时如何？"

先生曰："正好在吃油糍、胡饼、赵州茶上，切切实实用功，莫要把无始劫来一件大事业，轻轻放过。"

问："家拥厚赀、食前方丈、从者数百、妾美妻娇，能参话头否？"

先生曰，"正好参究。若不参究，一期报尽，牛胎马腹，应缘而去。彼妻美妾娇、厚赀而重奉者，以佛眼观之，如就刀山，如躬涂炭。"

问："家拥厚赀者，参究话头时，去彼娇妻美妾、食前方丈、从者数百乎？抑仍彼旧业乎？"

先生曰："实际理地，不立一尘；万行门中，不减一法。去，去何所？仍，仍何处？汝若一觑觑破，是话头者，岂离娇妻美妾、食前方丈、从者数百外，而别有一话头邪？"

问："士、农、工、商、兵等，能参话头否？若能，于彼进业有损恼否？"

先生曰："士、农、工、商、兵，必需参究，何有能否？若不尔者，理从何明？业从何进？进德修业，于是乎在，有何损恼？"

问："年老者能参话头否？"

先生曰："武王受命，经称曰末；宝掌闻玄，年已逾耋。正当着力，云何不参？"

问："年少者能参话头否？"

先生曰："百丈四龄便欲作佛，云何不参？"

问："女子能参话头否？"

先生曰："龙女八岁即已作佛，云何不参？"

问："壮年妇人能参话头否？"

先生曰："金陵婆子，参'无位真人'而了彻心要，云胡不参？"

问："老年妇人能参话头否？"

先生曰："范太封君，究'一归何处'而明本体，云何不参？"

问："病时能参话头否？"

先生曰："圆悟勤金山一病而之五祖，云胡不参？"

同："宗习外道者，能参话头否？"

先生曰："吕纯阳见黄龙而碎琴亡汞，云胡不参？"

问："荡女淫妇能参话头否？"

先生曰："婆须提多早示矩范，摩登伽女略露风规，云胡不参？"

问："市井少年能参话头否？"

先生曰："涅槃会上广额屠儿，自云贤劫千佛之一，云胡不参？"

问："正参话头时，不但心未开悟，真疑未起，而粗疑亦无，忽然暴病而死，如何？"

先生曰："恭喜，贺喜，大事了毕。"

问："如何是大事了毕？"

先生曰："免汝打之绕，与你絮絮叨叨说参话头。"

问："持一佛号，临命终时尚能往生极乐；持此话头，临命终时，宁曰进退失据乎？若不尔者，究生何土？祈示。"

先生曰："生汝嘴里！"

问："何故生学人嘴里？"

先生曰："为汝乱说，所以生汝嘴里。"

问："学人迷惘，请师如理而说，如俗而说。"

先生曰："当人果能抱一话头，至死不逾，临命终时，随愿往生，天上人间十方净土，应念而至。即不尔者，异世出头，一闻千悟，古人所谓'历在耳根，永为道种'者也。况朝夕孜孜，临死犹抱一个话头邪？"

问："参话头守戒、定、慧等三学否？"

先生曰："守。能参即慧；常参即定；牧心一处，专在话头而不外驰即戒。"

问："参话头修止、观二法否？"

先生曰："修。牧心一处，常参话头，即止；栖心话头，不沉不浮，不内不外，不断不常，不生不灭，不有不无，照而常寂，曰观。"

问："参话头修生、圆二次第否？"

先生曰："修。话头未纯熟前，不参令参，欲参难参，难参必参，曰生起次第。话头纯熟后，不参即参，参即不参，曰圆满次第。"

问："参话头是否缘生性空？"

先生曰："是。参话头即缘生，不参话头即性空；不参话头即缘生，参话头即性空。"

问："参话头修般舟三昧否？"

先生曰："修。汝能七日七夜心缘一境，把着话头，定得开悟，不必九十日也。"

问："参话头诠胜、俗二谛否？"

先生曰："诠。参即俗谛；参而无参，无参而参，即胜谛。"

问："参话头莫属密法否？"

先生曰："属密。对面不相识，故曰世尊有密语。"

问："参话头莫属显法否？"

先生曰："属显。遍界不能藏，故曰迦叶不覆藏。"

问："参话头莫是小乘法否？"

先生曰："是小乘法。谓汝参话头有功用故，有修证故，有开悟故，有所得故。"

问："参话头莫是大乘法否？"

先生曰："是大乘法。谓汝参话头无功用故，无修证故，无开悟故，无所得故。"

问："参话头莫落空否？"

先生曰："落空。参一话头不作一话头故。"

问："参话头莫滞有否？"

先生曰："滞有。参一话头即是一话头故。"

问："参话头莫属非有非空否？"

先生曰："非有非空。参一话头不作一话头，不作一话头即是一话头故。"

问："参话头显法、报、化三身否？"

先生曰："显。能参即报身，所参即化身，能、所两忘即法身故。"

问："参话头具足智、仁、勇三德否？"

先生曰："具足。知参话头即智，能参话头即勇，一种平怀无染无净即仁故。"

问："参话头具足法身、般若、解脱三支否？"

先生曰："具足。话头起参即般若，话头不着即解脱，话头寂灭即法身故。"

问："话头具足菩提否？"

先生曰："话头即菩提，菩提即话头，胡云具足不具足？所以者何？菩提者，空无所得也；话头者，亦空无所得也。"

问："话头具足涅槃否？"

先生曰："话头即涅槃，涅槃即话头，胡云具足不具足？所以者何？涅槃者，不生不灭义；话头者，亦不生不灭义。盖话头之起为缘起，话头之灭为缘灭，而是话头者，本自不生，今何曰灭？既无生灭，故即涅槃。"

问："参话头每每易作道理会时如何？"

先生曰："若作道理会，三藏十二教有明文，何故亲投吾处学参话头？"

问："学人当参话头时，不作道理会如何？"

先生曰："道理与汝何仇何怨，汝不会他？"

问："学人参话头时，不作道理会，亦不作不作道理会时如何？"

先生曰："丑！一派游腔滑调，戏论诽言，允为魔说，何有吾宗？"搁笔不书，寂然在定。久之，怀瑾私退。

翌日再参，问："学人参情紧切，或觉大弥虚空，或金光闪烁，或显赤白黄绿等光，大如月轮，小如豆粒，或如电光闪烁时，未审何至？属优属劣？未知何从？祈示。"

先生曰："概属光影，汝但不着，亦许胜境；若欲取之，翻成大患，何也？盖汝之本体，无相、无空、无不空也。"

问："正参话头时，忽觉虚空粉碎、大地平沉时如何？"

先生曰："咄！我说汝白昼见鬼，何也？虚空无形，汝从何碎？且不说粉。赵公山高，灵岩山低，汝从何平？且不说大地非大地。"

问："参话头不能虚空粉碎，大地平沉邪？"

先生曰："恭喜，恭喜！虚空粉碎也。贺喜，贺喜！大地平沉也。细检，细检！"

问："古德云，虚空落地、柏树子成佛。未审参话头能否届此？"

先生曰："能。汝参话头便是柏树子成佛，汝不参话头便是虚空落地。"

问："古德云，藏身处莫踪迹，莫踪迹处莫藏身。未审参话头能否届此？"

先生曰："参话头便是藏身处莫踪迹，不参话便是莫踪迹处莫藏身。"

问："学人必到何阶，真疑乃生？"

先生曰："不问收获，只问耕耘。"

问："真疑起已，开大悟后，还参话头否？"

先生曰："参。谓话头在未悟前为方便般若，既悟后即实相般若。"

问："得大悟后，顿同佛体，莫不参话头否？"

先生曰："不参。谓既开悟后，觅法不得，觅人不得，觅我不得，谁是话头？谁是参者？"

问："大悟人莫无功勋否？"

先生曰："若无功勋，谁教化汝？"

问："大悟人莫有功勋否？"

先生曰："若有功勋，何云大悟？"

问："大悟人还修报、化否？"

先生曰："报、化体空，谁是修者？谁当修者？"

问："大悟人莫不修报、化否？"

先生曰："若不修者，谁知报、化？"

问："大悟人还断习气否？"

先生曰："若断习气，阿谁大悟？"

问："大悟人莫不断习气否？"

先生曰："不断习气，汝从何悟？"

问："大悟人还得神通否？"

先生曰："不得神通，是谁得悟？"

问："大悟人必得神通否？"

先生曰："若得神通，是得神通，何云大悟？"

问："大悟人还成佛否？"

先生曰："汝食饭，还饱否？"

问："大悟人还有位否？"

先生曰："有。劣法尚有，况大悟人邪？"

问："大悟人既云有位，是彼位者，在凡位邪？在贤位邪？抑在声闻、缘觉、菩萨、佛等位邪？"

先生曰："不在凡位，不在贤位，不在声闻、缘觉、菩萨、佛等位。"

问："既不在如是等位，确在何位？"

先生曰："确在何位。"

问："何位既何？云何曰位？"

先生曰："一位不居，位位皆显，说名何位；何位无何，无何即位，权曰确在何位。"

问："莫落空否？"

先生曰："不落空，了了常知故。"

问："莫成断灭否？"

先生曰："不成断灭，感而遂通故。"

问："莫滞有否？"

先生曰："不滞有，得无所得故。"

问："莫趣两歧否？"

先生曰："不趣两歧，长不是短，青不是黄，有不是空，是法住法位故。"

问："莫自语相违否？"

先生曰："不自语相违，滴滴显无生之沛，圆圆透法尔之全故。"

问："如是放论游词，莫染污否？"

先生曰："不染污，万法本闲，体净不受故。"

问："毕竟一句，究作何道？"

先生曰："斜阳不放霜林晚，染叶红于二月花。"

先生搁笔，怀瑾礼退。

此壬午未行七前，九秋之序，灵岩红叶，正满山也。焕师笔示口授怀瑾者多，侪伦数数倍，固忽而轻之。今兹捡箧，口授则几罄忘，笔示幸能略存残纸。一读再读，汗泪交倾，此狮子一滴乳也。怀瑾不悉往昔作何恶业，背我本明，乃等王膳于秕糠，齐黄钟于瓦釜，使非灵岩一七，亲味醍醐，深沐法乳，而是篇之辑，能现于世乎？而今而后，益知业不进，思必鲜深，见益滋陋矣！今辑此而梓，固昭告同仁，抑亦为浅尝法味，误金作砂如怀瑾者，痛下一拶耳。

乐清南怀瑾谨辑
一九四三年六月吉日

二、尺素

灵岩七会既已,诸方长老,共省中贤明、缁素、尊宿,集成都文殊院而议曰:"比来禅德寥寥,曹溪南华寺和尚虚云者,宗门哲匠也。驻陪都,幸密迩,宜派重员迎其宾省,矜式来学"云云。众可之。推昌圆法师、焕师往逆。丁行,昌公病,怀瑾侍焕师行;载道前日,友好群集而谓怀瑾曰:"比到陪都,必有一番议论也,其毕,志以告如何?"怀瑾曰:"诺。"兹辑此帙,内彼时答朋俦书,揭之,颜其篇名"尺素"。讵曰集赘?然亦飨我同好者矣。

书曰:"某某足下,怀瑾侍焕师,车行两日,乃抵陪都。与虚老过从五日,前后数谈,益知作家相见,备极平常,不但未逞机锋,更无所谓棒喝也。使非兵连祸结,丝忽朕兆都难寻讨。谚曰:'大智不肆口,大拳不弄手。'不其然乎?纵有一二缀四连三,然亦击石火、闪电光者矣。知注特及。

"明日,焕师偕吴先生适钧、孔先生阵云,南渡谒虚老于狮子山之慈云寺，盖救国息灾法会亦设坛于此也。吴、孔为焕师介绍弘伞、显明二师。二师者，密迩虚老者也。且以刺和诸方请胰，托代进。二师诺之，手去。久之，虚老命侍者延焕师往。及室，焕师伏地胡拜，虚老扶之起而看坐曰：'老居士甚可不必也。'焕师坐，通来意，然未一言及佛法禅道。虚老曰：'老居士来意，余已知之。老居士不为自己而来，是为众生而来。'焕师笑而摇首曰：'不是！不是！'旋辞去，虚老门送。怀瑾退。此第一则会语也。

"越日，戴先生季陶，与焕师晤于法会之客室。焕师曰：'蓉中诸君子，渴望虚老一临彼间，仁者能一劝驾否乎？'戴曰：'虚老高年，刻又奇冷，且五十日法会波波，疲惫已甚，鄙意听之，如何？'焕师曰：'善。'然虚老宾省之念，固未斩也。滇主席龙云，以代表来迎，赴蓉之议乃寝。盖到蓉必及滇，于事于时都不可也。于是焕师乃邀弘伞法师持语虚老曰：'五十日法会，和尚未拔一人。成都佛子甚为精进，倘到彼，虽曰不得巨鳌，然小鱼尾尾必多吞饵者。'伞师持似，虚老笑曰：'虚云老矣，钓且无，虽小尚不奈何，况巨邪？'伞师复闻，焕师曰："苦！苦！倘有钓，成都抛纶者固多，不必和尚也。'此第二则背语。

"法会毕，虚老邀焕师夜谈，怀瑾侍。且曰：'法会已终，彼此无事，可以冲冲壳子，甚不必拘拘律仪也。'焕师曰：'善。虽然和尚西来，君虽明，惜相非良辅矣。五十日法会波波，未免水里画纹，空中书字。'虚老曰：'何谓也？'焕师曰：'良辰难值,良机易失。'虚老大笑,复曰:'老居士与显明法师过从否邪?'焕师曰:'不但过从,而且甚密。'虚老曰:'有说乎?'焕师曰:'有。'虚老曰:'何说?'焕师曰:'教渠踏踏实实与和尚作侍者三年,必摸着向上关棁。渠曰:摸不着时如何?余曰:瞎瞎!你来成都觅一个啄棒打发你。'虚老大笑,且曰:'成都学佛朋友如何用功?'焕师曰:'有三种朋友落在难处,不可救药,所以望老师刀斧也。'虚老曰:'云何曰三?'焕师曰:'一云悟后起修报化;一云一悟便休,更有何事?一云修即不修,不修即修。'虚老曰:'嘻!天下老乌一般黑。'又曰:'以此道兴替论,贵省之盛甲全国,而犹云云,况余乎?此当机所以不许徇情,而贵眼正者也。'焕师曰:'唯,唯。'

"虚老曰:'比来一般魔子,酷嗜神通,并以之而课道行高下。成都朋友有如是等过患否乎?'焕师曰:'有,有,还是天下老乌一般黑。'语已,指怀瑾而谓虚老曰:'此生在灵岩七会中,亦小小有个入处,曾一度发通,隔重垣见一切物,举似余,余力斥之,累日乃平。'言未卒,虚老曰:'好!好!幸老居士眼明手快,一时打却,不然险矣危哉!所以者何?大法未明,多取证一分神通,即多障蔽本分上一分光明,素丝歧路,达者惑焉。故仰山曰:神通乃圣末边事,但得本,莫愁末也。'

"彼时纵谈,声震瓦屋,极尽其趣。焕师骤起礼拜,虚老手扶曰:'居士作么?'焕师曰:'丁行之日,昌圆法师托焕仙问和尚一语,云如何是定相?彼时焕仙即欲答言:已问和尚了也。旋以祸不入慎家之门,胶口至今。乞师一语,毕来命。'虚老曰：'本来非动，求定奚为？永嘉云：二十空门原不着，一性如来体自同。若起心求定，是为魔境。定境既魔，相安有是？若有是处，皆功勋边事也。请语昌师，决不相诳！'焕师笑曰：'诳也！诳也！'起退。虚老挽曰：'住，住！年来惟今日冲壳子，心中甚开阔也。夜虽深，余力尚能支。'又数十分钟，退。此第三度会语也。

"滇代表戒老和尚，虚老同参也，共王九龄君，谓焕师曰：'虚老能到蓉，滇即不难速驾。然此老极徇情，且重先生，若辱跪求，必如愿，如何？'焕师知不可，然以为法为友，慨然偕怀瑾长跪俯请，虚老手之令起，曰：'老居士起，起。'焕师仍伏地，虚老曰：'老居士愿虚云多活几年，即请起。明岁之冬，的来成都，不然与老居士道谢辞行矣。'焕师悚然而起，挽以住世，虚老颔之。于是亲书一偈，并《南华小志》一册，自像一纸，赠焕师。偈曰：'大道无难亦无易，由来难易不相干。等闲坐断千差路，魔佛难将正眼观。'复赠吴梦老偈一、像一，复蓉中诸贤信多函，托焕师转。明日回曹溪，之南华。怀瑾侍焕师趋潼南，之玉溪。"

乐清南怀瑾敬辑
一九四三年六月吉日

三、杂章

广汉杨光岱记曰：焕师掩关前后，数月中，口示笔谈，记者有之，忘者有之，而未记而未忘而收不胜收者亦有之。朋侪或志其言，或彰其行。光代书生，不辨菽麦，宁知胜行？实愚之甚者也。又性懒而酷嗜言章，惟于焕师只字片纸，或闻诸于友，或亲炙于师，或道听，或野闻，莫不悉捡而内册中。意者赴初学之来机，彰先哲之楷范，于是乎在也。今辑斯帙，断自掩关时，爰汇及之。

随　唱

其一

南山人在北山阿，错把平原认险轲。
色色穷源空有我，心心相印本无他。
忘情片刻非关少，作业三祇一念多。

个个楼门通大道,凌风鹞子过新罗。
其二
认取真空自不空,本来非异强称同。
三轮体幻君休趁,一派圆成孰假工。
有义可循皆剩法,依门得入是虚通。
无端多事澄潭月,印出桃花倩软红。
其三
朝朝弹个莫弦琴,认得淤泥不是金。
弥勒门门皆可入,当人的的枉探寻。
悟时有悟悟非悟,心到无心心乃心。
一派圆成天上月,本来非霁亦非阴。
其四
纯阳昔日到黄龙,长剑亲提未肯封。
有粟饶君藏世界,无铛孰与煮虬松。
汞金不炼非关洁,布袋全抛亦是慵。
欲就先生明个事,一天晴月九垓共。

颂初祖达摩大师像

什么菩提什么禅,破沙垆值几文钱。
一花五叶寻常事,何处将心向汝安?

颂马大师道一肖像

踏胸、搊鼻、掷斧,下觑的事即不问,如何是自从胡乱后,三十年不少盐酱?这个是谁人语?谁人像?一时记不到心上。哦!明白了,的的是四川马簸箕的小儿子,做出了江西道一大和尚。不信道,明眼人前一任举向。

舟行口号

卸却高车赁小船,不知何故不成眠。
偶然一觉醒来看,已过垂杨浅水边。

拈永明寿四料拣

四偈煌煌耀古今,行人到此每沉吟。
万缘非有休狂趁,一物已无何处寻?
戏把枯桐收作乐,权将黄叶指为金。
等闲透个成亏语,好听清宵昭氏琴。

咏根器优劣

梅开谁自问春先,小草无端计后前。

一派随心谈五位,几回肆口说三玄。
风回花送窥帘月,雪过云开带笑天。
凡圣由来非二法,言愚已妄况言贤。

颂断无明

嗟君何事断无明,断却无明断又生。
了体明明无彼我,缘行处处有亏盈。
心空万法非关静,足遍千山不是行。
为报痴狂门外客,从来谁败复谁成。

赠龙华长老性空开堂

明明百草头头荐,谁向西河卖弄狮?
流水不曾怀昨日,桃花依旧到春时。
与人有法还同妄,执我无心也是痴。
问取龙华今长老,为谁踔跳为谁提?

口号五言二律

其一

业识奔如许,家山到几时?惭言精进我,羞对天人师。
五蕴明明幻,诸缘处处痴。藏珍谁可拟,之子欲何之?

其二

谁铸河山暗,嗟君自取明。寒潭澄万籁,皓月正三更。
寂寂非无计,行行觉有情。是谁呼小玉,莫趁认虚声。

偶 成

春信来花外,平林鸟下迟。缘心空有我,得智本无师。
理事何曾碍,朦胧不是痴。明明扉启处,正是闭扉时。

书 怀

从惊新梦觉,万派竞流洪。有酒休辞醉,无心不可通。
春融天意外,人在月明中。去住原非碍,冰河发焰红。

椎 秦

天风寒以冽,霜兮霜兮六月。我有思兮天浪发,美人兮忍自引,风狂兮砭肌骨。

我有排霄翮,不渡关河黑。谁栽路旁草,离离行不得。

是邪非邪,侬心夜夜到梅花,谁搅酪酥为粪毒。嗟嗟!十室九无家,君休看莫邪!

修我戈矛,不可以仇,我有思兮汝岂知?汝不知兮心烦忧。

椎秦无赖子,翩翩独当途。举世咸推桧,而我胡为乎?荆榛道路旁，默默不成行。

黄　河

黄河之水浊，千年万年恣荡潏。谁家儿子惯扬波？不澄清，工驰角，是非失经，今我不乐。

黑夜望黄河，严霜飞六月。而我天涯客，欲济怜舟筏。况乃正当年，谁堪对薇蕨？

黄河黄河，滋我烦忧；振振君子，明德其求。倾东溟兮，而洗浊兮，猗欤谁俦？

光岱曰：《椎秦》五章，《黄河》三章，皆寓言胜义，惺赴来机。若曰世谛流布，实谬玉而曰燕石，不可也。

牧　牛

噫！这头牲，永日山行，野性难驯。蓦鼻牵来闲处牧，忽又狂奔，细认无迹，何术拘拧？犯人禾稼，入水穿云。哦！我眼未全瞑，本来无任么，牧童何处牧？牛从何处寻？谁管他有腔笛、无腔笛，弄到天明。斜阳芳草，紫陌娇坰，雪月风霜阴与晴，总是虚声。听，听，哑儿歌一曲，谷应山鸣。

不　令

　　胡嗟尔仪兮，策以授余，匪策之好矣！厥德惟追，金兮玉兮，匪我之怀矣！嗟彼君子，于役于此；友朋孔多，于居于止；终心藏之，曷可忘之？

　　齐齐尔邻，懋懋尔德。尔德不孤，尔仪孔则。愿言偕行，骖之八骏。驭彼天衢，云胡不令？

　　光岱曰：《不令》，戒独也。独则孤陋而寡闻，胜径莫践，行人过也。

客　来

客来不速去由他，高卧南山北斗斜。
一觉醒来了无事，云门胡饼赵州茶。

长　庆

长庆到百丈，倒骑牛背上。拈起百杂碎，十方空荡荡。
任么老婆心，现此好模样。敬白如我曹，光阴休自浪。
饭颗山头饭，枵腹去来是痴汉。君不见兮，见见见见见。

元　旦

元无所始，旦亦空名。本来虚寂，妄心自评。
旦夕对待，除对无言。依妄生计，万类以形。
识得贼根，总是虚声。不妨沽酒，任性陶情。
我不辞醉，亦不趋醒。醉醒名言，何有于真？
无相光中，再进一巡。

孔　释

是非心尽，孰住孰行？曰释曰孔，其义皆心。
尊孔非释，自背其明。尊释非孔，见亦失真。
此心非二，一亦不存。枝虽千异，根则同根。
途有万殊，到家皆亲。我语能仁，我见云云。
见亦非见，谁俗谁僧？无相光中，万相以形。
入此法门，不立见闻。离见即见，立闻不闻。
得无所得，释兮孔兮何分？

古 寺

古寺云深盖,闭关户不扃。未闻师说法,何处有龙听?
到处云迷径,时闻钟磬声。独寻师不见,山月自空明。

一 切

一切境因心有,心亡一切境亡。
明明心如幻化,何收何放何狂?
其体本虚无碍,明净遍澈十方。
瞥尔情生一念,著之便起祸殃。
凡圣皆缘妄计,佛道魔道非良。
了达性自空寂,当人何用不臧?
虽然理事如是,行解相应为强。
苦我下根愚钝,说食终未充肠。
行时转生过患,波波度日堪伤。
宣尼七十从心,香林卅年道场。
悯余牛马小走,敢不日夜相将?
何时冰河焰发,十方殊土齐光。
圆悟云:
熏风自南来,殿阁生微凉。

丘兮

丘兮垤兮，山之类矣。嵩兮泰兮，岳之望矣。彼君子兮，我之怀矣。

嗟彼怀人，实追尔修，仪于邦家，友朋是求。

何嗟尔仪兮，不藏忒兮。凡今之人兮，不轨则兮，匪我之怀矣。

光岱曰：《丘兮》，思美人也。

今夜蜀山月

今夜蜀山月，舒明雾可开。行行人万里，落落未归来。

今夜蜀山月，天涯望欲痴。不堪春冷冷，起视夜迟迟。

今夜蜀山月，铺光到海头。淋淋千尺水，不洗世烦忧。

今夜蜀山月，闺中只独看。佳人河汉隔，的的渡江难。

光岱曰：《蜀山月》，行者回车难缰，真妄失齐，伤乖时也。夜夜者，叠言深感耳。

行者曰

日夜究个事，与么难成办。求之不可得，舍之亦过患。

不舍复不求，其事自成现。明知个中情，行时总碍陷。

顾我实愚顽,荐此何太难?尝闻一宿觉,一语即契合。
彼丈夫兮我丈夫,何自趁焰如狂鹿?
个中无知实无见,一切圆成净无绊,不离当处常澄然。
咄!我无崖岸中立崖岸。

一 炉

倒化立亡事有无,本来不二理何殊?
蓦然布袋撕将破,天地原来共一炉。

赠秀空和尚

谁骑水牯到南泉,牛背横加逐影鞭。
纵是无心犹远道,何堪有念侈谈禅?
风行百草头头荐,月印千江处处圆。
偿得云门胡饼价,赵州茶自不须煎。

光岱曰:先生于灵岩寺正殿撰一联,未付梓,即下山。联曰:溉数万顷良田,在山泉水清,出山泉水清,好个比邻秦大守;揉千七则藤葛,不说话亦堕,欲说话亦堕,拈与胡僧阿耆多。

寺,天竺僧阿耆多尊者道场也。秦太守祠,在山右数里。

无 题

耨琴耕月两悠悠，行到花前语未收。
不是几行春雁过，险吟新句上西楼。

赠赤父

作佛称王梦两酣，前三三与后三三。
夜来每启吴钩看，闻道有龙在碧潭。

荷

鱼潜鸟逸水无波，叶茂花添蝶粉多。
纵出淤泥犹不染，弋人何处可张罗？

蜻蜓戏荷苞图

好花好到未开前，称意蜻蜓得信先。
若了当年西土意，荷叶团团团团团。

鹤立松图

溪桥昨夜话尧年，一唳于皋遍九天。

别有栖心言不得,倚松长立不长眠。

赠通超

卸却头巾不问禅,袈裟值得几文钱?
有时懒阅案头忏,走到芦花浅水边。

蜻蜓慈藻图

细浪层层慈藻香,蜻蜓无故引风狂。
明知墙外花如锦,飞向东邻何氏庄。

西楼小灯

如此风波任意行,夜来何处管弦声?
昨宵曾到西楼上,万里河山一线明。

步内水冷生原韵

莫卖龙泉剑,江天尚有情。小行四五步,长啸两三声。
出匣寒犹劲,还家念转轻。正宜春信好,草长乱飞莺。

遂宁别诸子

行矣二三子，迢迢路正长。骅骝开道古，岁月逼人忙。
趁块来韩犬，接舆过楚狂。由来梅有骨，莫厌露为霜。

玉溪口舟行经红岩嘴夜抵潼南口号

一苇红岩后，微微夜色升。疏林传暮鼓，渔火接风灯。
水落舟行碍，潮平渡幸能。莫愁云黑月，恐是有龙兴。

别潼南诸子

不可别君日，纾怀强赋诗。何堪春冷冷，况对柳丝丝？
飞鸟营巢急，归车载道迟。殷勤报桃李，珍重未开时。

广汉杨光岱敬辑
一九四三年二月吉日

四、醉后之光

通宽曰：此剧壬午秋，闻于师先生竹君。师先生者，灌之耆宿也，与申价屏、官玉章、贾山人克卿善。护国之役，焕师共豪杰，啸义北伐。灌县令杨端宇在焉，识竹君。今兹逾二十九寒暑，而先生年七十又三矣！然健壮如丁年。焕师掩关灵岩，特张筵集戚好百余人，自唱《醉后之光》剧享之，潇洒清逸，音绕屋梁，抑扬开合，备尽其韵。彼时听众，如醉如醒，如万壑鸣风，如银河泻影，如游钧天，如闻韶，如一切总如而总不如。益知声教固不后于戒定等行、诗礼等学，抑亦处处杏坛泗水、鹫岭祇园者也！剧为焕师口哦，久乃笔之，藉稗官歌咏，写悲悯远怀。即事即理，滴滴显万法之如；为己为人，处处形君子之大。且初机入德之程，菩萨行化之雅，都于是乎在。通宽窃揭而梓之，意者或有开士，闻声契理，得意忘言，讵不休哉？亦枕子落地，鸢飞戾天者与？剧曰：醉后之光。

（净扮僧上。引）佛座拈花余贝叶，樽前含笑看人头。

（坐，诗）琴剑埋光易，英雄寂寞难。西风黄叶交乱，等闲吹过十二栏干。

（白）俺鲁智深，自披剃以来，而春而秋，不觉时逾半稔。禅门清寂，实无所谓奇特，亦非别有专长，每日照常啖饭，依旧饮茶。今日秋高气朗，有心出寺，睹睹山景，以消烦闷。还须斜扣单扉，随场游览则可。

（宜黄头）（唱）掩单扉，步回廊，金风扑面。（作掩扉起行状）（二黄夺夺板）梵王宫，凝瑞霭，日午当天。（放腔作喜状）（大过板）满庭中，寂无人，素兰心淡。（作周顾游赏状）傍危墙，笼松竹，虫鸟无喧。

（放白）好清静的禅院呀！（唱）开大步，迈出了天王宝殿，三门外铺遍了锦绣江山。碧澄澄江天高，晴空如练；风洒洒过桥西，夹道梗楠。近溪头水清浅游鱼出现，池塘内（转）（二流）浮睡鸭交颈而眠。望广陌田畴片片，耸高林红叶翩翩。木落惊秋鹰眼乱，猿猴戏树打秋千。行上了山垭越岩畔，衰草如茵石若盘，就盘石放下了身心一片。

（白）哦哦！你看，你看，（唱）是何人穿山径，担瓮而前？

（白）鲁智深便说，秋高意远，山水可人，仔细思量，万化如寄。这些时候，觅俺的身心，道也了不可得。何来贩客送沽？使俺胸中顿生渴想，俺不免踞此盘石，小坐片时，待他到来，饱饮一回，有何不可？正是：一回渴饮思吞海，几度心狂欲上天。

（指介，白）好呀！你看他酒担儿竟向这来也。凑兴呀，凑兴！

（末扮隐者荷担上，唱）（二流）世上人失却了一双眼，贪财贪色肆狂癫。把生死二字全不管，不杀不盗便淫奸。明明白白四大幻，眼睁睁把个事看之不穿。我屠龙人，今变作乡村小贩，下苦口要唤醒世上痴顽。

（白）俺天涯客，髫年鞭笞子史，壮岁奔走英雄；利锁名缰，早已浮云等视；贤关圣域，本来流水而观。每日越陌度阡，贩沽为业，藉以潇洒俺自己襟怀，而且要缁素他世上人的清浊。今日秋高气爽，正好荷担前行。正是：（诗）万里河山带笑看，亦无凡圣亦无贤。漫言渴饮思吞海，杖头可有沽酒钱？

（唱）（二流）一肩儿担负起风清云淡，赤裸裸任运自天然。谁管他桥长与亭短，谁管他越陌又度阡？也不问少殇合老聃，也不问石崇和范丹，上山垭俺正要迈步前站。

（净白）老伯且住，（唱）挡定了老伯驾，权请息肩。

（末）问阇黎，因何故把俺阻绊？

（净）就盘石，愿与你倾盖谈玄。

（末笑）（背介）这阇黎，他也知个事一件。

（净）论个事，水在清潭云在天。

（末）既如此，俺与你放下重担。

（净白）好！（唱）你班荆，我踞石，气象万千。

（齐白）老伯。

（末）阇黎。

（净以手指担介）个中所蕴何物？

（末指介）你问的是他？

（净）然也。

（末）阇黎可解密语？

（净）老伯请讲，我学人愿来猜上一猜。

（末）如此请听。

（净作点头介，白）好！

（末诗）也非大道也非泉，一吸争夸斗十千。不为东山无贺老，等闲谁肯掉回船。

（净）哦，哈哈哈！好酒呀！好酒。酒、酒、酒，好朋友！老伯！

（末）阇黎！

（净）老檀越！

（末）大和尚！

（净）想昔年，祇陀太子，与给孤独长者，一施林园，一舍金帛，他二人至心供养如来，从古许为奇缘，而今艳称佳话。老伯，老檀越，哈哈哈！

（末）阇黎怎见？

（净）自昔有言，万行门中，檀施为尚；君子接物，不拂人怀。贫僧自出世以来，别无嗜好，独爱此一杯黄浆。哈哈哈！老伯！

（末）阇黎！

（净）可舍这两瓮清酒，与贫僧消消胸中渴闷？

（末）这个……

（净）哪个？

（末）这……（背介）天涯客自叹：俺看这个师僧，道也有些气息，道也有些来由。想俺走遍天涯，未逢作家，不免藉此两瓮清酒，设个机关。他若解之得开，转身得过，那么便是钓尽千江，获得巨鳞，俺便舍两瓮黄汤，供他饱饮一顿。他若解之不开，转身不过，俺便一肩儿风轻云淡，迈向前村去也。就这样，待俺上前。阇黎！

（净）老伯！

（末）阇黎要此两瓮黄浆，道也无妨。但是，老汉还有请教之处，你若认识得清，解答得确，我便尽量施你饱饮一场。

（净）若认之不清，答之不确呢？

（末）那么，老汉便一肩儿迈向前村去也。

（净）如此，老伯就请！

（末）好。（过场）（末抽出短刀横架瓮上，怒气叉腰，一足踏瓮，一足立地介，白）（连连单捶）请，请！

（净熟视状）（背介）鲁智深便说，俺观此老，真实内蕴，精华外发，翩翩如云中鹤，冉冉似尘外仙。袖出腰刀，横压酒瓮之上，一足踏地，两手叉腰，怒气汹汹，俨若天神。声声叫俺答话，口口叫俺答言，哼哼！你这勾当，道也瞒俺不得，骗俺不了，待俺上前，自有理会。老伯！

（末）阇黎！

（净）你看后面何物？

（末）在哪里？

（净）在这里，你去！

（将末踢仆，执刀启瓮，见酒笑介）好酒！好酒！哈哈哈！

（唱）（三板）起一腿，将此老仆之在地，就腰刀，劈开了两瓮封皮，抱酒瓮似渴鲸无忌。（浪子作饮状介，唱）哪管他玉山颓，醉倒如泥。

（齐作带醉状，末暗起熟视，白）好爽朗的和尚！哈哈哈！

（唱）这师僧皮肉下有些血气，他也知年迈人袖里藏机。你看他似渴虹，全无回避，一霎时两瓮酒点滴无遗。

（白）天涯客便说，这个师僧，道也可人。想俺踏遍江湖，今日始逢作家，不可轻易放过，待俺上前，再为深深捣他一下。阇黎！

（净作醉应介）老、老伯！

（末）和尚！

（净）老、老檀越！

（末）两瓮清酒，饮可当意？

（净）道、道、道，还当意。

（末）饮可开怀？

（净）道、道、道，也开怀。

（末）如此还来？

（净）还什么来？

（末）还我未饮以前的酒赀来！

（净）是、是、是，老伯，你要酒赀吗？请、请、请，近身来，贫僧与你，给、给酒赀。

（末作起身起足，将净仆地介，白）去！（作急行状）正是：一拳拳倒黄鹤楼，一脚脚翻鹦鹉洲。得意气时添意气，不风流处也风流。

（荷担下，净起醉态，白）好酒呢？（作四顾状）老伯，檀越，哪里去了？四顾无人，不知老伯向何方而去？（作惊喜状，白）明白了，哦！哈！哈！这下俺明白了。唉！踏破铁鞋寻不着，得来全不费功夫。

（净作大喜介，白）哈哈！明白了！正是：八个磨盘空里走，金毛狮子变作狗。意欲将身北斗藏，还须合掌南辰后。

（净笑）哦！哈哈哈！日已西斜，回寺去者。

（内堂布景）（净作介，唱）（二流）赤条条来去无牵挂，一任他醉染枫丹落日斜。过疏林秋风来四野。牧童儿横牛吹笛向谁家？渔翁执钓江边撒，又只见农夫樵子，他们一个一个负荷过山垭。猛抬头，不觉得三门近也。

（白）你看，那铜兽衔骄，栊门紧闭，俺又如何得进呢？哦！有了，不免排闼而入。

（作椎门状，唱原腔）进三门，先拜过四大菩萨。

（作醉抖状，白）菩萨，俺在与你顶礼了。（作欲呕状）哈哈哈！

（唱）这一个手持着黄伞一把，这一个怀中抱琵琶，这一个拔剑砍地下，这一个怒目又獠牙。哼哈将竖起拳，欲将谁打？

（放白）俺在与你讲礼，你举起拳头打谁？莫非要打俺吗？噫！俺良言相劝，你做起那个样儿，还不伏气吗？可恼嗳，可恼！

（唱）清平世岂容你撒野放夸，我在说你还在佯装做假？挺双眸，你胆敢怒眼瞧咱，气冲冲把你的头颅扭下，也免你逞骄傲，有我无他。

（过场）（作扭打状，指四天王介）细思量这四个也不成话，静悄悄在一旁片言不发，明明是大骗局六个一把，或是喜或是怒射影含沙，眼睁睁一切事无碍无挂，平白地起风波把人醉麻。越思越想越气大，奋老拳送你等肝脑涂沙。

（作打，过场）（唱）一霎时皮面碎现出草把，天王殿遍地尽泥渣。越看越想越异诧，（指介）正当中还有个弥勒菩萨，无端开口在笑啥，惹得人说七又道八，把几句唯心唯识滥套话，骗尽了痴儿痴女走天涯。我不打你，还说我在把你怕，这一拳俺便要连根而拔！

（打介）香泥腐草委一坝，以免他世上人见了眼花。罢！罢！这便是慈航普渡观世音，任人说俺的胆儿天来大。

（齐白）鲁智深便说，适才带醉归来，则见一群强盗，喜的在喜，怒的在怒，或持刀剑，或带拳头，一时恼了俺的情性，举起拳头，一阵好打好打，只打得飞尘蔽天，落英满地。哈哈哈！

（作呕介）这些时候，俺的心中，道也潇洒，道也快活。

（作吐状）身体闷倦，不免在此佛坛，假寐片时。正是：千山月酿枫林醉，一枕秋饶桂院凉。呵，呵，呵呵！（作眠状）

（副扮堂主，丑扮知客，同上。）

（副末）云来龙听法。

（丑）客去鸟啼花。

（副）俺堂主。

（丑）俺知客。

（副）师弟。

（丑）师兄。

（副）二人寮房习静。

（丑）耳听剥啄声腾。

（副）不知是何情境？

（丑）一同出外看明。

（副）如此，师弟请。

（丑）师兄请。

（课课子，副末）在寮房听了一阵，三门内响动非轻。

（丑）一同去察看是甚？师兄，不好了！

（副）什么事？

（丑）你看，天王殿破碎纷纷。

（副）呵唷了！不得了！哼哈将头颅打损，四天王一个无存。

（丑）呀！弥勒佛当中不见影。师兄，你看，这不是他干的吗？佛坛酣睡鲁智深。

（副指介）这贼秃！生性轻神圣，他使酒撒疯，专好凌人。

（丑）师兄！

（副）怎见？

（丑）趁睡着，拿绳将他捆。

（副）好。

（丑）不妥。他力大，恐伤你我二人。

（副）不错，到不如，白众动公忿，和尚升座以理评。

（丑）好！依法理，总不仅打他一顿。师兄，咦，只怕要活迁化这个畜生。

（副）既如此，主意要拿稳。

（丑）对，就动手，说干就干。

（副）你撞钟，我击鼓，雷厉风行。

（齐同下）（内钟鼓开鸣，大喊）和尚升座，传鲁智深！

（净作惊起介，白）来了！来了！（唱）（三板）不知是何人击法鼓？

（内喊）传鲁智深！

（净白）来了！（唱）惊醒了俺南柯梦觉。

（内喊）传鲁智深！

（净白）来了！（唱）莫不是念诵有错？（白）咦，不是！（唱）莫不是诸方来参学？（净白）唔！越发不是。

（内喊）传鲁智深！

（净白）来了，（唱）醉朦胧睁开眼，四下瞻顾。

（净作惊状，白）这下俺明白了。

（唱）瞥见了天王殿，破碎满屋，一定是众秃丁来拿我过，白椎集众，要把俺逐。赤裸裸一片心，有谁识破？少时刻，听和尚亲口发落,毕竟是我错、他的错?都付与明眼人仔细摸索。迈开我英雄步,何须避躲,有谁知六六原来三十六?

(齐白)鲁智深便说,耳听法鼓惊鸣、警钟频报,想必和尚升座,待俺上堂领话。(正是)不堪风唳鹤,况对月眠龙?

(内喊)传鲁智深!

(净)来了!(作醉状)哈哈哈哈!醉了,醉了!

峨眉大坪寺释通宽敬辑
一九四三年冬月吉日

五、灵岩访问记

常闻之怀瑾、通宽、光岱等曰：师掩关灵岩时，诸德讶之。或函候，或亲存，或便值，或以介而来访者，实繁有徒。笔谈口答，一仪一形，无不煌煌显示第一义谛，谆谆诱掖初机进程。剑秋行薄，未能躬与斯盛，躬昧斯法，而要与承法诸君子常通音讯，因搜录当时函访言章，久之成帙。今仅揭其面询语，余不入者，盖同人另有专编，故不赘也。是帙，断自焕师掩关时，颜曰《灵岩访问记》。记曰：

朱先生叔痴者，蜀之巴县人也，年七十三，避暑灵岩，谒师。见僧手绾珠，口喃喃念持佛号，因曰："某在五台以净宗叩某法师曰：'是宗者，小乘法耳，非究竟，如何？'某法师以手约之，私谓叔痴曰：'是是，慎毋泄，否则浅人知，摄机不普也。'"

举未卒，先生色然曰："嘻！是何言欤？华严海众，犹归净土；文殊大智，不舍极乐；龙树妙阐入德之程，远公创结莲社之雅，是大是小？是究竟，是非究竟？道来，道来。"

当众无语。久之，乃曰："个中自无青白眼，枉在人前羡阮公。"朱应喏喏退。

是夜再参，先生送客及门，朱坐门侧小磴，先生握朱手曰："三爷，夜深坐此，何邪？"

朱曰："渴思再见先生，及门闻客在，故待之，然已逾二钟也。"

先生矍然邀入室，多所发药。临去，以《中庸》一册手度于朱曰："但看此，三日后当再会，日内不烦大驾也。"朱行。

越三日，先生预往东岳庙之后殿，以侍者速，朱至，乃下阶逆，躬扶至殿，笑而诘曰："三爷，《中庸》之义可得闻乎？"

朱语："至'其为物不二，则其生物不测'处，津津焉，甚可味也。"

先生忿然曰："吓！"

朱罔知所措。侍者曰："朱先生何不速吓？"朱亦连吓数吓。

先生曰："止，止！"久之，乃曰："是什么？"

朱忽释然，伏地三拜曰："何期晚年得闻这个！"

先生曰："这个是什么？"朱大笑。

朱先生者，国之老宿也，嗜道学佛，高逾时彦。初来山，拟暑稍却，当往成都听某法师讲《菩萨戒经》。至是，命除庭馆，思久住。常谓人曰："是法真有因缘呵！余壮客上海，相者曰：

'晚岁当闻至道。'固惑之，今果尔尔，亦可追也。"无何，陪都开国防参议会，朱之属以车来迓，不肯行，曾子玉、王子骞促之不可。先生闻，往而谓曰："三爷，昔黄龙南斥舜老夫曰：'何不有事令无事，无事令有事？所谓净佛国土，成就众生者也。'"

朱大惊曰："喏喏！明日行。"

翌日，朱来辞，致三拜，先生亦答三拜，曰："蒲卢诘意萨婆诃。"三称。

先生同傅先生初来山，曾先生子玉、李先生子方等，会先生室中，肆谈勘辩。先生曰："个事现成，何须语去言来，乃辨泾渭？但观行动，缁素判也。"

傅先生曰："噫！果邪？然则观何行动？"

先生曰："走路。"

傅先生曰："开悟人走路如何？"

先生上前三步，回座。

傅先生曰："未开悟人如何走路？"

先生亦上前三步，回座。

李先生子方见而翻然逸去。先生曰："勘破也，勘破也。"因顾众而指李曰："他足根未点地在。"

问者曰："如何是李先生足根未点地处？"

先生曰："汝去问他。"

翌日，问者曰："先生昨日勘破李先生，是许他，是不许他？是半许或半不许他？"

先生曰："是许他，是不许他，是半许是半不许他。"

问："如何是许他？"

先生曰："他名李子方。"

问："如何不是许他？"

先生曰："他名李子方。"

问："如何是半许半不许他？"

先生曰："他名李子方。"

灵岩行七就座，李先生子方者，出而大哭曰："苍天！苍天！"

先生曰："咄！汝干饭吃多了邪？幸我无侍者，若有，把汝活埋！"李无语。

逾时，先生问众曰："只如上语，汝等当如何答渠？"

或曰："请他再哭一场。"李乃大笑。

先生曰："丑，丑！诸人有捡点得出么？"众无语。

先生曰："好好用功。"

王子骞来山，与先生、傅先生会于曾子玉处。王与曾同问曰："如何是佛？"

先生顾视久之，乃还问曰："汝试道一句看？"

曾、王两先生齐声曰："心即是佛。"

先生曰："汝有心否？"

皆对曰："有。"

先生曰："汝是佛否？"皆趑趄不语。

先生曰："何不道心即是佛？"皆复无语。

傅先生大笑。

先生曰："会么？"

皆云："不会？"

先生曰："心即是佛。"

申旅长介屏者，先生敬友也。来山问曰："某七十之年，忽焉将至，而四大不牢，生死未了，如何？"

先生大声曰："嘻！是何言哉！是何言哉！"

申憪然，先生目视申者久之，曰："会么？"

申曰："不会？"

先生曰："且付河山鞍鞯外，一鞭红照出风前。"申复无语。

先生又曰："会么？"

申云："不会。"

乃曰："兄但行时、住时、坐时、卧时，乃至朋友交际、妻儿子女会合等时，切切实实持佛号，而不必外觅神仙，内计丹道，一朝报尽，自然往生彼土。生彼土已，生也死也，不必问人，自然如观掌果也。"申闻踊跃，叹称希有。

甘厅长典夔，偕其夫人及邑人陈耀鱼来山。饭后品茗，因请益。夫人固治净宗。甘曰："佛与道同邪异邪？"

先生曰："非异非同。"

甘曰："愿乐欲闻。"

先生曰："佛、道皆一心之显，故曰非异。然道不是佛，佛不是道，故曰非同。"

甘曰："佛不言神凝气府、五气朝元、三花聚顶，乃至炼精化气、炼气化神、炼神还虚等。今曰非异，无乃非欤？"

先生曰："唯唯，否否，不然。"

乃问其夫人曰："汝念佛否？"

对曰："念。"

先生曰："汝得神凝气府、五气朝元、三花聚顶，乃至炼精化气、炼气化神、炼神还虚否？"

对曰："未得。"

语未卒，甘曰："佛法中正高深，余乘尚不及此，况净宗者邪？先生此语，非戏即幽，尚祈明示。"

先生曰："语实非戏，义亦不幽。何也？若必谓彼不是，是舍，则多一法也，何云佛法？若必谓彼是，是取，则少一法也，何云佛法？须知我法，了无是非，何有增减？况诸法无常，皆依假立。三藏十二分教，悉属黄叶止啼，概为应病权药，要在当人明自心、见自本性耳。苟明得自心，见得本性，解幻巫蛊，皆为胜法；若不尔者，三藏十二，允为魔说。"

语已，以手拈须，寂然饮茗。当众渴欲闻义，先生不答。

甘夫人乃起问曰："云何说云五气朝元、三花聚顶、神凝气府，及炼神还虚等，为治净宗者得有？"

先生曰:"金木水火土,五行安立,在身则心肝脾肺肾也。五气者,五行之气,即心肝脾肺肾之气也。当人手绾念珠,口持佛号,到一念不生时,脊梁自竖。脊梁既竖,心不外驰,则此心肝脾肺肾者各得其位,互不相损;既不互损,其气自舒。执此舒气以示人,曰朝元。元者,始也,又心也;心本无心,因此一始而心乃心。若然,心即朝,朝即心,心与朝不二,然又不一;而朝元之义,悉尽乎斯矣。

"当人届此,身得胜乐,全体如满溢状,而脐下小腹丹田处较甚,曰神凝气府;头顶似有风状,内触妙乐,曰三花聚顶。三花者,精、气、神也。顶以当人身相言,曰头顶。就当人心相说,曰法身。盖谓一心不异,胜行自起,则顶踵一如,诠名曰聚顶也。又至也,谓聚此而至矣。

"炼精化气者,一心不异,自然法我两忘;法我既亡,阴阳自配;天地配而生万物,夫妇配而生男女,自身阴阳配而生精;自然之运,法尔如是也。所谓炼者,讵有他哉?直是故耳!充此精而沛全身,令得妙乐,令抗外邪,令运奔伸屈。时然而当者,气也,既有精生,即有气行,亦自然之运,法尔如是。所谓炼者,讵有他哉?亦直是故耳。

"然精与气皆有形有质,可意可度。而行此精与气者,觅之无物,着之无形,意且不得度,形又讵能居?谓果无邪?然则运行此精此气者,何物邪?谓果有邪?视之不可见,扪之不可得,听之不可闻,意之不可及。统如上说,无以名之,假名曰神。神也者,别乎用而言也。既有此精此气,即有主持此精此气之神。

神,用也,亦犹有物必有用,无用不成物也。所谓炼者,亦直是故耳,讵有他哉?

"炼神还虚者,谓此精、此气、此神,本无一物,一时缘会假现,缘灭即亡,实无实法,何有还处?若有处还,宁曰虚邪?

"当人念持佛号,到无念而念、念而无念时,忽然认识自己,了彻本心,方知由来成佛,身住净土,亦已久也。曰西曰东,不亦远乎?届此,然后自捡,精也是他,气也是他,神也是他,所谓三花聚顶,五气朝元,风云雷雨,山河大地,人我是非,一切一切,已举未举,无不是他,而又丝毫迹相不留,半星朕兆不寓。然又不住在是他不是他里,即孟子所谓大丈夫也。然后才可以说大话、说小话、常说话、常不说话,如理而说,如实而说,非理而说,如妄而说;不然,且慢开口,何以故?阎王老子在汝背后,不许乱统。"

先生说是话已,咸惊希有。陈先生跃鱼曰:"不图佛法如是高妙!"

先生曰:"否,否!生来淡泊,一切现成,慎莫错认。"

先生之夫人,袁王相君师母,偕其女公子淑平,并外甥曹仁刚及王外老太太来山问存。甫见面,师母曰:"我道是袁佛爷,还是袁先生?"

先生曰:"汝只认得袁先生,且认不得袁佛爷。"

进云:"如何是袁佛爷?"

先生曰:"闭关的。"

问:"如何是袁先生?"

先生曰:"汝的丈夫!"一众大笑。

师母曰:"这老汉信口乱统。"

女公子淑平,跪而问曰:"爹爹在此成佛否?"

先生曰:"我无如是不懂事。"

问:"既不成佛,如此寂寥,如此清苦,都不避忌,为的什么?"

先生曰:"为的学佛。"

问:"既不成佛,学他为何?"

先生曰:"汝去汝去,好好读书。"

淑平曰:"噫嘻!"

先生之甥曹仁刚问曰:"大人住山学佛,甥以年以境,皆不能住山,即在市城,百务繁多,日不暇给,总此过患,亦能学佛否邪?"

先生曰:"能。"

进曰:"如何是甥学的佛法?"

先生曰:"入则孝,出则弟,谨而信,泛爱众而亲仁,行有余力,则以学文。"

进云:"这岂不是孔夫子说的?"

先生曰:"是。"

进云:"若然,孔子已有,大人何必入山自苦如是?"
先生曰:"不可山中便无孔夫子也。"

先生岳母,王外老太太,年七十四矣,康健逾常人,问曰:"我念佛数十年矣,而生死仍无把握,如何?"
先生曰:"大人胜行已起,将来报尽,定获往生。现在只好照旧精进,不管他生死不生死,往生不往生,蓦直向前,定有归家稳坐、大笑一场的时候。"

师母等住山一日而返。闻来山时,于成灌道中,乘一小商车,盈五十余人。过板桥,桥折,陷车后二轮。乘众大哗,咸谓必死,盖水流湍急,如奔万马也。而车突然自跃上道,于是桥折,而车众无恙。群云天助,识者惊为先生神力加被,或闻先生,大骂曰:"丑!等我于妖魔邪!"数十日议乃寝。

淑平女公子,回成都修破瓦法,顶开,以书来,先生曰:"噫嘻!"

南怀瑾,别号玉溪,浙之乐清人,父化度,母氏赵。法名通禅,学密康藏时,法名法称,与郭正平同学,为知交。国难来川,郭先时在军抗敌,以病寄迹于蜀之峨眉山大坪寺,法名通宽。时怀瑾充中央军校教职,休假来灵岩寺,与通宽、传西等日夕究参,均以扶起破沙炉自任,固志在俗也。

行七之三日,先生手持戒板,指谓传西曰:"是什么?是什么?速道!速道!"传西无语。

先生摇头数下,自笑曰:"又放走一个。"

复以戒板指怀瑾曰:"是什么?是什么?速道!速道!"怀瑾亦无语,先生却点头数下,亦笑曰:"汝却好。"遂手至佛前问曰:"当时我叫汝速道!速道!汝因什么无语?"

怀瑾曰:"我当时不知要说个什么?所以无语。"

先生曰:"汝现在心中有一个什么否?"怀瑾复无语。

先生因令大喝,甫三声,即曰:"止。汝看汝有个什么?"

怀瑾曰:"现在觅我心中无有个什么。"

先生曰:"此千圣之心灯,当人之慧命也。无再滋疑,速拜!速拜!"怀瑾乃拜,遂禁怀瑾语。

一时四众大愕,谓同儿戏。怀瑾自心亦不知所措,乃佯为首肯,仍沉众中。无何,各就坐,乃起问曰:"既云学人有个入处,云胡一计生死,便尔前途茫茫?"

先生厉声曰:"丑!汝看汝说生死未了的那个分上,是有生死,是无生死?是前途茫茫,是后路茫茫?"怀瑾彼时当下释然,遂礼拜在地。时参众正瞑坐,怀瑾与传西坐邻,顾视诸人坐禅,真若无疾而呻,无韵而哦,而传西亦正凝神在坐也。因而内心不牧,几次嗤之欲肆。先生乃振威大骂曰:"作么,太不懂事!"怀瑾当时被先生一骂,如病得汗,如梦得醒,惊悉个事,原来如此不费力,不值钱,于是敛笑,遂尔收神,凝然与同学及传西等寂坐。

越三日，果州道士来山，于先生室中，闭户围炉夜话，曾、王两先生及周、杨诸子皆围炉次。怀瑾远隔重楼，睹先生室中人物、状态、话言，如亲觌面，诧之。因请先生至祖殿，通所见。先生大骂曰："我道汝是个人，犹作如是见解邪？"骂毕，忿然反室，闭门而寝。怀瑾乃无语归寝。

是岁之冬，虚云老人自曹溪来陪都，成都尊宿聚于文殊院，同请昌公老法师与先生躬赴陪都，迎虚老宾省。怀瑾侍。先生叩虚云老人，通所见如上语，虚老曰："嘻！南先生使非袁老居士手急眼快，汝险矣，危哉。"至是怀瑾还山，遂辞军校教职，图久住。常谓传西、通宽、光岱、白眉等曰："斯亦奇缘也。倘非国变，何缘入川？倘不入川，这一段提不起放不下的公案，从何处了？仔细思量，真是令人汗泪交倾。"不五月，不禀先生，不谋友朋，突然而逸，不知所之。又三月，乃闻遁迹于峨眉山之大坪寺而闭关。时生年二十五也，其皈依师曰普明。

释通宽者，浙之永嘉人，素与南怀瑾为同学友。国变起，投身军籍，以病祝发于峨眉山大坪寺，从释普明为弟子。壬午，来灌县灵岩寺，与传西、怀瑾日夕参究。会七起，司击鱼，四日无所入。第五夜，手持钢针，胡跪韦驮前，以针自刺臂及两手，泣而讼曰："通宽不悉往昔所造何种恶业，四恩未报，一性愚顽，今于佛前、僧前、法前，痛悔前非，不造后恶，倘有所入，毕此身心，誓宏大法。"语已，臂血、眼泪交落如雨。

怀瑾见而悯之，手之令起，而诘曰："老兄，似此区区，欲以何求?"

通宽曰:"求佛。"

怀瑾曰:"兄是何人?佛是何圣?求是何心?"通宽无语。

怀瑾掌之,通宽复无语。于是通禅连掌数掌,曰:"青天白日,胡思妄想作么?"通宽因有省。时已四漏,先生与同参众眠已数时矣,乃寝。

翌日平明,先生甫见,即以手执通宽手,令拜于佛前,曰:"速拜!速拜!前途尚有十八滩在。"怀瑾等悉各大惊,咸推先生勘人,不让宋之妙喜。无何,先生赴成都,通宽复于灵岩赴李先生子方七会。下山,值先生于成都之中城公园。才见,先生以目顾通宽者久之,乃曰:"哪里来魔气与么深?"通宽才欲致语,先生厉声曰:"不是。"通宽拜,先生笑。

杨光岱者,蜀之广汉三水关人也,毕业绵阳高中。以病来山作久居计,年二十四。或见而悯之,令念文殊五字真言,杨面从而心违。无何,灵岩行七,或令参学,杨殷勤起而致语曰:"光岱病夫,一事未谙,百无所知,何德何能,与彼法会?"或笑曰:"非然也,是法平等,抑亦何需?若必需者,即所谓信也。汝但信一切具足,更莫他驰。"杨应喏喏。

行七之三日,自心不牧,动定皆违,乃私逸。及门,犬暴至,杨大叱。无何,犬去。返观身心,脱然若释。因告或,或曰:"唯,唯。"翌日上堂,通所见于先生,先生曰:"否,否!速拜!"速拜已,因自语曰:"而今而后,乃知喜怒哀乐之未发谓之中。中也者，无一物也。"先生厉声曰："何不道发而皆中节谓之和。和也者，有一物也。"杨无语。

七毕，同参诸子侍先生赴省，杨独居山。一夕，阅《憨山年谱》至"通乎昼夜之理，则知生死"处，大惑，乃于佛殿且行且思，百究莫通其义。倦极，仍不掷念，乃对佛坐，瞑究显研，至百无可已时，忽巨声发佛后，杨大惊。惊已，觅所谓疑情，了不可得，乃大笑曰："哈哈！通乎昼夜之理，固如是也。"于是行吟山间，乐不可抑。或问曰："见何道理，自乐乃尔？"杨曰："盆内水仙花。"

灵岩二次行七，李子方先生问曰："前念不生，后念不灭时，汝休息不休息？"杨曰："一物也无，休息个什么？若有休息，则有一物也。"李领之，杨退。

有同参者，要而问曰："汝答上话，诚有入处，然不恰余怀。今请再答一语，能不吝金玉否乎？"杨曰："善。"同参某举如上，杨应声曰："休！休！"同参大笑，逸去。

又一日，同怀瑾至参堂，抵门，怀瑾以掌掀杨在地，曰："是什么？速道，速道！"杨曰："你青天白日，遇到鬼子吗？如此胡闹作么？"旋下山。见先生，先生曰："什么处来？"杨无语，即礼拜。先生曰："不是，不是，好好学佛，莫错认贼赃。"杨亦无语，复拜，先生厉声曰："向汝道不是，礼拜个什么？"杨仍无语，再拜，先生笑。

马白眉者，华阳人也。先谒傅先生求解脱，多所开解。无何，傅先生赴渝，因谓马曰："余当赴渝，可速往灵岩见袁先生，通余意，渠必能了汝大事，勿忽也。"

灵岩七起，乃搁税务局事，来山行七，昼夜精勤，至第六日，请益，先生曰："此事不在用力处，不在不用力处，又不在用力不用力，即用力处。"马惘然，先生乃合眼、开眼示之，且曰："会么？"

马曰："不会！"

先生曰："开眼见明，合眼见暗，明暗自为代谢，能见明见暗者，有移易代谢否乎？"

马曰："无。"

先生曰："此千圣之心灯、四生之慧命，汝之本原也。"

马于言下契理，因胡跪致问曰："此后当用何功？当何保任？当何行履？"

先生曰："好好作事，好好持戒，好好为人。"

南充徐剑秋编辑
一九四三年冬月吉日

酬语

盐亭袁焕仙先生　酬语
门人　华阳吕寒潭　辑稿　　资中林翼如　辑稿
　　　内江曾鹤君　辑稿　　中江林梅坡　辑稿
　　　成都曾普仁　辑稿　　宜宾谢镇中　辑稿
　　　安岳徐代元　辑稿
　　　乐清南怀瑾　校讹　　曹溪南华寺释曼达　校讹
　　　峨山龙门洞释演观　校讹　　内江伍心言　校讹
　　　奉新许衡生　校讹　　华阳廖允中　校讹
　　　宜宾李梦余　校讹
　　　盐亭邓叔清　缮稿

維廉精舍叢書之五
酉州語
天墨署

序

酬语者何？吾师盐亭袁夫子焕仙答诸方向往及门问难之作也。向往、问难者何？大道至迩，驰求孔泥，鸣霹雳于大空，俾迷途以知返也。窃常窥酬答诸札，皆就其人个性、经历、品德、才识之殊致，各为论列。寓臧否规勉于纪事之中，显向上全提于言诠之外。批隙捣虚，发人深省。故读其书者，辄感激鼓奋，永日诵吟，有逾于书绅铭座，珍之拱璧者矣。

自夫子掩关灵岩后，远道寄声问法者日益众，酬之不可胜酬。梅坡乃恭请汇刻旧稿，以期普闻。虽事理因人而千殊，原径趋要，归于大本。苟能异曲同工，激扬胜义，则林籁泉韵，鸟兽昆虫之鸣，何一非酬我之言？日星之炫烂，山河之锦错，珠玉珍宝之采色，何一非酬我之容？固不必斤斤焉于某语某语，专为某某道也。不然，奏箫韶于聋者之前，扪巨象于群盲之手，而曰是亲炙者，又岂夫子酬语之意乎？谨序。

门人中江林梅坡谨序
一九四四年

示南怀瑾

怀瑾谛听：

在山数十日，切见诸禅德，巍然自拔，有独立振衣之概，老人至喜也。摄其众向道，导其徒回车，风其俦化行方国者，实为怀瑾。而怀瑾律己过严，责人如己，老人至虑也。律己严，可也；责人如己，不可也。何也？律己严，过必远；责人严，众必减。众果减矣，汝纵口如河，沛法若雨，其谁辅汝绍隆玄化而导行天下？古人所以有遇风而息之惧也。谚曰："不痴不聋，不可作翁。"班子曰："水太清则无大鱼。"圆悟勤又尝以示大慧杲者也。统此故纸，怀瑾阅卷自悉，无庸老人重拈。今社会非古也，朋友可借援而不可期以辅汝绍隆玄化。古有之普化、克符，吾宗家范，今恐无。必以无而现诸有，于内则多咎，于外必多尤。咎尤交倾，进程必碍。先哲所谓"欲速则不达者"也。余意：燃千圣之心灯，续四生之慧命，不必外期友朋，要在自育一期超士。所以孔子道行，内有颜、闵、曾、仲，不假外交伯玉、原让。怀瑾此后，念头当改，不然，徒滋烦忧耳！

示通宽

通宽虎步鹤姿，自抗一时，而投老汉学般若，求一是处，抑已异也！讵知此事，实有时节因缘。时节未至，凡有所学，如水投石。因缘苟会，凡有所学，如石投水。古德入道，莫不然也。但又不得一味委诸因缘，坐待时节。不然，雪峰三上投子，九到洞山；长庆坐破蒲团，乃至警枕封衾、断臂舍身者，冤矣。通宽慎毋外骛其余，但把老汉曩日示汝功用，不得用力，不得无力，不得有心，不得无心，直拶下去，一觑到底。果如是也，更从何处觅佛觅祖、觅禅觅道？始知个事本自圆成，不从人得，不因师受。柏子树也、麻三斤也、狗子也、干矢橛也、人也、我也，由来成佛成道亦已久矣。斯道也，驰求云乎哉，况是邪？若求而得者，玄言妙义也，于汝心身分上何有是处？故曰：外求有相佛，与汝不相似。又曰：欲求是处无是处，若觅了时无了时。

示通远

通远谛听：

丁行，老人以律仪难驭，为通远惧。通远曰："如通远者，不能驭律仪，则释迦老子准为破戒比丘也，必矣。"余闻，心壮其言，未即启示而遍白同俦者，恐为愚庸所惊，埋此壮语，不为信口，便类矜高，徒滋戏论耳。果把得定、行得胜，则又戒内无戒，戒外无戒，踏毗卢顶上，辔无生国中，取之而逢源，从心所欲不逾矩也。通远云乎哉？能乎哉？若云若能，夫复何言？然老人津津以律仪为虑，而必以之昭示吾徒者，讵有他哉？良以如此社会，每况愈下，菩萨行道，不以此而先驱，则放僻邪侈，无所不为，四生更无所瞻摩矜式矣。通远，通远，其锐行毋忽！

示通超

通超谛听：

嘉州车次，冒雨言别，回省逾旬，此心固犹抑抑也。通超行止不齐时俗，论议少所可否，严躬有明德，驭物无厉容，诚翩翩浊世之佳公子也。而落发为僧，学般若，噫！菩萨之再来，而荷担大法者邪！不然，其游戏人间，亦暂博此一袭袈裟，而任运往来者邪！若前固可，若后则不必，何也？天下滔滔，四生爱河未渡，千圣心灯莫燃，纵在平人，犹所内咎，况曰智人如通超者乎？《诗》曰："王事靡盬，不遑起处。"老汉盼通超蓦直而前，不必二三其德云云者也，如何？至念。

示廖生兀虬

兀虬谛听：

丁行，劳生远送至于嘉州，三日乃别。爱道之笃、尚德之诚、奉法之重如此，末世得似生者几人？厚自重！厚自重！顾余无德，妄有闻名，而生重奉、重望，敬礼逾伦，内顾固不无惭惶耳。虽然，惭固在我，礼敬者生。因我礼汝，古德固已先乎其言，老汉亦只厚颜，据为典要，以欺吾生而自欺也。虽然，学般若菩萨，正好于此两欺字上轻轻一觑，大拶一拶。倘觑得透，拶得破，豁然摸着自己鼻孔，切见庄词、戏语、诐说、邪言、善恶等事、人我是非，乃至一切三昧、一切修多罗、一切功德海，皆不出此两欺字外而别有。且由来成佛成道，亦已久也。尚何他求乎？若然，真重奉、重望于老汉矣。兀虬，勉乎哉！

示普愿

　　普愿此次幸能自肯，六十年波波，一七日的的。倘在中寿，而墓木已拱把矣。可喜！勉之！善保毋忽。然初得法喜者，不尔矜高，便自困常。常则易默，高则易狂；都非上阶，悉为道病。让汝不默、不狂，亦是不快漆桶、大嚼饭囊。普愿当以何术何能而远斯过乎？古得法者，久不离师。兜率离洞山过早，清素接之，乃明末后。汝以事不得从老汉游，当日于通禅处问事检心，慎毋以戒腊之高而自陷险地。老汉之望也，毋忽。

示通众

通众学禅数十年,行脚遍禹域,亲仁历殊方,赢得风尘仆仆,两鬓皤皤。幸而大坪一会,得一袭春光、半星罅影。通众!通众!汝四处作饭头,多方充典座,苦行、能行、梵行、难行,乃至一切行、一切非行,何不一一摸索、一一检点,行在何处?曰苦曰能、曰梵曰难,又在何处?若于此处觑得破,信得深,检得出,许汝亲作饭头,躬充典座,能行诸行也。不然,托空妄语汉,承虚接响人,而负此大坪一会,劳我六十老人,灯下作书,拭眼运笔也。勉之!

示通永

通永谛听：

诚笃质实，汝之德也；负米运薪，汝之行也；为人之所不能为、肯人之所不敢肯，汝之勇也。自云在此次会中，发明心地，倘把得定、认得切、信得及，汝试道一句看！若道得，又汝之慧也。吾知汝的道不得此一句也。若云道得，必是指东画西、说七说八。果尔，岂老汉之孝子顺孙哉？妄人矣！若道此语不得，老汉函到，须日日提撕，时时精检。提撕精检，精检提撕，到无可奈何处，此无可奈何亦无可奈何，而切切实实见此一着已，乃知一切平常，不从人得，本来具足，何用矜高？然后踏踏实实负米运薪，乃为行；诚诚笃笃作人，乃为德；一切为与非为、肯与非肯，乃为勇。虽然，此三乃为，任汝承当。老汉说汝发明心地，试承当一句看！若承当得，白云万里；若承当不得，万里白云。汝纵全身是口，与我从何出气？倘出得此一口气，老汉于上三乃为外，与汝再加一乃为，曰慧也。赏乎？罚乎？自检毋忽！

示通义

通义于个事,自云已有入处。须知诸行无常一切空,荐此,即如来大圆觉,即甚深般若波罗蜜多,即梵语三藐三菩提,华言无上正等正觉,即解脱,即涅槃,即法身,即真如,即自性也。等等一切,随处立名,立名即真。本自具足,不假外修。实无奇特,亦非取证。若求而得、修而证者,凡夫法、外道法、小乘法,乃至邪法,非正法也。通义能乎哉?若能,则于个事真有入处矣。其或未然,慎毋未得云得而增上慢。此函到后,即须依止通禅,日日提撕,时时管带,提撕管带,管带提撕。一朝生路熟、熟路生,自有瓜熟蒂落、开口大笑时。老人决不汝欺!三世诸佛,日夜临汝也。勉之!

示徐县长剑秋

剑秋谛听：

人心险恶，僧俗都悲。交接之难，比来通禅于此甚感不快。老汉示渠曰："若人心敦庞，公理在抱，则不名五浊恶世。既不名五浊恶世，何贵吾侪？既有吾侪，任重负远，罚厚而赏不及，分也。何伤乎？此君子之所以为大矣。"老汉恐生亦同彼感，于是内激素怀，外颓百事，故预投此一辛剂耳。然此剂虽良，必以二种药引：一、事必躬亲。百丈，大德也，一日不作，一日不食；夏禹，大圣也，过门不入，手足胼胝；今之妙树，日亲多事；虚云和尚，九十犹勤。此四大人者，生之矩范也。二、律躬以严。"一切功德，生于日见己过；一切罪恶，生于日见人非。"又，六祖能曰："只见自己非，不见他人过。"又，"有一行不合于道，一德不基于义者，如以朝衣朝冠坐于涂炭。"此三胜语，生之践履也。统上二说，生当必行。不然，任汝多闻识卓，终是困死牖下，为仇雠所快，亲戚所痛也。知生者莫若老汉，爱生者莫若老汉；四生慧命未续，释孔心灯未燃，而畏生者，亦莫若老汉。老汉老矣！环顾伦侪，义将谁属？而生从蒲先生伯英游为最久，染彼名士习气亦深且久。夫复何言？望者大，言之深。剑秋何以自克？函到须速复。检之，毋忽也！

示吕县长寒潭

比在精舍，宾集茗芬。世出世间事，都各肆口摇舌。生亦曰："而今而后，乃知无事处正多事，无心处正多心。然多亦无也。"老汉微征两句，生亦应对如仪。毕竟未大下一拶者，盖彼时应付梓人，兼及宾众，无一暇晷。石火电光之机，因而放过。若以时节言之，则又所谓缘未会者也。老汉归，一忆此事，竟漏不得成眠。果亲到宝山邪？恭喜，贺喜！大事了毕！一度再度，恐生承虚接响，攘窃赴机。理如是，事必不如是，仍滞半途耳！昔者汾阳昭公，历遍诸方，见老宿七十一人，皆妙得其家风，尤喜论曹洞。终疑临济儿孙别有奇处，乃至首山，问百丈卷簟意旨。山曰："龙袖拂开全体现。"昭曰："意旨如何？"山曰："象王行处绝狐踪。"昭公于是大悟言下，拜而起曰："万古碧潭空界月，再三捞摝始应知。"有问者曰："见何道理，便尔自肯？"昭曰："正是我放身命处。"于是服从甚久乃辞。如说云云，彼昭公者，宋之大哲匠，临济宗龙象也。且见老宿七十一人，而不能了此大事，胡于首山一言便尔，拿空飞去？且自诩曰：万古碧潭空界月，再三捞摝始应知。如何说为碧潭？如何说为空界月？又如何说为万古碧潭空界月？既碧潭也，空界月也，捞又捞个什么？摝又摝个什么？况曰始应知邪？既知也，知又知个什么？有问者曰：见何道理，便尔自肯？昭曰：正是我放身命处。夫放身命果有处邪？彼碧潭者没坏，汝空界月者，空坏？汝果无处邪？彼昭公者，当面欺人，讵得曰圣人、曰传大统之超人者乎？统此，试通一袭好音看？若通得，上所云者，皆及寝之深言。不然，讵仅风雨载途，而乃拾人牙慧者也。又，道此语时，不得指东画西，问有以无对，征是以非对，或作道理不作道理对，又不得以一切皆无而无亦无，乃至真空即妙有，妙有即真空，一切等等对，或搁而不对。寒潭！寒潭！汝能远如说上过，道得一句，老人认为适当者，恭喜，贺喜！真无事处多事、多事处无事，归家稳坐也。其或未然，正好努力。宝所匪遥，此老汉苦口为人处，倘认为宗门故套，惑矣！勉之！

示李县长绪恢

绪恢谛听：

释孔之心灯难续莫续，久矣。生丁年植学，扇誉时伦。出宰名邦，希踪明牧。讵曰敷政寇袁，实亦载道游夏。然有如下如说两过，老人至虑也。一内，二外。一内者，生已知一切法空，一有无、齐是非、亡胜劣，是一切胜行起也。而落在知处，自不能拔，执以为是，不知不觉，遂致有无不一、是非失齐、胜劣难亡。胜劣既难亡，有无又不一，是非亦失齐，于是一尘生而诸尘生，诸尘生而人我贡高，称讥毁誉，尽空有，遍尘刹，无不应念而生。若然，平昔说禅、说道、说佛、说孔、说践履者，漫语赘行也，何有于当人哉？二外者，内心有蕴，外行必执。既有所执，轻重即形。持重人畏，寓轻人忽。忽畏交乘，益增行累，悉为道病。若然，平昔说禅、说道、说佛、说孔、说践履者，亦漫语赘行也，又何有于当人哉？一心该二过，二过累万行。纵沛德如雨，激义如云，胜行如麻，而曰轨万有之一行、燃千圣之心灯、续四生之慧命，不可得也。贤如李生、智如李生，精进不息、自强不息，复如李生，而曰不可得，此宣尼之叹、维摩之默、风穴之所以望首山而长泣者也。老汉曰：释孔之心灯难续莫续，不其然乎？

比者异端诡词，云起蜂涌。至人之胜行莫驭，众生之一德不趋，乃至三十年中，两兴巨战，罄杀人之能，纵尽有之欲。飞潜无术，远害世界，几于陆沉。推其祸始，追其害源，讵有他哉？实乃正论不申，异端诡说，恣情噬人，逞意乱德耳！众生愚盲，习而不知。即在贤明，安之不察。始滥觞而终滔天，遂激巨祸于不可救也。老汉誓与彼辈不共存亡，必扫穴犁庭，粉碎其说而报佛恩、孔恩，乃至老、庄、耶、回一切贤圣恩、四生众生恩、父母恩。意固曰弭兵。若曰是说也，昔在春秋向戌，倡之犹落空言，况以世界之大，何能骤至？然亦必缓兵、畏兵，不令其中风狂走，而津津、而昏昏、而役役、而勤勤，曰逞兵、穷兵。虽然，是行也，从老汉游、运老汉心、毕老汉志，而如老汉愿者，舍生谁属？而生有如说上过，奈何！奈何！今以三说奋之。倘日夜书绅置案，勉而行、困而行，或安而行，其庶几矣。一、内明个事，必期彻底；二、外须持重，语言不必过急；三、了彻外国文言，至少超三国以上。总此上因，昌听毋忽。老汉日夜临汝也！

示田生肇圃

书悉。自云随缘放旷，似觉相应。若把握正念，心境转尔不宁，复引余言蛇足助长为证。甚矣哉！道之不明也久矣！可痛！可痛！又云，于庞居士将示灭，答州牧于頔语曰"但愿空诸所有，慎勿实诸所无"句上，有个入处，并自诩言，已打穿后壁。果尔，蛇足助长，为有法邪？为空法邪？若言有，则坏空，大乖诸行无常一切空之义；若言无，则坏有，又违经云"世间相常住"之言。饶汝说即空即有、即有即空，总是两歧谤论、诽语游词，又何曾梦见"慎勿实诸所无，但愿空诸所有"，而打穿后壁者邪？若然，语不知顺逆，理不捡是非。律身犹失，沛法得乎？"实际理地，不立一尘；万行门中，不舍一法。"如蛇足助长为是，则立尘也；如蛇足助长为不是，则舍法也。古曰："纵使言前荐得，犹为滞壳迷封；即饶句下精通，未免触途狂见。"况生于老汉言意且未通，而错认蛇足助长为药者邪？虽然，得生书，固至喜。盖虽未企道，而犹在此一路上行履。末世如生者，几人？几人？亦可嘉也。勉之！

示王生乃鹤

来书,字字刻实,语语精透。以例上年判中孚先生书,泥途云汉矣!自拔如是,夫复何言?某君以同情心示生践履,生又自引阳明先生"知行合一"为最高发展、立身归宿,至矣哉!颙颙学子,奕奕青年,能见及此,且沛自心枢,纵曰袭履他人故步,然此末世,实亦难能,况策趣心于圣道,而孜孜不遑者邪?厚自重!厚自重!虽然,生同情心者,乃一期方便之语;知行合一,亦滞壳迷封之言。苟不志道则已,若曰躬肩大道,手援天下,生同情心,知行合一,腊月扇、盛暑炉也。又恶乎其可哉?生聆之,必色然而兴曰:"嘻!宁舍是而别有一路曰最高发展、立身归宿者邪?"余暂不下注,待汝发明大事,乃知此语为不诬者。何也?语证则不可以示人,说理又非证莫了也。然则生既舍此,步从何趋?车从何辔?谛听!谛听!即此一门深入,实无第二进程。亦但向此同情心、知行合一道上迈进而已矣。若然,生必曰:"老汉云如是也,彼云亦如是也。斥彼是自,亦何申己而屈人之甚者欤？"曰："否，否。"彼之言，循途而滞物；余之说，即轨而超方。滞物困理，超方忘情。余不启其惑，则陷汝于险地。苟或兴异论，又困汝于情尘，百思莫是，仍就生说上语，诱其归家。归家者，即所谓发明大事也。谓不住在同情心、执在知行合一上，而别行一路，直超向上关棙者也。然此向上关棙，亦非离同情心、知行合一而别有也。生荐此，则本来现成，实无一物。同情不同情，合一非合一，无疾而呻矣。勉之！

示杨师长介眉

介眉谛听：

生起家白屋，位至总戎，能也；鄂西大洪山之捷，提偏师，激诸军，克强敌，复我已陷之名城不沦异族，勇也；五年之间，两受勋位，家无供命之僮，食无兼篚之味，衣无帛，出无车，而有逸容，廉也；勤上峰之命，忧士卒之劳，急友朋之急，又忠也、仁也、义也。而乃折节投老汉门下，执弟子礼，学无上正等正觉，誓了生脱死、成己成仁。吁！非夙植德本，承事过、未、现三世无量佛、无量法、无量僧者，能不逐声色、囚名场、困利域，而心摇摇、而形役役、而发蓬蓬、而齿壑壑者乎？又生之慧矣。曰能、曰勇、曰廉、曰忠、曰仁、曰义、曰慧，如是已举未举，一切胜行，生已悉具。

杨生！杨生！试向老汉道一句，彼无上正等正觉者，果在何处？若无在处，何必亲投老汉，恭敬承事而学邪？若有在处，是无上正等正觉者，岂能外能、外勇、外廉、外忠、外仁、外义、外慧，而别有一无上正等正觉邪？若别有，则二法也，诟圣人之道哉？若非别有，是杨生者，已得无上正等正觉。既曰已得，而又投老汉门下，恭敬承事，朝夕究研，不但违理，而亦背事。若然，不是杨生欺老汉，便是杨生欺杨生也，又岂杨生之道哉？杨生杨生，速道速道！但道此话时，不得作佛法会、不得作非佛法会、不得会、不得不会、不得指东画西会、不得杂糅古人言句为自己道理会，如是已举未举，一切不得而皆不得，如如远离，如如亲切。速道一句，恭敬呈来，老汉与你证据。得老汉证据，许生了事已，那么便是"洛阳三月花如锦"。不然，前路茫茫。杨生杨生，可惧可惧！勉之！

示甘司长秉常

炎暑遄征，至念。古贤者宣勤国事，正于人所不能处而能，力所不及处而及，心所不运处而运。尚望迈绩前程，毋以路遥而废自半途，毋以行难而功亏一篑，毋以境恶而任运天然。秉常之大，老汉之望也。来书求示日行简要功用者，讵他有哉？此矣！舍此而别寻简要，必江湖下士之虚言，非君子大人之通径。若曰生欲知者，心要也；老汉答生者，世要也。迹近问牛而答马，大谬矣。何也？舍世要，无心要。愚人不知，截然曰二；智者了彻，理固非殊。生此后行心、行事，但如上说作去。已过莫追，未来莫计，现在义所当为、力所能为、心所欲为，便毅然而为，亦莫卜度，即大精进、大解脱、大梵行也。审如是，不但今人高推共奖，释、孔、耶、回，必平分半座以与当人。况所谓英雄事业，如汉高、明太，而能望其项背者邪？勉之！勉之！一切般若、法身、胜行、功德、神通、菩提、涅槃、自土、他土，悉在斯矣！

示范专员天笃

　　赋性之笃、信道之纯、接人之雅、律己之严，伦侪中谁过范生？而范生与老汉，共师吴梦老学般若者十年，困在空处、净裸裸处、得无所得处，即之不可，却之未能。噫！此固所谓陷人坑者欤？初机行人，大都未能远此过也。卢公能曰："不见一物存无见，大似浮云遮日面。"范生！范生！然欤？否欤？若然，平地吃扑；若否，平地吃扑。然则必如何而后可？岩花片片飞晴雪，玉笛声声落晓梅。或曰："是何言句？"老汉曰："平地吃扑。"荐否？检之！

示杨生光岱

生丁年闻至道，而把得定、行得胜，及门诸子莫不下之。乃偕通宽掩关中江，成人成己，以视乎朝闻艺而夕津津者，泥涂云汉也。厚自勖！厚自勖！虽然，关外一句即不问，如何是关内一句？试道看。若道得，即此离此，何一而非道场？若道不得，离此即此，罄万悉成过患。况杨生以居士身，别父母、抛妻子、弃人寰、入深山、甘淡泊而如头陀者邪？是又陈仲子之俦矣。可乎？可乎？速道！速道！

答陈局长潜溪

慈明老人冬日于僧堂，榜此（㘝一二三儿罪秫）七字，下注云："若人识得，不离四威仪。"中有首座者，见之谓曰："和尚今日放参。"慈明闻而笑之。千余年来，丛林中、非丛林中，衲僧居士商量常浩浩的，此界彼疆，异论庞然，纷纷莫中于是。兄数年前亦于此大兴疑怀，百思莫解，乃叩一老宿，通其诚，冀开我昧。宿云："此丛林中规范也。汝欲澈了，当往访彼。"于是兄遍叩丛席，上鸠杖而下驱乌，无一人知为矩律，并何种规范者。且检《百丈丛林律仪》，一一搜拈，无一可况。于焉大窘，继以汗流。乃自念言：人既谓我大澈大悟也，是区区者，何自不能澈了之至于如斯邪？此而未澈，于野狐托钵、出定、难产、镇州出大萝葡头、北斗里藏身、我手何似佛手、西方日出卯、斩猫、烧蛇、百杂碎、顾鉴咦等，一切一切，亦不过于知见理解上得个入处，而真实理地，又何曾梦见邪、了澈邪？此而未梦见、未了澈也，于千七百则葛藤中任何一则、任何一事，或正或反、或纵或擒、或全提或半举、或全是全不是、或全不是全是，又何曾梦见邪、了澈邪？此而未梦见、未了澈也，而于生，而于死，曰澈也、了也，真所谓一场大笑话矣！是号饥而不得食，诩于人曰饱也；掩耳而闻铃，白于众曰无声也。讵不悲乎？此间尊宿，实难承事，时时掬我赤忱，处处拾人齿慧，终不得解。遂愤然自忖，且讼曰："佛示现，人也；历代祖师示现，亦人也。某甲虽愚不肖，犹人也。彼丈夫兮我丈夫，我何弱彼？"于是尽却一切，单提一念，朝斯夕斯，行止不辍。亦不管此七字可解不可解，但提一个"德山小参不答话"的话头。

民国二十九年全月，与曾松生、范仲纯、廖允中诸君子，于什方堂坐中，闻启扉声，忽然打失疑团，摸着鼻孔，澈见百千陀罗尼、无量功德海、尘尘刹刹、刹刹尘尘、一切佛、一切法、一切僧、一切修多罗、一切三昧、一切净戒，尽未来际、不可说、不可思、不可议，种种声、种种色、种种是法非法，莫不由此七字一口吞尽，一音演出。纵使释迦老子临之，亦当掩室于摩竭；维摩居士到来，更须缄口于毗邪。讵曰鹙子无言，而妙德空生亦赞叹不及也。即时燃香，拜慈明老人三拜，复拜老宿三拜，引几而坐，笑，或大笑、微笑、冷笑，乃至不笑。忽忆大慧杲以难产因缘请益湛堂，堂曰："会得如屎，会不得如金。"而今而后，益知此七字亦"金屎法"也。古人不虚，实乃如语、实语。于是又展六拜，一为大慧杲善问，一为湛堂准善答也。只是彼时大慧杲不会，空劳湛堂刀斧耳！理弦有师旷，顾曲无周郎。奈何？奈何？此七字既破也，同时野狐、难产、北斗里藏身、顾鉴咦等，一切一切皆破。此一切一切皆破也,而千七百则葛藤,是个非个亦破,非个是个亦破也。于是乎生破、死破,生死且破。

弟台!弟台!兄这一篇无疾而呻的文字、虚妄构造的事实,破乎,否也?若然,弟台倘作虚妄构造会,许你五百身中不认识太行山;若作不虚妄构造会,你又失却一只眼。纵云:"我总不如是会时,如何?"则将应之曰:"银样蜡枪头。"然则必如何而后可乎?兄踏实为弟台下个注脚。今岁之春,兄于灌城以此七字拈付友朋曰:"此事本明,而慈明老人未免藏头露尾。原文十字,渠只写出七字。如此漏窦,不知是何心肝?或何方便?而此七字中,又写了三个别字、三个白字,只余此一字。无怪乎千载而下,丛林、非丛林衲僧居士,商量常浩浩的也。悲乎!悲乎!卓哉首座!千载一人,独能剖掬自己赤忱,揭开他人黑幕,大白于天下,曰:'和尚今日放参。'令天下后世,翕然归化。讵不伟乎?倘当时慈明老人把此十字,书成不别、不白、不漏,汝等诸人,从何闻此一则公案?而彼首座者,又从何说此'和尚今日放参'六字?"拈毕,一时朋侪济济,无一发语者。独李子方君曰:"此纲宗也。"兄曰:"若然,千七百则葛藤,何一而非纲宗欤?"李无语。

或难之曰:"既云尽纲宗也,然则此一则与千七百则,同邪?异邪?若言异,纲宗不合有异。既异也,不得言一则通而则则俱通;若言同,纲宗不合言同。既同也,而不得言千七百则个个圆成,各擅家风。"或言未卒,兄以手约之曰:"住!住!任汝说同说异、说是说非、说今说古,与他慈明老人榜此七字有何交涉？纵于此榜不无搁着、绊着，与汝自己身心分上有何饶益？诸君子真欲认识榜此七字么？鄙人不惜拖泥带水、心黑脸长，澈底抬出，尽量推开，听取一颂。颂曰：'问余何事栖碧山，笑而不答心自闲。桃花流水渺然去，别有天地非人间。'"诵已，或又曰："古作也，先生拈以判此，得无不偕乎？"余曰："唯唯。赖汝重举，不然，几忘却矣！"

弟台！弟台！只为你昨日把这一则公案，胡七乱八说了几句，苦兄灯下拭案，匀冻作书，与你笔闹，眼已花，口已沫，若再不会，然则岂无赏罚乎？曰赏，只合拿一条粗棍，打你不知若干吓；曰罚，只合把一根细棍，轻轻打我一吓。为何如此？孔夫子说的"厚往而薄来"。如何？一笑。

示曾生普仁

两次接生,皆有入处,皆难脱落,皆不得别行一路而直趣向上关棙者,何也?困在有佛可学、有道可成、有法可说矣。船子诚曰:"一句合头语,千古系驴橛。"况余邪?其自味、自检、自荐取,毋忽!诗曰:"野水影残晴树后,家书正写夜灯前。"勉之!

复伍先生心言

心言兄长有道：

来教，字字金，语语玉。他不具论，即以称位言，使非实有所见、切有所入，骄抗如兄，能以师傅名义，高以尊人；弟子称位，卑以牧己者乎？恭喜！贺喜！弟虽未当面堪辨，而人我山倒也，必矣。释迦老子三藏十二部，演绎则万流竞秀，归纳乃人法无我。人我既倒，法我其能巍然而久峙乎？人法既空，何斯不服？弟固以实有所见、切有所入，而归老兄分上也。

又云：见得此着，不觉失笑，谓此无上法门，如是简易也。有时又觉酸痛，谓此简易法门，苦我多生，困生死、转轮回、头出头没而自不能拔也。都哉此语！正实见切入、从心字流出之是语、如语，非捃摭攘窃之伪语、似语。阅之，喜至几不可抑。盖今之人，谈何容易而跻此？古之人，亦谈何容易而跻此？千万莫轻放过。虽然，吾兄纵不轻放此过，而固执之，犹滞半途、远宝所矣。何也？来教云：除觉性外，实无一事一法，菩提、烦恼、生佛、涅槃等，都为赘语。此正有所见、有所入、滞半途、远宝所之铁证也。夫觉性即一事一法，既有此事、此法，何云无事无法？菩提、生佛等不离此事、此法，乌得云赘？此语既不赘，事法又俨然，过在何处？滞有觉性也。夫觉性既有，除有外，何曾亲会内外本无差别、涅槃生死一如？故曰实有见、切有入。无论今人、古人跻此，都非易易，然犹滞半途、远宝所者也。言兄！慎勿自暴自弃，二乘圣人悉住于此。宗门下客谓为"知有"，又曰"初机"，又曰"净裸裸处"，又曰"入佛知见"，又曰"可以入佛而不可以入魔"。今之号称会禅、自诩大澈大悟者，悉住于此。或未及此，仅于理上解得几个名词，便曰善知识、大宗匠也。可叹！可叹！

言兄，倘听弟言，把一切觉性、菩提、涅槃、生佛、菩萨等，抛向脑后、贬向无生，而又不作抛向、贬向等想，即时便得无见，即时便得无入，即时便归家稳坐。李长者曰：无边刹境，自他不隔于毫端；十世古今，始终不离于当念。亦即时而得证也。至易如此，故曰"道不远人"。其有意乎？其无意乎？慎勿龙成而怖。若曰是处也，实无捞摝，恐至落空，则为自不长进、自远大人。何也？是处本空，惧何空落？若有落者，何得曰空？

盛暑酷热，挥汗复书，复在灯下。此心之勤，何容一二赘也！希兄以此自勤。并告甘生典夔、甘生鸣阶、许生衡生、鹤君、子玉、笑岑诸子曰："莫将闲学解，埋没祖师心。"天步如许艰难，人心如是陷溺，苟袖手作壁上观，不但损人，而亦丑己也。腊月三十到来，手忙脚乱，莫谓焕仙老汉默不朗告。诗曰："寥天月落河山冷，霁雨新晴猿鸟喧。"味之！味之！

再，兄函到，阅后，二三子曰："伍先生者，今之老宿。不但德高、才高、望高，而人我贡高，上齐有顶之天，下及无穷之际者也。乃云云，足见入道之深，不觉推人之至。偻来书，实亦良心所使。大法前途，其或济乎？昔文殊师利作七佛之师，而自损贬与释尊作法王子。今云云，诚休也。法如是、情如是，而理亦如是矣。"

弟曰："否！否！理必不如是。何也？明之朱元璋者，犹曰：'元璋自元璋，天子自天子。岂以天子之故而至元璋无兄者乎？'宋之大觉琏者，住明州青育王时，舜老夫为吏横民，其衣走依琏。链馆之正寝，自处偏室，执弟子礼甚恭。贵人过琏，见咸怪之。琏曰：'吾少尝问道焉，其可以像服而二吾心哉！'仁庙闻之，赐舜再落发，居栖贤。伍先生为余三十年前盟兄，问字问礼良友。彼之言，正为天下后世，执人我贡高而不能入道者，痛下一拶耳！慈也、悲也、权也、法矣！余果俨然自居，不但显违好为人师之戒，且亦大背伦理。又，释迦老子以师为弟，是用尾作头，汝曹可之。焕仙老汉以兄为兄，是用头作头，而乃惑者，咎固何欤？检之！检之！若检得过在，释迦老子未以师为弟，焕仙老汉亦不以头作头矣。"

二三子无语，久之，悉请曰："师意究如何乎？"

余曰："各行各的路。"二三子笑，恭退。

言兄！言兄！这篇满纸浮言、一派戏论，兄其笑而检之。

如检得浮言、戏论过在，则途中即家舍、家舍即途中也。更说什么菩提、涅槃、烦恼、觉性、有所得、无所得、滞半途及堂寝者乎？不一一。

附：伍先生心言函

师傅法座钧鉴：

先后三谕，次第接读。迟未复禀者，良以初机，始觉道力未充，一切不熟，实无以上报眷注之殷矣。

三月来，时以吾师直指语言真参实究，渐究渐圆，即圆即究。比来事理，较前稍为圆融。切见除觉性外，实无一事一法，菩提、烦恼、生佛、涅槃，都为赘语。而应奎动时静时、醒时睡时、一切处非一切处时，均只见得此一着子，清清透透，明明彻彻。有时不觉失笑，谓此无上法门，如此简易也；有时又觉酸痛，谓此简易法门，苦我多生，困生死、转轮回、头出头没，而自不能拔也。

吾师以何功德，而令我等劣根下愚，幡然大觉如此之易邪？真令我等徒众，锥心泣血，永感不尽。纵饶三千界广长舌，亦赞师功德不及矣！

刻经事，此间学社同人，先行筹汇十万元，余俟续汇。总以能成就此殊胜功德、宏法度生、成就人我悲智之愿为鹄的。然亦非敢自云报佛恩、报师恩于万一也。

笑岑、衡生、鹤君精进特甚，子玉亦有开解，合并奉闻。

敬颂少病少恼！

示杨生鹭溪

　　生自况不可以一时，而学未深于植，养未纯于至，欲躬肩大道，手援天下，能无折鼎足、覆公𫗧者乎？不可得矣。时蹇，运也；不遇，数也。明知其不可为而为，期幸万一，累亲戚，丧友朋，过矣！牧心无术，任运每乖。乃希踪豪放，则画虎类犬、逾淮而枳也。又乌乎其可哉？其三复东方曼倩《诫子书》，即读六百卷《般若波罗蜜多经》矣。勉之！

示傅教育长仲穆

仲穆谛听：

来书问数事，今答。其昌听毋忽！

一、春间示汝书，久而不得报，固惑之。今云云，知未收读也。

二、剑秋、通禅，遥遥激勉，比来进足，固已大异畴昔。所可欣者，此间李生绪恢、吕生寒潭、内江伍先生心言、许生衡生、冷生笑岑、曾生鹤君、潘生子玉及甘生典夔等，皆许知有。来书云，峨山一会，关系吾宗盛衰。诚为知言。然未一年，成绩如是，自问心不负人也。

三、令慈弃养，曾亲登府吊顾，生已赴铜梁，比回府，尊大人或详告不赘。至铜梁县训事，与此间较，泥途云汉也，同人无不额手庆生。盖陈君于此，役尽心思，破尽私囊，成绩斐然，而不得当途之好；生乃超然而韵，井然而理，此亦换铁得金，一场意外之喜。

四、离群索居，君子戒独。但能自知业无进益，便是精进行人。来书云云，老汉之至慰至喜者也。惟言比来仍参话头，自觉得失之情较少，心多寂静。今后当于不外驰求、不内取证上用工夫。噫！傅生！傅生！汝犹躲藏在此邪？既诩心多寂静，必惧心不寂静；既云得失较少，必惧得失过多。多少交倾，得失寂静互激，何年何劫而能外不驰求、内不取证乎？若能，则缘木求鱼、平地摝虾也。必曰寂静为是，不较得失为是，然则门外巨石、池中荷、地上草，乃至一切无情等，皆无得失，皆自寂静，皆证胜果，皆得解脱也。可乎？可乎？如可，诸佛心灯宁轮到今？四生慧命必不续矣！况内外假名，即欲驰求，即欲取证，都是头上安头、无事生事。仲穆！仲穆！汝德、汝行、汝质，汝自况皆不后于时伦、右于同辈。去岁蓉城一会，汝发悟最先，老汉望汝极切。且自忖曰："扶得吾宗起者，其为傅生仲穆乎？"曾日月之几何，而见困于此。可叹！可叹！刻作书，夜已四漏。静言思之，不觉怦然，幸自拔以先君子也。

五、来书文理、文艺，都较过去为优，字亦厚而有致，惟为文困在有意为文处，殊难入韵，然亦载途行人之通病也。苟大澈，自然头头上显、物物上明，固非心念能运、功力能阶。

六、老汉富有天上、天下、十方、过、未、现等，然家不储再宿之粮，案不陈兼味之箪。来书叩及老汉生活，固如是也。

再，此函到后，生可裱而置诸案头，老汉即日夜临之。或不为魔外所噬、怠懒所困矣！勉之！

示曼达

曼达以故家子，植学欧洲，栖身英法者数年，而不能餍其学。回国后，髡发为僧，投曹溪南华寺和尚虚云为戒弟子，学禅数年而不得饫其义。乃仗锡观方，徒步历康、藏，抵拉萨，访密乘，侍大德者数数，得灌顶者亦数数，而不能通其道。今夏来成都，造精舍，投老汉学般若。噫！曼达者何如人哉！其奋发、其有为、其自强不息如此，甚可怀也。夫般若者，果可学邪？雪上加霜；无可学邪？托空妄语。抑不寓两头，即亡三际、有无双遣、当下圆成，而任运行心、无在不在者邪？悉是戏论诐词、放言邪见。若然，曼达投老汉学，学何道？老汉居然以师位居，居何法？曼达！曼达！不但汝道不得此一句也，即饶释迦老子到来，亦须掩室于摩竭；维摩居士临此，自合缄口于毗邪。况肆口滑油油，说禅、说道，自号为通宗通教之瞎汉者乎？然则毕竟道此一句不得邪？曰："否。"曰："何道？"曰："故人西辞黄鹤楼，烟花三月下扬州。"

示雷团长正修

生兼资文武，友绪恢，而投老汉门下学般若，执弟子礼甚恭。噫！菩萨之再来者欤？虽然，学般若菩萨，如冰凌上行、剑锋上走。曾子曰："战战兢兢，如临深渊，如履薄冰。"倘一失慎，讵曰狂禅邪见，而亦激巨祸于不可测者也。雷生！雷生！尚慎旃哉！入孝出弟，敬以使下，恭以事上，接物平怀，遇人无诤，而又不着在如上如说、事上、句上、理上，即无上正等正觉，得大般若，证大涅槃也。孔子曰："我欲仁，斯仁至矣。"又曰："吾无隐乎耳！"又曰："道不远人。"雷生！雷生！尚慎旃哉！

示萧生奉来

生丁年任侠，名响诸侯，乃折节读书，嗜黄帝、岐伯之言，投白尊者，访密乘。白圆寂，仗剑反蜀，从峨眉山李先生德海游，餐霞辟谷，锻体伐肤，而其身也软如绵、矫如猿，步履如大风起青蘋之末，搏空稽天而旋旋。李先生者，清末大侠，方伯许公幕友，老汉耳之者久矣，惜未一觌。鼎革，入峨眉山肥遁，不与外通闻，常召生谕曰：某年月日当于成都市逢汝本师，了汝大事。今夏来蓉，生果投潼南傅先生真吾学般若。噫！生固异也，彼李先生者，真作家、真哲匠、真异人矣！不满己、不抑人、不居俗、不鸣高，殆所谓古之隐君子者欤？昔丹霞谒马大师，以手拈幞头额，马师顾视良久，曰：南岳石头是汝师也。丹霞即趋南岳，三年遂得铲佛殿前草。李、傅两先生者，马师邪？石头邪？生准今之丹霞也，必矣！何也？学道五十年而尽弃其学，以师傅先生，于老汉为法门侄。不贪所蕴，舍也；能下人，忍也；朝夕不息，行也；律躬有令德，驭物无疾容，戒也；心不外驰，定也；而学般若，慧也。如是胜行，生已悉起；菩萨六度，一时罄赅。然则投傅先生学，学何道？投老汉参，参何法？若学得、参得，生必开口大笑，翻然而逸也。尚何孜孜向人饮残羹、食唾余者乎？虽然，苟末团地一下，明得最后风光，慎勿自瞒自弃而远大人、陷险地。老汉之望矣！勉之！

复潼南令高注东

书悉。策心上宗，不自肯，不自瞒，曰刹有刹无；又曰静时悟、动时迷；既悟也，当如何保任云云。如语、实语、不妄语、不狡语，毋畏！毋畏！初机之通病矣。行人届此，每畏不践，遂废半途。所以圣人、超人少，而愚、不肖者比比盈盈。足下丁年登仕，趣志心宗，讵曰今无，古亦罕觌。老汉所以不惜走霜毫、开老眼，葛藤葛藤者也。

来书所及，讵有他哉？滞有为耳！然此非仅学人之过，而过每在彼师家。何也？比来一般魔子，说禅说佛，总谓有佛可成、有法可修、有道可证。足下之病，遂尔丛生。倘无此佛、此禅、此修、此证，不但足下此函，老汉不得而见，足下此心，亦不得而有也。此既不可得而有，曰有无、曰动静、曰悟、曰迷，从何而有？况当人本分上一物也无。刹时有，有个什么？刹时无，无个什么？静时悟，悟个什么？动时迷，迷个什么？有有、有无、有动、有静，固已头上安头也。须知说无说有，说悟说迷，皆黄叶止啼之言，实无实法。过量人必不落此圈套，一见便休，决不驰求。既不驰求，有何保任？若有保，保何事？任，任何法？不然，则驰求矣。昔大慧杲曰："打破蔡州城，杀却吴元济。"足下若听老汉之言，把一切迷悟、有无、佛法、世法、禅道、菩提、动静等等，抛向脑后，不落有无，不居动定，自然"打破蔡州城，杀却吴元济"也。然后独往独来，随风转舵，顺水行舟，释迦老子都输汝一着。曰刹有、曰刹无、曰动静、曰迷悟，剩语矣！

复潼南令高注东

来书语挚情殷。潼，小邑也，得贤者宰治，时和政理，民困乃苏。老汉足经各县，目视诸尹，如足下者，几人几人？昨宴，丕承因开谈，在座者都认老汉言为允当，贵治旅省诸贤，更味此说。鹭溪亦在坐，窃谓吾侪做事，计当检非己之责也。彼之口、人之言，乌足较哉？乌足较哉？来翰云："以净土为主，兼习禅观，且自谨惧，恐落魔境。"甚矣哉！足下之惑也。魔从何来？因心有故。觅心若无，佛尚不有，况彼魔邪？今以净为主，禅为兼，有主有兼，所谓不自空有而先实无，早已无风起浪，头上安头，陷魔宫、困魔窖，魔语魔行、魔气魔力，亦已深也。尚何惧乎落邪？哈哈！剑过已远，犹自刻舟。且净若非禅，从何立净？禅若非净，又安名禅？庸讵知，禅即净，净即禅，禅净实不二，然又非一也。何也？过量人随顺之，无向不可；小机者幻执之，有着皆忿。台端有大气力，能康济郡国，而困于小说诐词，至令俚语驾于希声，黄钟埋于瓦釜，识者固惜之而不肯言，老汉废也，罔知避忌，惟此一念赤忱，救人救己，许国许亲，故"不惜十指弦，与君千万弹。"知我罪我，幸仁者善自检之。

示黄校长人俊

生从老汉游十年，一无所蕴，万德咸赅，而蕴于不敢自肯。即此不敢自肯，一尘蕴而诸尘蕴，诸尘蕴而无所不蕴。于是一行莫履，万德咸乖也。客冬，老汉为小儿本端娶妇回乡，生与饶生盛华连床夜话。老汉至，生起而问曰："人死不知究往何处？"老汉曰："汝现究住何处？"生遽豁然明得本分上事，因拜起而自讼曰："个事原来现成如此，真把猴子尿笑出了也。"余乃翻然归寝，自尔便识得下半截风光。黄生，黄生，一无所蕴邪？万德咸赅邪？无所不蕴邪？万德咸乖邪？此事老汉与汝分疏不得，汝试道一句看？若道得，若道不得，都是"落花踏尽春无数，马上横捎意气归"。如何？一笑！

答傅丕承先生

奉大示，迟迟未即作复者：一、台驾去后，此间同人欲究《中庸》，一再要弟开座；二、讲说《中庸》既已，佥欲行道七日，一再要弟主七。良以法故，不敢自悭，鲍老登场，未计郎当，遂尔三月叨叨，百日絮絮，亦可笑也！报来教之迟，讵得已哉！光厚和尚行将入关，足下惠募之款，已面告渠，极表谢忱。检其意，似望老兄速惠为佳。弟窃有望于左右者，英雄到老思成佛，宿将还山不论兵。春暮在省，固已一再言之也。老兄其有意乎？其无意乎？有意固佳，无意必令其有。有当行，行当深，深当至，及其至也，何事非佛？何事是佛？一派圆成，佛即老兄，老兄即佛也。说什么思与不思，成与不成邪？如或未能，甚望老兄把此事挂在唇间、蕴在胸内，朝斯夕斯，念念不忘，念念不舍，如久客思归、久旱思雨、久渴思饮情绪做去，七日不乱，定臻上理。此千圣不传之密，百万胜门之枢，非弟一人之愚也。慎勿河汉我言，失之交臂。并转告老大嫂及文光、鉴秋诸兄，庆光、乐三诸弟，一一实践为快。

示冷秘书笑岑

冷生谛听：

来书都不具论，惟邻妇爆竹，彼时当人自觉腾身虚空，寂然圆照，人我无二，空有一如。果尔，即桶底脱落，摸着向上关棙时也。彼时果细细检点，密密搜探，尽微尘、遍时空，何一事、何一理、何一物，乃至有法非法、百千三昧、无量陀罗尼、一切功德海，而不具足，而不圆成邪？而确确实实觅一星人法都了不可得，又何有来书所云，三关之任何一关？即时便住在金刚心中，入我门内，李长者所谓"无边刹境，自他不隔于毫端；十世古今，始终不离于当念"者也。而乃自生狐疑，向人取证，呸！千古岂有已食而问人曰：吾饱或饥之事理乎？若老汉在内，五十痛棒，半棒不减。幸而一病兴疑，愈后乃知：病时便是愈时的，愈时便是病时的，亲于来书写一句曰"洞知受病愈病，丝毫不碍"云云。不然，"星河影落黄牛峡，草木秋饶白马关"也，可惧，可笑！

又，老汉说禅，与古人临济、曹洞、德山、沩仰、云门、雪峰、法眼、翠微、夹山等等，不从同而大别，所以者何？各行各的路，各做各的梦也。临济老汉等，不终日无言，便指东画西；不壁立千仞，便藏头露尾；不许人会，而个个会得透顶透底，摇头摆尾而去。老汉说禅，洋洋洒洒，千言万言，开口似河，沛义如海，许人深会，而个个一丝一忽都会不去，不但不摇头摆尾而去，而且不摇头摆尾而来，为何如此？盐亭老人心不负人，面无惭色，青天白日，从不向人说有鬼无鬼的话言。虽然，临济、德山等是邪？盐亭老汉是邪？不得说我是他不是，他是我不是，他我总是总不是。道来，道来！

又，来偈阅迄，老汉不惜口业，亦和生一偈，其辞曰："长安、长安，何处是长安？若到长安，便是长安；未到长安，快到长安。慎勿说长安，与汝不相关。呸！呸！呸！日近长安，日远长安。一个无面孔的铁山，平白地栽上眼帘。如何即是？这蠹鱼似不费钻研。笑他蠢人，含元殿里问长安。"哈哈！函到，当昭示同人，共检共勉，勿忽！

示许处长衡生

衡生谛听：

刻奇暑。生函到，阅讫，不但清凉肺腑，而老眼开明，亦异曩昔者百倍。何也？国步天步，艰难如许。生进德如是之笃，见道如是之速，非君子大人孰能臻此？善自重！善自重！勿谓老汉佞也。彼丈夫兮我丈夫，尧、舜与人同耳！佛不云乎，"生佛不二"，况彼君子大人者邪？不自贬而侪于伦辈，老汉之望也。来书云"百尺竿头当再进一步"，噫！十地之人都未进此一步也。若进得，恭喜贺喜，大事了毕，衡生勇乎哉！若未进得，最好星三星六，与友朋精研，刻刻不忘，所谓"鼠子咬棺材，只在一处。"修多罗曰："制心一处，事无不办。"果尔，真丈夫儿，真君子大人境界，不患不摸着向上关棙矣。毋忽！

示许处长衡生

衡生谛听：

善以推人，卑以牧己，君子宅心，千古一辙；至慰！嘎嘎！进德之笃，进业之速，不图之至于斯也。来偈云："我生天地，天地生我；我非生灭，生灭非我；不遇恩师，作茧自缚；处处随缘，万物一如。"美则美也，惜未尽善矣。而云"不遇恩师"云云，尤为拖累老汉过甚，厚诬老汉过甚，而不认识老汉亦过甚也！老汉乃大冒其火，灯下走笔，照作一偈，骂生几句，其词曰："我即天地，天地即我；我即生灭，生灭即我；谁管他随缘不随缘，自缚不自缚？万物一如，一如万物。"焕仙老子几曾向人亲口说"六六原来三十六"云云？生把此偈，解得清清澈澈，我说汝是一个漆桶；若解得不清清澈澈，我许汝是个漆桶；若作不解，或必解，或便解、便不解，一切等等会，我推汝是个漆桶。衡生、衡生，如何免得这漆桶过患来，试道一句看？"春风得意马蹄疾，一日看遍长安花。"幸自勉！毋忽。

复南教官怀瑾

晨窗清寂，邮人以书到。启之，琳琅盈纸，阅竟数叹。国不京久矣！比来士夫，昧于老谋，诱于浅说，每挖肉而补疮，失茂枝于固本，浮华竞尚，异论庞兴，而家、而国、而社会、而世界，无所执持，于是乎人欲横流，激巨祸于不可测也。记曰："只缘不识曹溪路，无限平人被陆沉。"其斯之谓欤？其斯之谓欤？

台端丁年植学，以天下国家为己任，接物以礼，克己曰仁。曩在山时，老汉心窃内仪久矣。刻以书来，思把曹溪一滴，普润四生，且以用功险处、平处、得力处非得力处、是处非处，种种见，种种境，种种殊胜非殊胜，悉以质余，而求一是处，讵曰余其识途？良以今之名贤，名响邦国，学富琅环，而齿摇摇、而发苍苍，擅一经或一艺者，大都承虚接响，即曰笃行刻实，亦不过文章富丽，考据精详耳。求一探源而澈底，固本而茂枝者，固不可得也。况青年如台端者乎？抽绎来书，至再而复，初阅，惊为满纸琳琅者，今固通篇过患，岂前后异趣欤？盖热肠直指与非热肠直指耳！窃闻之，惟君子能受至言，况策趣心于内籍，倾明诚于上宗者乎？其开听，今以下事辟之，余不及。老汉罢也，抑何濡毫走颖，重费如许气力？良以社会国家，每况愈下，思得一二贤哲，一新之，一振之，遂"不惜十指弦，与君千万弹"也。

来书云："手书辱问时，正工夫吃紧，外缘大息，内心尚喘，自知如痴如呆，历历孤明，此处未能心如墙壁，尚难入道，不然一拳打穿墙头，冲向自己家内去矣！"且慢，且慢！不是焕仙老汉老婆心切，把你挡着，这一拳头不知冲到何方国土？还家与不还家的事且放过一边，万一把头颅撞破，口角毁损，明日清晨而起，将什么来洗脸？将什么来食饭？又将什么来说话哩？咄哉！此大妄语，此大矫枉，此大偷心也！

祖云："诸佛妙义，无上上乘。岂汝小忠小勤，轻心慢心而能希冀？"夫以忠以勤而曰小、曰轻、曰慢，尚不能希，尚不能冀，况当场作假，自欺欺人，而欲謦欬鸾于寂静之国，诠妙谛于蹄筌之外，得乎？直毁谤般若，造地狱业，且无间地狱种子也。若然，台端必自忖曰："我见我解，如实而知，如实而语，何欺？何假？"必谓老汉好为过激之谈，信口不经，是己屈人。虽然，枉人者不明，自宽者岂智？无据而言曰诞，非其罪而攻曰奸。曰智曰明，则吾岂敢？曰奸曰诞，君子羞居。来书云云，既明而孤且历历，则绝待之体彰也。绝待之体既彰，曰痴曰呆，从何建立？尚何论乎外缘大息乎？外缘既云大息也，内心乌得尚喘？内心既喘而尚也，外缘乌得言息？况大息乎？又，既历历孤明也,乌得言未能心如墙壁,尚难入道邪?台端既云用功紧切,余试一问,此历历孤明,与心如墙壁,及入道等,一乎,异乎?若言一,来书不合言历历孤明,此处未能心如墙壁,尚难入道;若言异,而异又在何处?若言一即异、异即一,而真如颠顸,佛性笼统也。凡此种种,皆缁素不别,自语相违,真邪?假邪?欺邪?否邪?老汉窃谓用功紧切,笃行实践者,必不如是矣。

又,"外息诸缘,内心无喘,心如墙壁,可以入道",乃初祖达摩接二祖神光语也。学人于此个个卜度,个个乱统,个个胡思,个个妄拟,李借张冠,鸿罹鱼网。殊不知箭过已远,茫茫伊何?任汝车仪塈天子,纪信终非真汉王。不然,心如墙壁即可入道,而一切无情无心之物,如山河瓦砾等,早入道矣。是生人而不如死牛、死狗,一切人、一切禽、一切兽,及一切蠕动之类,凡得死者,皆入道也。苟如是也,凡求道者不必六度、四摄、二十五有、三十七助道,但求死即得矣。尚何有乎睹明星、踢溺器、见桃花、击翠竹等等,一派风流韵事者乎?台端、台端,似此,皆痴狂外边走,而未反观、反闻者也。若是个"着手心头便判"的汉子,哪有许多闲知解、闲道理?必朝斯夕斯,行时坐时,单提一念,直下穷追,直下荐取,所谓泰山崩于前而色不动,麋鹿兴于左而目不瞬的力量,刻刻实实拶逼下去,一朝打失布袋,摸着鼻孔,然后才可说兴慈运悲,把曹溪一滴,左之右之、前之后之、上下之,入无量无边法界于一法界,于一法界入无量无边法界,尘尘刹刹,刹刹尘尘,净佛国土,成就众生。大慧杲曰:"到江扶客棹,出岳润民田。"曹溪路、曹溪一滴者,不其然乎？反是，小道犹碍，矧欲希踪无上上乘者邪？

国不京，民德匪厚，民族屯蹇，亦已久矣。老汉不惜眉毛，走霜毫，开老眼，灯下拭案，对纸开谈者，讵有他哉？尚望不河汉余言，奋智奋力，把曹溪一滴，死死一觑觑破，藉之以援天下社会国家，老汉之望，台端之雅也。朔风孔厉，自珍为佳。不一一。

致奚处长致和

果城厚扰,至谢!此间友朋,闻兄策趣心于内籍,罄和鸾于上宗,庆幸者半,疑之者曰"此承虚接响,一时趁口快心之谈,非躬行固步者也"亦半。自昔龙象蹴踏,非驴马能堪。信之者,彼也;疑之者,亦彼也。于兄何哉?须知此一段了生脱死,超群越圣大事业,乃大丈夫所肩,非公侯将相能任,况余邪?故曰:"独据大雄峰。"夫公侯将相犹不能肩,彼之信,人之疑,真邪?伪邪?亦承虚接响,一犬吠虚,千猱哇实者也。尚望兄台发大心、运大力,把生死二字贴在额上、蕴在胸中,或参一句话头,或蕴一则事理,朝斯夕斯,动时静时,与他挣扎,久久集义而生,渐渐而生集义,生路熟,熟路生,便会豁然摸着向上关棙也。届此,乃知当人由来成佛,亦已久矣。曰生、曰死、曰孔、曰释、曰佛、曰法、曰心、曰性、曰道,及一切一切,尽是冤家话、对头语。然后随缘放旷,任性去来,指空为有,说正为邪,将魔作佛,用佛作魔,把顺的当作逆的用，逆的当作顺的用，或顺逆两用，或顺逆两不用，一切由我，如壮士挽臂，不假他力，讵不毅然大丈夫也哉？《传》曰："舍此不图，将安求君？"兄台，兄台，检之，勉之！不然，腊月三十日到来，阎王老子与你算一生饭食钱，莫怪好朋友不与你打招呼。谚曰："逢干不肯去，直待雨临头。"愚且哂之，况智者乎？不一一。

示潘委员子玉

子玉谛听：

蕴椟而藏，宣尼犹彼；君子接物，默足以容。老汉数十年，众口未收，而不得远于毁者，讵有他哉？违上说耳。虽然，不藏不默，则非君子之大欤？不然也。盖不藏，是不挂片丝；不默，正直心是道，而乃明镜当轩，胡来显胡，汉来显汉者也。今兹拭案走颖，燃小釭、开老眼，不辞种苦，而与潘生作是书者，何邪？盖时然后言，义而后取，此宗圣所以有"言满天下无口过，行满天下无怨恶"，空生岩砌，善言般若，维摩室中，法不思议矣。当人持此，随汝作，随汝说，所谓"从心所欲不逾矩"也。其或未然，幸勿信口，故漆园曰："言而足，终日言则近道；言而不足，终日言则近物。"苟反是，必滋咎，何也？群盲反唇相讥，毁我法也。彼既毁法，何缘得法？法既远离，爱河不济，长劫沉沦，龟玉毁椟，伊谁之咎？实行者不自蕴藏，无德默容，自过而启人过也。夫杀人生命，法且论偿；断人慧命，理当何罚？生命历尘劫，尽河沙而莫数;慧命亘今古,而一灵独存。彼犹论偿,此偿何如?此君子所以惧法矣。诸方削牍,汾阳历辞八请;释迦日夜思维,乃起宣说。悲乎!悲乎!今之朝闻一义,夕便炫人者,古人斥为短贩汉,盖不知为大法惧耳!讵曰涂炭人,而自蹈涂炭亦不之避也。

子玉丁年植学,皓首嗜玄,必不蹈此危机,行于险径,诚恐稍一失言,众盲据为口实,则伤者大,自损巨也。其告同学,尚惧旃哉!再,初得法喜者,每感功德不周,胜行难起,此无他过,在偷心未死尽,人法未忘完耳。当人偷心果死,人法果忘,环顾一切,何德不周?何行不胜?正是"洛阳三月花如锦","得意气时添意气"。千万莫谓法有劣胜,阴埋己私,自起狐疑,躬投水火。今以二法救彼显过:一、戒。万德庄严,戒为最胜,一人敌众,斯乃良规。盖无戒而德莫全,行远胜也。二、仪。一仪集躬,万邦为式,君子进业,义讵远仪?《诗》曰:"刑于寡妻。"《礼》曰:"君子笃躬而天下平。"统上诸说,希与同学共奖之。余之愿,三世贤哲之愿矣。勉之,勿忽。

示曾总经理鹤君

比来此道衰微,魔强法弱,四生爱河莫渡,贤者讵能壁上而观?生赋性笃诚,仁明内蕴,检来书,固栖心于此者也。准此以行,事无不办,要在把得着、见得透、信得及耳。至云求示日行切要功用,亦惟持一话头,朝斯夕斯,行时坐时,勿忘勿助,不疾不徐,一味苦参。一朝识尽功忘,摸着向上关棙,自然有生家宗圣,向孔子前大应一声曰"唯"的时候。既应唯已,然后于此一唯字上,细检详拈,一切事了毕,一切理现成,一切事理非一切事理无不了毕、无不现成。所谓头头显智,物物沛仁也,讵不直捷?此参话头而入者也,谁要汝抛妻别子,殊方决择,异域探玄邪?生家幸有此等楷则,如参话头不得力,即于古人胜行上,刻实践履,就事专研,不必释,不必孔,不必耶、回、庄、老,更不必求玄学妙,取坎填离,但把"吾日三省吾身"明训,切实行履,不必有心,不必无心,不必求悟,不必惧迷,如是已举未举一切不必,一一任运,一一随和。入则孝,出则弟;作事不必躲逃,责人不必严刻;

过去不追,未来不较,现在不住;兄弟伯叔、妻儿子女、九族四众,如理而亲,如实而仁。初行似难,积久渐易,渐难渐易,渐易渐熟,渐熟则生路熟、熟路生,一朝因缘凑合,摸着向上关楗,亦如上应"唯"字,方知由来成佛、成孔、成老、庄、耶、回,亦已久也。到此,切见所谓佛,所谓孔,所谓老、庄、耶、回,一切贤圣非一切贤圣,都成话柄,悉是虚声。于焉开大口说小话,开小口说大话,魔强也算不了一件事,法弱亦算不了一件事,乃至爱河莫渡,壁上作观,亦算不了一件事。然后,从此一切算不了一件事上,净佛国土,成就众生,尽未来际,坐水月道场,行空花佛事。行人到此,才算父母的好儿子,人群中的好汉子。诗曰:"富贵不淫贫贱乐,男儿到此是豪雄。"又曰:"莫买沃州山,时人已知处。"此践履古人胜行而入者也。是二人处,千圣共游。慎毋自轻,行于险地,老汉之望矣。勉之!

示普书、普明

普书、普明共听：

普书纯笃过人，而于此事参遍丛席。客岁蓉城一会，虽未撒手，然尝鼎一脔，旨亦可知，殊困在空处、无所得处、净裸裸处。噫！此万古陷人坑也。大丈夫儿，不思振拔，躲藏在此作么？

普明现图竹根滩住处，比来成绩如何？在嘉州时，拳拳对我之殷，知于此事，践履深实，此后若有一个住处，汝当如何？若无一个住处，汝又当如何？道来，道来！老汉知汝道此语不得也。谛听，谛听！吾与汝道！各勿忽！

示李生范中

　　期年不得生耗，至念。然亦知乎饶生盛华者乎？去冬同老人乘车，由成都经梓潼回盐亭，过广汉连山镇，饶生曰："是镇也，距李范中不百里，惜不得晤，殊歉歉耳！"老人曰："然。"今春之仲，饶生由北道回隆昌，遂弃世。噫！诸行无常，人命不永，其可忽乎？大丈夫儿，不内明本心，外救家国，非夫矣！悲乎？勉之！

示徐秘书长仲礼

仲礼谛听：

来书云："三日听讲，一月行持，乃知道在伦常，不在玄妙。"都哉，徐生！不图于此五浊恶世之今日，得闻至论。盖谈玄说妙，弊其甚黄巾白莲；源其始，滞有迷空；悉属一念驰求，遂尔空花满目。今徐生居然独脱侪伦，从自心得，非宿植德本、根器上上者，能如是乎？幸自重！幸自重！

老汉尝曰：当人果一念亡心也，事无不办，理无不赅。然后于此亡心上体究，伦常非伦常，一切事一切理，乃至一切事理非事理等，无忝尔生，无惭尔德，无愧尔行，而至玄至妙，决不出此伦常外别有也。若然，是伦常者，固已玄已妙，苟舍此而别觅，是不名玄妙，而妄诞也，必矣。今之君子，自号得玄妙者，为得妄诞也，亦必矣。徐生独能于此，为己为人，痛下一拶，非卑以牧心，约以潜道者能乎？

虽然，老汉试兴一问，其速复！倘复我之言，如水银泻地，如玉盘走珠，如金刚王剑，如河溢，如海潮，如一切胜劣凡圣种法，无不总如而总不如，语不出两句，字不逾十言，悉涵如上已说未说种义。函到，老汉阅竟，认为增减一字，皆不可能，而胜劣悉容，是非不寓，那么，许汝"三日听讲，一月行持"。不然，不是徐生欺老汉，便是老汉骗徐生也。如何？一笑。

示谢生来宾

书悉。一是课余涉诗文,参至理,亦云得道多助。余意,生之勤,末矣!非急其急,乃缓其急而急其缓也。诗文至理,固优于嫖场、赌局、酒肆、屠门。若"日三省吾身,为人谋而不忠乎?与朋友交而不信乎?传不习乎"?实生之急也。来书不及,必远君子矣。不然,何进退失据、缓急无次之甚邪?国家多故,努力崇德,以侪君子,老夫之望也。曰诗、曰文、曰参究至理,得间偶一驭之可耳,若专工,讵君子之大乎?勉之!毋忽。

示田主任珠浦

来纸,字字恳诚,语语笃厚。且云"本无生,何有死"?又自诩曰"幻想魔镜,虽未尽扫,然亦可说脱出狱关"云云,认误矣!此道理上作活计,非实证无生,切见无死,别行一路而独脱无畏者也。此处极关紧要,行人届此,苟非善友提携,师保切拶,不入狂,便堕理,固不仅叶公龙、纪信辇。倘在余人,老汉必深斥其卤莽,若田生者,实认误也。虽然,老汉何据而云云如上?盖生自有以予我也:夫"幻想魔镜",既云"未尽扫"也,是有扫有尽,功用俨然,胡得云"脱出狱关"?既脱出狱关也,试问,未出狱关,即在幻想魔镜中;既出狱关,又在何处?若云无处,云何曰出?若有出者,何出非幻?既云幻也,不但未尽扫是幻,即尽扫亦无不是幻。且同一幻,出从何出?脱从何脱?统上诸过,生识浅不能鉴,力弱不能辨也。然则田生学业未进乎?曰:否,否!惟生业进,故有上误。不然,如秦越人之视肥瘠也,而于此道何有哉?况误邪?努力,努力!大笑或在即矣。开听勿忽!

示邓主任岳高

岳高谛听：

一日抵遂，至慰。又云："比来心境迥异畴昔，有时自觉己躬眇如一粟，有时又觉己躬大逾天地。"诚哉言乎！此用功紧切，未透法身之过程耳！夫大而无际，小而无形，皆不逾性；天地一粟，一粟天地，悉本于心。曰心曰性，总为权语。逊至法身也、般若也、菩提也、真如也、解脱也、大觉也，一切种名，依位而立；一切种义，依立而显。若在未立、未显前，轻轻一捯，看个起处；正立正显时，轻轻一觑，看个住处；已立已显后，轻轻一荐，看个去处。如是看去，朝斯夕斯，勿忘勿助，一朝摸着关捩，乃知一粟即天地，天地即一粟，而法身即当人，当人即法身，且由来成道、成佛、成儒亦已久矣，尚何外求而问人乎？勉之！

致陈斗南、田焕南、李麟书三先生

玉溪七会,仅得肇圃一人。而斗南兄困在难处,焕南兄困在平处,麟书兄困在切处。讵知才有所重,便有所轻,三君子之无入处也,不亦宜乎?个事一派圆成,本无易,有何难?奇不立,常安寓?怠固不可,过切则又古德所谓"精进而成懈怠"者也。兄等此后行心,但内不居蕴,外不随境,自然虚而灵、寂而照。来书问"参道坚老人因缘",今以彼时致"李先生印泉书"附及。然此事本自具足,殊不在向人取则也。

书附:复李印泉先生

吴县奇暑,先生挥汗开谈,至数钟已,为时贤所异。况致畅卿函,襃然奖借,溢誉逾伦。丁行,又锡《曲石文录》、《雪生年录》、《景邃堂题跋》等集。回自歇浦,展卷镂之,文固质丽,而理洞义则,出入经史,鞭笞子集,而艺又与欧、曾伯仲。"河岳溢奇气,江湖印上人"。如此季世，不图于滇南数千年一见先生矣。不佞二十年不出蜀，即二十年不接当代名贤，寓我者残籍，伍我者木石，而禾黍之思，家国之感，未尝不戚戚于心，恐黄帝之胄，沦胥以溺也。自不能举，切思贤哲以援之者，亦已久矣。

国之初，北辄寄响于又铮，南则切望于左右。及又铮不禄，不佞哭之至恸，且号五哀诗以悼之。又铮于不佞，无杯酒之接，一面之雅也。不图尔时于彼，何寄响如是之甚？窃谓振聋发聩，必待黄钟大考之音，生死人而肉白骨，讵庸医能至？古所谓千里同风，觌面不识者，意或斯欤？不然，胡兴感之甚也？读先生《年录》、《文录》，虽在军中，百忙中，颠沛流离中，于古贤哲访之褒之，迹泯者揭之，思以启古式今而发未来者，如渴思饮，即仇雠如又铮者，及其死也，而反惜之。噫！龙象蹴踏，岂驴马所能测哉？益知大君子之所蕴矣！不佞昔之寄情于又铮及先生者，为不悖矣！读先生文，逆先生遇，知又铮之死，取自自也。盖才沛而德不完，学未纯于养，用不轨于至矣。惜哉！惜哉！四方多故，前路茫茫。今又铮死而先生蛰不问世，复何言哉？复何言哉？虽然，"君子居易以俟命"，孟子曰："天下溺，援之以道。"愿先生以道俟命，如何？

吴中贤哲，今古称多。先生友太炎、仲仁，而道老、印老，又应化彼土，是良医之门足病人，君子之处多贤者也。昔明社将墟，顾、黄、王、李诸先生躬负天下之望，道济天下之溺，国土虽沉沦异族，国魂固结蕴民间。辛亥一呼，乃有民国。今者国不京,民德日偷也。负顾、黄、王、李之责者,先生与太炎、仲仁诸先生,其能卸乎?印老、道老又今之密云矣!不佞行也,后会不知何时,嘱抄参道老因缘,今以彼日日记陈之。盛暑走笔,初不知其语冗如是。先生过太炎、仲仁、道老、印老诸先生,希一致意。不佞前在苏州,以暑酷行忙,未即走辞,为歉!

附:日记一页

民国二十四年五月二十号,古四月十八日,晴,于苏州小王山阙茔村。

晨起,清明在空。盥漱既已,偕内子雪倩,杖策出阙茔村。徐步山行,及岭,对憩巨石。山鸟交鸣,山花竞媚,而山松数十万本,皆故总统黄陂黎公谒阙茔时亲植者也。盈盈遍绿漾,朝曦以浮翠。顾而乐,乃寻石刻,则又如鳞如麻,细检之,皆名作也。噫!印泉先生以孝思而致贤哲如是,可赞,可美。彼时山光人意,顿忘所从,先生以介来,呼回村早馔,乃起归。

馔已,先生呼舆一、马一,送余与内子之穹窿山,谒道坚和尚。余固辞,且曰:"古人求道,一步一拜,一拜一步,动达百里千里,而舆之、马之,不可也。"先生笑,乃命希刚公子,从者数人,偕余及雪倩,共赵金台兄入山。余私忖曰:"若往彼,机不契,或此老徒负虚名,必不住。"故未持行李也。抵其处,希刚公子预通来意,道老出逆,余拜道左，道老扶余起，憩快哉楼。

茶已。余离席，备具礼仪，跪而问曰："如何是万里无云？"

道老以手拈须，以目视余，笑而语曰："居士。"

余曰："诺。"

道老曰："恐非居士境界。"

余曰："和尚且莫瞒人，穹窿山安置在什么处？"

道老曰："嘻！又来一个乱说的。"

余曰："请和尚试说一句不乱说的话来看看？"

道老仰天而懡曰："嘻！乱说，乱说，真乱说！居士试将父母未生以前的本来面目，好说一句来如何？"

余曰："古人公案，不劳拈出，除去语言人我一句，祈师直指！"

道老曰："青天白日，一物已无，除个什么？说个什么？古人、今人、当人，行不及此，见不透此，悉属驰求，概系浪语，如何能了生脱死？"余无语。

久之，道老云："婆子请赵州转经公案，如何是全藏？居士试道一句看。"

余曰："和尚。"

道老曰："诺。"

余曰："是半是全？"

道老笑曰："居士。"

余曰："诺。"

道老曰:"汝真作得个知解宗徒了。"

余遽曰:"和尚,此正某甲病所在处,祈师一言,开我迷幕。"

道老厉声曰:"蠢!"余无语。

道老乃曰:"此事不属见闻觉知,不离见闻觉知。此后居士,你也不必学禅学道、看论看经、求知识、参大人,但切切实实提一个话头苦参,自有桶底脱落的时节。"余服膺起。命从者往阙莹村取行李,是夜宿快哉楼。

答傅文光先生

兄少挺文誉，壮扇嘉称。从费太史道纯游最久，行止豫、鄂数年。鼎革后，闭户不与外通，时耕或钓。今岁之春，就弟求说《中庸》，而行年六十又七矣。潼中诸君子，惟兄得有入处，余皆泛泛。殆所谓姜桂之性，老而愈辛者欤？来函问参秀空老人因缘，今以彼时日记抄陈。一派胡言，满纸戏论，兄阅讫，计必掀髯大笑，固不仅搁覆酒瓮也。如何？一笑！嘱抄参归元寺秀空和尚因缘，兹以彼时日记及之。

民国二十四年春，禹历二月十九日，晴。

举世风云，乡土国情，心不可已。偕内子雪倩之廖允中处，呼车由谢家码头渡汉水，经汉阳，投归元寺。寺在凤山门外，龟山之麓，江带其前，湖映其侧，僧三百。和尚秀空者，鄂之翘楚也。而黄鹤楼隔江斜峙，楼后有吕纯阳像。廖允中曰："纯阳昔日到黄龙，以剑胁之，而剑不能入，神通邪？法尔邪？"雪倩曰："不错！不错！可疑！可疑！"秀空无语。余曰："纯阳有剑，而黄龙无身。"（十年前老汉为此语，至今思之，笑杀天下人。）都各寂然。久之，余叩秀空和尚曰："未审如何是除却心意识参？"秀曰："上年老僧亦曾以此事，问诺那呼图克图，曰：'如何是除却心意识学佛？'诺大笑。"语已，又各无语久之。午膳，膳已，呼车回汉皋。

示曹参谋仕毅

仕毅谛听：

汝性纯和而有劲气，余之愿也。不苟语言，能事君子，且律躬有礼，驭物无争，余之喜也。而困于情，有时不可以理自克，能无虑乎？汝家与余家，世代耕读，无忘祖德，无忝尔生。老人日夜之望矣。

答邓春和先生

兄以七十老人，犯风雨，越山河，行五百里路来成都，听弟讲说《中庸》，且在敌人轰炸危城里。噫！嗜道之笃，赴道之诚，孔子曰："吾未见好德如好色者矣。"虚言也！兄果于弟言下有所开入邪？当面欺人；无所开入邪？亲于海众人天前，长跪执弟子礼，当面欺己。总不如是邪？兄非庸愦，何至无疾而呻若是？此第一好彻头也。如会得及，万派皆休；如会不得，正好把弟与兄赴童子试时，津津呗场中文，的的望秀才榜，和壮年及现年的时空人事，一一检讨，一一切观。切观检讨，检讨切观，瞥尔豁然，自合开口大笑，乃知生死、孔释，原来不会向人取证，讵不伟乎？嘱抄参印光长老因缘附及。

民国二十四年夏，古历五月十六日，晴。
晨起，韩云波约晤李先生印泉于苏之十全街。余于先生为新识，谈次，益知仁明内蕴，盖所谓尸居而龙见，渊默而雷声者欤？先生留早馔，馔已，偕云波之报国寺谒印光和尚。午钟回中华旅馆午餐，餐已，阅本日报。二时偕内子雪倩，盛供各物，投报国寺皈依印光大师。师说戒已，余礼叩曰："某甲栖志心宗者十二年也，而一无所入，奈何？奈何？"

师笑曰："慎莫妄语，入何所？出何时？觅无出时，何有入所？"余乃通所见。

师曰："汝讲禅也，岂参禅哉？汝教下而非宗下也。"

余曰："云何曰参？云何曰禅？云何曰宗下？祈师直指。"

师曰："一物已无，直个什么？况所谓指邪？我切切实实告汝，此后，但一句弥陀，万事了毕。"

余曰："既云一物已无，而念持弥陀者，为有一物邪？无一物邪？况所谓万事了毕者，正法尔焕然安立，何得当场弄巧，而曰一物已无者乎？"

师色然曰："汝不通我话！"

余曰："管他通与不通，毕竟了生脱死一句作如何道？"

师曰："阿弥陀佛。"余设拜。

师曰："不是！不是！好好念佛。"余偕雪倩，逸然回寓。

示于师长邦齐

刘师长次策，长生五岁，而生少老汉十年，都二十年前盟友矣！刘以百战之余，而肥遁山林，学隐沦。生以百战之余，而恳投老汉学般若，一德异趣欤？殊途同归欤？孔子曰："求仁得仁。"又曰："我欲仁，斯仁至矣。"《传》曰："各行其志。"二三子曰："伍先生者，师盟友也；于师长者，亦师盟友也。于盟则一，乃弟于而兄伍，抑一德异趣欤？殊途同归欤？"老汉曰："不知，所以者何？般若菩萨，劣行胜行，难行能行，诸佛莫测，岂众生识心能缘？况把头作尾，用尾作头，无在不在，非有非空，取之无不逢其源，从心所欲不逾矩，即般若邪？"来书云，"于一切处不动"，必如是，乃云正受，所谓动毁三千，空生在定也。不然，死水顽空耳，于道何有哉？又，生平昔于百万军中如于无人，即以此心此力学般若，取无上菩提，事无不办！入德要门，莫尚乎此。故曰："学道须是铁汉，着手心头便判。直取无上菩提，一切是非莫管。"

示李生梦余

梦余谛听：

生赋性纯厚，高逸过人，驭物无厉行，严躬有谦德，吾道中龙象，入德之班头也。而陆沉众中，困在平处。《论》曰："不愤不启，不悱不发。"此后梦余，当于是处，惺惺行履；不然，望前路之茫茫，胜径莫游，回车难骘也。国步天步，泄泄如斯，梦余勉乎哉！至询参道坚老人因缘，刻已十易寒暑，不复记忆，昨夜检箧，有致李印老函稿尚存。细阅之，彼时语句，略具二三，兹并抄附。

示林师长梅坡

　　生二十年提师勖士，克敌歼渠，不可以一世，乃折节投老汉学般若，殆所谓"英雄抵老思成佛"者欤？厚自重！厚自重！《礼》曰："四十曰强而仕，五十曰艾服官政。"生年尚未逾五十，不得云老。抑追踪智岩，肥遁皖公，将以我狂欲醒君狂，正发而大启未来者欤？志公曰："无智人前莫说，打汝色身星散。"大慧宗杲曰："无智人前莫说，打汝头破额裂。"孔子曰："余欲无言。"梅坡！梅坡！来函所及，老汉又复何言？然则果无言乎？曰不可也。曰何言？曰："种桃道士归何处，前度刘郎今又来。"精进明达如梅坡者，将谓老汉言乎？否乎？好看，好看！道来，道来！勉之。

示林师长翼如

翼如谛听：

孟子曰："天下溺，援之以道。"道何道？伦常矣。伦不失序，常不超奇。序不失而上下通，纳民于轨，乱斯遏也。奇不超而仁同，而光和，而俗敦庞，礼斯尚也。礼尚而乱遏，乱遏而礼尚；礼尚乱遏，乱遏礼尚，尽未来际，或有人焉，欲闻一弹鸣，而不可得也。矧曰飞潜车炮，杀人盈城，流血成渠，戮及渊鱼，殃罄飞走者乎？呜乎！伦常之不可忽也如是。乃者诈伪相矜，视父母如过客；利害交逐，等亲戚若路人，异端竞尚，大道罔阶，而于师道，陵夷甚矣！

生乃舍兵符，弃尊养，投老汉学般若，执弟子礼，恭逾俦伦，盖所谓以身为来者先，欲以伦常济斯民，援天下于未来际也邪？林生，林生！此即实相般若、大般若、深般若、非相似非观照之一切种般若也。若然，林生已得般若也，而曰学，不亦冤乎？道来，道来！若曰学得，天网恢恢；若曰学他不得，恢恢天网。勉之！

示黄生尔寿

人俊、乃鹤数数走告曰:"黄生尔寿者,青年之特矣。好礼而善事长者,喜与君子游。"老汉曰:"嘻!亡友黄元强有孙也。"疾开卷走笔为此书。黄生勉乎哉!国家多故,幸自愤以先君子,老汉之望矣。不尽。

答陶发祺

书悉。人俊、乃鹤曾数数告我,益知良医之门足病人,君子之处多贤者。《记》曰:"德不孤,必有邻。"也复以"律身明心"问及老汉,尤见虚衷。衷既虚,德必实。虚衷实德,已入我门。若舍此而曰别有通径,小丈夫之言矣。

示徐生哑闻

生事母孝而友于兄弟,仁厚质实,凝然有古君子风。乃弃军职,投老汉学般若。噫!徐生,徐生!宁舍孝、友、质实外,而别有般若可学邪?若有,则不名般若也,必矣!然则孝、友、质实即般若邪?曰:否!何也?孝、友、质实即孝、友、质实,若以孝、友、质实为般若,则为孝、友、质实而不名般若也,亦必矣。然则毕竟如何?"且付河山鞍䩞外,一鞭红照出风前。"

示谢路司令镇中

镇中谛听：

此夕岁除，老汉与黄生人俊、田生肇圕，大饮于梅坡林生行馆。既而回舍，黄生曰："此夕岁除也，不知镇中病势衰减，或仍拥被炉边否邪？"田生曰："咄！镇中非病，病非镇中，自眼不明，累他作么？"黄生曰："嘻！"乃引几而阅案头藏简。老汉顾视久之，不觉大笑！忽忆高峰示众曰："有什么佛法可学？禅道可参？生死可了？涅槃可证？但自腾腾任运，任运腾腾，腊月三十到来，管取得大自在，去住自由。"又曰："若也明得，便可向无佛处称尊，无法处说法。其或未然，山僧不惧羞惭，更与诸人露个消息。"即抛下拂子云："夜冷鱼潜空下钓，不如收卷过残年"云云，老汉即不然。黄、田两生闻语，惊而共起，礼问曰："先生作么生？"老汉曰："枝头春信凭君报，一夜灯光透两年。"两生皆大笑。镇中，镇中！老汉此简，是说佛法禅道,是不说佛法禅道?是问镇中病,是不问镇中病?道来,道来!若道得,便是托空妄语;道不得,便是妄语托空。然则毕竟如何?"分付河山开晓色,明朝万里送春来。"

下篇

維摩精舍叢書第二函 商衍鎏題

《心经》三讲

盐亭袁焕仙先生　讲授
门人　内江冷笑岑　记语
　　　中江林梅坡　记语
　　　资中周竹虚　记语
　　　盐亭范天笃　记语
　　　安岳徐代元　记语
　　　盐亭邓岳高　校讹
　　　广汉杨光岱　校讹
　　　营山杨志坚　校讹
　　　盐亭李自申　校书

心經三講

引言

引曰：是编也，民国三十三年冬十月吉日，先生应内江诸仁之请，普讲者矣。洋洋数千言，妙叶圆通，义该别藏，趣的旨于一音，权径趋于万派。若曰智人，固属严寒拂扇；倘在浅机，宁曰盛暑当炉者乎？佥议付梓数数，而先生不可其请，于是搁置，今之明贤不知其有此编也期年矣。此岁之冬十二月吉日，维摩精舍同仁，内集参众，外偕至心信受缁素老幼诸贤等，就本舍敷座，恭请先生再予讲授《般若波罗蜜多心经》七日。数请得许。一时听众口记者有之，笔录者有之，潜心内讨不依口笔者亦有之，都为先生摒斥——数同艺学记语，允非入德上阶。于是众寂，不复记也。事已，中江林梅坡先生出去岁内江所记三讲，会众争读之，都曰："希有哉！得未曾睹也。"乃谋印行，藉资会众研讨，名其编曰《般若波罗蜜多心经三讲》。再请于先生，先生无语，爰付印。

成都傅养恬盐亭范天笃　谨言
一九四五年冬十二月吉日

般若波罗蜜多心经三讲

中华民国三十三年十月吉日，四川内江伍心言先生、曾佐廷先生、雷雨三先生等，敷座于内江城东坝街讲堂，集道俗绅众，恭迓先生讲授《般若波罗蜜多心经》。时盐亭黄人俊，中江林梅坡，资中周竹虚、罗公甫、林翼如，万县萧奉来侍。内江冷笑岑，中江林梅坡，资中周竹虚，盐亭范天笃记。

先生拈香已，踞坐，四众礼毕。以目顾视大众，良久，手木击案曰：

"《般若波罗蜜多心经》，此首释名。"

第一讲　释名

般若波罗蜜多心经

诸名无常，皆因假立，立假即真，苟至于真，假亦虚名。假不立，真何寓？真假两忘，绝待体彰。绝待之体即彰，而名立，而道行，而教兴，而用显。今此之会，于焉焕然而有，巍然而峙也，名果寓乎哉？台宗依名、体、宗、用、教五玄义而说者，盖无言之教，非言莫诠，黄叶止啼，因指认月耳。若曰智人，闻而知，见而得，抑亦末矣，况津津拾人齿牙余秽者乎？

唐圆测以四门分别说此经。四门分别者：一、教起因缘；二、辨经宗旨；三、训释题目；四、判文解释；亦此也。余之旧释，个人目及者五十三家，都难罄及。

今释此经，概离乎此，概即乎此，不立一家之言，不袭他人之说，不蕴自己之私，不依古德之则，不从同，不越异，不津津，不默默，有时用经作我，有时用我作经，有时经我两用，有时经我两不用，有时皆用而皆不用，有时皆不用而皆用。今曰名，曰宗，曰教，曰四门等，悉同此说。而出没卷舒，又丝忽迹相不留；去来任运，而毫厘名实齐显。所以者何？要在当人明自本心，见自本性，明得、行得、证得此《般若波罗蜜多心经》耳。然则是经也，六百卷《大般若》之精髓，三世诸佛、一切圣贤之胜行。而茧茧者众，究从何明？何行？而何证耶？

语已，先生以目顾视大众，良久，手木击案曰："分付河山开曙色，明朝游子动归舟。"

久之寂然，乃释曰："般若"，此云智慧，梵语也。"波罗蜜多"，亦梵语，此云到彼岸。烦恼喻中流，智慧喻船筏，生死喻此岸，涅槃喻彼岸。"涅槃"者，亦梵语也，此土释不生不灭义。静则现毁十方而常寂，动则不立一尘而遍行，曰"心"。"经"，常也，道也，路也，又训法义。盖十方同遵曰法；三界不易曰常；无所不由曰道；路者，行人践趋的途，人虽万殊，于路则一。约言智慧到彼岸，心行躬践之常道，三世一切圣哲之共行也。此存梵语者，盖华言义不能尽，恐陋者谬燕石而曰玉，乱真泯理，益滋遗误耳。

"般若波罗蜜多心经"，八字即一字，且一字即八，非离八而别有一一也。既一也，不但无八，而此一字亦无，实则无亦无也。今曰一者何？心也，假名安立也。当人苟识自心，动静虚通，显密共见，一切现成，曰般若波罗蜜多，曰心、曰经、曰佛、曰生、曰人、曰我，乃至风云雷雨，一切一切，神通妙用，功德海等，何假外求？都不从他得也。古德曰："外求有相佛，与汝不相似。"《信心铭》曰："才有是非，纷然失心。二由一有，一亦莫守。一心不生，万法无咎。"修多罗曰："若人欲了知，三世一切佛，应观法界性，一切惟心造。"一切皆假名安立，而一亦不有也。既曰不有，然则说此经者，释此经者，听受此经者，又胡焉有所倚？曰：诸名无常，皆依假立，立假即真，非离真而别有一假，亦非离假而别有一真矣。故曰："分明一片闲田地，过去过来问主人。"当人当下了此，不但此经义尽，而孔、老、耶、回，诸子百家，乃至一切事、一切理、一切事理非事理等，义无不尽，尚何絮絮叨叨而曰讲说此经，听授此经者耶！

说已，默然。久之，众无语。先生乃曰："风回花送窥帘月，雨后云开带笑天。"

唐三藏法师玄奘译

"三藏"——经藏、律藏、论藏。"法"，通达一切义，详如下释。"师"，表范也。"唐"，代名，标时也。法师陈姓，祎名，玄奘其法号也。汉太邱陈仲弓之裔，后徙河南洛州缑氏。少穷苦，三学早该。年十五，与兄长捷法师住长安庄严寺，游道基之门。慨然有西求圣典志。年二十九，诣阙表陈，有司不为通引。贞观三年，京师灾，敕道俗随丰四出，乃厉然独举，取道罽宾，西达竺土，遍游五印，论抗诸邦。以贞观十九年还京，敕住宏福寺，及玉华宫。翻译经藏七十三部，一千三百三十卷。此经授自罽宾国老僧，盖师初滞罽宾时，虎豹阻道，险不可通。乃闭户瞑坐，计莫所之。旋开户，有老僧头面疮痍者，危身独坐。异之，乃拜恳，得授此经，令口诵，遂得山川平易，安然抵印。

凡有五译：一、罗什译，名《摩诃般若波罗蜜大明咒经》；二、唐利言译，名与今同；三、唐法月译，名《普遍智藏般若蜜多心经》；四、宋施护译，名《佛说圣佛母般若波罗蜜多经》；五、今名,玄奘师译也。今昔传诵,多崇此本。

第二讲 正文

观自在菩萨,行深般若波罗蜜多时,照见五蕴皆空,度一切苦厄。

抉择法慧,正觉直照,曰"观";独立非他,曰"自";动毁十方而不逾,曰"在"。"菩萨",梵语菩提萨埵,此云觉有情。观自在菩萨者,于过曰正法明如来,于现曰观世音。今称观音,省"世"者,讳唐太宗名。于未则继补弥陀而成佛者也。反止曰"行";不浅曰"深"。"波罗蜜多",如上释。"深般若",权对广立。现释六度,前五曰广,后一曰深。曰广、曰深、曰大、曰实相、曰方便、曰观照、曰文字等等名,一期行言之便耳。原无实法,讵的义哉?"时",断代之虚言也。"照",同上观释。"见",现也。"蕴",藏义。"五蕴"者,色、受、想、行、识也。"皆",普也,都也,一切也。"空",非塞也。"度",脱也。"苦",非真乐,而有多种义,佛云世间相苦而已也。约言苦三:曰乐、曰苦、曰受,简称也。经论所诠,笔难罄及,今略言三:一、苦苦;二、乐苦;三、非苦苦,非乐苦。"一切",如上释。"厄",灾也,阻也。

观自在菩萨者，于自则已度一切苦厄者也。自已度，而茧茧者众，流浪生死，轮回六趣，头出头没，历尘沙劫，而荡不知归。达者悯之，乃以菩萨已度，而示人度。曰五蕴皆空，盖五蕴本空，本无自性，何有苦罹？既无苦罹，从何曰度？若云度者，五蕴不云空也。今不空者，非本不空，实因妄执。执则计有，野马阳焰，渴鹿趁狂也。五蕴既不空，诸事各俨然，非行深般若波罗蜜多，五蕴何空！苦厄何度！般若如大火聚，能烧一切种。彼菩萨者，既度苦厄，必行深般若波罗蜜多时，照见五蕴皆空也必矣！菩萨度一切苦厄，犹必借径于照见五蕴皆空，此茧茧者众，欲远离苦厄，而不空五蕴者得乎？欲空五蕴，而不行深般若波罗蜜多者，又得乎？况显示受领彼苦乐者，五蕴也，今既空，不但苦无所寄，乐亦何居？苦乐既不受，则一派圆澄，逢佛说佛，逢祖说祖，逢天堂说天堂，逢地狱说地狱，逢一切说一切，不历一尘而遍行河沙国土，遍行河沙国土而不历一尘，尘尘刹刹，刹刹尘尘，无不该法尔之圆，胜行之至。果尔，深般若耶？广般若耶？行耶？时耶？度耶？抑亦否耶？是当人即观自在也，尚何孜孜而问人耶？虽然，毕竟一句究如何乎？曰："夜来每启吴钩看，闻道有龙在碧潭。"

舍利子，色不异空，空不异色，色即是空，空即是色。

"舍利子"，智慧第一，释尊首众高足也。母舍利女，舍利子因母而名。"色不异空"至下文"无智亦无得"句，都言诸法空相义。论曰："诸行无常一切空，即是如来大圆觉。"了此，则五蕴、十二处、十八界、六度、四谛、十二因缘等，无疾而呻，雪上加霜也。"色不异空，空不异色，色即是空，空即是色"，经意分明，何等捷要！陋者之言曰：众生执有，故以色不异空破之。二乘滞空，故以空不异色破之。权乘菩萨着二边，或中道，故以色即是空、空即是色破之。噫！果的义？果有如是阶位哉？如有，则以实法与人，而不云空也。岩头曰："以实法与人，食土亦消不得。"然则果无如是等的义阶位乎？曰：否！途有千差，到家则一。况实际理地，不立一尘；万行门中，不舍一法。一法既不舍，是的义阶位者，又乌乎其可舍哉？盖为半途者投一方便剂耳，非实也。若然，是法也，果何说乎？

先生以木击案曰："向汝道，色不异空，空不异色，色即是空，空即是色。"

先生说已，一众寂然。伍先生起，礼而问曰："如师上说，单提直指，上根易彻，中、下茫然，愿为此众，开演色、空二义，云何曰色？云何曰空？色有多名，空有多种，如何了彻？如何契证？"

先生曰：广开则八万四千，历尘沙而莫数；约言则一物也无，痴人说梦。今以略言蔓解。"色"者，术语，变坏义，又变碍义，又质碍义。变坏者，谓其转变破坏也。变碍者，谓其变坏质碍也。质碍者，谓其有形质而互为障碍也，从五根五境之极微而成。又示现义。诸色法中，独取五境中之色尘而名色者，以彼有质碍、示现两义，色义胜故也。种名乃一期行言之便，随处立名，立名即实，要在当人依指认月耳。若津津食人口头余唾、纸上名言，惑矣！《宗镜录》立内、外二色。内者，眼、耳、鼻、舌、身五根也；外者，色、声、香、味、触五境也。《俱舍论》立显、形二色。显者，青、黄、赤、白等；形者，长短、方圆、高下、正不正等也。又立五根、五境、无表色等，权为十一色。《唯识》十一色，以五根、五境、法所摄色，法处所摄色中第五自在所摄色，有假有实，其他四者为假，皆一期行化之便。至《成实》立十四色者，五根、五境，及地、水、火、风也。余之经论，口所难言，笔所难书，当人苟识一切法空，空亦虚立，自合开口大笑也，遑问人乎！

"空"，术语，因缘所生之法也。盖诸法不自生，不他生，不共生，不无因生，缘生，缘无所生，故曰空。若以对言，非塞也。若以种言，种言者，数言也。曰二空，生空、法空也。生空者，言众生之空无；法空者，言事物之空无；具《智度论》。又，我空、法空，具《唯识论》。又，人空、法空，具法藏《心经略疏》。又，内空、外空，具《般若经》。又，一、但空，小乘之空，但见空也。二、不但空，大乘之空，不但见空，而空亦空也。曰三空，三空者：一、我空；二、法空；三、我法俱空也。具《金刚经刊定记》。曰四空，四空者：一、法相空；二、无法空；三、自性空；四、他性空。具《大乘义章》。乃至十八空等：十八空者：内空、外空、内外空、空空、大空、第一义空、有为空、无为空、毕竟空、无始空、散空、性空、自性空、诸法空、不可得空、无法空、有法空、无法有法空。具《智度论》。一切一切，经论所诠，口所难言，笔所难书。当人苟契一切法空，空亦虚立，何必问人？自合开口大笑也。

明此即契，了此即证，讵有他法曰明、曰了、曰契、曰证耶？若有，则不空也，二法也，邪法妄法，非我法正法矣。故永嘉玄觉曰："二十空门原不著，一性如来体自同。"本经曰："诸法空相。"余固曰："诸法本空，非汝空诸法，盖汝亦空也。"荐此，即与三世诸佛、一切圣哲，同一鼻孔出气，把手偕行。懋矣，都哉！幸闻此法，幸得此法，倘龙成而怖，自陷涂炭也。

受、想、行、识，亦复如是。

"受"等四法，释如上"色"义。如云受不异空，空不异受，受即是空，空即是受。想、行、识等，例同此释，故曰"亦复如是"。盖不有而有，缘会乃有，有实妄有；不空而空，即缘即空，空乃真空。既曰缘会妄有，色斯显也。领纳此色曰"受"，思维此色曰"想"，取舍此色曰"行"，分别此色曰"识"。了此，色、受、想、行、识等五法，一而五，五而一，且一亦不有，不有亦不有也。经意澄明，何等简要，谁要汝千里决玄，茅山牧道！诗曰："竟日寻春不见春，芒鞋踏破陇头云。归来自捻梅花嗅，春在枝头已十分。"

舍利子，是诸法空相，不生不灭，不垢不净，不增不减。

此重呼"舍利子"名，示"诸法空相"也。"诸"，众也，种也。"法"，梵语达磨，为通于一切之语，谓大小、有无、事理等，一切一切，皆法也。《唯识论》以"轨生物解"、"自体认持"二义解之。"相"，《大乘义章》云："诸法体状，谓之相。""不生不灭，不垢不净，不增不减"，状空相之至德，启当人之胜行。当人苟跻于此，则空生宴坐岩砌，天帝雨花；维摩掩室毗耶，灯王借座也。倘恣情外计，或潜心内讨者，尘劫不至，何也？诸法空相矣。

是故空中无色，无受、想、行、识。

此"蕴空"也。"是故"者，是诸法相空故也。诸法相既空，空复何有？若有有者，不说云空。既无有说，则不云是也。既不云是，故从何故？今曰是、曰故者，是诸法相空故也。盖诸法相本空也，本空何有？既无有有，彼色、受、想、行、识等，依何而有？夫有有，则有蕴。蕴，藏义也。今既无有，蕴依何藏？了此，则三藏十二、孔、老、耶、回、诸子百家，一串穿却矣。吁！皓首穷经，青灯对读者，悲乎，悲乎！

无眼、耳、鼻、舌、身、意，无色、声、香、味、触、法。

此"六入、十二处空"也。何曰六？眼、耳、鼻、舌、身、意，内六根也；色、声、香、味、触、法，外六境，亦曰六尘也。旧曰六入，新曰六处，即十二入、十二处也。六境对根言，为外之六入；六根对境言，为内之六入。入，释涉入义。六根六境，互涉入而生六识，故名曰处。处，释所依义。六根六境为生六识之所依，故名曰处。曰入，曰处，一言再言，盖恐行人执一而不通余,刻舟求剑,劳他大士一说再说,津津焉,谆谆焉。倘了诸法空相,不但此举为赘,当人万事了毕也,何假多闻!

无眼界,乃至无意识界。

此"十八界空"也。六根六境,互涉而生六识。根六、境六、识六,十八界也。界,限也,别也,判也。盖言诸界本空也,何也?识性元虚,根尘无体。大士谆谆,众生梦梦。但了诸法空相,何用不臧?还家尽属儿孙事,祖父由来不出门。尽法界空相矣。

无无明,亦无无明尽,乃至无老死,亦无老死尽。

此"十二因缘空"也。十二因缘者,无明缘行,行缘识,识缘名色,名色缘六入,六入缘触,触缘受,受缘爱,爱缘取,取缘有,有缘生,生缘老死。众生依妄执有,逐境生心,于是轮回六趣,虚萦苦乐,永没生死。大士悯之,诸佛悲之,为说空相:彼相既空,苦乐何寄?既无所寄,则今此之会,亦焕然巍立,而毫忽不寄也。彼十二因缘者,又乌乎有?语曰:"洞口阳斜无棹放,桃花流水笑渔人。"

先生语已,伍先生起,礼而问曰:"是十二因缘者,余不论也,惟此无明,义当何释?名有多种,依何法修,得断无明,而契至道?愿为此众,谆切开说。"

先生曰:广说则八万四千,历尘沙而莫数;约言则一物也无,痴人说梦。今以略言蔓解。"无明",术语,谓暗钝之心无照了诸法事理之明也。又，痴之异名也。《本业经》上云："无明者，名不了一切法也。"《圆觉经》云："一切众生，生无慧目，身心等性，皆是无明。"换言之，无明者，不明也，又不觉也。种名，乃一期行化之便，随处安名，立名即实，要在当人依指认月耳。若津津拾人口头余唾、纸上名言，惑矣！《起信论》立根本、枝末二无明。迷于法界理之原始一念，曰根本无明；根本无明，亦名无始无明。因根本无明而起三细六粗之惑业，曰枝末无明，小乘局于此。又台宗圆教判微细、障中二无明，《胜鬘》所说，五住地中之无明住地，即谓此也。而此障中、微细无明，品数虽为无量，姑分为四十二品，于初住以上至佛果之四十二位断之，其中第四十二之无明，为始觉之智最后所断者，谓之最后品无明。迷于真如之原始无明，谓之元品无明，即根本无明也。乃至《毗婆沙论》立十五种无明：一、根本无明；二、枝末无明；三、共无明；四、不共无明；五、相应无明；六、不相应无明；七、迷理无明；八、迷事无明；九、独头无明；十、俱行无明；十一、覆业无明；十二、发业无明；十三、种子子时无明；十四、行业果无明；十五、惑无明。余之经论，口所难言，笔所难书。当人苟识一切法空，空亦虚立，自合开口大笑也！遑问人乎？

又，无明者，烦恼也，惑也。曰断惑，曰证真，曰转烦恼成菩提，曰修、曰契者，讵有他法、异法、胜法哉？了此诸法空相而已矣。了即证即契，非离了而别有一证一契，亦非离证离契而别有一了也。了无明体空，何一烦恼而非菩提？执真如体实，何一菩提而非烦恼？若曰了属知见，惟证乃亲，庸讵知，一了即证，求证非了也？知见矣，何也？不见诸法空相也。

无苦、集、灭、道。

此"四谛空"也。四谓苦、集、灭、道之四支。"谛"，当也，真实也；又，明当也。谓此四者真实明当，炯示俨然。苦如上释。"集"，聚也，谓集彼烦恼诸因，感此生死苦果。既感苦果，思离此苦，"道"，斯尚也；道，犹路也，谓离苦必由道也。"灭"者，苦乐不系，有无非居，了此即证，证此即了，果了果证也，不但苦、集、道为虚声，而灭亦假名安立也。何也？诸法空相也。经义分明，何等简要！陋者妄标门户，自诩精深，曰禅，曰道，曰教，曰宗，津津拾人余秽，数他珍宝，不亦冤乎？亦可悲矣！

无智亦无得。

此"六度空"也。六度者，梵语六波罗蜜也：一、檀波罗蜜，此土布施义；二、尸罗波罗蜜，此土禁戒义；三、羼提波罗蜜，此土忍辱义；四、毗梨耶波罗蜜，此土精进义；五、禅波罗蜜，此土禅定义；六、般若波罗蜜，此土智慧通达一切法义。此曰智，举一而该五，省略也。

"无智亦无得"者，盖得基于有，有源夫智，智且空，得何有？为不有也。万德齐彰，一丝莫系，此第一究竟处。千万千万，毋忽毋忽！诸佛出世，提此一法；诸祖出世，述此一法；一切众生，共行共讲，共出共入，共荣共苦，共在此一法中而不自知，遂尔轮回六趣也。悲乎，悲乎！诗曰："蝴蝶梦中家万里，杜鹃枝上月三更。"

以无所得故，菩提萨埵。

此"蕴、处、界、谛、缘、度之总结"。毕竟无得，无得则空，诸法空相也。诸法空相，菩萨之懋德妙行果称也。盖诸法本空，惟佛悉了悉知，菩萨了知而不悉，众生则颠倒不知。曰众生，曰菩萨，曰佛，讵异人哉？此而已矣。

旧释以"无所得故"句启下文，今以"菩提萨埵"句结上义，非好奇嗜异，盖一期行化之便。须知诸佛妙义，非关语言文字，《金刚般若波罗蜜多经》曰："若以色见我，以声音求我，是人行邪道，不能见如来。"夫色相声音且不可求，况文字语言耶？又，文字语言亦不可诬，何也？文言苟诬，必瞎却人天眼目，迷惑行者路途也。然则如何而可？曰：苟得其道，破句《楞严》犹型楷则；若失其途，善星比丘生身陷堕，可不慎乎？此君子之所以为法惧矣。

总之，前之后之，左之右之，上下出入之，要在当人明得、行得、证得此诸法空相，即行深般若波罗蜜多也。又，行深般若波罗蜜多，即诸法空相；诸法空相，即行深般若波罗蜜多。何也？体空不二，用形多德。且一切法空也，无所得也。证此，即菩提萨埵也。此固曰结上义。噫！余欲问曰：果何心哉？而为是说耶？余亦欲代余而答曰：古德云：世尊脱体风流，迦叶满身卖俏，当时百万人天，只见破颜微笑。

依般若波罗蜜多故，心无挂碍，无挂碍故，无有恐怖，远离颠倒梦想，究竟涅槃。

"依"，术语，梵语腻地之译；疏所依也，对于亲所依为所依而言。盖云为物之依止，或依凭也。梦想依颠倒而有，颠倒缘恐怖挂碍而生。倘无挂碍，颠倒何生？况梦想耶？然挂碍实依心有，一切过患基此，一切功德亦基此，一切为与不为无不基此。当人苟识自心，一切了毕，三藏十二部，衍文也，何假多求？佛之为佛，祖之为祖，众生之为众生，了与不了，证与非证，觉与不觉，识自心、不识自心之判也。识得自心，即佛即祖，即了即证，究竟涅槃也。不识自心，非了也，非证也，众生也，不觉也，挂碍颠倒梦想也。然则是心也，识依何识？了依何了？证依何证？曰依般若波罗蜜多，华言依智慧到彼岸。舍此，大径不由，胜行莫履矣。经义分明，何等亲切！今之论主讲主，一言再言，千谈万谈者，何欤？"频呼小玉原无事，只要檀郎认得声。"

先生说已，伍先生起，礼而问曰："涅槃之义，上已明闻，此曰究竟涅槃者何欤？又，师云识得自心，一切具足，究竟涅槃亦具足耶？若即具足，经论名立多种，位阶多级，岂一明心便能得耶？愿为朗说，开此巨疑。"

先生曰：本来具足，有何阶级？名依假立，多少皆权。当人只愁不识心，莫计不得位。苟识心也，何位不具？只愁不作王，莫愁王无阶。苟作王也,率土皆王所有,何阶不足?

涅槃曰究竟者,盖对有余、无余等而立,即大涅槃也。一切皆假名安立,黄叶止啼,依名显实耳。倘明自心,何用问人?出没卷舒,一切皆本诸乎己;取舍权实,繁兴宁曰依他?

梵语摩诃涅槃那,此土言大入灭息,或大灭度、大圆寂等。《大乘义章·十八》云:摩诃般涅槃那。"摩诃",为大义;"般",此翻为入;"涅槃",此翻为灭。灭烦恼故,灭生死故,名之为灭。离众相故,大寂静故,亦名为灭。"那"者,名息,究竟解脱,永苏息故。息何等事?息烦恼故,息生死故,又息一切诸行事故。《涅槃玄义·上》云:"摩诃",此翻为大。"般涅",此翻为灭;"槃那",此翻为度,是为大灭度也。

余谈笔所难书,但了诸名无常,真依假立,立假即真,真亦虚名,则破颜大笑也。何也?诸法空相矣。永嘉玄觉曰:"数他珍宝有何益?"又曰:"入海算沙徒自困。"

三世诸佛,依般若波罗蜜多故,得阿耨多罗三藐三菩提。

"三世"者,过去、未来、现在也。"佛",觉义,梵语佛陀,译名极多,此不具及。盖随处立名,依名显实,义含多有,德配无边。今此之称,简言也。"阿耨多罗三藐三菩提",梵语,此土无上正等正觉义。"依",等如上释。

盖谓过去佛如是,现在佛如是,未来佛如是。如何等是?依般若波罗蜜多而照见五蕴等空,度一切苦厄也,了诸法空相也。诸法空,苦厄度;苦厄度,诸法空之果,无上正等正觉也。

无上正等正觉,佛之德也。恐行人痴钝,执一而不通余,总以诸法空相示之,别以蕴、处、界、谛、缘、度等法空相示之,结以过去、未来、现在诸佛信之。吁!如此慈忱,而我何堪?若犹不荐,讵曰负他,实自负深深矣!记曰:"百花落尽啼无尽,又向乱峰深处啼。"

故知般若波罗蜜多,是大神咒,是大明咒,是无上咒,是无等等咒,能除一切苦,真实不虚。

遍含空有而不遗曰"大",隐显莫测曰"神",破暗曰"明"。"上",对下言。"等",齐也。"咒",梵语陀罗尼,此云总持、能持、能遮义。今略开为四:一、法陀罗尼,于诸佛法,闻持不忘义,亦曰闻陀罗尼;二、义陀罗尼,于诸法义,持而不忘;三、咒陀罗尼,依禅定力,持秘密语,收不测之神验曰咒,谓于咒总持而不失义;四、忍陀罗尼,于诸实相,难忍能忍,持而不失义。

上已显示度一切苦厄,总也,别也,结也,如圆器倾珠,如大海翻浪,何等澄明!何等亲切!逆知有为之士,点眼之灵,讵曰拿空飞去,亦必欣欣其来。复恐嗜痂之徒,好玄者辈,探玄尚密,滞不得通,且曰如是显易,贩走犹知,岂以佛乘平淡如此?于是妄毁大乘,遂陷涂炭。大士悯之,诸佛悲之,为说密言。云何有密?盖朝三暮四,暮四朝三,原以慰乎狙怒也,讵的义哉!今欲说密,预赞密德,曰大神,曰大明,曰无上,曰无等等者,赞之至也。赞之至,所以启行人信之至,信至而行,行至而证,依般若波罗蜜多，了诸法相空，苦厄度也。苦厄度，法相空，究竟涅槃，无上正等正觉，一时瓦解冰消，不但无密，而显亦不可得也。显密不可得，而无所不得。坐水月道场，行空花佛事。今此之会，焕然而有，巍然而峙矣。此至真至实，非诬非诳，百千三昧之王，一切诸法之胜，故曰真实不虚。吁！"洛阳三月花如锦，多少工夫织得成。"

故说般若波罗蜜多咒，即说咒曰：揭谛揭谛，波罗揭谛，波罗僧揭谛，菩提娑婆诃。

般若波罗蜜多即咒，咒即般若波罗蜜多。非离咒别有一般若波罗蜜多，亦非离般若波罗蜜多而别有一咒。然则说此咒者，赘说衍文也？曰：否。体固不二，用实非一也。三世诸佛皆于此而转大法轮，何也？有奇必有偶，有显必有密也。一木不成林，一言不普众也，摄机矣。经律论，显说也，陀罗尼，密咐也。非离显而别有一密，汝不会显，显即密也。非离密而别有一显，汝但会密，密即显也。显密之立也以人，迷悟之判也在己。

昔一尊宿问一尊宿曰："如何是世尊有密语，迦叶不覆藏？"答曰："汝会，即迦叶不覆藏；不会，即世尊有密语。"

又，明上座者，趁六祖于大庾岭，既闻法已，乃启问曰："上来诸佛诸祖，莫有密语密意乎？"祖曰："与汝说者，即非密也。汝若反照，密在汝边。"

似此，显密之义，俨然判然也，宁有偏倚？而陋者不荐，劣彼优此，自是非他，长年戚戚，不躬己行，肆数他珍，于是乎永没生死，长劫沉沦也。悲乎，悲乎！先圣哀之，为设檀度，广开则八万四千法门，门门透法尔之圆、胜行之至。约言则一物也无。无无，极妙用之显，大有之全。曰显，曰密，曰五蕴，曰六入，曰十八界，曰十二因缘，曰四谛，曰六度，无疾而呻，无韵而哦也。何也？诸名无常，皆依假立，诸法空相也。了此，即心矣，经矣，般若波罗蜜多矣，当人即观自在也。

语已，久之，乃曰："不知何处吹芦管，一夜征人尽望乡。"

第三讲　问答

先生踞座，瞑目无语，于时最久，四众讶之，莫岸其涯。

伍先生乃起，礼而问曰："如师上释《般若波罗蜜多心经》，语如洪波激海，义若圆器倾珠。今此会众，契者有之，证者有之，得胜解者有之，未契似契、未证似证、未解似解、且或全无了解者，都实有之。愿为此众开演，未契者依何而契？未证者依何而证？未解者依何而解？"

先生曰："一物也无，契从何契？一切具足，证从何证？一派圆成，解从何解？若有证、有契、有解者，人天小乘法、魔外法、邪法也，讵曰大乘法、我法、佛法耶？上已明言悉剖，此犹兴疑，今依三法，如说力行，一切必办：一戒，二定，三慧。"

问："如何曰戒？"

先生曰："莫妄行。"

问："如何曰定？"

先生曰："莫妄想。"

问："如何曰慧？"

先生曰："莫妄分别。"

问："是三支者，兼工乎？抑专工一支，便能成办乎？"

先生曰："亦专亦兼。"

问："一心无二用，两程不兼趋。如何说言亦专亦兼？"

先生曰："体固不二，用实非一。以戒言，能持即戒，知持即慧，常持即定。以定言，知定即慧，能定即戒，恒常不迁即定。以慧言，知戒知定即慧，能戒能定即戒，恒常不迁即定。说言一专一兼。"

问："经云'五蕴'等，乃至'无智亦无得'句，支段繁多，亦有法专修，或兼工乎？"

先生曰："有。若以专言，今以古德八镜要门示之，诸仁随尝一脔，全鼎自悉。"

问："如何曰八？"

先生曰："一、见色眼明镜，谓色空双融界内净也。盖色、心不二，舍色无心，舍心无色。了此，眼净如镜矣。二、听声耳明镜，谓声空无生界内净也。盖声性本空，空性即声，依缘乃有，缘寂斯泯。了此，耳净如镜矣。三、闻香鼻明镜，谓香空双融界内净也。盖香体虚无，本无自性，何有实法？了此，香空双融,鼻净如镜矣。四、了味舌明镜,谓味空双融界内净也。盖味性元虚,觅无实体。了此,味空双融,舌净如镜矣。五、涩滑触明镜,谓触空双融界内净也。盖触性无实,藉缘乃显,离缘无触。了此,身净如镜矣。六、有念意明镜,谓心境双融界内净也。盖念无实体,攀缘乃念,苟了念空,心净如镜矣。七、无念界明净,谓无生法身界内净也。盖生本无生,无生故生。了此,有念无念双融,无念净如镜矣。八、无生法身明镜,谓超意果界内净也。盖大圆智性,无斯不具,一物也无。了此,无生法身如镜矣。上此八法,随工一法,都能成办,说言工专。"

问:"如何曰兼?"

先生曰:"诸法空相。"

问:"亦有舍上诸支,离专远兼,而顿超直入者乎?"

先生曰:"有。"

问:"如何是顿超直入?"

先生曰:"清明时节雨纷纷。"

问:"此语滞涩,益增迷闷。祈师兴慈,详为朗说。"

先生曰:"本有之性,一切具足。当人苟上不祈求佛祖,下不疑怖轮回,于一切处,如如平等,人法两忘,不作妄想,即实际理地也。若思有,则非实;若思无,则非灭;若思俱足,则非二。果如是也,乃知当人由来成佛成道,抑亦久矣。曰顿,曰超,曰直,曰入,都是虚声,悉为谤论。"

问:"闻诸硕彦,趋此一途,须依禅定。若言依者,何殊小乘?若不依者,定法虚立。界此两歧,祈师剖说。"

先生曰："乘无大小，依智愚而有等差；定有浅深，权履践以标工运。概属一期方便，都非及寝良规。若以此言，意不系缚诸法，是法身定；明空不二，是法身定；彻了诸法之理趣，是法身定；了达本心，是法身定；不随幻境，是大手印定；不缘体性，是大智定；于自本心不修整，是俱生真智定。若曰禅定，以止以观，非此所急。"

问："修习行人，或有失道者否？若有，缘何而失？"

先生曰："今依古德捡掇，略开四目、十二支。"

问："云何说云四目？"

先生曰："四目者，一、见失道；二、定失道；三、行失道；四、果失道。"

问："云何说云十二支？"

先生曰："见失道三：一、忻求胜境则失道；二、疑怖轮回则失道；三、不解一切法平等则失道。定失道三：一、昧着湛定则失道；二、谈说鉴慧则失道；三、憎恶妄念则失道。行失道三：一、行取舍二相则失道；二、了悟人行未了悟人行则失道；三、未了悟人行了悟人行则失道。果失道三：一、不了轮回是圆寂则失道；二、不了五毒烦恼是五智则失道；三、不了自心是佛则失道。一目三支，说言十二。"

问："如师上说，固也，然亦有不依上行而专体认。既专体认，有何方便？若有方便，当依何种，乃能期至？"

先生曰："八万四千法门，门门可至。今依古德九法，擒六去三，依而体认，必能证入。擒六者，以当人日夕易接，倘一会心，自可契证。去三者，本欲显真，反至晦实，惧繁冗也。"

问："云何曰六？"

先生曰："一、调习时，因宿熏习，堪成正觉，经师一语，或于经论一句一义，于一刹那，了明真智，人我顿断而证入者；二、喜乐刹那时，大喜大乐，忽然人我顿断，了彻自性本空而证入者；三、睡眠时，欲睡未睡时，人我顿断，了体明净，得法性空而证入者；四、临命终时，四大离散，于一刹那，人我顿断，了彻自性本空，一切具足而证入者；五、醉时，人我顿断，了彻本来清净，自性本空而证入者；六、闷绝时，前念已灭，后念未生，现念无有，人我共断，彻知自性本空而证入者。"

问："诸方趣道，艳称话头。是话头者，为戒，为定，为慧？为止，为观？或等非为？或必参，或不参，或随参等？其德，其效，其用如何？祈师沛慈，为众开说。"

先生曰："话头法门，至为希有。戒、定、慧齐彰，空、假、中并显，遮照互炫，显密同时。以言乎德，謦口难宣；以言乎效，罄竹难书；以言乎用，尘沙莫数。曰戒、曰定、曰慧、曰止、曰观、曰等非为、曰兼摄、曰节取、曰必参、曰不参、曰随参、曰德、曰效、曰用等等，如如意珠然，方方显色，色色透圆。今欲说之，尘劫不尽。"

问："参法依何？"

先生曰："参阅《维摩精舍丛书》<灵岩语屑·壬午辑>、<黄叶闲谈·参话头>支。"

问："师云显密不二，今此四众，普愿吾师演说密法。"

于是先生踞座,肃然久之,以木击案曰:"明听明听,我此密法者,三世诸佛,一切圣贤,四类含生,必由之径,共载之程。诸人依而行之,力而持之,国家兴隆,世界和平,无有战伐,所至之处,鬼神敬悦,不罹苦恼,有求必得,有感斯通。此实语、如语,不妄、不诳、不戏论语。千万千万,勿自狐疑,各摄身心,谛听,谛听。"

一时四众肃然,渴欲闻密。

先生乃振威说曰:"孝、悌、忠、信、礼、义、廉、耻。"

说已,瞑目不语。一众愕然,莫知所谓。

伍先生起,礼而问曰:"师说此语,显言也。人人能知,即在贩走,义无不了。今此曰密,古有如是神力,无乃泄乎?或有玄义,祈师直示。"

先生曰:"瞎!无一人不知,有几个成办?悲乎,悲乎!"

挥木下座,一众礼谢。

通禅与王恩洋

通禅 说
居士 廖兀虬 记

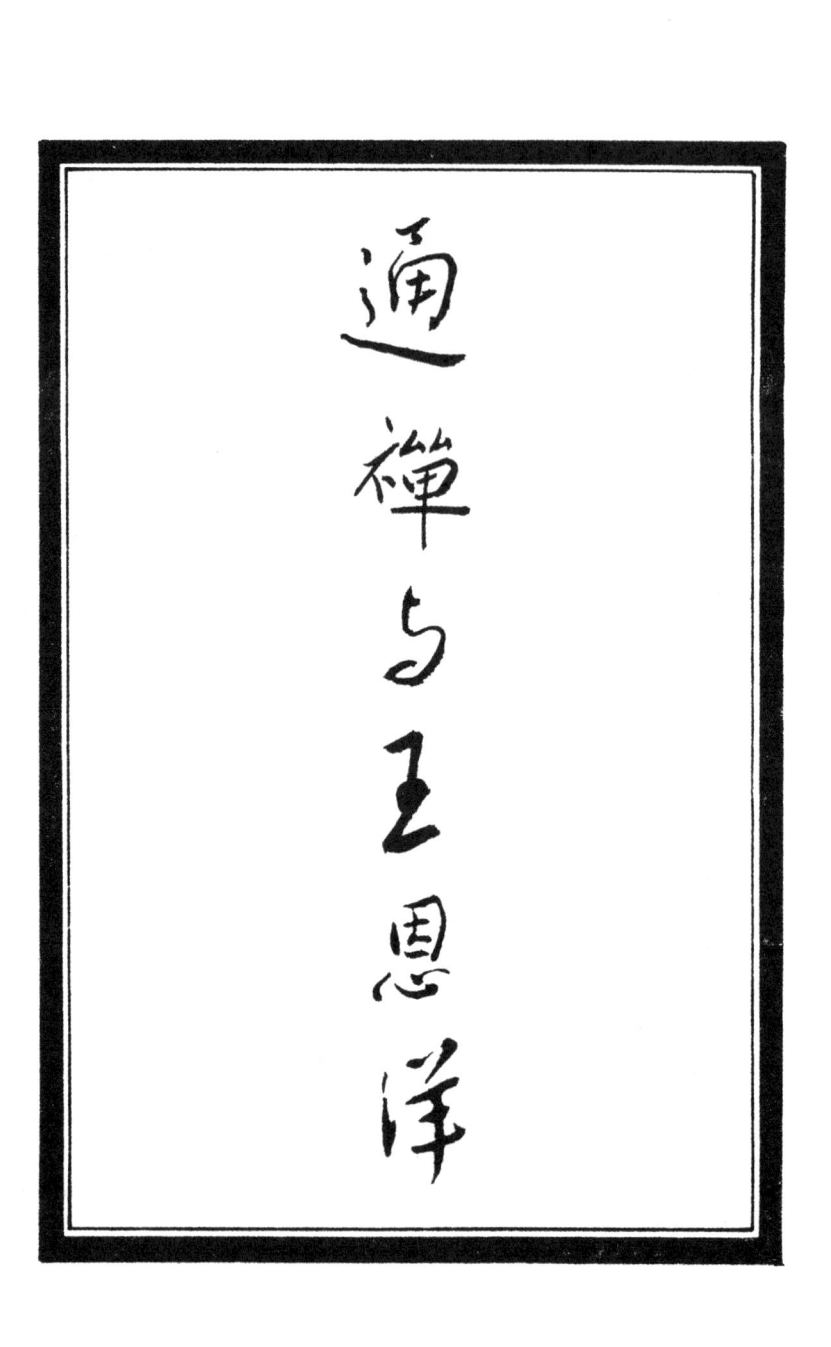

通禅与王恩洋

引言

通禅者，在家时，余至莫逆。客夏，偕大坪寺僧通宽，走而过我。余曰："南先生胡至此耶？"通禅曰："投大坪寺出家耳。"余曰："噫！汝于何代何地入家？"通禅曰："老比丘五戒亦不持，口里滑油油的作么？"余笑。师，浙之温州人，南姓，怀瑾其名。父化度，母氏赵，固故家子也。毕业某大学，历充军政要职，而司中央军校教铎尤久，然年不满三十。通禅，盖披剃后名也，字师利。披剃师曰普明。普明者，大通之子也。今岁之夏，大通上人迎通禅之师盐亭袁公焕仙并潼南傅公真吾来山行七，余亦侧身彼会。七已，袁、傅两公偕范仲纯先生等返省而过我，盘桓久之。且曰："师于是处辟此新疆，真开峨眉第一之秀也。是山者，睡已久矣，其在师而惺乎！其在师而惺乎！"余曰："唯唯，不敢当，不敢当。"逾旬，友人以富顺廖居士兀虬"记通禅与王先生恩洋会语"一帙示余。且曰："此帙出已，诸山索之，至砚无蓄墨，纸无停笔。"余阅竟，乃曰："噫！此激扬宗旨，诱掖初机之梯航也！宜亟揭之，以共同好，并奖未来。"佥曰善，遂付印。曰峨眉中顶大坪寺七会后之片片者，盖七会前有种种，正七会时有种种，此七会后之种种者也；曰片片，曰种种，异名随名耳。

峨眉山龙门洞僧演观引
一九四四年禹历六月谷旦

通禅与王恩洋

师曰：民国三十三年禹历五月初一，焕师与傅先生真吾离山已数日矣。午后，僮子持片来余寮，请曰："有居士欲会师。"

余手其刺而视之，有"王恩洋"三字，即语僮曰："去！关中人素不会客。"

僮去，余复自忖曰："普超师、兀虬居士皆不在山，而我不会彼，是拒人于千里之外，于法于情，均不可通。"乃即呼僮曰："止！止！"僮立住。余随至外客堂，有一清瘦似老而未老之人，据坐而饭。见余至，即起立。余曰："足下即王居士耶？"王曰："诺。"知事亦指余而谓王曰："是即通禅师也。"两两揖让，颇多道学气味和客气样儿。

饭已。王曰："此次鄙人因武大讲学之便，得游此名山。殊山虽名，而僧多俗，可叹！可叹！"余笑曰："诚然！诚然！居士又何必过于要他们太雅！"王笑，复语曰："初至毗卢殿，闻贵寺在行七，令人敬佩！此山尚有切实行道人。且闻袁焕仙、傅真吾在此，特来拜访善知识，奈缘悭不遇。复闻有通禅禅师者，比较犹可一谈，故特来相扰。哈哈！"余亦嘎嘎，曰："过奖，过奖！有劳，有劳！"

兀虬曰：师语至此，私谓兀虬曰："王居士外形谦谨，内蕴我人，骄慢极大；且亦初生之犊而不知人间有虎者也！余惟报以微笑，彼此不语者久之。"

余曰："向德滋久，今幸相遇。通禅自忖，大德名喧海内，弟子遍蜀中，不肖如通禅者，早应趋谒领教。今大德善来，自是为通禅等造福不小，幸当一赐高论也。"王应诺，谦逊不惶。余乃申前说，笑语王曰："山名僧俗，今古同慨，通禅曩作居士时，亦常为此论。及到了此山，穿了一件圆领衣，婆婆妈妈住了几天，乃知我曹亦不雅。何也？盖三世诸佛，正于此转法轮；不然，何处寻得出一个菩提道名字出来？"王曰："亦是，亦是。"余曰："虽然，王居士，我与你作一件雅事来看看罢。"乃起谓知事曰："王居士，大德也，名喧海内，法相宗泰斗，今晚可集僧俗聆王居士的雅论。"知事曰："善。"王笑曰："不敢！不敢！"

王步行来山，因请水洗足。洗足已。王曰："师与袁焕仙如何过从？"余曰："焕公，余师也。"王曰："从彼习何艺何道？"余曰："宗门进足，实出师导。然焕公实无一艺一道以授通禅，而通禅亦无一艺一道受自焕公。至于斋庄中正，发强刚毅，逊及诗文等等，时或一游戏耳。"王曰："呀！袁某亦知诗若文耶？"余笑曰："岂敢！岂敢！粗学！粗学！"王曰："人云袁某禅讲得好，未闻其能诗文也！师今云云者何欤？"余曰："诗文且掷。此后公若有眼，自当自知，无容赘说。至于如何是禅，倒需得研究研究。王居士，你试道一句看！"王相羊不语。余曰："若言讲得是禅，何必焕公，王居士定会禅矣，何也？王居士讲得不少也！王居士既已会禅，何来我处滔滔？"王笑，余亦哈哈。彼时空气，遂尔寂然。

兀虬曰：书至此，师又谓兀虬曰："此时两两无语，大似六月凝寒。自念老婆心无用，对客礼有输，乃以他事与语。"

余曰："今春某新闻纸上，披露王居士与某君论密宗一段，缘究何也？"王曰："此余读某君书（书名已忘记）之反应。然密宗确为集外道之大成，非佛法也！为魔子见，魔子道。密宗之兴，佛法之灭必也！彼宗尚存佛法少许者，借以作幌子耳！"王语已，余以目顾视王者久之，乃曰："居士亦学密乘否耶？"王曰："未学。"余笑曰："最好学彼宗已，然后再下批评较为切实。不然，便成了廖胡子在十字街头问行政院今日所议何事，讵不笑话？夫密宗为婆罗门等教糅成，无容讳言，盖古德因地制宜集外道之成，餍众生之欲，所谓法依心起，妖由人兴，而趣其入道则一也。不然，于一切处成正等正觉，为非佛说？妖也？魔外也？可乎？可乎？一切处既成正等正觉，彼密乘者，宁出一切处外而别有一密乘耶？既不出一切处外，况一切处无外，今诠为魔外，又乌乎其可也！又莲花生大士等，都以诸法寂灭而不住在寂灭为究竟。且记云密乘之兴,当佛法衰落之末法初季,与居士所见,亦有合处。何得肆口鼓簧,轻议上宗?又密乘红教之大圆胜慧、白教之大手印、黄教之中观见等,岂可尽斥为魔外耶?若必彼为魔外,是佛说三藏十二,何一而非魔外?三藏十二,既云魔外。"余呼王曰:"王居士。"王应曰:"诺。"余笑曰:"岂有公朝朝暮暮,暮暮朝朝讲的唯识法相,并且那几个滥名词、臭道理,而不成魔外耶?所以说,我劝公此后要破斥彼宗,必要入得彼宗。不然,便是痴人说梦,见笑大方,是未破人而先丑己矣。如何?"

王曰:"若然,请师一说大圆胜慧、大手印、中观见及双身等,以广见闻,如何?"余曰:"我不懂见闻,且未学彼宗。公欲究理,今之密法盛行,但往彼求可也。"王曰:"虽然,请师少说几句如何?"余窘于请,乃曰:"白教之大手印,一般人以为同于禅宗之方便……"语未卒,王骤起曰:"不然!不然!"余亦骤起曰:"不然!不然!公的不然,权且搁下,待我说完,公再不然!"王无语。余曰:"他明彻的人,头头上明,物物上显,青青翠竹,悉是法身,郁郁黄花,无非般若。谁佛谁魔,谁同谁异,孰优孰劣,孰短孰长,在未了彻者,固不无自生出入耳。大手印等,在了事人分上观之,一字已无,一法不有,哪有闲情在白木上生钉,评彼优劣,说他短长耶?"余又呼王曰:"王居士。"王应诺。余曰:"公不信乎?三祖说的'眼若不寐,诸梦自除;心若不异,万法一如。依我劝公,还是自家管自家,俗话说的'各人打扫门前雪,休管他人瓦上霜',较为真切。不然，腊月三十到来，阎王老子是不怕公说种子缘生、八识二无我的！"

王曰："你的话倒还有点道理，然则黄教之中观见，复为如何？"余曰："上已显说，了无蓄义，今又云云，是欲山僧无事生事，再荡恶水也。三世诸佛，一切贤圣，一见永见，略无彼我，何有短长？恒滞半途者，则不免借他方便，令彼见圆耳。双身等法，一切戒门、慧门、定门，都为彼辈而设。或者曰，宗喀巴大师示中阴身成佛者，盖未舍比丘戒而修双身也。"王骤曰："胡说！胡说！此真魔道矣！"余见其过激，亦置而不辩，徐徐乃曰："他家自有通人爱，余等不必代人着急。若便斗口，便成了三家村中王婆骂鸡矣！"王笑，余亦哈哈。

余复曰："密乘与中国道教互为关系处，倒有研究。"王曰："这无疑的！密宗乃偷中国道教的东西，此内学院吕秋逸先生论之甚详。盖吾国周秦时代，已有房中术。房中术者，即密乘双身之鼻祖也。"余惟笑而不言。

书至此，兀虬搁笔，私叩于师曰："房中术即双身耶？"师曰："否，否。"兀虬又叩曰："愿垂开示！"师曰："谓房中术即双身者，此云见骆驼谓马肿背；若曰非双身者，又是秦赵高指鹿为马。此处密乘诠之至详。"师又云："学此法者，先修气功，且非上师亲口密授，必不成就。以总而言，先圣盖为多欲众生而谋此一方便入德门也。若曰极究竟处之双身，则四时八节，墙头瓦砾，无不毕现。"兀虬又曰："如何是极究竟处无处不显的双身？"师召："兀虬！"，兀虬曰"喏。"师曰："是单？是双？"兀虬礼拜。

王曰："中国佛学，有两畸形发展，一禅宗、二密宗，密宗已如上说。而禅宗者，推倒三藏十二经论，离语言文字，创棒喝以接学人，似远乎教……"余曰："止！止！足下名喧海内，而作如是语言乎？夫禅宗离语言文字者，乃为执理事或非执理事等障道之人一期发药，讵得据为实法而曰远教？若曰不推倒三藏十二，此乃不辨菽麦，允为盲者之言，且亦不识禅宗宗旨矣！何名禅宗？禅宗者，揭为'教外别传'者也。夫三藏十二，不越夫教，若不推倒，何云教外？何有自宗？既无自宗，何名别传？既非别传，禅宗即教，教即禅宗。即已教也，何贵此宗？果尔，我佛世尊，又何必在灵山会上，头上安头，当彼百万人天，亲手拈花，而彼百万人天者，都各如聋如哑，独有迦叶尊者破颜微笑。世尊乃曰：'吾有正法眼藏，涅槃妙心，实相无相，微妙法门，不立文字，教外别传，付嘱摩诃迦叶'云云者，讵不多事？若曰必推倒三藏十二，我试问公，从世尊在灵山会上付嘱迦叶以至于今，王居士曾亲口向我说的《指月》《五灯》诸书，已曾亲看？若然，我且问公，无论宗门下之大德、小德，乃至不德，及五宗任何一宗，哪一年哪一月，哪一日哪一时？并且哪一刻示人警己，策众拈提，又出离得他三藏十二哪一说哪一义，哪一画哪一点？此无论也，即以公等演教而言，亦云'依文解义，三世佛冤，离经一字，允为魔说'。王居士你又试道一句看，禅宗是推倒三藏十二？是不推倒三藏十二？是半推倒是半不推倒三藏十二？是远教？是近教？是正教？是邪教？道来！道来！"王无语。

余乃曰："殊不知，此正所以为教也！此乃实教正教，不妄不诳不邪教，非托空挂羊头卖狗肉之一切种伪教盲教。居士不切见而赞之美之，今云云者而疵之，何耶？况宗者，释迦老子在菩提树下，夜睹明星而悟此一着子时之权名也。教者，以此一着子而示人，使天下后世翕然从风，共证此一着子之假号也。若然，舍宗何教？舍教何宗？是宗者教之宗，教者宗之教也。翻手覆手，义当何从？又若云禅宗是离语言文字，然则门外石狮子为禅宗也必矣。何也？彼石狮子者，离语言文字者也。又宗习禅宗之徒，必不交接往来，无室家之乐、报国之忠、敷道之雅矣。何也？是教事者，亦不能离语言文字也。可乎？可乎？"王又欲语，余曰："止！止！勿躁！勿噪！山僧既已打开话匣，必要罄吐。必曰棒喝即禅宗，此语尤为注错。盖棒喝之兴，始于六祖接神会，倡于临济、德山。而喝之兴，亦于是时应运而诞。要皆一期方便，黄叶止啼之言。若曰实法，然则十字街头，村夫市侩，斗骂发泼，与此棒喝何殊？亦即禅宗也？又可乎？可乎？"

余言至此，乃呼王曰："居士。"王应诺。余曰："此后望居士不入人室不谈人事，不然，总是隔靴搔痒。"王笑，余亦笑。于是彼时空气，又复寂然。

有言莲花峰风景者，王欲往赏，余以道滑坚辞，王固挽之，余乃勉行。涉其峰，有木凳三，盖余月夜花晨，每每于此习定，知事为余购置者也。王据一凳，余为指点诸峰秀色，王亦栖心古木斜阳。因谓余曰："吾侪当于是处久坐，不必卒言归也，如何?"余笑颔之。

久之,无语。王忽问曰:"袁焕仙其为人也,如何?"余曰:"澄潭秋月,无物可方。若以人言,则豪迈有礼,肝胆照人而已;又苟或为人,每多漫骂。"王曰:"为何如此?"余曰:"此亦明镜当轩,胡来现胡,汉来现汉,理之常耳。人固曰豪迈,曰肝胆照人,曰老婆心,余每每谓诸同侪曰:'似也,非是矣。'"王曰:"外间多议其禅为狂者,何耶?"余曰:"阿弥陀佛!若外间多议其禅为不狂者,当今之世,何贵有此一个焕老?且幸而有此一段,不然,则焕老真真冤苦虚生于今之世,而释迦不掩室于摩竭,净名不杜口于毗耶,孔夫子亦不逐于鲁,畏于匡,厄于陈蔡,微服而过宋也。那么,王居士尚能听山僧今日一度狂言乎?"王笑。余又曰:"讵知此犹为好评,而讥之毁之者,聿云少也。"因呼王,王应诺。余曰:"稻麻竹苇,遍尘刹,罄空有,居士以云多否?"王曰:"多。"余曰:"尽如是辈以毁,不但于焕老不能丝忽贬损,且益增其誉,何也?足见今之世,真不可一日无此老矣!况焕公常骂人,而人必骂之,所谓果报昭然,亦何足怪?"余复呼王,王应诺。余曰:"王居士,诸方都尊公为开士,公胡人云亦云,于此而犹自生疑虑,不亦冤乎?可怪!可怪!"王笑。

良久,余乃谓王曰:"王居士与欧阳竟无老居士如何过从?"王曰:"欧阳,吾师也!且某之能学佛者,皆为师导。"余俯思良久而应曰:"是,是。不错,不错。"

王曰:"师何故舍家?"余为略说生平。且云:"余之裂世网，入世网，领圆而发髡者，皆余师焕公之赐。不然，将同王居士等，老死于江湖之上矣。每每思之，不觉汗颜，时亦泪下。可惧！可惧！"

王曰："师于成都参禅的人，认识几许？"余曰："参禅者认得极多，参禅人则又一个也不识也。"王无语。

久之，王曰："傅真吾为如何？"余曰："傅先生乃吾师契友，余之前辈。"王曰："其为人也，亦学禅乎？"余曰："傅先生不但能禅，且也通密。居士于宗下和密乘有疑，都可径往彼处值之自契。"王曰："傅真吾者，其旨何趣？"余曰："傅先生者，无旨可趣。若就人言，则归止禅宗，习密其余耳。"王曰："他的见地，果为如何？"余曰："确有见地。"王曰："分量如何？"余曰："汝去问他。"

王曰："师认得大愚否？"余曰："山僧在成都认得。"王曰："此次余在成都，黄旭方特请大愚与余，座中持论甚久，且亦激烈。渠之为人，余亦知之。师试言大愚见地如何？"余曰："王居士，为何你的脾性不改，顽皮如此！一知便了，总如此絮絮叨叨，未免成了子贡好方人了！愚师，当今大德，公既知之，胡劳再问？"王曰："虽然，师须一语！"余曰："愚师大德！"王曰："不管他大德不大德，乞师一语！"余曰："愚师大德！"王曰："师真世故！"

又曰："袁某与大愚如何过从？"余曰："友耳。"王曰："若然，二人见地孰优？"余曰："明天说的。"王曰："不必支吾，必要一言！"余曰："已与公四言，何云一言？"王曰：

"请师明说！"余曰："从来不发暗箭！"王曰："虽然，师试一比较之。"余乃曰："若言愚师见次焕公，则为话堕，见有轩轾，亦是功用边收。且焕公本来无见，从何说地？既无见地，依何而比，况乃较耶？"王曰："然则袁某过之矣。"余曰："噫！你不通我话。"王无语。

余问曰："居士在成都与愚师辩论之结果如何？"王曰："甚激烈！"余曰："可惜！"王曰："可惜什么？"余曰："可惜一顿饭喂狗！"王曰："有何说？"余曰："辜负主人！"王曰："主人与客皆各听得有味！"余曰："若然，则真正辜负主人也！"王无语。

久之，余又曰："居士既云对于愚师亦自知之。试下一批如何？"王曰："彼不免有所取也。"余曰："极是！极是！然则居士亦不免有所舍也。"王曰："不然！我无所舍。"余曰："管他然与不然，居士今午已食饭否？"王曰："已食。"余曰："赃物俨然，非舍而何？"余又召王，王应诺。余曰："若无公舍，谁见人取？"王默然。

王又曰："贾题韬何如人？"余曰："山西人。"王曰："他亦有见地么？"余曰："何必问我，自可问他。"王一笑。

王曰："师见虚云和尚，有何议论？"余曰："实无议论。"王曰："为何如此？"余曰："焕公与虚老谈且数四，余皆侍师，不遑及问。且通禅期年不践陪都，友朋过从甚忙，彼时自量，亦无话可说，故无议论。"王曰："他二人优劣为何如乎？"余曰："虚老为海内大德，焕公实吾徒上师。而彼优劣，谁能判之？"王曰："师但姑言虚云与袁某之比较为如何，即得也。"余曰："他二人一见便了，且言来语去，互相推崇，各裂一土，谁能比较？"

兀虬曰：记至此，师复谓兀虬曰："王某彼此历历问来，意在抹杀诸方，独是其是。其狂妄如此。而名喧海内，诸方震之，我实不懂。余悲其不可救，乃支吾，或假寐而坐。"

久之，王又曰："师在关中作何消遣？"余曰："阅藏。"王曰："学贵专工，克穷一经一论，都可名家。一大藏教中，许多不可靠。若兼涉，必不至。"余曰："噫！居士作如是等言耶？若作如是等言，我老老实实与你说，余非治学，更无所谓名家。余阅藏，不但未想到名家不名家，还够不上今人说的走马观花，何也？余有时马过而花亦不观矣。且余之阅藏，正如三家村中学究看小说。王居士，你说你说！哪一部小说好？哪一部小说又不好？况好又任么？不好又任么？"王曰："危险！危险！"余曰："险危！险危！"王摇首曰："呜呜！"余亦点头曰："唉唉！"

至是，余惟观雾摇杖而已。王则正襟危坐，如老僧入定，又时或作长呼吸，久之，头垂而复自仰者数四。余以峭崖深箐，蛇虎所宅，恐其疲坠，乃曰："王居士瞌睡若来，可回寺内安眠，若过昏沉，则落崖下去也。"王曰："不是昏沉，不是昏沉。"余曰："不是昏沉，又一昏沉。"王无语。

王曰："九次第定究为如何？"余曰："居士讲教多年，

而以此定问及山僧者乎？若以此定问及山僧，山僧又老老实实向王居士说，宗门下人，不知什么名字叫做定。"王曰："宗门非定，乃般若也，余亦知之。但是……"语未卒，余即应曰："否！否！宗门亦非般若，若般若者，则名般若，不名宗门也。然般若非宗门，若宗门者，则名宗门，不名般若也。须知般若与宗门，实非一，然又不二。"王曰："如说，则一切不二，定慧齐章，虽不言定，即如来大定矣！况九次第定乎！"余笑曰："岂敢！岂敢！"王曰："若然，究竟如何是如来大定？"余曰："公向不定处会取。"

久之，王曰："此与一味境界如何？"余曰："居士亦知夫一味者乎？若知，我这里恰恰有两位。"王曰："哪两位？"余曰："你一位，我一位。"王曰："莫蔓言！如何又是一行三昧的境界？"余曰："有有空空，尘尘刹刹，何一非是，何一是是？凡有皆空，空亦非有，有何境界？若有境界，悉属幻法，都名权语，何有是处？"

王听至此，声色俱厉，起而大骂曰："所以说禅宗是儱侗真如，颟顸佛性也！"余亦起而厉声大骂曰："魔子！魔子！汝诚不足与语也！如此肆口，必遭果报！"王曰："余乃一片慈心，遭何果报？"余曰："此正果报昭然！公犹不知，向后自有公吃苦的时候！"王乃强笑，余亦哈哈。

余又曰："王居士在成都与愚师谈论，亦如是激烈乎？"王曰："然！但有过之而无不及者。"余曰："哈哈！所以说公不能见焕公，何也？见焕公如击涂毒鼓，远闻远死，近闻近死，今不死者，则未闻也！如建清凉幢，不建则否，今不清凉，则未建也。彼焕公者，宁有闲情如我辈等絮絮叨叨，与你说定说慧，说宗说教？"王曰："如此，非会不可！何也？亟当救伊！"余曰："承蒙慈悲！承蒙慈悲！但是，焕公之病已深，现在三世诸佛，一切圣贤，释迦老子，并四类含生，都在救他，都感头痛，都云救他不得。我想王居士还是各人打扫门前雪，休管他人瓦上霜，最好还是把自己救一救罢。不然，怕卖草鞋的要笑你，何也？他说他与王居士作草鞋不及。"王曰："噫！真正狂禅，真正狂禅！"余曰："居士。"王曰："诺。"余曰："我狂已息，君狂正酣耳！"王笑，余亦笑。

　　王曰："我切切实实问师，师亦切切实实答我，汝辈宗门下人，一见便同于佛耶？"余曰："哈哈，岂敢，岂敢！若不同佛，云何曰见？若有佛同，是见佛同，云何曰见？今既曰见，是自见见，云何同佛？我如是说，纵经尘劫，公亦不会。公但见无所见，曰佛，曰同，曰魔，曰异，不着问人，乃知当人由来成佛，亦已久矣，将与谁同？若有同者，二法也，岂佛法哉？若执无同，亦二法也，岂佛法哉？"王曰："我则不然。"余曰："我今日大晦气，遇到了公这一个书呆子。如何又有一个不然？"王曰："余惟日见，戒定慧等学，及菩萨功德神通等，常不足耳。所以说梵行当起，所作须办。"余曰："善哉！善哉！你好，你好！然居士亦知夫神通功德等乎？"王曰："何谓也？"余曰："居士昨夜宿何处？"王曰："九老洞。"余曰："今日何故在此？"王曰："此又一说也。庞居士云：'神通及妙用，运水与搬柴。'我已知之。"余曰："居士何必食人余唾而云自己家珍？"王曰："无主之物，彼此都可用用。"余曰："若然，是何神通不具？是何梵行不足？是何所作未办？是何功德未齐？道来！道来！若不足者，王居士的真如少一法也，岂不笑话？"王无语。

王曰："如说，见后仍须学佛否？"余曰："吓！见亦虚言，云何曰后？青天白日，谁与你说鬼话！何也？若他见了的人，觉己已冤，何有于人？天上天下，何处寻佛？既无佛寻，学从何学？今既有佛有学，何曾见来？既无所见，恶得不学？王居士，王居士，这些葛籐非语言可诠，意思能缘。何也？语证则不可示人，说理又非证不了。公但求证，驰求心自然消殒，一切皆知，不必问人也。"王曰："你道不知我的好处！"余曰："何谓也？"王曰："以你说的话比量而知也。"余乃笑。

兀虬曰：书至此，师私谓兀虬曰："彼时余想，斯人见陋如此而名喧海内，当时即欲身犯杀戒，掌他下崖，以饱蛇虎，免他在世害人儿女。复念果掌彼也，必污我手，而见笑小说上的鲁智深。乃仍摄念，强颜而笑。"

余曰："不谈，不谈，当归晚餐也。"王乃起回寺。余鞋底厚，而苔深径滑，几至踣跌。王曰："此亦在定乎？"余曰："正在定中。"王曰："呀！"

余回寺，品茗内客堂。良久，各无语，又久之，王谓余曰："余非厚非禅宗。"余庄色严词而即止曰："住！住！公此言句,遭果报亦不小也,况余乎?公不厚非禅宗,尚有轻视意在,果尔,地狱已够你受!况你前论禅宗是儱侗真如,颟顸佛性耶!余当时以切未赴机,未斩你失,今幸有暇,特一正之。公谓学禅宗人,或今之自名为宗门下客,每多、或尽、或有儱侗真如、颟顸佛性者,可也。谓禅宗是儱侗真如、颟顸佛性,则不可也!公必如上说,必遭果报,将不仅断舌也!何也?毁蔑般若,轻侮大乘也!"

王曰:"余非轻侮禅宗,但于是宗,余有三点意见。"余曰:"云何曰三?"王曰:"一、余阅《五灯》《指月》诸书,古德宿彦,无不通教。今之宗门下客,每每斥教,余认为不可;二、学教人一期方便,然亦必须参宗;三、古来大德,有不通教而走入歧途者。"余曰:"是三支者,一、三两支,盖谓宗门下人,通教则得,不通则否也;第二支者,乃习教人之失,何有于宗?王居士,王居士,何为宗,何为教,上已明晰,居士又以此三问,下值山僧,山僧窃谓王居士老也!不但耳聋,或心亦聋也!何也?是三支者,学佛者之通病也,皆非禅宗之病。若曰禅宗不越乎佛学,学佛者之通病,即禅宗之固疾云云,是孔子决非圣人,必是春秋时一个滥代书也必矣!何也?今之滥代书者,皆亲读孔子书者也。若以是三过而过禅宗,何异以滥代书而滥孔子。讵不冤乎?亦可晒也!"余又谓王曰:"我切切实实告你,不管古来、今来,大德、小德,未有通教而不通宗者,亦未有通宗而不通教者也。何也?同一法味也。譬如饥者食饭,食此饭饱,必知食彼饭亦饱。今云此饭能饱,而彼饭不能饱者,决未饱食此饭也。此理至明，无容赘举。"

王曰："余阅《五灯会元》《指月录》诸书，古德实有过人处，然亦多有不够处，所以我对于宗下，往往因之而过不去。"余曰："古人不够，乃古人之失，抑亦禅宗之失乎？况《五灯会元》《指月录》等书，乃一期方便，示行人入德跻齐。然撰是书者，亦煞费匠心也。因入德之难易而沛浅深，视根器之优劣以彰渐顿。此书得住人寰，实四生之福。懿也！都哉！人百其口，讵能罄赞？若执以为是禅宗者，固如是也，尽善也，尽美也，观止矣，又何异王居士看了一部大手印，便大吹而特吹，就批评起密宗来的大错误呢？"王曰："此又一说也。"余曰："哪有许又一说，那一说，左一说，右一说。"

王复谓余曰："老实相告，佛之见，余已见，佛之行，顾余尚未到耳。"余大声曰："呸！今之世界，哪有如王居士这样狂妄自欺欺人的？何也？苟公既见已齐佛，何行未到？今者行既未到，何曾梦见佛见？王居士，再莫要自欺欺人见笑大方而自发狂了！谓余不信，余与公举一现成公案，公即自知也。如人见鸩可杀人，而自犹饮鸩乎？知鸩能杀人者，见也；见此而不饮鸩者，行也。今既饮鸩，何曾梦见鸩可杀人？"王曰："然则师已见同于佛乎？"余曰："本自无见，何佛可同？青天白日，公是王恩洋，我是释通禅，非神非鬼，见个什么？在彼漆桶，闻余此说，又必执曰无见。若曰无见，彼此皆未把尿作酒，何得拨有为无，析有为无？"

王曰："若然，汝于上说，真邪？实邪？抑妄语耶？"余曰："如不尔者，入地狱如箭矢也！"王笑曰："岂以佛而入地狱者耶？"余曰："佛不入地狱，今日有谁与王居士葛藤半天？"王无语。

王曰："师已见行等佛耶？"余曰："岂敢！"王曰："佛真入地狱耶？"余曰："上已具说！公仍不荐。佛不入地狱，有谁教化足下？"王曰："危险！危险！如此之论，大违因明。"余曰："居士，公真如众盲摸象，执一非余，不但不明宗旨，且亦不通教义。今后以余之见，公当于大乘诸经，熟读专研，乃知余言不谬。此日与公寒闹半天，我真无如许精神，为公再搬书柜子也！"王曰："不必！不必！危险！危险！"余曰："王居士，大乘诸经，公犹不据；若是经者，都有不合，那么，释迦老子真该打死！"王曰："若然，汝等宗下人，既不依教，究何归止？"余曰："笑话，笑话！任从江海变，总不为君通。"王噤口，余笑。

书至此，师笑谓兀虬曰："你说我是与他通，是不与他通？"兀虬曰："大地春光，师已为彼泄漏馨尽也！"师笑。

久之，王又曰："余去年在陪都，于陈真如处，见虚云，写了一偈云云，师看如何？"余曰："不懂。"王曰："见行同佛，何云不懂？"余又曰："不懂。"王曰："师何必大智而默？试道一句看看！"余曰："不懂。"如是久而无语。

旋乃晚餐。晚餐已，憩于其厅。余问曰："居士此次由嘉州来，过乌尤寺，见马一浮先生否？"王曰："见。"余曰：

"马先生作么生？"王曰："讲儒讲禅。"余曰："马先生亦讲禅乎？"王曰："姑如是说。"余曰："马先生如何？"王曰："咦！此公似乎近于狭隘。"余曰："马先生当今大德，可称希有，此无论也。居士乃于今之名师大德，都一无可意者，何耶？"王曰："彼之大德，亦同我之大德差不多。"余曰："唉，恐怕他们合成一个，都敌不过公罢！何也？天下只有一个王恩洋也。"

俄顷，王乃曰："余此次来贵寺，纯系友谊相访，决非勘验人，或嫉妒人者。"余曰："莫声明，愈声明愈糟，我也不作如是想也。"王曰："此亦不得不声明，在余昔日，或有上念也。"余笑。

知事请王于客堂，为众开演佛法大意。众集，王讲苦、空、无我、无常义毕。送寮已，知客普书师私语人曰："此人讲得一口好名相。"众曰："诺。"书又曰："彼初到寺时，余便问曰：'居士自成都来，可认识贾题韬否？'他便曰：'他晓得什么？'足见此人还是有些过场。"余笑颔之。通义亦曰："此人讲的尽是取自诸经诸论中，实少自己胸中流出的语言。"余曰："莫管闲事，各顾各的罢。"

初二晨起，洗漱除治已。王又曰："昨日与师谈的不少，今朝还有教赐意否？"余曰："不敢，不敢！通禅应当与居士领教处尚多，惟悭于时间，不得尽其情。然亦通禅夙业所感也，讵尤人乎？"王曰："师如此关门，余尚何言。"余曰："居士太谦！"

晨餐已，王欲辞去，坚付饭寝之资。余不可，曰："今日任云如何,大德都不该如是。"王曰:"何必时时以大德相称!"余曰:"大德不可称,小德出入可也。"王曰:"大德加余且不可,况小德头衔耶!"余笑,王亦笑。

时细雨密作,王戴斗笠,纳草履,背负行囊,怡然将行。其乐道安贫之状如此,亦至感人也。

兀虬曰:师语至此,私谓兀虬曰:"今之学佛,如王恩洋者,百中难见其一,千中难见其一,万中难见其一。何也?盖王恩洋具如是三事,纵不造其极,达其寰,然亦佳士也。汝辈宜尊之效之,慎勿远之毁之,而自侪于世之高倡菩提,内蕴奸慝者。若仅以挂羊头卖狗肉,则犹祸之小者也。"兀虬曰:"云何是王先生的三事?"师曰:"一、甘淡泊如头陀;二、精进不息;三、不舍梵行。"兀虬曰:"然则王先生之见如彼云云而卑陋者,何耶?"师曰:"此初机未明心者之通病耳,乌足以为王先生一人病。倘王先生无如上如是等病,汝其能闻余说如是等语句乎?"兀虬闻语已,踊跃作礼,乃东望嘉州,向王居士三拜,欢喜而再记。

丁行,余送至山门。王曰:"相谈一夕,觉得师的好处太多。然行此一路,似乎障碍不少。"余曰:"不错,不错。但是,若无如说障碍,哪里显得出王居士的路途得力,汗马功高?"王笑。

行又数伍,余复曰:"通禅等业重过多,而路途又不得力。王居士此次辱驾来山,如是婆心,尚未度得某等,未免辜负大德盛意。"王曰:"岂敢,岂敢。"余乃笑曰:"虽然,王居士辜负山僧处亦不少也!"王曰:"有说乎?"余曰:"有。"王曰:"有何说?"余曰:"即此骄慢处,最易陷人。山僧与老居士,当共勉之!"王曰:"诚然,诚然,骄慢之病,任何一人皆有。但是,依我看来,我之骄慢尚觉得甚轻,何也?有范围也。师等之骄慢,以较夫我,则又似重,何也?盖师等有时当骄慢而不骄慢,有时不当骄慢而骄慢,有时处处行行,无一而不骄慢。以我看来,你们的骄慢,真实是无量无边,实为可惧!此某之虑耳!"语至此,余乃大笑,合十曰:"承赞,承赞!然则大德太过誉我侪了。"王笑,余亦笑。

王趑趄不行。余曰:"行也,行也!昨今两日叨叨,私情已结。居士此行,山僧欲赐一物不可,不赐一物未能。析抑叶诗,又大非山人所好。通禅百思无物可献,拟以二句壮老居士行色,如何?"王曰:"好!好!请说,请说!"余曰:"不识峨山真面目,象王鼻孔漫撩天。"王曰:"此是何意?"余曰:"居士何得大智而惑,大听而聋?"王曰:"师意盖谓某不了彻宗门下事耶?"余笑曰:"哈哈,非公境界!"王曰:"然则昨今两日,与师絮絮叨叨者,何谓也?"余曰:"陪老居士游戏耳。若提撕宗门下事,通禅实怕。"王曰:"师之力气如许,怕个什么?"余曰:"怕骇死王居士,通禅遭命案不起!"王笑,余亦哈哈。

王曰:"师有时说话太客气,有时说话又太自满,真是出入卷舒,令人捉摸不得。但是,我总希望你们莫要忽略了教义。"余曰:"王居士。"王曰:"诺。"余曰:"是何教义?"王无语。余又曰:"是忽略?是非忽略?"

余乃曰:"我辈朝朝暮暮,暮暮朝朝,语时,默时,行时,坐时,上堂时,乃至与宾客交际,市儿斗口等一切时,都未丝毫忘却教义!又敢老老实实与王居士说一句最恳切的话,如上所说,一切及非一切处,无一而不是三世诸佛及吾侪的教义!又敢与王居士再说一句,唤什么作教?况义耶?忽略不忽略且置。顾王居士于教义上,似尚未通,乃自未荐取耳,今云云不亦宜乎?不然,若谓山僧之言,强辞夺理,自是非人,远谏潜恶,一切等过,请老居士把山僧之语,蕴在心中,或抄在册上,他时后日,老居士囤地一下了,方知山僧今日曲折,实乃苦口为人,所谓'不惜十指弦,与君千万弹'也!"王曰:"这个也难说。"

王迟迟其行。余曰:"王居士要走请速,不必耽搁路途,要留就请回寺再住几日,山僧与你翻书柜子,扯烂天网。时将及午,不必叨叨絮絮。"王曰:"留则不可,暂时一与师言,此心固不无拳拳耳!"余笑曰:"行也,行也!好去,好去!他时后日,自有见面的因缘。"王珍重而行,余乃陟高凭望,至云生雾集,树远山迷,乃悄然而返。

兀虬曰:兀虬志此帙已,踊跃三百,叹未曾有。讵日激发未来,兀虬实乃先尝法味者也。乃再拜问于师曰:"彼王先生者何如人哉?"师曰:"菩萨中人耳。"兀虬曰:"是何菩萨?"师曰:"王恩洋菩萨。"兀虬曰:"彼之见云云,师曰菩萨中人,益滋兀虬等大惑矣!望师矜我愚痴,垂慈明示!"师曰:"地前菩萨,固无论也。若曰地上菩萨者,实有隔因之迷。汝胡不荐,自取狐疑乃尔!"兀虬闻已,如暗得明。即以此帙缮呈焕老、真老。盖诸山闻此帙已出,争先睹而来抄写者,砚无停墨,纸无停笔。久之师稍知之，进兀虬而语曰："余尚在学，此帙尚未得焕公、真老的谕，汝辈即已抄示人乎？果也，不但显矜己能，而亦大违法统！"忿然言已，冥然在定。兀虬退，于是搁笔封墨，而内楑中。诸山讶之。殊焕老、真老之命，久而不及，此帙遂尔寂然。上月之杪，兀虬得南溪李绪恢、盐亭范仲纯先生函。启读大悦（函附后），走而语诸同好云云，于是诸山有此帙焉。

附函二则

上袁先生焕仙、傅先生真吾书

焕老、真老文席：

生等侍别两公于嘉州。返山后，利师进而语生曰："焕、真二老去后，王居士恩洋来山寻访云。"生曰："若然，必多辩论矣。"师曰："甚多。"生曰："可许学人抄写一二，以自警策，并益来学否乎？"师曰："强半遗忘，都不必也。"生与超师力请，师乃颔之。遂为略说，兀虬笔记，遂成此纸，特恭呈。倘两公见而曰可，即示同仁。不然，火之可也。专此，即叩道祺！

门下生兀虬再拜谨禀

代焕老、真老复兀虬居士书

兀虬足下：

尊函及会语到。师阅后，便置案头。此间同仁，悉已罄览。老诚者曰多事，且云足下等正在途中，何必与人絮絮叨叨，自缓进程。激者曰，天下古今，惟此一事！乃者天步维艰，人心陷溺，而不激扬宗旨，四生之爱河莫济，千圣之心灯莫燃，又何贵有此宗旨耶！两两交争，几成诤论。绪恢、仲纯乃闻于傅先生。傅先生曰："释通禅者，主则始终主，王恩洋者，宾则始终宾。合则一千，分则两个五百。本无实法，何有是处？若曰激励当来，一听若辈所为可也。"绪恢、仲纯又恭闻于焕师。师曰："大拳不弄手，大言不用口。一纸浮言，满口戏论，谁管他的。"云云。鄙意年来异学竞起，有志之士，都自相羊歧路，趑趄两头。孟子曰"天下之言不归杨则归墨"，即是时也！足下欲矫而正之，固无不可也。因风布意，不尽云云。诸为道自珍，不一一。

李绪恢、范仲纯代复

东方学术界之函讨

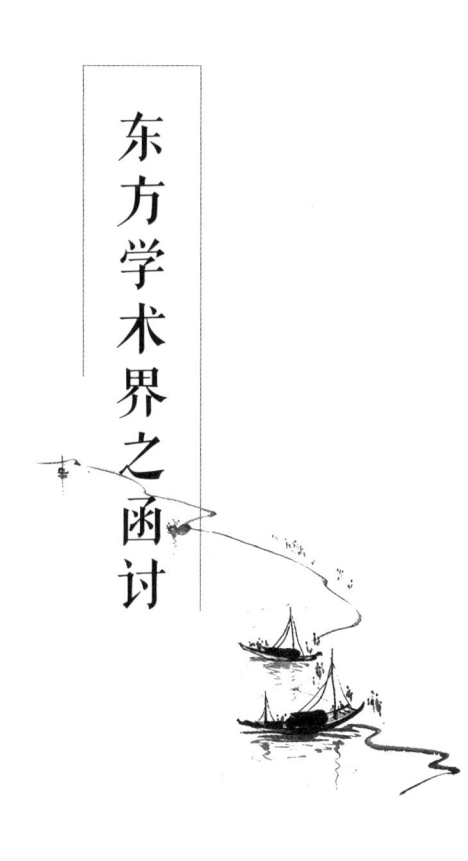

成都傅养恬　辑

東方芸術界之画村

引言

引曰：民国三十四年七月二十日，成都《佛化新闻》社载，释太虚语其侍者赞《维摩精舍丛书》云云，义近支离，语多闪烁。时宾众云集，都各诧之。冀探至言，乐闻新义。于是共推林先生梅坡、吕先生寒潭暨养恬等，修函致候。近奉太虚法师命其书记，于答寒涵信中转示云云。紬绎再四，甚可味也。窃谓振聋发聩，必待黄钟大考之声。涤旧维新，更须能仁一音之转。盖正论不申，邪说横行，此世界之所以日寻兵革者也。乃者天河敛甲，牧野休兵，是以武功而轨人心于一，强力而趋异议于同，虽奠一时之小康，非繇永久之太平。倘习焉不察，或察而不精，祸必更始，害尤滋烈。何也？盖未探得根本真实矣。根本真实者，正论也。然则是论也，必依何正？曰：明自本心，见自本性，而论斯正也。不然，物欲交逞，人我竞争，至理炫于诡说，秽德必累胜行。天下恶能翕然同风，社会于焉失驭矣。

《维摩精舍丛书》新诞于世，社会人士多未普闻。月前养恬得粗读焉,乃盐亭老人袁焕仙先生平时提持之语,而门弟子所共辑者。私意是辑也,妙叶圆通,雅该孔老,申正论,明是非,正人心,判泾渭,厚风俗,鬷万有之和,极人伦之至,明心捷径,见性坦程,诚今社会仅有之说也!忽读上赞,心窃异之。意者法师或有至论,而餍我侪欲壑者欤?众命申候,故欣启请。羁迟至今,乃奉复章。回环读竟,不禁莞尔。养恬固已嗒焉而自息矣。日前林先生梅坡、吕先生寒潭,又以再致太虚法师函语先后见示,读竟,叹曰:希有哉!至论也!初慊多事,固搁置之。既曰,理以究而明,德因激乃大,于抗战初结,新猷始基之今日,诸方硕德都吝金玉,而是书也独见于时,实开正论,风国人,而及世界之第一声也!若曰启发后来,诱掖初机,抑亦苦海航、迷津筏者欤!爰检各篇,叙其颠末,飨我同仁,敬闻大雅。

抗战初结声中东方学术界之函讨

一、释太虚《维摩精舍丛书》赞

袁君以《维摩精舍丛书》托许君呈太虚老人求批判。老人粲然曰："装印精良，大是不易。"掷向侍者。侍者忍俊不禁曰："实际地理，哪来这些？佛事门头，聊备一格。"继而略一翻阅，曰："转解转坚，攻入中坚。转辩转渊，深澈底渊。"又曰："逐人逐物，两样畜生。呼狮呼驴，一般假名。"又曰："摸着向上关棙，当人直明自心。一大群的恶口，都入地狱如箭。"又曰："唤什么作心，为什么要明？本明何用明，不明何自明？"老人粲然曰："侍者一场败阙。"

养恬曰：是《赞》也，自云袁君托许君呈老人求批判。而此"呈"字，甚可味矣。且词语何等亲切，身份何等气派。而袁君不书名，许君不书字者，何欤？至词语工拙，义理通塞，则又一事也。初谓奸人捭阖，必非虚法师意。又维摩精舍同人，深感口头道德，纸上文章，概属空拳捏怪，无益于人，有损于己，以故内勤自修，外不问人。诸方伟论报章，或亦间读，而《佛化新闻》，自本舍成立以来，都未订阅。突该社以函，内贮《时方医书》一册，此赞语一纸，外书"维摩精舍亲启"六字。同人拆阅之，莞尔而笑曰："无聊，无聊！殆无赖辈逞奸，市狯者弄诡，将以坐视吾人之肥瘠也。"故搁置。既而众议曰："虚法师，大德也，或独出手眼，而别行一路，其有至论以饱我侪，兼及士众者邪？苟奸人构祸，一书之质，泾渭判矣。"于是而有下函。

二、林梅坡、吕寒潭、傅养恬致释太虚书

太虚法师法右：

顷阅《佛化新闻》七月二十号载《〈维摩精舍丛书〉赞》一则，涉及法师，不识所载是否事实？苟无其事，敬请即时更正为盼。若有其事，则希发抒宏论。正法攸关，务望慈悲速复为祷！

林梅坡、吕寒潭、傅养恬同拜

一九四五年八月五日

养恬曰：此信发已，八月二十日，寒涵先生乃于林先生梅坡寓邸而转下纸。

三、释太虚语其书记复寒涵信转复林梅坡、吕寒潭、傅养恬语

寒涵居士转林梅坡、吕寒潭、傅养恬居士同鉴：

太虚大师接居士等函，口述，令笔答于下："四月前，老衲于渝寓时，会有许君携赠《维摩精舍丛书》请阅正。病中不甚

看书，叹装印精良，付侍者放外间，闻览之皆赞咏欢诵。登报之赞，当由此出。顷观报载，语虽闪烁，其确为赞辞，难逃明眼。君等如果惊疑，正好作一个话头参究之也。"书记录，八月十二日。

养恬曰：斯函阅已，不禁莞尔。彼时固已嗒焉而自息矣。且驰驱两校，教务羁劳，即不嗒焉而自息亦不可得矣。于是默之。林先生梅坡、吕先生寒潭，有下之二函焉。

四、中江林梅坡先生致释太虚函

太虚法师法席：

寒涵转到吾师法语，捧读再四，益知菩萨行化，动定皆激于天泽，顺逆悉本诸慈仁。梅坡，武夫也，然亦尝侍于大人君子，故知吾师爱人之至，不觉忘情之深。不敢忘，不敢忘。然五浊恶世，众生极难调伏。龙象蹴踏，独脱群伦者，固不乏人。要多靡靡承虚之士，波波渐进之流，若一味以大斧行之，则我佛虚言十二部教矣。师持躬有令德，抵老尤勤宏化，而于改善僧伽制度等议，事虽未集，文彩已彰。此梅坡心所内仪，神所外向，口所欣诵而尽力不能诵出者也。每自忖曰：今之士夫，佩敬吾师者，梅坡虽不居前，实亦未敢或后。非私也，盖重师即所以重众生，而重三世诸佛一切贤圣者也。而师于《维摩精舍丛书》一赞，及寒涵转到一函，有三过患焉，不敢不告。其运大斧邪？其不自知邪？愿师开听。此梅坡素心所激，倘认为舞文弄墨，肆口工心，不但显非梅坡意，而师亦自伤其大也。如何？闻仁者能受尽言。

今举如次：

（一）律己过患。师，僧伽也，不耕而食，不织而衣，凡所有需，皆众生血汗所得，而给之养之。语曰：食人食者事人事，即在平人犹以此律，况所谓僧伽如师者欤？此行者所以重报四恩也。而报恩之切，又莫切于辟邪说，续慧命。故孟子曰："予岂好辩哉？予不得已也。"永嘉觉曰："有疑不决直须争。"读《维摩精舍丛书》赞语，及寒涵转到法语，都云置案未阅，即赞装潢。噫，师果何勤哉？鄙意凡有新著到师案头，义当细阅深镂，是者褒之，非者贬之，所以正人心，辟邪说，续慧命，而报四恩也。今兹搁案不阅，非勤也，惰矣。吾师或耄也，惑矣。乃者邪说横行，四生无所执持，即在贤明，犹悲丝路。所以天下昏昏，二十年间两兴巨战者，是非失经也，大道不明也。狯焉思启，而侵并而肆虐者，于是乎纷然而兴矣。讵有他哉？正论不申，万有之一行未轨矣。

梅坡私阅《维摩精舍丛书》，乃盐亭老人袁焕仙先生平昔提持，门弟子共辑。谓为文失雅驯，艺欠工专或可也。然其言显，其义幽，明是非，正风俗，轨人心，燃千圣之心灯，续四生之慧命，诚孟、荀不足以臻其至，程、朱不足以趣其玄，今社会仅有之说也。鄙意吾师阅后，必如舒州投子，燃香遥拜曰：西川古佛出世。何也？先圣后圣，其揆一也。孰意今不如古，而师竟搁案未阅邪？若曰是集也，理鄙义邪，自当大辟特正，不令窃符矫命，鱼目比珠，使天下后世的然知向，翕焉归雅。此师之责，亦师之武也。而乃搁而不阅，非君子大人及梅坡等心运所及矣。

《维摩精舍丛书》不求人赞，不拒人评，此梅坡所深知。许君者，不知何许人也，独以此书求师批正。师来教亦云不知许君何人。然许君者，以梅坡度之，古之君子，今之英士也。何也？能以此书值大雅，别缁素，抑亦厚爱国家社会，而重圣道者也。师乃搁而不阅不答，不但显失己位，而亦违许君之请也。然师亦知乎佛不违众生之愿者乎？来教云：细阅赞语，却非诽词。是师已自认为赞也。不阅而赞，非诬即诳。若曰门弟子偶戏为之，则师之门风不谨，郎当行法，又误却人家子弟也。若曰行大斧，则不普也。统如上说，不阅曰偷，不正曰邪，妄赞曰诞，违许君之请曰狭，不谨门风曰惰。师乎，师乎！偷也，邪也，诞也，狭也，惰也。所谓报四恩而自律者，又何也？如此末世，享大名得大俸而如师者，且云云，夫复何言！此世风之偷，梅坡私谓师之律己过患也。

（二）接人过患。礼尚往来，物犹奇响。君子涉世，以身为绳。记曰："笃躬而天下平。"是接人以礼，无论乎君子小人也，物且云然。梅坡、养恬、寒潭等上周共致一函，自谓此心勤也，词语谨也，为法重也。好在此函尚在吾师案右，倘破时一阅，自然洞了，无容赘及。此书师不答可也。既答，且为书记握管，尾署师名"太虚"二字，一不费钱，二不费事，三不费力，又何不可也？而乃以书记名，于寒涵信中揉杂示之。噫，师亦太尊贵生矣！丁时舍间略有宾客，傅、吕两先生皆学纯植厚而无动容，不学如梅坡者，心焉慊之。座中有客忽大骂曰："太虚无礼！"众诧。客曰："释迦，佛也，不舍众生。大禹，圣也，犹拜昌言。文殊，智也，不轻末学。彼何如人哉，如是高抗？况傅先生者，历司最高学府教铎，生徒遍国，著述逾伦。而吕先生清流早誉，有政在民。即阁下（指梅坡）者，亦班在将领之末，抗战新归者也。彼犹如是狎侮，我此庶众何缘契法？此毁灭圣道、无行比丘也。"梅坡当以手约之曰："止，止。无躁，无躁。此大匠运刀斧耳。"虽然，崖岸过高，毁尤者众。师僧伽也，彼既毁法，何缘得法？既不得法，长劫沉沦，永没生死。是仁者杀彼慧命也。杀人生命理且论偿，杀人慧命偿当何论？况生命则历尘沙而莫数，慧命亘古今而一灵独存者欤？此君子所以为法惧矣。统上，虽些些一事，以此及余，此梅坡私计师之接人过患也。

（三）沛法过患。来教云，前赞梅坡等既"惊疑，可作为话头参"云云。噫，师耄也。前函尚在，从首及末，实无惊疑二字。又梅坡等自问，此心尚不可得，彼惊彼疑，依何而建？我既未建，师依何法，而知我建？若曰师建，师自师建，何关于我？若曰师我不二，然则我食师饱，讵理事乎哉？若曰寒涵信中有之，果尔，惊疑者寒涵也，何关于我？若曰寒涵恐我等惊疑，寒涵非我，何知我建？师居然以此两字，横加梅坡等分上，是无的而放矢，不但大乖师明，亦伤师厚。且梅坡等分上，一切头衔都安立不著也。又师究以何者为话，何者为头乎？盖未参话头前无话头，既参话头后无话头，正参话头时无话头。请师道一句看，彼话头者，究何居乎？梅坡知师的道不得此一句也。若道得，亦只口里滑油油的，知见上作活计耳，况道不得邪。

又，梅坡等揭忱掬敬，求师大放宏论者，批评《维摩精舍丛书》耳。前函尚在，谁在向师要请话头非话头。师于此书，批判可也，不批判可也，誉之毁之，乃至拭案覆瓮，更无不可也。而乃问东答西，语困支离，为师为人，风世章后，皆不可矣。又师或谓学佛者，成佛者，为人者必参话头，乃能跻及邪？然则释迦四十九年，只合说一"狗子无佛性"，或"东山水上行"的话头，不合昌言十二分教矣。且我佛在菩提树下睹明星而悟道，谬矣。何也？未参"狗子无佛性"，或"东山水上行"等话头矣。可乎，可乎？又，师或谓宗下人必须参话头乃能臻至邪？然则达摩不云"放汝三顿棒"，六祖未参"西方日出卯"，是二大人者，亦不得言吾家宗祖矣。又可乎，可乎？若可，然则师之一领袈裟，众称曰达摩儿孙者，谬矣。统此，语不知顺逆，机不识浅深。梅坡因又私许曰：师之沛法过患也。

统上种说，皆梅坡内激素心，外勤大法，兼爱及师，肺肝之言。千万望师，把善恶是非等法，人我贡高等情，抛向他方，贬在殊土，降心平气，刻实搜检。如检得过在，知得落处，吾师不必问人，自合开口大笑矣。如检不得过在，知不得落处，那么，吾师吾师，实师显陷梅坡，妄讥僧伽，轻侮大德，远大人，入地狱等等大祸。凡师上所犯过，皆梅坡尽犯，抑亦虚费梅坡如许盐酱矣。再，菩萨兴无缘之慈，众生有同情之感。师宏法多年，究于生死二字有无把握？如有，恭喜贺喜，大事了毕，上犯种过，悉是慈悲，悉属菩提。如无，正好把梅坡此函，朝参夕究，不必经，不必论，不必禅，不必道，更不必上下左右，一切支吾，一朝识尽工忘，瓜熟蒂落，发明大事，乃知个事本自现成，真实不虚也。苟或有疑，梅坡住省陕西街一百二十六号，师一函询，定即剖陈。如函所不能及，笔所不能书，师或俨然赐驾成都，梅坡虽至愚不肖，亦当竭力过从，掬诚供奉。但来书不署师名盖章，复以书记名义，或门弟子头衔，倨而行之，不但不答，当亦如师故套，搁案不阅矣。因风布意，不尽区区。

后学林梅坡百拜
一九四五年八月二十三日

五、华阳吕寒潭先生致释太虚函

太虚法师法席：

由寒涵转到法语，捧读回环，令人百感。师功在圣教，名在国家，谁敢不敬！况抵老犹不忘众生，顺逆都关乎慈爱，此尤寒潭心所至佩者矣。前之赞，此之函，游戏也。大君子于百忙中，破时与吾曹闲磕牙耳。林先生梅坡上函，寒潭亦略参微意。然亦有二因：一、抱桥柱洗脚，恐老人有颠越也。二、要此话大行，博老人一破颜也。师见之，计必拍案大笑曰：孺子其跨跳哉！再，梅坡、养恬及寒潭等，皆皈依佛源先师，只以晤教缘悭，未得一见师面，为慊慊耳。大作的侍者或门弟子所为，必非师意，观来书词语，都可了知。不过师年过高，慈心过普，爱儿过切，不知不觉遂兴舐犊之私。事发后，乃为其弥缝耳。然少年喜事固亦人情，盖初生之犊不畏虎，非不畏也，不知也。此后，务望吾师严束若辈，力持禁戒，切实用功，不得招摇骛外。国家正多事，大法之不绝者如缕。若辈苟有成就，时节到来，不患不出人头地，而大沛如来法雨也。不然，师老矣，从此多事矣。专此掬诚，敬候少病少恼！

后学吕寒潭百拜
一九四五年八月二十八日

尾声

养恬曰：古德云，"万法本闲，为人自闹。"此些些一事耳，而津津，而谆谆，而詹詹者何欤？得无逞辞肆笔，将以希世而自鸣者欤？曰：否，否。若亦知乎为人自闹，而亦万法本闲者乎？若知，其庶几乎可与言申正论也。若不知，吾其逞辞肆笔，希世而自鸣者矣。然则是篇之辑也，果何居乎？虚法师固已先乎其言曰："难逃明眼。"

统说《庄子·齐物论》

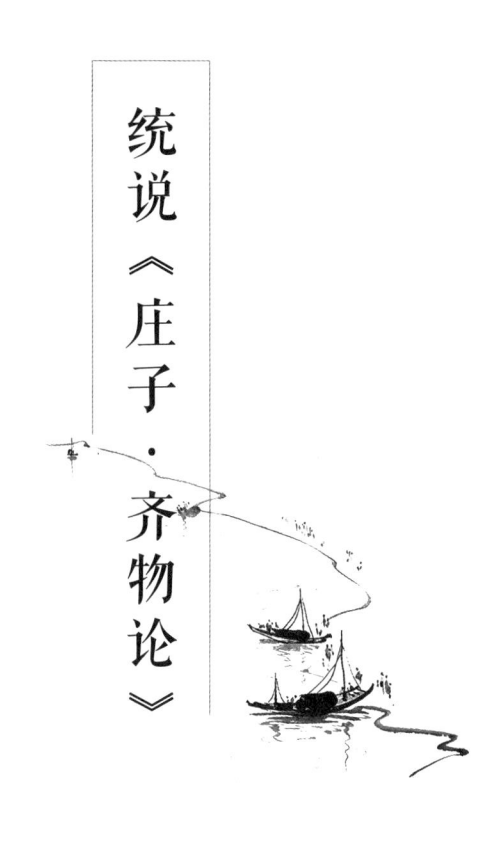

盐亭袁焕仙先生　口授
门人　中江林梅坡　记言

铙说莊子

缘起

中华民国三十七年,岁序戊子,夏五月,成都海众集老宿知识,敷坐于提督东街维摩精舍,恭请先生讲授《庄子·齐物论》。数请,可之。于是先生升座,众礼已。梅坡记言。

先生曰:"以四分说《庄子·齐物论》。初分,统说庄子;次分,《齐物论》释;三分,正文;四分,结说。凡三七日罢讲。首说初分。"

初分　统说庄子

先生曰：庄子者，至矣，尚矣，蔑以复加矣。丁周之际，人心险巇，诐说横恣。田齐稷下先生之伦三千余人，孟、荀犹滞半途，慎到、尹文抑何称焉，余固卑卑矣。说者曰：庄子，蒙人，尝北游梁而南之楚也，然东行不过齐，何欤？抑亦道不欲会，言希应独，《齐物论》曰"为是不用而寓诸庸"者欤？固与孔子西行不到秦殊也明矣。其为说也，至宏而当；其宗趣也，至妙而常；其涉义也，至渊而显；其躬于行而信于理也，至至而无适无不适，殆所谓冠冕百家，括囊千圣者欤！咏其言，泱泱如洪波激海；庸于物，的的若圆器倾珠。噫嘻！人虽有舌遍覆此界，又何以称焉！小师劣执，辟而辞之曰：蔽于天而不知人，方于外而不晰内，密于理而疏于事；甚乃祢托上神，期工宰于丹道；自违帝则，化醍醐为鸠汤。庄子固已先乎其说曰："言隐于荣华，道隐于小成。"不其然乎？今兹中行不驭，异论交干，同门且致衅，而所谓先生者，则又十百倍畴昔也。愿言思之，谓之何哉！

夫庄子之言，至至之言也。双泯人法，不居有无，且忘相见。故其说曰，"今者吾丧我"；又曰，"有谓无谓，无谓有谓"；又曰，"相忘于江湖"，此固昭昭者也。然舍人法，失有无，忘相见，而其言必不至至，何也？依名显实，离名而实不显矣。既及实，匪特无名，实且不可得也。实既不可得，曰至，曰至至，又乌乎而得？此不可得亦不可得，于是乎无所不得，无以名之，权称曰至至。此庄子立言之通径，千圣立言之通径，抑亦尽未来诸贤哲立言之通径也。反之，为莠言，为邪说，为诐词，固不仅涂民耳目，直杀人慧命耳。

若然，颜其篇曰《内》《外》《杂》者，何欤？曰：依名及实，朝四暮三，慰狙怒耳。若曰实有所会，的有所趣，或切有所证，岂若人之法言，必曲士之戏论也。其为德也，如牟尼珠然，方方显色，色色透圆，色显乃方，方是乃色。而是珠者，果是乃色乃方耶？昧者且明，固无待于智者矣。故郭象以自然任天注《庄子》，而《庄子》之说悉自然任天也；海阳程子以阴阳坎离疏《庄子》，而《庄子》之言悉阴阳坎离也；章太炎以法相说《庄子》，而《庄子》悉法相也。吁！知言之难，不亦甚乎！盖以生灭心而说实相法，今人之似，古人之惧；恒人之似，至人之惧矣。又恶恶乎其可哉！

或者曰：说必有宗，无立不破，固所谓纲维者矣。是籍也，洋洋数万言，曰宗、曰立，此何称焉？曰：实际理地，不立纤尘；万行门中，宁舍一法？纤尘且不立，曰宗、曰立，谓非盛暑当炉，可乎？一法既不舍，讵曰宗、曰立，即因、即喻、即支，即一切一切，无不焕然等峙，苟曰严寒拂扇，又可乎？然则果何说乎？曰：非离真而别有处，立处即真矣。若然，是数万言者，一字、一宗、一立，乃至不立、不宗、不字，都圆圆透法尔之全，的的极胜行之至；非然者，尧服而蹠行，萃《典》《谟》《训》《诰》于乃躬，论所谓读破《四韦驮》而不免生死者也。章太炎曰：纲维所寄，其唯《逍遥》、《齐物》二篇。似也，非是也！惑也！亦悖甚矣！篇固非一，纲宁有二？一可赅全，二必罹过。若然，维失功也；维既失功，纲未远过，寄依何寄？故曰惑、曰悖，象其言似，即其义非是矣。然则是固不可说乎？曰：否，否！为止儿啼，故金黄叶；欲假安立，权开次言。

夫《庄子》者，主《内》而宾《外》《杂》者也。《内篇》七，主《齐物论》而宾《逍遥游》《养生主》《人间世》《德充符》《大宗师》《应帝王》者也。

《齐物》释如下：综其论则主"丧我"、主"天籁"、主"为是不用而寓诸庸"。余言悉诠此说，余《内》六篇者，亦悉圆此说。曰《外篇》、曰《杂篇》，则又共注此七篇而共赴此说者也。即此说也，亦达天德者，指令末流明自本体，荐取天籁之权言耳。苟泥，岂至人之法言哉！就其体曰"无我"，形其相曰"天籁"，迹其用曰"为是不用而寓诸庸"。此曰体、相、用，孔曰智、仁、勇，释曰法、报、化。妙德权标曰三，至用实原不二也。末流入德，业必昭于无我。孔子曰，"毋意、毋必、毋固、毋我"；修多罗曰，"人无我、法无我"；《齐物论》曰："今者吾丧我"。盖执我而胜径不由，大业不昭矣。

《齐物论》者，忘我任天以齐于道者也。于初机为步始，于已入为长养，于大人为胜行。道何道？曰：忘我任天，齐生死，一有无，泯是非，类万物之情，飈大和之至而已矣。故主之。然染久泯真，讹亥作豕，囿小失大，泥偏忘全，智者且惑，矧彼愚庸？为利他故，权开次第，故首揭曰《逍遥游》。逍遥者，喜也；游者，行也。综其义，褒大圆小以志于道，喜行此一道也。不然，固步自封，安于旧染，胜径何由？末流既喜行而企忘我任天以齐于道也，惧力未充，或废半途，每欣奇异，覆天立召，败德惟彰，故又次曰《养生主》。《养生主》者，保身全生以养于道者也。既保且全，思必以用。《人间世》者，存己成人以用于道者也。既用矣，德或失充，行每未符，四生之忧，亲戚之叹，行者过也，故再次曰《德充符》。《德充符》者，忘形全德以充于道者也。既充且符，惧滞忘形全德而微翳本明也，故再次曰《大宗师》。《大宗师》者，真知忘形以师于道也。真知无知，忘形实形，末流于兹，其庶几矣。然犹惧滞真若忘也，故结曰《应帝王》。《应帝王》者，体尽无为以应于道者也。臻此，则如所有、尽所有，如所无、尽所无，取之则左右逢其源，从心所欲不逾矩也。

　　至矣，尚矣，蔑以复加矣！故曰，主《内》而宾《外》、《杂》。又曰：主《齐物论》而宾《逍遥游》、《养生主》、《人间世》、《德充符》、《大宗师》、《应帝王》。《齐物论》者，主"丧我"，主"天籁"，主"为是不用而寓诸庸"者也。必曰纲维，宁舍斯说？枝叶其言，此为近是。

若然，庄子之说果如是耶？果不如是耶？曰：是与不是，相与为是，惟是者能是是，余也孰得而是？言真则逆俗，顺俗必违真。故曰：语证不可以示人，说理则又非证不了也。曰是曰不是，宁曰依他？仁者幸自荐证耳，于予言何有哉！且实相澄圆，元音无隐，显微等现，都隐悉如，必曰固闻之于副墨之子，洛诵之孙，乃至参寥而疑始者，抑亦末矣，矧其余乎！

说初分竟，次说《次分〈齐物论〉释》。

（按：本篇仅剩《初分》，后文佚。）

高山佚韵

高山佚韻

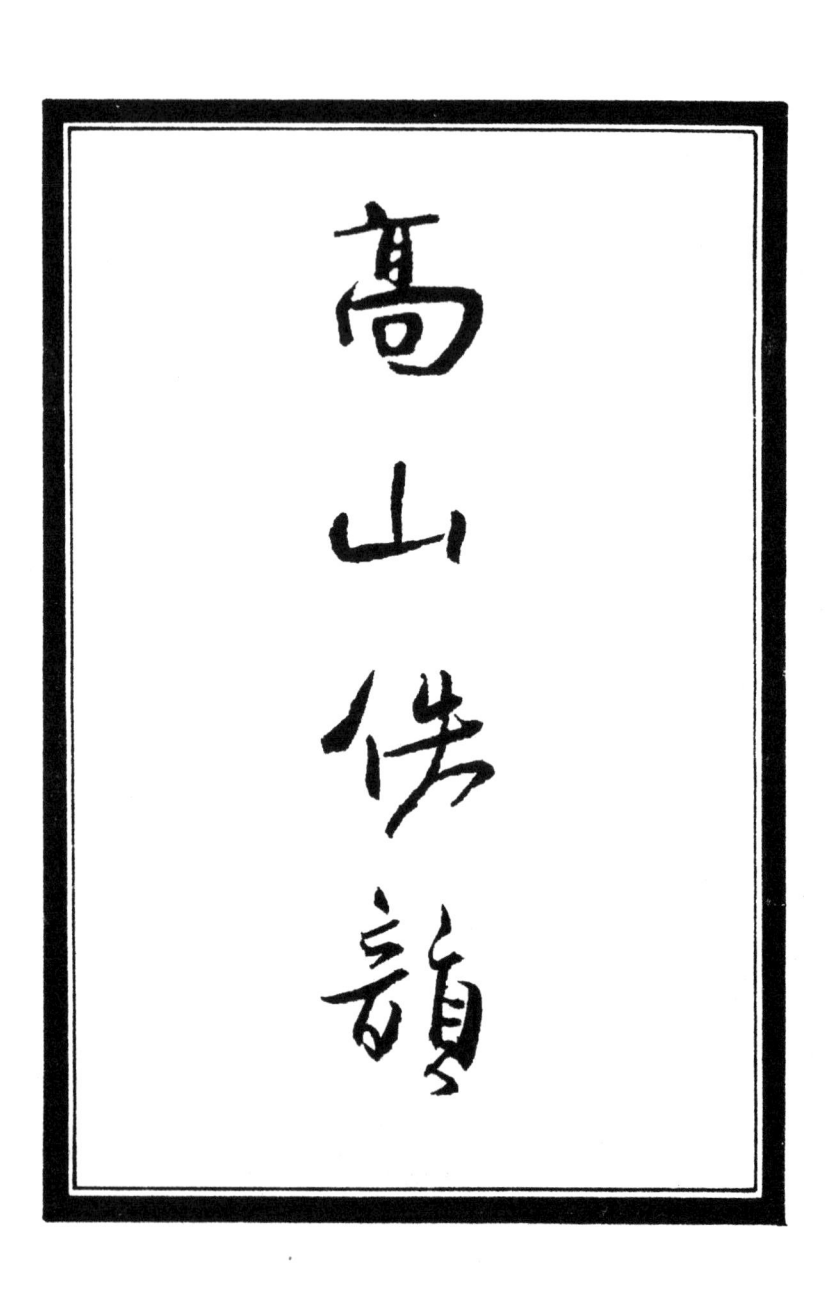

叙言

先师焕翁，凤赋俊逸。辛亥革命后，毕业于四川法政学堂。结纳英贤，志欲固边卫国，弭乱济民。曾勠力于军政界要职有年，行见国家多难，人心缘溺，由是罢政，栖心宗下。数十年，濒于绝者数数，而坚毅罔替，修证玄妙，期宏佛法，拔济未来。

蜀中硕彦大竹萧敬轩、巴县朱叔痴、荣县但懋辛、潼南傅真吾等众百数十人，恭迎先师主导维摩精舍。先师不辞风雨寒暑，日必造舍，餍众启请，敷说上乘，渐集成帙，而《榴窗随判》《黄叶闲谈》《中庸胜唱》《灵岩语屑》《酬语》（此五书为一函，已于一九四四年雕板印行。动乱年间，板已散毁）《心经三讲》《说庄子齐物论》（说共四分，现仅存《初分》，余散失）《通禅与王恩洋》《东方学术界之函讨》（此四书为二函），遂诞于世，总名《维摩精舍丛书》。先师平生常写日记，累帙约数百巨册，颇富懿言嘉行及史料；又或作诗、偈、词、文、联，无虑千百章，都在动乱中散失。近年征集所获，亦千不及一耳。

先师夙应童子试，即以辞章闻，顾先师从未齿及。时或作诗、偈、词、文、联，然亦随作随掷。先师固遊戏艺文耳。门人等以其阐扬佛乘，迪励后进，格高调响，窃常传诵，并辑录成册，孰意竟在动乱中散失耶！今幸征集有获，对此残遗，更觉珍逾珠玉，佥议编印成册，各执以存，传之后代。窃思杜工部有诗云："马首见盐亭，高山拥县青。"先师籍盐亭，是集也，即名曰《高山佚韵》，可乎？

门人　邓岳高伯高谨叙

诗四十五首

题团扇

谁纵烧天焰,河山几点苍。多君能却热,顾我正宜凉。
皎皎齐纨素,盈盈月魄光。仁风随处扇,含笑看骄阳。

渝州道中

不让闲愁压马鞍,一回欲笑一回酸。
涂山有魇迎人暖,字水何心逼剑寒。
未碎琴从春日谱,岂埋花向月中看。
穆王八骏空寰宇,万古应无蜀道难。

缺 题

几派街灯活,一船负缆收。
明知君酒绿,要解故人愁。

汉皋闻夜砧

谁浣溪头素,汉皋月下砧。
声声花外落,踪迹总难寻。

采 莲

日落湖平不树帆,藕花深隐管弦船。
纵饶百计藏踪迹,采得莲回月在天。

谒西湖岳王庙

冰壶挹酒玉函看,浇注黄昏吊岳王。
断碣忍无开士赋,伤魂痛有道人装。
百身铸桧惩徒笑,一柱参天恸正长。
万古偏安南渡意,杜鹃啼血月如霜。

过富春

山水人间有富春,一川晴写小潮清。
自凝腊岸将疏柳,谁道天河未洗兵。
月吐半轮寅夜静,龙眠一夕海潮平。
知君未透他消息,手把瑶琴笑看筝。

浣溪纱

玉容人罢浣溪纱,百卉输春枉斗华。
眉宇清分螺子黛,蜗云红涨碧桃花。
翻莺柳浪回腰嫋,寸蹀莲鞋点静霞。
万古阳台皆是梦,含情抱瑟过谁家。

无 题

座拥群峰覆白云,莺啼深谷不知春。
岩前花雨纷纷落,午梦初回识故人。

秋影模糊月影斜,广寒宫殿有云遮。
嫦娥的许通消息,空馆无人落桂花。

古木杈枒洞口斜,道人归去有云遮。
如何鹤睡岩松稳,几树残阳噪暮鸦。

识得根源认得伊,身心犹自堕重围。
纵然和座都掀倒,尚有烟霞绕翠微。

而今海上铁船浮,笑问庞公杀尽无。
这个如何能杀尽?年年高树影扶疏。

和峨眉山报国寺果玲能登韵

涧底凉风发,松阴乱几层。
云开时见鹤,寺古不逢僧。
北迈寻神秀,南行访慧能。
善来儿女子,何事艳孙登。

数米炊

万金琴剑弃如遗,不数河山数米炊。
座上客来无酒绿,枝头花去有春熙。
大搜书笥争看蠹,已解场围不问麋。
王霸鱼盐几辈子,乃翁扶杖过东篱。

访遂宁广德寺清福上人不遇

斜阳上北岭，塔影下西池。
踪迹明明在，如何不见师？

十里冈

揽辔何方客，斜阳十里冈。
鞭催云影乱，沙拂马蹄忙。
提剑二三子，囊书四五箱。
是轻王霸略，高迈叙伦常。

潼南玉溪偕内晚眺

联袂扶筇出玉溪，山光乱落水禽啼。
数声短笛巉岩外，一派斜阳古寺西。
傍晚客船飞渡急，排空雁字比天齐。
归来或过花前后，明月秋河星欲稀。

无 题

君不见，枯木里龙吟；又不见，髑髅里眼睛。人生三万六千日，凡圣寿夭走烟云。行，行，行，行，高配乎无生之上国，税驾乎毗卢之觉城。

一鞭红照

漫言楚汉事由天，儿戏功名本偶然。
且付河山鞍辔外，一鞭红照出风前。

相关你我他

去马声从竹外过，谁家红粉照颜酡。
传车几度呼难去，绝妙相关你我他。

卷帘人

肩舆排共柳溪东，剑影钗光乱夕红。
多少游丝羁不住，卷帘人在画图中。

无 题

色穷穷尽尽穷穷，穷到源头穷亦空。
寄语迷魂痴儿女，寥天有客正屠龙。

偶　题

寂寞园亭何处寻，江湖日落暮烟深。
数声短笛催樵子，几阵花风乱水禽。
才送斜阳过屋角，又悬明月到天心。
怜他忘却来时路，指点前村是觉林。

台湾高雄

天风吹天浪，斜阳倚舰望。
伫立看高雄，巍巍海洋上。

盐亭落选别金廉溪诸子于南郊渡口

为他扶杖出风前，人在津亭云在天。
怜类马嘶杨柳岸，呼群雁叫别离船。
宁非老子关门见，莫是仙翁河上还。
闻道岭梅开欲遍，临歧一语报君先。

抒　怀

斜阳几处吠邻龙，抱杖临流夜泛舠。

月下呼酤邀客醉，棋前含笑看王降。
补天有术敲顽石，伏案无心对短窗。
莫向明朝江上望，而今斋宿不登庞。

为谢无量先生辩窃古物事

任他摇舌比神仙，云在晴空龙在田。
每笑黄巾知拜郑，或浮绿蚁懒谈天。
谁家粉黛矜如玉，儿戏河山岂管钱？
不是红梅开欲后，而翁眼底久无先。

送女儿淑平同窗管舜英回三台师范任教

送汝河桥外，无言意已酸。
车回涪水急，别惜锦城难。
敷教宜勤课，诲人尚反观。
频频舒老眼，何日再归鞍？

咏新建成就

鬼斧荆淮小，神工继禹高。
五厂犹是劣，六甲远非豪。
处处废邙活，山山瘠壤膏。

如何开老眼,夏水涨新涛。

武汉长江大桥落成七绝四首

桥之成
劈阻洵称妙手功,横空永庆架长虹。
来凭黄鹤楼栏看,南北东西一线通。

桥之阔
车如流水响如雷,桥上侣郎联袂回。
笑杀鱼龙空鼓浪,而今天堑不须飞。

桥之高
鬼斧吴刚不是工,任他美雨与欧风。
有时笑上桥头看,一颗圆舆在掌中。

桥之德
风吹桥上落花尘,从此无劳问水滨。
多少黄莺鸣翠柳,声声唤渡往来人。

笑时人

而道头头善,禹吾无间然。

原非培本后,莫是距枝先。
功利行诚尚,能威德乃全。
春风吹不息,处处百花天。

访中江林梅坡师长

寂寞衡垣宅,春风竹外斜。
白溪田水活,红盖屋山花。
近院琴声逸,迎人犬吠哗。
闲情飞不到,莫或是林家。

赠赖高翔先生

高唱恣他响入云,如何弦管乱若纷。
宵深有客寒吹笛,灯寂无人夜选文。
耨月锄从田父借,忘忧草向女儿分。
平明来看九皋鹤,缄口孤翔不就群。

赠邓生岳高

笑把微尘贮大千,逃秦此看武陵天。
自居以俭难云禄,客有偷心不说禅。
无事访秋频问菊,或时沽酒懒携钱。

任他叩尽西来意,咄口而嗤默若渊。

题赠杨生志坚医所

微笑金风酷,无霜肃满天。
人归花落后,鸟语月明前。
载道深惭圣,行心不问仙。
因怜他病骨,到处一壶悬。

赠杨生光岱

朝出云封径,霄归月满天。
不知何处鹤,时唳到人间。

无　题

纵罄南山竹,还倾东海波。
写君情不尽,噫嘻为之何。

秋日四律步傅真吾先生原韵

其一

黄花红蓼两鏖霜,不是无端恨夜长。

万里寒风吹戍垒,几回好梦到家乡。
河山似醒情犹醉,书剑欲埋气转香。
未肯烟波随钓客,而今人世要伦常。

其二
月冷秋寒菊放花,笑扶筇杖过邻家。
不堪鸟在三珠树,况是人浮八月槎?
寂寂边城怜颇牧,些些故土负桑麻。
为添一谱无思操,自理枯桐自煮茶。

其三
汀洲雁叫不惊秋,月在城南敌万楼。
小坐焚香鸣玉漏,放怀擘蟹醉金瓯。
谁堪有抱矜薇蕨,我自无冠亦冕旒。
闻道王师收蓟北,新开老眼看神州。

其四
夕照枫丹不是红,黄花翠竹本来空。
方圆人自为规矩,坚白谁能辨异同。
对月时煎小凤茗,开襟每笑大王风。
分明点滴无些子,万古云雷一梦中。

残　句

草离离处栖难下，风款款时行欲迟。（过汉皋）

为恐河山颜色旧，昨夜初点寿阳装。（题某君画梅）

笑搁三坟与竹坟，斜阳扶杖远寻君。

人生百业皆儿戏，是谁信口妄传经？

谢却丝桐不问声，寻流或听水禽鸣。

临风红不染，映月白难降。

于成都维摩精舍，或者问："日寇已攻陷武汉了，中国得亡乎？"曰："中国绝不会亡。"问："何也？"曰："祖德厚。"

偈七首

什么是佛

什么是佛？心即是佛。什么是心？心本无心因境有，前境若忘心亦亡，罪福如幻起亦灭。（按：师言此偈揉杂七佛偈而成，晚年常以此偈接人。）

一 径

功德烦恼铸成，如何欲断烦恼？
诸佛都具二严，拈一放一自扰。
况彼祸福皆空，于空何恶何好？
达者头头显智，愚人处处颠倒。
若除烦恼法药，菩提何处寻讨？
烦恼即是菩提，亦无二边中道。

自性本空具足，不假方便修造。
随缘任性风流，一切无剩无少。
透得这个关棙，卓焉吾门种草。
乃知常人成佛，远比释迦为早。
坦然一径平成，昧者规规自小。

一　线

万古夫妇如幻，菩提宛然无绊。
幻人依幻演法，这个无上方便。
如何赤绳系足，历劫修因无间。
今时缘会非虚，琴瑟自应调办。
夫夫妇妇好合，子子孙孙衍蔓。
既为人天开眼，复志般若发焰。
处处显现假有，堂堂觌露真面。
堪笑凡愚颠倒，好色恣情迷乱。
更有二乘圣者，恶色又如涂炭。
似此好恶俨然，何时得达彼岸？
讵知诸法空寂，实际何恶何善？
但能任运天然，大圆镜智常现。
此是无上法船，为君少通一线。

施 食

如来一粒米，大如须弥山。
百味皆具足，供养诸圣凡。
食者离诸苦，见者开欢颜。
细咀此中味，鲜美妙难诠。
既不在内外，复不在中间，
更不在不在。的的香积厨，
的的大涅槃，的的大法船。
诸尊齐来格，菩提道道圆。
下尘嚼不尽，渊渊其如渊。

峨眉山大坪七会给通永

谁将通永任山王，风吹栏杆跌过墙。
食得一茶馎饼觉，担起担儿出僧房。

给李生自申

境来境去，变现万殊。
知去知来，知性常住。
纵汝形销，命岂迁卸？

此性云何,为汝销灭。

给许生仁贵

夜夜井中水,夜夜海洋水。
一样是相思,一样是壁垒。

词七首

洞仙歌·盐亭神仙洞

访红问绿,只青春无价,更有如梭岁华乍。几何时,旧日共读书斋。人不见,摇落斜阳一坝。

念春风梓水,秋月莲峰,多少鸡窗聚头话。九洞读书声,好梦三更,都让与几行桑柘。最怕听江声,正消魂,在野渡舟横,雨台山下。

八声甘州·盐亭高观山

翠扶空,高观媚如鬟,又邀我重来。几回催梦去,梅风短陌,红雨长淮。访旧人都不见,桃李是新栽。惟有岩花在,笑向侬开。

绝顶孤登极目,黯圆舆莽莽,天宇恢恢。指儿时游处,谷响松雷。动幽心，归田下馔。荷一肩，樵唱出云堆。残阳自落溪山乱，泛月呼醅。

江城子·盐亭县

云溪月在紫岩东，晓烟浓，夕阳红。丹渊何处，无计访文同。再向西川寻古佛，云万里，数声钟。

到黄昏，检点芳丛，恨花宫，几番风。正在欺花，槎柳戏筇龙。不信斯英春不管，多少意，月明中。

昭陵口号

中兴一旅，仗剑关河，况拥千军。停辔南阳三顾，人泛痛飘零。血餍猇枭豺虎，几堪他，四宇纵横。不是吞吴失，铸成当年错，八百里连营，帝业于今已尽。

我来纤纤月在昭陵，只有河山孤冷，啼杜宇声声。怕溯剑门遗戍，任抽刀砍石恨阴平。白帝城犹在，总无人会此中情。

沁园春·和友人吴梦如叠原韵

谁补霜天，冰冻云寒，月暗雾横。况琴埋雨外，梅边笛渺。关河听尽，鼓角悲声。一梦沉沉，百啭枝头唤不醒。应恨他，莽共工嗜触，妄想天倾。

狂争羽重山轻，有猎霸猎天蛮触兴。维青林牧道，读老黄庭。月圆花好，倾国倾城。转眼成尘，问他壮士，猎得波心月几层。当休矣，杜鹃枝上夜，已过三更。

戚氏·怀仁思归农赋也

几能堪，河山如醉日无颜。两缕残霞，数声寒角乱遥天。萧然，恨江关，兰舆不到恁回船。离愁莫道能遣，最难消雨后风前。多少芋滥，鸣琴人远，响沉流水高山。况征韶舞夏，篁唱天籁，桐奏无弦。

何处信有桃源。霜飞六月，洌洌北风寒。鸿哀遍、惨争庚癸，痛沸饥阡。心愚愚，忍度一刻似年，再看海内归帆。夕阳冷冷，杜宇声声，又忙花外车钿。

誓割离肠断，瓜期屡变，瞬又丝连。一个眼儿未转，别时遗迹已换桑田。燕来莫到乌衣边，废邱零垒，都峙通詹宅。翠栋宽、塞路天涯窄，凝思久、深悔弹冠。梦任邯郸枕上圆。总输他、晚耨晓耕烟。觅安心药，黄堆短陌，绿涨长川。

莺啼序·悼亡

娲皇手，难补恨，到人天是误。任炉烬，冷骨肝肠，断云酸雨难赋。落红院，双飞燕子，空帘翠卷人何处。无间偕，多少残阳，满庭风絮。

未肯连枝,有同林鸟,覆巢无凰鸶。霄据梧桐看天狼,弦断泪横哀吕。好雁鸿轻输比翼,纵高亮,云鸾孤羽。月明中,吹万沉沉,一翎千古。

矜君劲节,祸户谁开,铸成此大错。痛心六十年终辄,事舅姑了,挽鹿玩熊,忍都无路。枯桐暗碎,推床忘晓,问梅无语春无主。正哇嘘,桀犬千猱怒。枭飞猇舞,鹃啐十里鹅溪,断红万壑烟树。

繁英检尽,若叶甘茎,空寻无一据。更怯检分灯陪读,仰叶添薪,色色风流,转眸皆去。千哦九辨,难招冤魂,摘空来做。金声响,在君知,绿令都如露。悲风声裹檀郎,怕看遗钿,恨堆燕股。

联七首

夔府公园联

风景此间多,上夔门月,开岭外云,一派河山都来眼底。
乡关何处是,听巫峡猿,看天末雁,百年事业又到心头。

白帝城武侯祠联

莫道夔门险,锁不住峨眉秀,剑阁雄,无数野草闲花,去寻子云故宅。
岂真天步艰,竟演成关张亡,吴魏借,多少春风秋月,来吊诸葛荒祠。

某君仕南京，闻在蜀妻逝，请代撰联悼之

鼓盆歌古调依然，忍千里伊人悲来天外。
望夫石旧痕宛在，借一泓秋水涨到江南。

书田军长颂尧唯仁山庄联

景到此间优，茂叔莲青，客儿草绿，陶潜菊瘦，邓尉梅肥，看罢廿四番花风，时或寻僧过梵寺。
人归何处好，峨眉雪冷，剑阁云寒，白帝城空，锦官春寂，数遍三千里蜀道，不如邀月下田家。

题盐亭紫岩联

随意问乡贤，长短经，丹渊集，一样销沉，这古道阳斜，谁点缀高山拥县。
任情批老宿，慈明榜，雪峰球，百般卖俏，看紫岩月出，我好笑佛灯封衾。

题峨眉大坪寺联

此地是普贤道场，来天末雁，开岭外云，数遍尘尘刹刹，都

无非晴空一亘。

何处觅秀头和尚,饮赵州茶,读慈明榜,历尽山山水水,依然是秋月半轮。

赠盐亭金廉溪同学联

人中逢此老,
花下论诗文。

相君夫人传

夫人王氏者，名佐，字相君，蜀之仁寿县人也。父德俊，字伟卿，母氏张；王父曰万省，王妣扬氏。万省公有兄曰万简，娶于党；党无出，伟卿公兼祧焉。曾祖曰廷现，曾祖妣刘氏。廷现公有兄三，长曰廷用，次曰廷僚，再次曰廷洪。世读书，业农，为邑望族。分炊后，唯廷现公独贫，万省公乃偕其兄共迈成都，就时二十年，成巨有，立共号曰万兴。以故，伟卿公得读书，不仕；育子一，曰维荣，字直君，数权县局，名响当时，惜未大显，而废于病。女四，长曰洁君，适华阳邱氏；次曰赞君，适成都童氏；再次曰若君，适皖之桐城姚氏；四曰相君，即夫人，妻焕仙者也。

夫人之初来归也，岁序民国第一丁巳，年才十六耳。美而贤，内慧，喜读书，声音清越，不乐为文。王氏诸倩，年皆少焕仙；王氏诸姬，年都长夫人。每聚宴，诸倩必戏而谓焕仙曰："尊齿几何？"焕仙亦必戏而反诘曰："年且置，诸姬慧美，究复如何？"诸倩咸笑，嬲以俚语嘲曰："诺，南阳诸葛君所得者龙矣。"夫人闻，每私谨曰："亲戚过往，惟礼敬，谑不可也，谑久必疏。"已而果然。

是岁也，故军长张午岚，啸义南中。焕仙权越巂县知事篆，于张为盟友，数电连速，乃偕夫人往。抵宁远，议北伐，略即定，仍偕夫人之越巂。时敌军壁汉源之富宁，我军壁越巂之大树堡，隔江而望，已阅月也。夫人曰："北伐大事也，军旅巨役也。妇人在军，人将谓何？且民军新集，倘不测，君何与焉？"于是乃安置夫人于冕宁之泸沽陈氏，而焕仙独在军。旋敌偷渡，三战陷越巂，七战陷宁远。故军长张午岚走山泽死，我军全覆。焕仙从别道呼援，为敌得，拘越巂县署中。敌帅陈云皋，固焕仙旧识也，然性强黠，而喜多杀伤人。夫人惧不免。一日，夜超渡小象岭。小象岭者，南中最崄巇之巨山也。此为禹历正月，即在盛暑，径雪犹封，夷匪纵横。自逊清以至于今，虽壮夫不结队，不卫兵，不敢行。而夫人仅一弟、一卒、一舆，竟达越巂县署。既见，焕仙惊喜，夫人气结，神怆眉抑，而肢体癯弱不胜，泣满眶，而不能致词。焕仙微笑，诘曰："若何？"夫人拭涕，仰面抗声而言曰："事已至此，夫复何言！成败天也，惟君性介，励名节，不肯下人；彼强黠，是非自恣，而喜多杀伤。妾虑君早晚必不免，来从死耳。"焕仙闻而怆之，色久乃霁，曰："甚是，甚是。"乃安置夫人于越巂县之典狱署。陈氏已悉有宁远总司令熊克武入主蜀。陈还，自宁抵越，戮数人，囚数人，笞数人，释焕仙禁。因其故人，陈知典面畀以三要职，固屈不可，乃礼送焕仙与夫人返省。丁行，握挽而语曰："左车之师虽败，严颜之气犹雄，今君固有之。"

是役也，先后百二十日，中频于险者数。夫人与其弟直君昼夜奔救者亦数数，焕仙都未之知。当夫人之优游宁越也，莲弓朱履，雪氅戎装，乘玉骢，卫壮士，尾婢从。有老妇人者，道而观之，为马蹄仆几绝。从者扶之起，慰曰："过从如彼，而当道者何欤？"曰："予艳彼人之美，顾而忘余，自所致也，休休。"与之金，不受。及赴越巂之难，壮夫犹难首程，时市众有知者，每指而相与语曰："是夫人者，固艳如桃李，凛若冰霜者也。"抵省，王太夫人命其徒施云龙郊劳于万里桥，初觌之，喜哭各无声，盖成都谣称焕仙与夫人已殉于军矣。越二年，陈高焕仙之行，复亲书一幅，内释"左军之师虽败，严颜之气犹雄"数百言，亲来存。旋焕仙署盐边县知事，夫人以妊居省，未赴任。

夫人之既来归也，日谓焕仙曰："为人妇而不即拜姑嫜，不仅违礼，情讵堪乎？君不能疾归省，妾请先得事姑舅，供晨夕，虽藜藿自甘之，井臼固吾分不辞也。"先母谭太夫人亦思即归夫人，而军火连年，于役违志，不但迎养无从，即遣夫人独归亦不可得也。民国十二年春，焕仙随军在川东之邻水，夫人在省，得先母谭太夫人恶耗，忿不欲生，匍匐驰回舍，夫人亦于成都兼程来赴苦块中。当夫人之初归就苦块也，衣麻斩衰，体弱不胜风，哭泣不成声，水浆不入口。一时戚族数百人，环而观之，都越赳于邑，靡不泣下沾襟，叹之，恤之，赞之，不失于口。姨母李，先母之女弟也；姑母曹，先父之女弟也；曹夫人，甥世毅之母，焕仙女弟也；哭之，叹之，慰之，尤逾常伦。然夫人亦因此而病，且大病矣；既病，邑名医者，踵而接，都束身不肯主方者十余日，于是迷离不言语，或谓必死也。俄而，欠伸呼饮，众惊喜，急进之。久乃曰："曩见一母，年老，若体若风，态度慈祥。若启户，徐行至榻，坐执依手，笑而谓曰：'儿识吾否？'依曰：'不识。'母曰：'吾，儿母也。汝病不合死，忧伤逾度，骤所感耳。吾位尚未安，儿其宁乎？善自慰，吾家大事当在儿也。'言已，从容而逸。"夫人又言其容止懿行，姨母李、姑母曹、女弟曹，都跃起而共諰，继以涕曰：是吾姊也；是吾母也。共推夫人孝感，各噩异欷歔者久。乃闻焕仙，时夫人在病中，固不知先母之主尚未树也。于是疾树主，主树，夫人之病若释，而体健神逸，尤逾初来归时也。

　　焕仙之宾川康绥靖主任公署，充直鲁豫巡阅使署高等顾问，署理夔关监督，长联军总司令部军法处，而叙，而泸，而渝，而万，而东西南北也，夫人都随任。性慈，喜事佛。师德高上人，决志心宗。每决狱之前夕，必斋而请于焕仙曰："法固当死，人情谁不乐生？且此土名娑婆、曰娑婆者，阙坫也；阙坫者，烦恼也；烦恼，罪也。人孰无罪？固黠者深潜，愚者易败耳。谁无父母？苟妾与君有子若女不幸而干重戮，情为如何？今君实司其柄，愿存妾言，以膺多福。"又，焕仙复谨家大人家慈庭训曰："无残而心，无奸而行，无恣逞以杀生。"以故数年之中，平反大狱者数数。于万，有青年持枪昼劫轮船者，执事捕闻。时焕仙与总节燕游乎缁帷之林，休坐于巨石之上，总节以囚付，谓焕仙曰："急杀,急杀。"焕仙曰："诺,会当鞠之。"总节曰:"不也！夫昼而行劫,不戢必蔓。且人将偷法,而谓我何耶？急杀,急杀。纵诬,牛马吾自任之,非干若也。"焕仙起而对曰:"囚不付我,公杀之可也。既付我也,理固当鞠。曰牛曰马,其另一事也。"于是鞠之,尽其状。青年者,固豪家子,富埒乡邑,一身祧两宗,养骄者也。仇者陷之,且伺其财。情既得,于是笞而释,责其怀璧也。狱定,市众手之舞之,茶房酒肆,无不口津津之,曰："允狱哉！"夫人闻之,喜,敛衽而语焕仙曰:"君乎懋哉！必有后矣。"

夫人好施与,不乐饮酒杀生。居夔关时,有巨大人者,排闼而入,伏地泣求救,异之,惊觉,盖梦矣。既醒,不得成眠,及晓,门者驰报曰："有巨鳞,长逾舟,约数丈,为渔者得,将以鬻诸市。屠者十数,鼓刀而望,惟价尚未允耳。"夫人闻之,即遣介往购,值百二十金,于是把注戚好,足值以偿,纵之于江。鱼既脱,绕水三匝,举首三望,似若鸣谢者然,乃悠然而潜逸。当是时也,川江最难闻睹者如是巨鳞。以故,观众数万人,无不喷然称异,心焉沛慈。金曰："稀有哉,得未曾睹也。"

焕仙弃罢政,偕夫人共师吴兴吴梦龄先生,谘决心要,朝夕不肯自替。而夫人慧,先焕仙得入处,应机尤颖,语具《维摩精舍丛书·灵岩语屑·灵岩访问记》中。然焕仙钝,寝馈于斯,废读绝智,访知识,参大人,历山川,而数数频于绝者十有一年。家政固夫人躬操之,以故累病。时蜀中硕彦大竹萧敬轩、巴县朱叔痴、荣县但懋辛、中江谢子厚、潼南傅真吾等众百数十人,挽焕仙主导维摩精舍。时圣道沦胥，异学蜂起，且焕仙陆沉既久，而蜀为父母之邦，以故，凡庸轻之，魔外交诋，权小共讥。曰卓敬亭者，毕业于大学，悬壶于成都，声名赫奕，固迥出伦侪者也。时品茗嗜弈，与焕仙过从数年，或弈或茗，都无可否，或轻重之。会弟子辈来请授经，卓曰："谁乎？"焕仙曰："唯，唯。""若亦能授人经者乎？"焕仙曰："唯，唯。"卓曰："愿就闻可得乎？"焕仙曰："唯，唯。"于是卓随众就听位。既毕，北面长跪，涕泣而请卒受业为弟子，曰："从此不敢有目相天下人也！今与先生娴处数年，而不得知其所蕴，轻大德，侮大人，远有道甚矣，罪不容于死，愿矜存之。"焕仙扶之起，笑而慰曰："固友也，而自卑牧者何哉？且尧舜亦犹人耳。"卓终不能自释，发忿怨责，七日而卒。斯时也，成都酷暑逾过往，老弱壮少，夜每不能就榻；街衢巷道，通宵露宿者枕而相藉。夜半常自惊走，言有魅噬人，一惊百警，动遍全城，或仆或伤，不可以计。然迹之无物，侦之无兆，而实无一人噬于魅，如是者累阅月。又精舍屋顶有双鸟共仰一瓦，内盛鸡卵，复覆一瓦而逸，舍之人梯而拾食之，至再而三。又授经时，有大声震屋上，或吹气如喷，夜半犹甚。以故，街衢巷道，酒后茶余，都喷喷然言妖异。卓既卒，其妻恸之，白于人曰："何妖乎？酷暑授经，言仁义，说了生而脱死者，妖也。"于是偕壮夫数人，躬自来质诘。焕仙与夫人理却之去。欲辍讲，夫人曰："君乎，圣道沦胥，宗旨坠地，四生失仰，抑亦久矣。幸而君有大气力，乃阻于小挫，而颓丧者何哉？且妖异叠陈，魔宫已震，振法螺，击法鼓，正是时也。大道之昌，如操左券，今云云者何哉？"语未卒，焕仙起，以手约夫人口曰："住，住。非夫人不闻此语，吾行矣。"于是即就精舍主授。三日大雨，众议息。秋九月罢讲。精舍有榴十年而不花不实也，于是吐艳，一蒂三花，遐迩休之。王总司令治易、吴厅长景伯、甘厅长典夔、林师长梅坡、翼如、谢司令庶常、吴司令敌、徐剑秋、傅养恬、吕寒潭、萧奉来、释通禅、通远、通宽诸仁等得先后来集，而《维摩精舍丛书》遂诞于世。

敌帅陈云皋者，楚产也，老于乡。抗战时，犹啸其族与乡人数千却敌。丙戌，焕仙赴国民代表大会，主讲于都。陈闻，以书来索《维摩精舍丛书》，洋洋千言，皆自手出。而询夫人与焕仙，年来丧乱，犹拳拳之。

夫人为焕仙举男三：长曰本端，次曰本庄，再次曰本敬，都早卒。女二：一、本宁，字淑平，自产也；二、本一，字季平，螟蛉也。国难后，王氏诸姬，皆已先后没。王氏诸倩，都散亡走四方。王太夫人犹健存，奉佛。而夫人今夏，乃以家政授儿曹。

西历一九四八年 岁在戊子秋

邓先生春和暨德配袁孺人生墓表

邓先生春和者，名登台，字祖禹，蜀人也。以清同治乙亥五月诞盐亭司空山之邓家坪。父廷文公，母胥氏。延文公有子三，先生其次也。王父曰朝富公，王妣许氏。世业农。先生生六岁而廷文公卒，家贫，胥孺人稼穑纺绩，手足百茧，以送之读。而先生慧，涉诸籍，过目辄成咏。长焕仙十龄，焕仙赴童子试时，先生屡列前茅，老宿下之，而名已震全盐矣。

孺人袁，吾家文治公之子也，年才十五而归先生，老宿虑其难立。殊孺人谨敏，今兹年且七十有九稔矣。有子四，孟曰恕，仲曰意，叔曰愈，季曰悫。孟主政于家，仲佐之，叔秉四川大学教铎，季肆业四川大学。女二，都彬然齐礼。

当邑人王用楫之荐于乡也，先生慨然长啸曰："嘻，科举者固如是乎？"于是辍时艺，搁举业，锐力田，纵观古今中外群籍，而设帐笔耕，间躬垄亩。孺人则勤操家政，稼穑纺绩。后启夏屋，广山林。弟子遍盐、南、剑、梓，众推之，不肯名，咸曰老师。

清鼎革矣，国家有事于康藏。先生曰："都主社稷而不利封疆，讵曰谋及后人，实亦自灾乃躬也。"遂搁所治，奋辔而逸。与焕仙晤于打箭炉，津津焉谈天下国家事，乃说谋当道，数数不合。先生度其说终不能售也，谓焕仙曰："乱其未艾乎？君有大气力，可左右当代贤豪共驰骋。余倦也，当归而蛰，坐看公等射猛虎耳。"因返辔，仍设帐，潜心内籍。凡字孳、兴学、利济、敦族、急贫乏等，无不躬先而优就之。

中日之役，国家仅保西南。敌逞轰炸，每数月不辍，而成渝尤甚。先生于盐，独孑然自迈来成都，与焕仙论《中庸》"生物不测，为物不二"义。数月，得胜解，曾不一言及天下国家事。客春，其子愈与惪躬迎养先生与孺人，复来成都。花月之辰，风雨之会，无不与焕仙偕之。而精神矍铄，胸宇廓如，固所谓即此离此，超然寄外者欤！冬归，焕仙祖先生于北关，今兹未期年也，愈与惪以先生书来，求表己与孺人生墓。焕仙曰："嘻！是翁也，生而墓者何欤，况表耶？"盖所谓齐生死、一有无，自化而化人，爰及国家天下后世者欤！表曰："而夫也能，而妇也矜。以通夺塞，居夷若厄。斯人斯人，而仁而仁。冢高高兮，曰生而坟。固所谓齐有无、一死生。坟兮坟兮，古之型，今之型。"

西历一九四九年　岁序己丑秋八月

国是主张及宪法意见

國是之張及憲法意見

前言

政莫要于知本，祸胥肇于错误：历观中外史乘，无论其国之政治，为寡头、为多头、为君主、为民主、为社会主义、为资本主义、为法治、为人治，而数千年来，杀人盈城，流血成渠，从无百年乂安；其间纵有一二贤明者出，要皆伪奠一时之小康，非飚永久之太平；极其至，讵有他哉：不知为政之本，而认识根本错误也。

何谓认识根本错误？谓认识不正确，执一偏之见，而昧大体之全，自以为是，自误误人，始滥觞而终滔天，遂激国家社会于不可救。如进化论出，演成强大民族侵略弱小；如唯物论出，演成阶级斗争，残杀惨祸；如优生超人之说出，则又演成法西斯之暴厉行为，发动大战，祸及世界，流毒他邦，自饮鸩毒者：皆认识根本错误也。

何谓知为政之本？谓认识正确，无一偏之见，而明大体之全，动而世为天下道，行而世为天下法，言而世为天下则也。盖认识错误,源于学说错误;学说未到究竟,根本理由不明,一切理论,都为错误。所谓众盲摸象,非不象也,然非全象;谬燕石而曰玉,非不玉也,实非真玉;如西方哲学,数千年来,不困唯心,便蔽唯物,有一偏之是,无究竟之全者,不知本也。为救斯病,不嫌费辞,爰赘及之:自泰利士始创物质论,继之者,赫拉克里特、恩比多克、德莫克里特,皆一期大家(唯物);苏格拉底出,哲学发展方向一变,柏拉图建立观念论之体系,亚里士多德集为大成(唯心);其后,伊璧鸠鲁、与斯多利亚,又形成心物两学对立之局:此古代哲人,不困唯心,便蔽唯物也。至中世纪,希伯来文明代希腊而兴,名目论、即物质论之变相(唯物);实念论,即观念论之乔装(唯心);近世纪文艺复兴,希腊文明复活,物质论,可远溯自柏吕诺,而培根实为其真正创始者,至于霍布斯、洛克等,皆彼时一期大家(唯物);观念论,有来布尼茨、柏克来、休谟等,为其重要代表(唯心);此中世纪近世纪哲人,不困唯心,便蔽唯物也。晚近物质论,盛于法兰西,以那梅特利、第德诺、赫尔维修为中坚,荷尔巴哈集其大成,然其时,早有笛卡尔二元论之折中无效,乃至康德之调和过渡,而复归于观念论,即菲西特、谢林格、黑格尔等一系也(唯心);物质主张,又以费尔巴哈为首,及至马克斯建立新姿态,集其大成(唯物);此又晚近哲人,不困唯心,便蔽唯物也。据此:数千年来哲人,皆落此窠臼而不能自拔,悲乎!悲乎!至于费西拉、冯德等之同一论,斯宾诺沙、罗素辈之中立论,皆欲跳出此窠臼外,别寻根本,无如其力未充,遂难实证;又休谟已悟入无心无物,而自兴怀疑；黑格尔已悟入绝对，复执以为是，遂滞半途；既落窠臼，既自怀疑，既滞半途；自且不明，其为说也，有一偏之是，无究竟之全，不亦宜乎？且一时代之政治思想，常随一时代之哲学思想而去取变迁，学说既错，政治宁曰不错？于是误人误己，遂祸及社会国家于不可救也。

所谓知本者，不困于心，不蔽于物，换言之，即彻底了彻宇宙真实，彻底了彻人生真实也。了彻宇宙为知他，了彻人生为知自：凡一理，非自他不立，凡一事，非自他不成，当国为政者，不了彻自我，为不知人情，不了彻他我，为不识时务。何谓自我？独立非他曰自。何谓他我？对我非自曰他。自他何以都称曰我？谓一体而异名，异名而一体也。知异名，则人我井然，明一体，则自他不二。盖社会古今，任何一事，不离自他，任何一理，亦不舍自他，宇宙一切一切，悉基于此，全世界人类物类，乃至一切一切，有情无情，动植矿，声光电，已举未举等类，亦莫不悉基于此，当国为政者，不于此而彻底了彻，人意不齐，物情万殊，欲折冲鼎俎，而登其政于大和，跻其国于丕治，缘木求鱼，不亦难乎？何也？昧于自我矣。自我且昧，他我宁明？不能明人，而居宁人位，操宁人柄，有不折鼎足而覆公𫗧者乎？此古人所以有懔乎以朽索而驭六马之惧也！不然，纵有嘉谟善政，皆为情度意量，偶合其辙，不过伪奠一时之小康，稍一失驭，败亡绝灭之祸立至，古今史乘所载，如出一途，前仆而后不知惧，且又继者，实未了彻自我他我，聪明睿智，不足以有临也。然则自我他我，当依何而了彻？曰明本。本明，则自他不二，自他井然，如观掌果，如察指纹，烛物无私，仁明归雅，于是乎智仁勇三德齐该，民胞物与之怀悉沛，以之图功，何功不克？以之立业，何业不京？以之治国平天下，协和万邦，所谓集体政治，共存共荣者，无不如事而集，如理而成，自西自东，自南自北，无斯不服者也。

今者，大难敉平，神州底定，海内贤哲，萃聚一堂，共谋创立万世宏规，永膺无疆之福，谨以上说，发为国是主张，宪法意见，刍荛之言，尚冀仁明，俯为亮察！

国是主张

国事棼如，万端待理，今就其政治、教育、经济、军事、外交五政而言，个人管见所及，其最要政针，宜取如次：

一政治——贤人政治。

二教育——人格教育。

三经济——计划经济。

四军事——以政治军，以军属国。

五外交——独立、自主、和平、互惠。

总计上之五政，分举如此：

一　政治

吾国政治，数十年来，力图刷新，而其进程，反趋恶化者，党同伐异，失政治道德，违官人惟贤之古训也。以故，百弊丛生，民不堪命，虽有善政，行之变质。于是贪污成风，贤达远引，狡黠恣逞，滋扰百出。今欲救之，首当改途，爰提数事：

一、设官分职，不分党派，实现贤人政治。

二、选拔人才，以考试为主，甄审辅之；惟考必核实，取必录用。

三、行政机构，简单化，合理化；废除骈枝机关，简化行政手续。

四、尊重公职人员人格、地位，保障服务。

五、监察制度，当广推行；严惩贪污，考核勤惰。

六、保障人民权利及自由，速即施行政府公布之提审法

二　教育

教育文化，民族文野攸关，国家休替所系，无论何国，莫不以其本位文化为基础，而接受外来文化。善者取之，不善者舍之，所谓去糟取醪，以教国人。世界各国，立国历史，惟我最久；其所以维系至久及今者，讵有他哉？力行人格教育也；何谓人格？格者、界也、谓做人必有人界，反此则不界于人也；然则界何界？谓界于五伦也。五伦者，父子、兄弟、夫妇、朋友、君臣也。君臣一伦，在封建时代，范围甚狭，若以今言，凡事业有

主辅关系者，皆君臣关系也；做人在父子一界，义当孝慈；在兄弟一界，义当友悌；在夫妇一界，义当贞顺；在朋友一界，义当直谅；在君臣一界，义当礼敬。反之，父不慈，子不孝，兄不友，弟不恭等等，则失伦，则失界，则失格；既失伦，既失界，既失格，则不得谓之人也。于是朋友屏之，礼义绳之，法律裁之，使其行为各尽其类，则彝伦攸序，社会自安，国家自治也。今兹民族运蹇，国势不张者，实源于不申张五伦，不恢复民族固有道德，不以本位文化为基础，而高唱今之所谓新文化教育也。新文化教育既兴，五伦遂失，人格以丧，私愧横行，秩序大乱，以礼义廉耻为迂行，以巧谀奸诈为能事，以祖宗成宪为腐朽，以殊方他土一二不彻底学说为矩律，削足适履，李借张冠，毒己毒人，遂祸及国家社会于不可救；若曰立国大经，立身大本，渺乎遂不可求于今之世矣。爰检数事，敷陈于次：

一、力行人格教育。废除党化教育，恢复民族道德。

二、发展本位文化，接收外国文化，汇通中西，建立世界新文化。

三、积极奖励研究科学、哲学、宗教、及创作艺术，提高本国文化水平。

四、扩大设立编译馆，特聘专家，介绍新学术。（外国有价值之出版物，立刻翻为中文，向内介绍，本国原有或新出之作品，立刻翻为外文，向外介绍。）

五、改进教育制度，重新审定教材。

六、注重科学教育，必与生产机构配合，期收实效。

七、普及国民教育，积极扫除文盲。

八、扩充职业教育，增进人民服务能力。

九、安定教师生活，树立尊师重道良风。

十、校长不负事务行政责任，以期专功。

十一、改善留学制度，依法增派留学生。

十二、资助贫苦青年就学、升学，实现学术研究创作奖励制度。

十三、奖励私人设立学校，补助民间文化事业之经费。

三 经济

年来通货膨胀，百业凋敝，民固困穷，国亦贫乏。虽曰影响原于战争；实亦财政失经，贪污为祟。此项除在宪法意见提供原则外，兹就目前经济、财政、应注意之点，略陈于后：

一、制止通货膨胀，稳定物价。

二、严禁官吏经商，肃清官僚资本。

三、国营事业，应力重效率，根绝贪污。民营事业，应尽量扶助，资其发展。

四、发行土地债券，收购大地主土地，以便战士无业者授田。

五、发展国际贸易，应保障民族工业。

六、改良税制，根绝苛杂、与非法摊派，简化稽征手续。

七、财政公开,厉行预决算制度。

八、彻底实行国民党二中全会议决实施之财产税办法,以便提高公职人员待遇。

四 军事

军在私门,天下以目,于国于党,于己于人,必尸大咎。极宜以政治军,以军属国,而杜一切弊端。至于整军建军,设备国防,当力求最高度之现代化。不然,匪特无以宁人,实亦不能存己。盖大武固防,以与世界酷爱和平国家,安定远东秩序,维护世界和平,实曰弭兵,非云好武。

一、军队国家化,超然化,专门化,力革武人专政乱政恶习。

二、军政部长,应以精明政治、洞悉世界情势者合选,军需应绝对独立。

三、提高军人待遇,军人不得参加任何政党。

四、增强国防技术,发展国防科学,充实国防设备,建立最高度之现代国防武力。

五、整军建军,应合国防需要。现有军队,当切实缩编,兵员素质,尤须力求改进。

六、振饬纪律,严明赏罚。

五　外交

实现共存共荣，固需稳定集体安全之机构；而集体安全之稳定，胥赖乎外交。一言而化干戈为玉帛，一言而转玉帛为干戈，都于是乎系。吾国粗奠新基，外交至为重要，兹摘数事，以供参酌。

一、本平等互惠原则，建立独立自主之外交政策。

二、拥护集体安全制，促成举世一体之和平机构，根绝人类战祸。

三、反对任何国家种族军队攻守同盟。

四、反对国际一切秘密协定。

五、在列强对峙下，应即完成我国在太平洋上之重要地位，以维护世界和平。

六、与美英苏法及其他酷爱和平国家，致力于经济文化之合作，以促进世界繁荣。

七、实行国民外交。

八、整理外交文献，培育外交人材。

宪法意见

宪法为国家根本大法，衣之领，户之枢，人之脑，国家诸法之汇海，至为重要。考诸世界史乘，为宪法而不惜牺牲流血者，先例炯然。良以此为文明国家所必建，而供遵循者也。吾国以四十年之艰苦奋斗，罄敌国之财，竭移山之力，智士填膺，壮夫喋血，都从事于宪法运动，宪政建设。凡我同胞，倘一回忆，此四十年中之运动，此四十年中之竭力，此四十年中之喋血，老弱转徙，城郭圮墟，父母不相见，兄弟妻子离散者，此心此境，当为如何！幸而天心厌乱，人谋孔多，我友为良，敌焰乃剪。今兹中华民国第一次国民代表大会，诞于四十年中，宪政运动，宪政建设之最末一环，且以五五宪草为根据而增损改制也。查此草，本五权宪法之精神，摘近代先进国家之菁粹，迭经贤达，集议创成，其条文程序，固已大具新型。不学藭陋如焕仙者，夫复何言？良以众擎易举，衮犹补阙；鄙意，共处陋舟，渡此洪涛，稍自不谨，灭顶之祸立见，尤当回忆四十年中痛苦，痛定思痛，苦中味苦，屏去成见，咸与维新，不立一党之场，不就个人之益，不徇情，不畏势，不以逆我而非其嘉言，不以同我而是其曲说，成兹大法，奠我中邦，讵曰个人之幸，国家民族，胥于是乎赖。个人于斯，略有数意，提供亮检，类举如次：

第一章　总纲
一、国体应以民主共和爲大本，不可涉及任何一党嫌疑。
二、国都应定北平。

第二章　人民之权利义务
关于人民之基本权利及自由，宪法上应明白规定，不得以任何特别法令加以限制。

第三章　国民大会
一、国民代表大会，应设常务委员会。否则总统将等于不对任何人负责，非若内阁制之行政部，可对国会负责。
二、国民代表任期，应改为四年，开会期间，应定为两年一次。因八年任期太长，人事难免无变更，会期三年一次，国事难免无变动。
三、召集权，应定为自行召集。

第四章　中央政府
一、总统、副总统，任期四年，以期与国民代表任期相符。

二、考试院对于中央及地方公务员之考选、铨定，应有充分具体之规定。否则不足发挥其考试之精神。

三、监察院对于中央及地方公务员之弹劾，应有具体有效办法之规定，否则不足表现五权独立之精神，而于行政救济，不生实效。

第五章　地方制度

一、中央与地方，应采均权制度。

二、定省为自治最高单位，缩小省区；省长民选，任期三年。

三、省在不抵触宪法原则下，得制定省宪。

第六章　国民经济

一、国民经济，应采民生主义为基本原则。

二、关于土地政策，应有明确彻底之规定，以便耕者有其田。

三、关于节制资本，应作具体有效办法之规定，以谋国民生计均衡发展。

四、关于劳工政策，在保护劳工利益之原则下，应作周全具体之规定，以使劳资之能切实合作，共同发展生产事业。

五、关于农业政策，应以农业工业化为基础，进而谋农工业之配合发展。

六、关于社会救济事业，应作完善具体之规定，以谋国家社会之安定。

七、关于关税保护，宪法应有明文规定。

八、钞票发行，应规定由立法院决定其最高额，非经立法院决议，不得变更或超过。

九、中央财政、与地方财政，应有明白划分之规定。

第七章　教育

一、全国公私立教育机关，不得施行党化教育，应有明白规定。

二、中央教育经费，应规定占总预算百分之三十。

第八章　宪法之施行及修正

第一百四十四条之规定上，应增"在地方自治未完成之省，其省长由中央政府任免之。"

通信处：四川成都提督东街

三十四号维摩精舍

电话：三一七号

电报挂号：〇五二七

印刷者：四川省印刷局代印

局址：成都西玉龙街大福建营二十三号

外篇

片香集

片香集

尹昌齡署

序

《片香集》者，张公凤麓之遗著，谢君子厚所搜辑也。公学问道德，居官行事，既见余所为《行状》矣。《行状》所未及者，具书于此。俾读《片香集》者，有所观感焉。

公不肯著书，何为有《集》？且余闻公，自束发就傅至登贤，书所作不盈二十首。肄业南学，非课试不作，皆弃去无存者。官蜀中，虽不显，而吏事鞅掌，无暇以为。然搜辑遽盈三卷，又何多也！

辛亥后既自废，侨新都，邦人士不能无酬酢。而北郭外古刹宝光寺，延公训僧寮、说经论，亦不能无论次。子厚、梦龄与公至交，寓成都，相距四十里。论难咨访无虚日，大叩大鸣，小叩小鸣，以是孳乳寖多矣。公诣子厚，年必数返，至则讲学，易、书、老、庄诸子，狼藉纷陈，机趣横生。或絜经总义，或专释一章一节，或危坐笃论，或谐谑间作。故发明经义，弘纲巨旨，多在珠市街头，乌衣巷里。鼍茗清谈，高朋满座。时也,诸君以公春秋富,把臂之日长,不甚爱惜,无记载。孰知一瞑不视,謦欬不可再闻。因思曩义,犹如昨梦,痛悼叹惋。于是求之故纸堆中,或驰书旁午,搜公遗墨,爱如良金。复恐日迁月化,无以永盛德之形容,以《行状》嘱余。

余交公日浅,述行谊书一事、记一义,子厚必数数来商榷,或偕梦龄穷日讨论。一义未安,往复辩诘,数日乃定。盖公无成书,笔札虽可据,而缺略多,仅恃二君强识,又复差别。通天地、动鬼神之论,可率尔书耶!且公阐发经义,不下数十百条,《行状》何能具书?书其要耳!子厚尝少之,余谓之曰:"君重凤公孤诣,盍放《郑志》为《张志》,或语录之为之。"子厚领之。《行状》既不可尽书,而是《集》又非其至者,不足以见公。然则欲观公之全,其待《张志》及《张公语录》乎?

虽然,是《集》也,为公之自撰,声音笑貌寓焉。记载出他人手,意度波澜,讵能逼真?则是《集》又可贵矣!公学道人也,其文与文士异。夫文,本以载道。文士之蔽,雕琢靡悦之习盛,侈靡浮夸,因以自贬。学人之文,鸿丽瑰玮不逮文家远甚,而朴实致用,利身心,有益斯世,则非文家所能几及,自古然矣。公之学,以顿悟入,以贞固守,操之熟矣,神秘非常,异境不可胜言,以佛家所应有,皆不论。公含奇孕伟若是,使稍稍于古作者有心摹手追之意,何渠不若彼!观公行文,绝无文士之习,不喜纵横驰骋,而明白晓易,骨重神寒。其修辞也,恳恳款款;其落纸也,敛抑矜慎。已甚,粥粥若无能,用思深而指陈远,言有尽而意不穷。有德者之言乎!抑吾有感焉!

吾识公在丙辰，方图南访罗浮，在子厚坐，与公两接，清颜无深谈。然公谓子厚曰："道中人也。"越二年归，同志嘱讲经成都旧皇城内，公亟赞之。诣子厚必诣余。一日晡至，促膝纵谈经典，抵掌至痛快处，公往往默然。比二鼓去，余送之，时隆冬严寒，雪风怒号，霜月朦胧。公握余手，且行且语，行里余而返。其言曰："君力学得毋太苦，苦非所宜。"又曰："佛学今方萌芽，而有衰征，君宁能自菲薄耶？"呜呼！复礼何人？而公眷眷至此！在公不无失言之累，而真诚流露，鬼神知之矣。长夜漫漫，犹沉酣寝馈于名句文身中，不知何时自拔？方于公有无穷之望！乃今执笔，述公行谊，序公遗集，含毫四顾，不知涕之横流云。

辛酉秋白露前五日中江刘复礼

叙目

　　顺德张凤篪先生既卒之明年，学者群访其著述。相从问学而最称久故者，无如汝霖。汝霖尝屡请先生著书，未之许也。生平讲论又失记载，无以应同志之求。乃搜辑先生与汝霖书，及其他笔札，集为三卷梓之。汝霖之获交先生，在壬寅、癸卯间，而发自业师灌县王瑞征先生。先生与张公同肄南学，知之稔。谓汝霖曰："子同乡张凤篪先生，有德者也，子盍见之。"汝霖谒焉，以兄礼事之。自是与先生踪迹有离合，而精神往来无间。先生诲余，如相謦欬，如导赤子，厚且至矣。以先生之学，使得所假手，假手而尽其用，其厚且至，独汝霖而已哉！然则先生，既不用于当时，宜有施于后世。同志之欲读其书，广其传，亦固其所。此汝霖之所为搜辑也。若曰阿其所好，则是编虽略，并其《行状》而读之，其风旨、造诣、浅深、醇漓，当自得之，无俟余之烦言矣。

谢汝霖

卷之一

顺德张元钰凤篪遗著
从化谢汝霖子厚辑

诗

述梦

据地长蛇食豕封,弥天蛙蚓乐云从。
羲和钦若荒三正,虞舜明禋废六宗。
春暖兴酣庄叟蝶,秋高望断叶公龙。
太平闻说华胥近,知隔华胥尚几重!

子厚写中峰《拟寒山诗》首末二首于纨扇持赠,归途把玩,心神怡然,依韵奉和志感。

参禅无捷法,欲速更加迟。
空去田中土,平添井底泥。
知非宁有过?归一早成歧。
蓦直寒山道,中峰百韵诗。

参禅与念佛,优劣莫轻论。
日丽桃花坞,风和杨柳村。
象游非兔径,鲤化必龙门。
一蹋三关透,终登九品尊。

郅堂见示《劫后奉怀》,次韵奉答

料得英雄意气横,那知野老暗吞声?
最怜嵇叔非尧舜,颇怪庄周一死生。
燕处幕巢犹卵覆,豕观刀俎已魂惊。
微闻铸有横磨剑,十万新添北伐兵。

词

百字令·秋雁
——和桂林邓君雨人

遥空嘹唳,惨西风,萧瑟使人悲矣。相应哀音弥四野,可为繁多食指。但见衔芦,更无系帛,今古异如此。孤城寂寞,知尔寸心犹系。

前程濯足湘源,留痕桂岭,尽有栖身地。天网恢恢何挂碍,放胆大书人字。随分稻粱,交酬宾主,且忍离群泪。春光不远,归期早定休忆。

偈

拟颂曹山四禁

莫行心处路
维臣念主妇思夫,燕慕贤豪鲁有儒。

王子不知珠玉贵，士人珍重一囊书。
不挂本来衣
水非溪涧土非坡，唤树为林误已多。
若使周婆制周礼，恐因汉律杀萧何。
何须正恁么
力在逢缘不借中，伫思走却钵中龙。
狸奴会尽无生法，场屋偏怜八十翁。
切忌未生时
湫潭沉浸不成溪，畜众容民地水师。
触处逢缘无所滞，华峰顶上有清池。

拟颂临济四喝

如金刚王宝剑
大勇何论敌万夫，智仁兼尽始真儒。
若夸三尺吹毛利，吓坏痴儿半句书。
如踞地狮子
休夸骏马下危坡，利爪铦牙伺已多。
哮吼不闻安踞地，豺狼争奈乳狮何。
如探竿影草
一竿摇曳碧霄中，覆荫群芳比大龙。
小草不嫌生意薄，枝头喜噪白头翁。

不作一喝用

岩前瀑布落成溪，赴壑争流岂有师？
自出深山来地上，又经人引作平池。

宝光寺坐香偈

佛法僧三要，僧法佛三玄；玄即要，要即玄，三三见九，何有后先？渴在喉内，茶来嘴边；饥食渴饮，非苦非甜。不是修行三万劫，如何能得老僧嫌？

寄谢子厚偈

性本无善无恶，善恶是谁造作。原来广大清净，是谁垢染系缚。起心不觉成过，顺礼何往不乐。无念何妨念起，三昧寂照自若。事佛须臾无间，度生悲智具足。无我无法无人，随地活活泼泼。

无法无我，不妨思虑。宇宙无穷，任运游戏。

连珠

辛亥二月十七日（自记）

盖闻杯水可救车薪之火，必于星星始燃之际，难施于方张之时。一木可支大厦之倾，必在岌岌可危之时，再继以众辅之力。是故先几之兆，圣人之所图；后事之防，贤者之所谨。所以微之又微，智者凛未然之祸；日慎一日，仁者有不已之功。

（按：此先生预为国变发。汝霖识。）

讲义

《因明入正理论》讲义

序意

吾侪继今所欲讲习者，为佛法之一事。顾佛法广大宏深，往代圣贤所以开示众生，使悟入佛之知见者，其为道多端，而学者要必由一门而入。文字之为途，亦众所共由者。已因文见道，代不乏人；障于文字，蔽于知解者，往往亦有。则有不离文字，洞达心源，如因明正理门者，厥用宏焉。

今兹所欲讲习之一书，为商羯罗主菩萨所造，书名《因明入正理论》。此书何由得此名？与其正文凡若干章节，其中所含之义理若何？讲者当敬遵前贤注疏次第节录讲述，以为听者入道之一助。唯讲者之意欲将吾侪所以能在此堂，讲解此书之因缘，先略述之：

此莫非诸佛菩萨慈悲愿力之所感应也。先是讲者，曾于此堂任国文算术教员，学术疏浅，颇自惭恧。继又因病中辍，良用歉然，虚诸生之企仰，愧同事之真诚！既往莫追，方思补过，适今宝光和尚誓宏佛法，曲顺时机，因学堂旧有之规模，开吾人入道之门径。不忘前轨，更定新章，务期本末兼该，终始一贯。后得之智与根本齐彰，出世间法即世间顿显。良法美意，具见校章，无烦更述。而讲解因明之任，属余尸之。讲者喜符本愿，乐赞嘉猷，敢辞庸愚，致失善利。是用竭驽骀之力，随龙象之踪。所愿听者，各端志趣，不失因缘，入正理门，遵一乘道。是则如来之大法将兴，天下之太平可望。若曰，此不过文字之关系而已，则不独上负诸佛，亦辜负己灵矣。

向下文长，宜各注意。

此《论》注释，讲者初见蕅益大师所著之《直解》，嗣见明昱大师于万历间所著之《直疏》。于去岁丙辰秋，始得见唐慈恩大师所撰《论疏》。盖自元季兵燹，此《疏》遂不见于中土。自明迄清光绪中叶，凡五百余年，始由杨仁山居士从东瀛取回，诚为吾侪之幸！慈恩大师于《论》义，盖得三藏大师亲传，故最可贵（大师讳窥基，为三藏玄奘大师弟子）。今兹所讲即宗之文词，以顺时宜，不无移易；又恐烦，且从简略。学者欲求雅赡，宜观原书。至于《疏》中义理，不敢稍违，幸听者谅之。

讲者亦既节录《论疏》数纸以备讲说矣，乃更自生问难，为当即讲解《论》文乎？为当于讲解《论》文之先，先有豫备乎？筹思反复，则知豫备，于听者、讲者均甚有益。豫备者何？即先采取《论》中所用之重要名字，及《论疏》中所用之重要名字，依据论主、疏主之意,分别解释。俾听者于某字之义,先已了然,则于入正文时,其义维何,便可通晓,易能随文入观,有正智生。讲者亦可免临时解释之繁。既意决不疑,则停《论疏》之节录,而从事于名义之解释。今所释名义,为目凡二十四,虽略而不详,于正文固皆有关系者。听者幸勿以非《论》之正文而忽之。

释名之序如下:

释法第一　释性第二　释体第三（以下有目无书）　释名第四　释义第五　释正理第六　释宗第七　释差别第八　释能所第九　释成立第十　释因第十一　释生了第十二　释同品第十三　释异品第十四　释喻第十五　释同法异法第十六　释能立第十七　释总分自他第十八　释真似第十九　释相违不成不定第二十　释能破第二十一　释现量第二十二　释比量第二十三　释论第二十四

释法第一

"法"之一字,古训不一。或以属礼,如《孝经》言:"非先王之法服不敢服。"或以属刑,如《书·吕刑》言:"惟作五虐之刑曰法。"或指推步,如《礼·月令》言:"乃命太史,守典奉法。"或谓仿效,如《易·系辞》"崇效天,卑法地";及《礼·中庸》"行而世为天下法";《大学》"其为父子兄弟足法,而后民法之也"等句,大概训为"制度",则于诸说,其理皆可通。《尔雅》训为"常",亦不离制度之义。

然以解释佛典之"法"字,则义殊难显。如三宝"佛法僧"之"法",《起信论》言:"所言法者,谓众生心。"相宗言"心有百法",禅宗《传法偈》如"法本法无法,无法法亦法。今付无法时,法法何曾法"。诸偈中法字仅训制度,实未可通。善乎!佛家之自为释也,曰"法为轨持"。"持者,能持自体;""轨者,轨生他解。"此释不但佛典之法义明,即古训常字之义亦显。"轨"训为"法",在古原有此义,惟增一"持"字,而义乃益明。盖车两轮之间谓之轨,其度一定,不改不失,故有持自体义。行地虽远,辙迹靡异,他可遵行,故又有生他解之义。由有能自持之德,遂生所共由之道,自他双摄,体用全彰。如是故,如来度众生,云转法轮;祖师传佛法,言传心印,无不可通矣。今此《论》中所言"法"字,要不离"轨持"之义。唯不定拘于有情。一名一相,一事一物,莫不有法。听者临文,宜自会通。

释性第二

告子曰:"生之谓性。"此不备之言也。荀子曰:"生之所以然者,谓之性。性之和所生,精合感应,不事而自然谓之性。"此则备矣。原始而详其体,据情而明其用,其终可得而推也。荀子固言其在人者,惟物亦然;非特有情也,无情之物亦然;特言成,不言生耳。凡物莫不有其所以然,与其感应他物之效,其所固有特具而不可易者也，易则物变矣。又不独可见之物然也，无形之情想，假设之名义，均各有性。孰不知忿能败事，忧能伤人者乎？谓其败也、成也，其伤也、益也，非更明他义，则其说必不可通矣。今此《论》中言"性"，大都即事物名义所固有特具不可易者为言。惟性各定，故可审察众物之同异而为定论。不审物性，任己之情以持论，可谓妄言也已。

释体第三

骨之于人，在外不可见，然人非骨则无以持躬。古者于人周身之骨分十二属，体则十二属之总也。就事言体，则举其要；就物言体，则摄其全。昔者，圣人赞鬼神之盛德，称其体物；言君子之长人，谓能体仁。孟子言大人、小人之分，在其从大体、小体；谓冉牛、仲弓、颜渊之于圣人，具体而微，不言具貌而微也。准此推之，则体之为体，思过半矣。可观者相，而非体无以呈相，审相而体可知也。可见者用，而非体末由显用，即用而体可明也。夫体者，性之所丽，故有时言体近于言性。然体不自成，有建立之者而后建立，体不足以尽性之全也。又，体者，质所由合，故有时言体类乎言质。然质不自合，有禽聚之者而后禽聚，质未可以方体之妙也。今此《论》中虽不言"体"，《疏》则屡言之，"体"之说不可不明，故略释之如此。

（按：以上《讲义》先生自撰，以下八则为门弟子所记。汝霖识。）

说

说《易》

先生论《易》，谓上、下经为周文之《易》，以《系辞》当文王与纣之世为据；而《杂卦》传为孔氏之《易》，特有序无例，后人殊难索解耳。先生于经文颇多别解，谓此次世变与革命无所当。"革"有改义，非第一正义，乃第二变义。"革"之正义，只是坚固继续，引"巩用黄牛之革"为证。谓汤武本有天命，能坚固继续之，故能应天顺人。近人自附于革命，非也。至有政治革命、文字革命之说，皆妄。如此次川变，首事诸人，乘墉遂攻，故不得吉占。困而不得，反其则矣。某君居"大有"之"九五"，昧元亨之义，故不为天与人所佑。又以"讼"之"九三"谓张勋，"上九"谓让皇。

说元亨利贞

元、亨、利、贞四德，必日可见诸于行。元者，大而无外，天地万物共为一体。既明为一体，当亨通使无隔阂，然后义以利之，复求其坚固持久，故曰亨、利、贞也。如"乾"之

"九五"："飞龙在天"，凡一国之君，一州之长，一邑之尊，一家之主，苟主其事者，皆有"飞龙在天"之象，必须具有四德之大人，乃为利见。否则小人而已，何利见之有？又谓四德，即两仪所生之四象云。

说《洪范》

"初"，裁衣之始也；"一"，数之始也。"初一曰五行"者，一已具五数。以方言（方状动词，谓趣向），则中及东、西、南、北，行人人所往来也。金、木、水、火、土，唐虞时所称六府之五。以谷生于土，故不言谷。六府当时人皆习知之，故藉以表五行。润下、炎上、曲直、从革、稼穑，表示人性之本能。润下：润，所以生；下，故能卑法地。炎上：炎，销膏也；上，故能崇效天。曲直：直，生也；曲，终遂其生也。从革：从，成也；革，永保其成也。稼穑：稼，农事之始；穑，农事之终。咸、苦、酸、辛、甘五味，所感而觉也。作谓生起五行者，人所同也。一，数之奇。二，数之偶。三，奇偶。四，偶偶。五，一奇二偶之合数。

五行之行，与"亦行有九德"之"行"同，故《洪范》列五行先于五事。而《皋陶谟》则曰："亦言其人有德，乃言曰：'载采采'"。采采，谓事事也。

是故五行之学，致知、诚意、正心之学也。五事所以修身也，八政所以治国安民也，五纪则所以仰观天之文也。知天之文而法之,《易》所谓"文明以止之人文也"。王者体天,庶民法王,皇极之道所以致庶民,无有作好作恶而一遵正直荡平之王道也。其犹有未能协于极者,则思所以进之。三德者,所以使庶民进于中道而协于极也。故曰,德行小进也。虽然,日中则昃,泰极斯否,王者谋久安长治之道,而大疑生焉,故稽疑次之。然无征则不信,而不可以持久。征之于雨旸寒燠风,而不信极备极无之为凶者,世无此愚人也,庶者多也。内而五行,外而五事,以至八政三德,其吉凶俱可知也。吉则蒙福,凶则蒙殛,天岂妄有向威哉!故五行之不汨陈,自尽其性也,三德所以尽人之性也。尽人以合天,得福之道也。(以上三则论《洪范》。)

附九畴图(说亡)

说子以四教——文行忠信

文，名正言顺也；行，行之善也；心无所不尽之谓忠；理无所不合之谓信。夫教必以言，言之不文，则行之不远。委巷之礼，众习之而莫知其非也，故必以文。坐而言者，欲其起而行也。行矣，使一人行之，而众人有所不能行；或众人行之，而一人有所不能行，必非道之至也，故必以行。亦既众言之、行之矣，而言之或有毫发之未歉，行之犹有微末之不安，则于道犹未至也，故必以忠。众行之而无所歉，无所不安焉，亦容有众习焉而不察，而于理犹有所未合也，故必"建诸天地而不悖，质诸鬼神而无疑"而后可谓之信。则以其道为教，庶乎可也！圣人于此，盖兢兢焉。

说老子

庄子谓老子"建之以常、无、有"，与"易、乾、坤"三名相合。常者，超乎有、无之外，有、无同出于常之中。易则无体，乾知坤作；乾坤毁，则无以见易。其义同也。又言老子深明天道，谨小慎微，故曰"图难于其易，为大于其细。天下难事必作于易，天下大事必作于细"；又曰"其安易持，其未兆易谋。其脆易破，其微易散。为之于未有，治之于未乱。合抱之木生于毫末，九层之台起于累土，千里之行始于足下"；又曰"慎终如始,则无败事"等语,足以见之至。"将欲噏之,必固张之;将欲弱之,必固强之;将欲废之,必固兴之;将欲夺之,必固与之,是谓微明"等语,皆言天道之自然。后人不察,指为阴谋,殊可慨已!至其尊尚道德,薄视仁义礼知(即前识也),皆崇实去华之意,所谓"主之以太一"是也。

说墨子

言《墨经》,乃以物理形容心理。首言"故"字,惟孔子所言"温故知新"之"故"足以当之。又言"辟"、"侔"、"援"、"推"之词,墨子慎而不常用其义。例如,《耕柱篇》巫马子一段甚明。巫马子谓子曰:"子兼爱天下,未云利也。我不爱天下,未云贼也。功皆未至,子何独自是而非我哉?"子曰:"今有燎者于此,一人奉水将灌之,一人操火将益之"三句,是"辟"也。"功皆未至,子何贵于二人"二句,是"侔"也。巫马子曰:"我是彼奉水者之意,而非夫操火者之意"二句,是"援"也。子曰:"吾亦是吾意,而非子之意也"二句,是"推"也。

序

重刊六祖大师《法宝坛经》序

从化谢君子厚摄治大竹，越一载，庶政毕举。适邑人培修广东会馆，乃命董其事者位祀六祖大师，并重刊大师之《坛经》以广其传，而致书于其友张某，使为之《序》。于是顺德张元钰乃拜手稽首，敬为之序曰：谢君可谓知治本矣！乃能措意于是书，思广其传而以教人。方今之时，人人之所注意者，厥为立宪之预备与国会之召集，以及自治、教育、实业、练兵，一切可以致富强之事。其于仁义，尚不免迂远不切事情之疑。而况此书为佛氏一家言，所阐者明心见性之道，其不以为益迂远乎？虽然，心也，性也；人人之所固有，非远也；明其心、见其性，人所固有之良能，非迂也。人诚能明其心、见其性，则其心自明通而公溥，其性自和顺而诚笃，其于凡事凡物，必能详其始末而明其关系，处之无所不当，则明心见性，固求至立宪国最直捷之途径，而维新政治最强大之根本，一切富强之业最巩固之基础也。凡今之人，于是书又何可弃而不观？

是书结集于六祖大师之门人法海等，以其人皆终身执侍，亲炙已久，故凡言句，莫不诚实无妄，亦简亦要，能传其真。其结集此书之意，非徒尊其师也，盖欲明道以教人，且以诏天下后世。然由前之说，则当今之时，尤不可以无此书也。谢君之欲广其传也，意深哉！是书固佛氏言，然在佛氏书中于吾儒为近，其与先圣之典籍有合者，尤莫近于《中庸》一篇。其言三身佛在人自性中，所称清净法身佛，则《中庸》君子之道之隐者也；所称千百亿化身佛，则《中庸》君子之道之费者也；所称圆满报身佛，则《中庸》君子之时中者也。其言定、慧，二名一体；犹《中庸》之言诚明。其言最上乘也，曰"万法尽通，万法俱备，一切不染，离诸法相，一无所得，名最上乘"；犹《中庸》之末章引《诗》"上天之载，无声无臭"，而称为至也。书中凡大师所以修己教人者，恒言见性。然其言见性也，不取其深奥高远，贵能常见己过。斯义也，盖于其诏门人反复三致意焉。此与《中庸》君子之戒慎恐惧又何以异？

呜呼！朱子所谓近理乱真者，其即指此乎？顾其辞虽辟之，其意未尝不微许之。学者诚能反求诸身，内得于心，则所明之心同，所尽之性同，又安在必有似是之非也？今者环球交通，智识互换，好学之士尚不惮研求西欧之哲学，讨论东瀛之政治，岂于本国之典籍，又确为国人贤哲者之著述，反泥儒佛之名，因而弃置？吾知是书之既印行，必有圣人之徒从而玩索有得焉。至于是书与佛说大乘经典，如《法华》《涅槃》，无不通贯，乃至无一字一义不合，则大师固自言之，又不待后人之赞述矣。

钰浅识末学，读儒书曾不盈尺，乃未之熟；至于佛典浩瀚，尤所未观。谢君以昔者有一言之契，远道致书，使得尽其言。钰不欲以不文辞,爰凭臆测以为斯序。妄谈般若,固知不能无罪。所愿明识君子,因阅是书,于明心见性之学,遂无所疑,而仁以为己任。于是出则为名宦,处则为真儒。达而在上,则行道于天下;穷而在下,犹为法于乡里。民俗烝烝,成为治国。不负谢君挚挚流传是书之意。是则钰之妄言,虽泥犁万劫,岂有悔哉!

宣统二年庚戌顺德张元钰敬序

卷之二

顺德张元钰凤籨遗著
从化谢汝霖子厚辑

书

复谢子厚书

承询钰昔所言《伏羲八卦图》义，此盖钰二十余年前之妄想，无关经术，实不足以尘尊听。既承下问，敢追忆略述之：彼时意谓《伏图》之"方位"与"文"殊者，文就黄道之方位言，《伏图》明上下、升降之理也。天气轻清浮而上，为太阳之阳；地气重浊凝而下，为太阴之阴。天地者，万物之父母也。阴阳不紊，则尊卑有序；尊卑有序，则乾坤定；乾坤既定，则健顺之用得行，而生生化化不穷矣。艮之初太阴，地类也，阳气感之则崛起而为山，冈峦之属是已。虽阳卦，考其质则地类也，故居下。兑之初太阳，天类也，阴气乘之则降下而为泽，雾露之属是已。虽阴卦，循其本则天类也，故居上。雷之发也，其声虽闻于天，然其质初固少阴，更以阴自上加之，则郁极而变为阳，大施震怒于四方。其初则地类也，故居下。风之行也，其效虽著于地，然其质初为少阳，更有阳自外烁之，则融冶而转为阴，远播声威于大地。其初则天类也，故居上。水火之处于天地之间也，离以少阴为质，阳化之而为火，体阴而用阳，虚而上升，故在两间属天。坎以少阳为质，阴凝之而为水，体阳而用阴，实而下行，故在两间属地。其大略如此。

彼时自以为好学深思，将于人有大益也。迄今思之，此种不全不备之一知半解，毫无实用，尚无益于己，何况于人？彼时乃不悟，可怜可叹！今固自以为稍进于前矣，安知后之视今，不亦犹今之视昔也？非有知圣之才无从择师，儒家规则例不参访，所望有良友之箴规，俾无荒惰耳。

复谢子厚书

承示近拟学易，钰深为欣喜。昔孔子晚而好易，先生壮而即学之，可谓善学孔子者。如鲁男子之学柳下惠，不类之类，善矣。钰往者未读《易》，于其辞乃不记，记一二句亦不明了，遑言其义？实不敢妄言。然先生殷勤下问，似钰必能言其一二者，钰敢以所闻于师而未能行者敬谨以告：师意读《易》，先通《系辞传》，则上下经可渐通也。于"易、乾、坤"三名得其实，则《系辞传》可渐解也。易一名而多实，其在书策，则一经之名也。其在人，则为生主，《系辞传》言"生生之谓易"，《庄子·内篇》"所养者是已"。其在宇宙，无可名之，《系辞传》所谓"鼓万物而不与圣人同忧"者，盛德大业无能述也。在宇宙、在人、在书策，易异其所在，则体用俱异，乾坤亦与之俱异。解不可混，混则惑。易体大同而有小别，圣凡同为人，人固有圣凡之分矣。易无体也，神其用，《系辞传》言，"神无方而易无体。"若专言《易》，可变其辞为无体而有用。此诚不可思议。

钰虽述师言，且疑不能信矣。学易者之能进德修业，在解则行之，由勉强而进于安行，则解亦日进，行解互相资也。钰所闻于师者，大略如此。愧不学，有负师教，今谨以奉呈。先生学易如有得，愿有以诲我，钰亦愿勉学之，庶不负昔者吾师问易老童尧卿郭公（讳夔）谆谆教钰之意。祷之，祝之，愿先生之能为我易之师也。

复谢子厚书

易理精微，钰乌足知之。往者吾师问易老童，潜心于易十年。钰受业先生门下，时先生一日以《说文解字》相授，谓钰曰："尔可先略通小学，后当与汝讲易理。"钰既未能通小学，嗣又奔走于衣食，不得数数见。不数年，吾师归道山矣。前书所言，实本吾师读书须明"训诂",使"文从字顺"之训,又参以吾师向来所论说,托言师说,实非捏造。其实于所言并未深通,亦无实得,自信所言必不大悖于师说而已。若欲详为解释,大有发明,钰之学实有所未逮也。望先生学易有得有以教钰,实非游辞。乃又蒙殷殷下问,钰何敢承!窃意钰所知与所能言者,先生必悉能知之言之:如进德由于忠信,修辞立其诚,所以居业。变修言居,所以见君子修业,决非玩物丧志、驰骛于外者可比。此皆先生向来所实行者,岂待钰贡其区区哉!特"辞"之一字,为告谕之文词耶?为言语间之辞气耶?为关于心术发乎隐微之间,他人所不得闻而己独知之;或且为己所不及知之微细观念,而实可以言语形容者耶?此则在修辞之君子自审之矣。

承示近日行住坐卧,均若有一事蕴结于胸中者,以钰私意妄测之,殆"讼"之象也。先生学易之志,发于钰之前一次所上书与《易图明辨》。此为阳陷于阴,坎象也。所欲学者,为羲、文、周、孔之易,为最尊贵者,乾象也。"坎下乾上,讼卦"也。又先生学佛者也,固已有得矣,然未证佛果,特志愿甚坚,此于乾上之乾,非有飞龙之德,特刚往耳。今以人言之,故又欲求之于易,又信所谓易者,必非仅属乎文词,而为人人所固有者。于是反求诸心,其坎下之中一阳,是为刚来,则往来之象显,而"天与水违行"之义成,讼之象益可见矣。"有孚",佛也,易也,皆所孚也。"窒"也者,所孚之佛与所孚之易皆可互为窒也。"惕中"斯"吉",德应之;否则有所偏倚出入,非吉占矣。不自惕而以彼是是非、偏圆、小大、详略,种种分别之见,萦绕于中不能自已,此成其讼而厥占为"凶"矣。诚知先圣后圣其揆一，十方诸佛其体同，则所尚中正而"见大人"。或有所偏重而趋于一端，是为"涉大川"亦未见其利也。学易近志也，然于向来学佛之志，为"不永所事"，在凡人之情，必不能无疑虑，故"小有言"也。今固学易，然学佛之事亦誓必终之，此为"吉"德矣。"不克讼"者，九之刚居二阴位，故不讼。以佛法之广大与易理之精微，皆非我辈小生所得而议也。然此欿然不自足之情，亦非我慢贡高，挟门户之见者所能有矣。"邑人三百户无眚"，宿业净也。"食旧德"者，易学为向来所崇尚。今兹立志学易，固为食旧德。学佛之志，对于新所发学易之志亦为旧，不变其学佛之初心，亦为食旧德也。然欲坚固此志，非易易事，故言"贞厉"。"终"竟成之，斯为"吉"也。"九四"之"不克讼"者，以初之讼由于有所安之故，今以刚德不溺于所"安"，而又居柔位，有顺"命"之美，故不讼。然能坚固其志则"吉"，否则失之矣。居四阴位，故应"从王事"；若遽冀有"成"，则时犹未也。"九五"以阳刚居中正，故能讼；然果中正，必"元"有之善念能增长，斯则讼而"吉"。若失其初心，非是占也。"上九"在此卦为最尊，为能"听讼"者，彼"九二"、"九四"之不克讼。虽有"邑人""无眚"，"即命渝安"之美。"九五"更有中正之德，然皆未离于讼。其荣也，不如其无荣，"褫"此无谓之"鞶带"，而本来之天爵益尊，复其无言之天，而后起之功常著，岂不美哉！钰妄测如此，是否有当？尚祈不惜情面，正言相告！

复谢子厚书

承示急欲分辨分解,人与宇宙,及书策之"易、乾、坤",此何足疑者?在书策者,但有名字,不过诸家解释分歧耳。在人者,自省则得之。历来心理学家解释之纷歧,亦与在书策者同也。唯"易、乾、坤"之在宇宙在人者,为同为异?关系殊重。西天之外道,今之一种神仙方伎家,执著不化,大概于此不了。在人言人,宇宙事且置之可也。

复谢子厚书

承示读《洪范》已得端绪,甚慰!若钰所说,大都乱道,不足信也。承询钰解刚克柔,"克"义云何者,钰据字义,"德行小进也"。博言之,繁赜乃不可纪;约言之,不越中正与刚柔也。德何以于六言之?六之数可用表德也。六为二与三两数相乘之数,三为阳刚,二为阴柔,阴阳刚柔参合,故可以表中正也。又为三与三及一与五相加之数,一、三、五奇数,以表刚胜;又为二与四相加之数,二、四偶数,以表柔胜。克之言胜,非有异解,特胜之义为自胜,抑为胜人,则应分别。钰取自胜,谓刚柔相比而一显其胜也。又,斯三者不可缺也,"正直"尚矣,"刚柔"亦不可偏废。如"强弗友",今世所尚之独立也,"燮友",今世所尚之共和也。然失其道,则或相离,苦孤立而无援；或貌合，若连鸡之不能俱飞。故刚柔皆不可不本于正直也。沉潜高明，美德也！若违于正直，则沉潜者或阴鸷而执拗，高明者不厚重而轻薄矣。故一德不足以自矜，而中与正之可贵也。鄙见若此，未识有当于古义否？

复谢子厚书

往者所谈《大学》圣经一章之大旨，特愚昧偶有所见，欲与高明共商榷之。初不必自以为是，何敢形诸笔墨？乃承不弃，欲钰更详述之，果先生欲闻鄙论者？他日晤时，当面呈候教。若据钰现在所见，不敢为成篇章之解释，力亦有所不能也。

且先生又何必更欲解《大学》，不既以行之乎？夫《大学》，盖学之大者。是故一材一艺之长，不名为大；其学仅关系一人一身之事，不名为大；即推而至于一家一国，亦不名为大；必其道能利及天下，且可万世行之，斯得名为大矣。如先生所学，岂不欲天下之人皆明其明德乎？岂不欲天下之人皆相亲相爱乎？岂不欲使天下之人，为君仁、为臣忠、为父慈、为子孝，其存心行事，皆至于至善之地乎？既以得其大纲，心诚求之，节目次第固自可见行之，亦焉有不中其节者？至于功效，则以格致为枢纽。格与致为一事，非二事；知与物虽二物，犹一物；以知非物无所丽，物非知无由显也。先生近年提倡佛学，宏扬大乘经典，致知之事也。致知即所以格物也。遵时王之教，行其礼乐政刑，格物之事也。格物即所以致知也。奚更求《大学》哉？

此非独钰云然也，先生自审当亦云然。然犹欲钰更言之者，意为众耳。钰固不能为，即能为之而果为之，亦且无益；非徒无益，而更有害。凡闻此说，其能行《大学》之道者，不待钰言，固久已行之。其不行《大学》之道者，用此益轻视先儒。夫汉宋经师，其为说固确有师传，实有心得，遵行其道，实能修身治世。钰特寡学，未得其传，未知其心，凭已臆亦略有所见耳，何足述者！世之厌儒，于宋尤甚，钰安能助彼张目也？已矣，勿复言矣。

复谢子厚书

先生来书，欲钰于《大学》圣经一章更有所说，意谓其中有儒者修、齐、治、平之功夫次第者。窃意修、齐、治、平固有次第，而不专在儒者。儒者当其洒扫、应对、进退时，固已立其基；方其舞象、舞勺时，早已培其德；于其习射、御、书、数之法，学礼、乐之文时，固已明其体达其用；其于《大学》之道，特推而行之耳。儒者不可以不修之身、不正之心、不诚之意，高谈《大学》也。若然，则自救不了，何能救人？是故本其正心诚意之道，制度立法，以正壹是之心，诚壹是之意，驯致乎国治天下平，则儒者之事也。不得其位，则称述先圣，以待来者；越分取戾，亦所不为也。

至于此章之名义，宜注意者，"物"与"事"，其要矣。物者，大公名也。身亦一物也，身以外之家国天下，固可命为物；

即身以内之心意知，亦可命之为物也。甘于无知同木石，此无论变化不测之心意，即明明可见之天下国家，且视如无物焉，则其所事可知也。有知焉，其知中又确有是种种物。而欲有所事，则致之、诚之、正之、修之、齐之、治之，事之当也；非然者，其物未格也。人莫不有知，其知必有所当之物。"道之以政，齐之以刑"，所以儆其不致之知，而强之使格其物也。"道之以德，齐之以礼"，所以豫防其有不致之知，而使其物之无不格也。自天子以至于庶人，无不修之身，则自天子以至于庶人，无不格之物，而天下平矣。

然《大学》之要，"亲民"其枢纽也。帝命契为司徒，敷五教，恐民不亲也，然且先命弃后稷，则以饥寒之切躬，人民必有离析之患，甚且效禽兽之争噬，不可言亲也。亲矣，斯君仁臣忠、父慈子孝，国人相交以信，各止于至善矣。

复谢子厚书

所论"格致"义者，"格"者，各居其所之意，不使相乱也，故可训"正"，亦可训"扞格"。"致"者，"推而极之也"，朱子解释极当。盖所知有丝毫不到处，此时纵不疑，将来必于此生疑，疑则不诚矣。古人释格致本无大谬，惟学问过于切己，句句必反之身心，则古圣王纲纪四方，垂统万代之良法美意，反不显矣。

复任刚伯书

蓉垣小聚，时挹清尘。私心谓可常叨大教，不图世事无常，先生则欲住不能，翩然东下；钰则欲归不得，困处一隅。回思曩者，论义不合，辄复起立绕室，以解其气之纠纷，使归和顺。此境遂如隔世，可胜浩叹！昨子厚寄到先生所致书，知先生亦颇念钰，并赠汪、罗、彭、薛四先生文《合钞》一部，谢谢！惟所加荣褒，万不敢当。盖俭德，君子固有之，钰愧非君子，故知今之所居，非必居困君子之所居也。若果为困之君子者，则何往非君子？且能以厚德载物、自强不息久矣。先生纵偏好，亦必知钰之未到至诚地步也。

观所论佛氏之道，顿触旧习，依据同声相应之理，姑一肆其狂瞽。若谓旧学商量，则钰岂敢。钰窃谓先生盖乘愿力而来，欲现科学身而说法，后此度人无量，实可赞叹！惟执见不化，实为修道进道之大障碍。净土、禅宗，古来在家、出家诸贤哲，由之悟道者多矣。先生不能虚心如法修习，而以性不契不喜远之，此非善于学道者也。子曰："不践迹，亦不入于室。"此义幸深思之！若唯识家之言，则谓此种现相，由于慢、疑、不正见三种根本烦恼所显。钰于唯识宗仅略习，不能言其详，然信此理不错。先生如有意，可自寻《唯识》经论览之。

又，先生自谦驳杂，实乖事情。方今以科学证佛学，正属时之所宜，何驳杂之有？要贵拟议必当，语不离宗，斯为善譬耳。所引无线电机一譬，甚惬鄙怀！夫仅一电机，置于喜马拉峰，虽固高贵，世莫得其用也。必也有多数同式之电机，遍置诸方，而后由此最高电机所发最真最要最妙之消息，遂能遍及诸方矣。前之电机非他，佛也；后之电机，则诸方之学佛者也。电机非同式，则消息不可通；即可通，亦不能正确。其本非电机之不可通消息，明矣，同式奈何？与佛同一修行也，自发菩提心，历十信、十住、向、行、地至等觉而妙觉也，同式电机之通消息也。明虽各有大铜网球占多面积，藉空气以便交通，实则其机体潜入于地面，托地球而为一体，故能无碍。亦犹世尊以大悲大愿与吾人息息相通，不为时方所碍，实由心入实相佛性海中，与吾人同一性体，故能相通也。所惜我辈自迷本性，虽闻有佛与众生同一体之说，不能信解行证，为可叹悯耳！

又，先生言化城、牛车类为寓言者，意则是矣。惟讲家例不用寓言之名词命为表法，意谓斯固言矣。又谓之寓言嫌乎复，且所寓者何也？若表法者，斯言即为能表其所表，则法也。法者，心法也。愚意谓学各种科学，断不碍学佛，只视其志向与存心何如。譬如孔子食肉能多，为酒无量，必非酒囊饭袋之俦。后之心存利禄者，何尝不三更灯火五更鸡，枕经胙史。恐古圣贤，迹虽无以异人，必另有一番怀抱也。

钰小人闲居，多愁多病，读书无恒心，性情益更褊急，除与子厚常通问外，他处鲜有书札相通，恐言出招尤耳。承故人远念，喜溢于心，又适逢旧日习气复发，不觉胡言满纸。缪妄之说，尚祈不吝指示！

与吴梦龄、谢子厚书

钰非敢不信佛也,特尊孔耳。钰何为尊孔?孔子之尊于世久矣。史公不云乎,六艺折衷于夫子。以今考之,六艺折衷夫子,当也。今之言《诗》者,其效可睹矣。夫子曰:"《诗》三百,一言以蔽之,曰思无邪。"不简而要乎?曰:"人而不为《周南》、《召南》,其犹正墙面而立也欤!"则知二《南》之道,人可为之,非限于王公,亦非歌之诵之遂毕其事者。礼乐之教,世人大都以声容文物当之。夫子曰:"礼云礼云,玉帛云乎哉?乐云乐云,钟鼓云乎哉?"又曰:"兴于诗,立于礼,成于乐。"则人知礼乐之用,大则关于一代之兴,近则切于吾躬,而斯须弗去之矣。《书》道政事,众所知也。后世法尧舜之禅让,效汤武之征诛,岂不曰吾固为政事计也,近乎习于《书》者?然人民不必被其福。孔子于《书》何如者?《论语》所载,"或谓孔子曰:'子奚不为政。'子曰:'《书》云,孝乎惟孝,友于兄弟,施于有政。'是亦为政,奚其为为政。"《书》意本谓仅孝于父母,未足尽孝之道,必更友于兄弟,乃为尽孝。孔子推此意乃不自为政,谓以其道施于有政者,效亦与自为政同。用心如此,不足为后世谈揖让、征诛者法乎?《春秋》谨严,《易》理精微,钰实未诵习,不明其义。以理度之,当时言《春秋》者,必不能如今所传"绝笔于获麟"者之陈义高而含义广。当时以卜筮言《周易》者,必不能如《十翼》所言之精深确当。至于罪我而不敢辞，洗心退藏于密，则信乎既仁且圣，足为万世师表矣。

世之学子怀疑于孔子者，大都不越两端——唯物者，谓其迂远不切于事情；唯心者，厌其平常未极于神妙。唯物之说，非所素操，未知其道果能切近于孔子否？唯心之说，则素所信受，固不闻以神妙为极则也。子曰："仁远乎哉？我欲仁，斯仁至矣。"诚于此语生信，实能使人当下承当，觉天下无不可化之人，太平亦必可企之境，于禅宗圆顿之教亦可了然无疑。如六祖，既悟一切万法不离自性，遂白五祖言："何期自性，本自清净；何期自性，本不生灭；何期自性，本自具足；何期自性，本无动摇；何期自性，能生万法。"学者读此，往往发大勇猛，以必能见性为期；又或生大惭愧，以未能见性为恨。其心非不可嘉，然难保不当面蹉过。果契孔子"我欲仁，斯仁至"之旨（先生尝言："颜渊问仁，子曰：'克己复礼为仁。'克，如克明峻德之克；己，即下文为仁由己之己。方是正义。"汝霖识），则所谓宇宙在乎手，万化生乎身者，非为奇特。据积极言，跻斯民于仁寿可也；就消极言，出群生于水火可也。此以事言也。事必有理，如六祖所说是已。宁不肯直下承当，而犹有所待耶？

钰往者因读《中峰广录》有所激发，参僧问赵州"万法归一，一归何处"一段公案，彼时不具参方眼，亦不知谁为善知识，虽有誓愿而不清净，邪见既炽，妄想丛生，险乃万状。赖向来习气尊孔，遂得稍有所依据，未至沦落。以宿业故，迄不得悟，然亦未妄为、妄作，为赵州、临济羞，上累佛祖，则孔教之力也。子充谓钰以佛教为有益于儒，故兼习之。诚然，但犹有未尽，应更续曰：既稍明佛理，又以谓儒亦有益于佛，亦不弃儒。既兼习儒佛，则又不耐彼专精一家者之言论龃龉。思欲解之，于是于两家之言论不免附会；既附会其说，遂两用其心，行歧路者不可至，德二三者动必凶。所希合一，反成拉杂；欲两全之，反两失之。如是，则真中钰之病痛矣。

嗟乎！梦龄、子厚两君与子充所期望于钰者至矣，钰乌能不感？虽然，恐终负三先生之期望，钰自省心多隐慝，行多疚心，不比于凶人幸矣。乃欲承先圣之道统，传佛祖之心宗耶？当少年不自量，间或作我当为非常人之妄想。今血气既衰，妄想亦不能作矣。自审平生，在我张氏为罪人，在天地间为废物，与世交涉亦多负义，生机索然，特以常人之情，不能割舍，苟生于世而已（此谓家国之痛，汝霖识）。所有几微之长，则无妒忌心。见人之善，辄生欢喜；于其善有未至者，心耿耿然，盼其日有所臻。于同志友朋，其存心行事，钰心所谓危者，不敢不以告，不以己之无道，而惟恐人之有道也。以是之故，朋友于钰亦多输诚。三先生之拳拳于钰，望其有所成就，亦或钰忠于友朋之报也。虽然，钰滋愧矣，执情猝不得化，恐终负期望，亦不敢不自勉，心皇皇然也。既感且愧，略述所怀，用酬雅意。不尽之情，容后面呈。

复谢子厚书

又奉赐书，展诵回环，欣悉先生猛发道心，宏开正眼，何慰如之！具此心眼，前往皆坦途矣。顾德日进而心益下，乃欲质疑于钰。如钰之浅薄，何足以酬先生深切之问？既所不弃，则固当贡其愚瞽，以备参考耳。

所言"惭""惧"交集，信为进德之征。非真能惭，断无精进之望。钰之怠惰，百事无一成者，正坐无惭。吾友先我有得，实快我心！"惧"之一字，先贤所称不尽，以为最佳之心境，如谓勇者不惧。及有所恐惧，则不得其正，是不以惧为可也。而孔子与子路论三军之事，则又取"临事而惧、好谋而成者"。钰意惧不可以为常德，惟因事而生，则颇足启人谨慎从事之意。若"畏"字与"惧"字之别，是确有所畏者，在人之对于所畏者，含有敬惮之意。如君子畏天命、大人及圣人之言是也。先生之惧，盖因大事发明，我见未化，恐难负荷，遂有此情。亦惟"集义以生浩然之气"，担荷此大事而已。

所言本体、大用、宗旨、功夫之说者，有体即有用。如鹅鸭能浮，虎豹善搏，毫无勉强，不由学习，非思而知、虑而解，思亦不能知，虑亦不能解也。颇有一般学者，不肯返躬自省，为外境所牵，安顿不了，手忙脚乱。如钰前夜梦在一处，群犬趋至，恐其相噬，嘱他人为我驱之。此时岂复知身在四川新都东门住所内安眠榻上哉？却反妄希大用，擎拳竖拂，亦复何益？要之，本体须自认，认得定，信得及。修持既久，体苟无假用，自随之如乡曲。鄙夫但顾身家，他所不问，果使身家念切，亦必能自谋其身家，由一乡一邑推之一国，安社稷之大人亦若是矣。先儒所谓，为天地立心，为生民立命，亦在其自认、自信如何。岂必具有神通，现最高大身，俄又化身为千百万亿哉？宗旨者，诸家不同，各有所宗，即各有其旨，亦各有所当，所谓一致而百虑，殊途而同归。不昧因果，斯其善也。功夫之说，不但次第，亦有异同。粉墨失序，则千幅徒劳绘画；土木并集，斯大厦可以完成。序不可乱，功不可阙，此之谓矣。若夫东涂西抹，毁瓦画墁之徒，又不足论也。

承问守寂是否类于无记，"无记"之说，讲家当能详言之；钰愧无学，未能引经据典言之，姑凭臆说。窃意人一生之行为，从头忆及，善者知是善而乐其有是，恶者知是恶而悔莫可追。其不可以善恶名，忆念之所不及者，其当时之情，亦可以言无记也。若就一时而言，如常人酣睡既醒，返思睡中以为无梦，实则当时神识未能无所附丽，特昏昧不能自觉耳，此亦可名无记。至于"守寂"之说，未审所指者何？若指屏除众缘，摄念静坐，此自系修行之一法，常寂寂，亦常惺惺，非无记也。更有学者，但把住此心不动，事物之来都不穷其理趣，泛应而已，此恐是"无想"之俦，亦不可以无记言也。若论人之真知，本来空寂，原不待守。《宝镜三昧》所谓"天真而妙，不属迷悟；因缘时节，寂然昭著"是已。前代禅师，往往于呼应指顾之间，明示此机，利根每多开悟；若系大器，便能担荷无疑，从此工夫更能绵密，行履益加笃实。与彼狂禅，得一知半解，便自以为了事者，固自不同。不言修证，亦不离修证也。

所问"严利义之辨是否识神"者，以义利较然，情殊取舍，安得不谓之识神？然不可谓往圣先贤于是非都无分别，孳孳为利，舜与跖同也。粗言字义，则利与害有相反之情，仁得义而始显其用。自非狂人，必不无故握刀刺肤、纵身赴阱；既有远害之意，宁免求利之情？是以量能受禄，古代有常规；因时乞食，我佛留定制。谋生固圣人所不禁，但须得其道耳；得其道则利也，而合于义矣，即亦无害于仁矣。又，义与利，其事不必甚相远也，所事同而义利判焉。《论语》曰："君子喻于义，小人喻于利。"特晓然于心者异耳。其事虽同可也，所薄乎小人者，嫌其私也；所重乎君子者，嘉其公也；所恶乎言利者，谓其遗害也；所贵乎尚义者，谓其近仁也。实按之，义与利原只一事。《文言》曰："利者，义之和也。"固无所谓不利之义。在彼昏愚，容有贪其所谓不义之利者；在智者观之，何利之有？只成其悔吝凶咎耳。且义者，宜也。《中庸》曰："成己仁也，成物知也。性之德也，合外内之道也，故时措之宜也。"据此而言，则仁也、知也、义也、利也，皆性之德，随时而显其用，因异其名，其实则一也。若就心理言之，则能辨者，智光所烛，无微不显；其能严者，盛德之至，有感斯通。必非中人以下所能及也。其或廉节自矜，执情难化，名誉所系，贪念犹存，是诚属乎识而未得为智。始也毫厘之差，其终安保无千里之谬？是则于严辨之中，又当加以严辨者也。

持佛号，参话头，为禅、净两宗之正轨。其法广大含容，于百千法门无不该摄。各有专书，先生亦既阅之矣。钰读两宗书不多，且又不记，未能详言。但据一端而言，亦可以言破识之方便法门也。至于心性，钰固有之，本心本性之若何？乃不免茫然。曰明曰见，更不能自信。毗卢性海，知有此名字而已，其实义云何？殊未能悉。如何悟入？自未敢妄言。此为佛法中深奥之理，非证难明，非明必不能言。所谓惟其有之，是以似之。钰一凡夫，安能窥测乎？先生于此事有疑，请更询之能者。钰仅一知半解而已，修行鲁莽，无所证入，不足酬先生之问也。

据钰愚见，近者先生忽发勇猛精进之心，自必有精进之行持以随之。惟在家居士，究与出家人不同。如圣寿师所云，克期取办者或不能行，行之或亦无益。只宜就向来所作功课，略加少分；于平时所为事业，时加省察；外境之来，无论对于吾心之为顺为逆，姑澹然处之。前贤之书，无论对于吾所学之为同为异，皆平心读之。所谓如江海之浸、膏泽之润，必有涣然怡然之候，似不必求进太急也。

复谢子厚书

承示精勤而生邪见、开放而堕游思，及用功之法、入道之方诸义，钰殊未详。以愚见测之，精勤焉有生邪见者？或即三祖《信心铭》所谓"执之失度，必入邪路"二语之事理？其开放则堕游思，或由于无去住之体，有所未明而放之，或未合乎自然也？愚见若此，高明以为然否？至如用功之法，历代宗匠皆言无实法与人，但欲人不受惑耳。若执定有用功之法，并疑此时我心身在道外，实有一大道，我心身可以入而与之相合，则虽非邪见，实属边见。永嘉所谓，取舍之心不可用也。钰正眼未明，不能择法，不敢自欺。向来言论，偶有一二语相似，只是知解偶合，未敢自以为是。屡承先生下询，钰姑妄言之。若必欲担荷如来阿耨多罗三藐三菩提，与儒家所谓参天地而赞化育者，兹事体大，恐钰尚在不足问之列也。前与刘君子充书所言造诣，本为实供，而来书谓为谦，其实钰何能谦？钰若谦，言现钰手瘫足废，目瞎耳聋，人将谓钰疯病又发也。鄙见谈道虽属无谓之举，亦宜质实。夫道本不可言，谈道已落下乘，况又为巧言，不且歧中又歧耶？非君莫通吾狂惑，惟高明有以教我，幸甚！

复谢子厚书

梦龄、仲铭何据信钰通因明？钰自揣聪明学力未必如二君，特好深思，敢妄言，有一二语之近似、类乎解此书耳。其实不解，何从言其大义耶？尝思因明之学，非言行如一，言之弗可行则弗言，行之弗可言则弗行之，君子不能得其用，非知行合一之大儒，不能明其理。钰之不肖，其不足与于斯学明矣。向来妄谈，正如来所诃为戏论。愿二君之学既有得，以正钰之失。钰自信不足为二君助也！至如就言文推测，如立"声是无常"，必敌家立"声常"，宗始立。声是无常以破之，而推其因，为所作喻，如瓶等意。盖欲敌家就所已明之声，知是所作，更由所作见其作者，又由是更推作所作之所依，诚即末返本之道也。此种推测，张、吴二君固优为之，不待钰言。然究实际言之，必先声明始可以闻是宗，我公如实言，钰岂能明声者哉？正恐去见色闻声，前途尚有道里几许耳，所贵益友在，能劝善规过。愿吾侪各自努力，前程远大。学道人自有真实地步，钰非自匿，吴楚僭王，所不敢也。

更有一语敢为吾友告，请以近事言之，如言张元钰有道，此固不成宗，然虽片言亦不足存立也。何以言之？张元钰者假名，非能极成有法也。道有君子、小人，单言道，未知其为君子乎，为小人乎？不能别也。就佛法言，则天、人、修罗、地狱、饿鬼、畜生，更滋疑窦矣。若就世俗之恒解道者，假定为神妙不测之称，或据先儒之训诂，谓为日用事物当行之理。无论其理深奥难明，其说繁博无纪，藉使明之，且能详说之，又与真相不谬。然在钰执此为实，必将我慢贡高，生大邪见，远于正法。其在诸友，无论或怀疑，或戏论，即使有思齐之意、愿学之心，亦落于外道见地，埋没自己性灵矣。以张元钰有道与否，于己于人，在本分上毫无交涉也。不敢相欺，愿各自爱。

复谢子厚书

前函所以迟复者，以先生有所证悟，欲商榷于钰。钰非能知道者，但向来愚见以为，读书学道有所悟入，本属当然之事。无论所悟为何理，所证为何境，均善境界；若固执为是，以为圣解，纵不生邪见，亦当留滞中途。近者先生因读《指月录》有所悟入，是善境界。夫复何疑？钰若极端叹美，恐碍先生前修；然即遽参末议，又恐非十方称赞之义，故拟稍迟数日作复，则先生亦既更有所进。钰虽妄言，不足为害，言如无言；虽钰满纸胡言，固可相喻于无言耳。嗟乎！无论修道、见道固难，即谈道，亦不容易也。

复谢子厚书

钰资质鲁钝，宿业深重。往者未得禅病时，自以为所证得之好境界，现已记忆不真，诚所谓电光石火，无能保持，自叹道缘浅薄而已。先生既已亲见道体，慧日常临，则当仁而仁，当知而知。于寻常日用间了然自知，何更问道于钰之盲人哉？钰非不愿有所献纳，然日月出矣，而吹其爝火；时雨降矣，而劳其灌溉，岂非过乎？

与谢子厚书

归来托庇，顽躯安适如常。惟心中至今憧憧然若有大恐，则以先生方注意于圆通之门，而决意从事于修证也。钰亦何敢疑前贤于深经修证之道尚或有少缺陷？特自审向来每于一法门从事修习，皆不免生于法爱。虽未修禅观，未知所谓耽着禅味者其流弊何若，要之一有所著，则虽向来志趣端正，不被魔扰，而认相似前境，和会佛语以自宽解，以致向来之誓愿成虚，为可叹耳！

复谢子厚书

承示读《续指月录》既半,反觉不解,尤为喜慰。夫不解《续指月》何足忧?古今圣贤典策,为吾辈所未睹,及既得观读而不能解者,亦至多矣。钰喜君之觉也。

与谢子厚书

日来读书所得何若?子夏曰:"日知其所亡,月无忘其所能"。愿与先生共勉之!梦龄近日所学何若,能不退念否?念念!天下事至今日,非学道之君子,何以挽回?钰怪今之君子所学之道,与古异也。

与谢子厚书

吴梦龄先生拟请《指月录》,闻之极慰!但据钰所闻,吴先生自有一书较《指月录》尤好,未审吴君忆及否?他日相见,意欲一询也。

与谢子厚书

昨得南京一函,系钰叔外舅王雷夏寄来者。以前五月间之信，钰未复也，故寄书于其侄女。书中谓钰憺泊坚卓，于好乐、恐惧关，信能闯过矣；忿懥、忧患二者，尚未必能过。似须铲除旧习，开发新机，使精神振起，和气盎然，庶日月不空过，而天之以患难享我者，亦不为辜负矣云云。又言，此皆钰所熟知而云云者，亦欲互相提撕。虽在数千里外，气类亦不孤也。措辞直而能谦，简而有当。甚能中钰之病痛，亦钰之善知识，惜未得常亲近。

与谢子厚书

农夫某甲，以既培治栽灌之田三，区分授其三子使司之。其一子不事事，莠草盛不加以薅除，泥土裂而不灌溉。又一子勤于事，日拔其苗而植以莠。其又一子甚贵其苗，惟恶其长之缓，日揠而助之。此三子者，其收获所得为何如，何以反命于其父哉？

卷之三

顺德张元钰凤篪遗著
从化谢汝霖子厚辑

书

复谢子厚书

先生书来，有疑于清凉国师三元之说种种。善哉，疑也！非疑何信？经云："信为道元功德母。"此疑又信之母也。惜乎未得可以决疑之人，乃欲取决于钰。夫钰一无知识之妄人，其何能解？是自非精究贤宗，有所证入者，不能得清凉之旨。亦非"聪明睿知，神武而不杀者"，不闻《易》之道也。老、庄之说，好之者以为高莫能尚；轻之者自古及今，更不乏其人。老子既不自言所造为何境，他人何从得其虚实？庄子自言"与天地精神相往来"，非证庄子之所证，亦安能知其所谈为何事哉？先生视钰所得为何如者？如聋如盲，亦应如哑，何可妄言？先生好学，不耻下问。钰以不敢妄答，报先生之雅意，或者无大咎乎？

与谢子厚书

前所言《老子》"啬"字之义，意谓"啬"与"穑"同义，稼成而收之也。人情固莫不乐于有收，啬但啬，非可以朝夕卒事也。耕耰播种其力已勤，自春徂秋为日不少；况土宜之必慎，更种择之须详，此所谓早服也。薅耘之必当其时，粪培之必审其性，旱之灌而潦之泄，不可以怠而后期。盖有不可以须臾忽者，此所谓重积德也。无事而或疏，无不克之说也。无时而或怠，莫知其极之情也。惟然，夫然后可以言啬也。《礼》谓圣王人情以为田，其意盖与此同，特文殊耳。至于"俭"字之义，非有别解，谓老子此语指用心言，不指用财言，且含有收敛之义，故对文言能广也。

钰所言种种，都不足记。前谈及此，特书生好妄言之积习。先生及今乃未忘，可谓好察迩言。所望择中而用，勿有所偏也。记有一事，颇与此相类，不记其文，亦不记出于何书，意若谓：有一人大富，其客无不锦衣珠履。某老而贫，见而羡之，往见其客，求致富之道。客与登百尺之台，曰："尔可投而下，然后语若以其道也。"老者果投而下，无所损。客异之，乃告之曰：

"彼渊中有珠，可取而致富也。"老人果入渊，手珠而出。客乃大惊，转疑其有道，而叩以入渊取珠之术也。如先生果因钰言而有所得者，何以异此？彼客之言，何足信者？如老人者，足贵也。

复谢子厚书

所询陆氏（希声）《老子序》中之义，其言"文王观太易"一节，似即向来解《易》者之常解。所谓七、八为少阳、少阴不变，九、六为老阴、老阳则变是也。其言《老子》"察太易"一节，以文考之，上文既以"中"字属文易，则此节之意，似就六爻初、三、四、上言。夫初、上者，始终之义。老子谨小慎微，慎终如始，又屡著壮老之戒，实与易教辩早悔亢之义合。而三之多凶，四之多惧，亦皆由于壮盛也。

复谢子厚书

前问"人法地如何法"者，钰所答"当是法其厚德载物"，亦不自惬意。昨忽念及，人法地者，践形也；地法天者，尽性也；天法道者，入化也；道法自然者，不可知也。未审有少合否？

与谢子厚书

前在省，既荷嘉餐，又临行锡以珍品，此在常情已当铭勒，况以初愈之躬，于昏黑中导钰行数里之遥！桃花潭水，岂足喻此深情！钰虽鄙夫，能无深感哉！迫于时会，未得留省畅领大教，愤懑无已。

前谈次君论及魂魄，钰茫昧无知，未能有所问难，以发先生之高论妙解，甚以为愧。归家拟稍丛萃言魂魄之古人言句，细加研究，而书籍散漫闭藏，翻检不易。既而考得《关尹子·四符》篇中有论魂魄之义，急检寻之，而其书为节本，乃无《四符》篇，怅然久之。虽然，乃得读其《一宇》、《二柱》、《三极》、《五鉴》、《八筹》五篇，乃恍然悟焦氏所云，此书深得《楞严》之奥，与先生所云此书与《楞严》相表里者。嗟乎！学诚不可以已也。焦氏作《支谈》，三教并举；如《关尹子》者，其理实贯通三教。惜焦氏以其书中，有数语不类当时之言，遂不大为之阐扬也。其实婴儿蕊女、土偶咒诵之类，当时亦容或有是言。夫言必有所始，其时周道既衰，礼崩乐坏，雅言者何必《诗》、《书》？诸子各骋所见，寓言十九，安保必无是言？特无征耳。按《关尹子》九篇，《汉书·艺文志》载之，是此书无论何人假托，必出于东汉以前。其时佛氏书未来，而书中所言"六蔽""六鬼"，谓为鬼所摄者，"其人傲然，不曰鬼于躬，惟曰道于躬，"与《楞严》辨魔之理合。贤愚真伪，皆识所成，变识为智，与相宗之理合；车牛心意之喻，与禅宗之理合。然其理虽通可信，其必非佛氏之徒所假托，不得言此书出于唐以后也。夫贤者固不可测，或者当时确已有婴儿蕊女之言，此书果出关尹手笔未可知也，存疑而已。

钰既不可得《四符》篇中魂魄之说，又天气酷热，亦惮博求于他书，则姑就所记之浅者，以发钰之愚见。钰以为魂魄不可分也。古人书中，或魂魄并举；或单言魂或魄，其言虽然，其用之所及，则言魂而魄该焉矣，言魄而魂在焉矣。如《易·系辞》曰"游魂为变"，不言魄，而此言系于"精气为物"之后。以论理学通之，此为变之游魂，为能变乎，抑所变乎？如为能变，则精气为所变；或为所变，则必另有能变者存。要之，不能与精气无关系，故可推知精气为物，其物即魄类也。又宋玉哀屈原厥命将落，作《招魂》欲以复其精神，延其年寿。篇中招其"魂之归来者"凡十余，举四方上下，固不可居处矣。所谓"恒干""故居"，果何所指乎？其篇首已先言之矣，帝谓其魂魄离散，然则招之者，招魂归其魄而已。世俗相传，人死者先落魂。夫妇之愚，有能言其征者。果魂落而魄尚存乎？文字中有习见之一语，曰"天夺其魄"。天之既恶其人，仅夺其魄，而尚留魂以予之乎？此文言俗语，两不相蒙。自达者观之，知其理之实相成也。盖魂魄实相依为命，魂去而魄不可以独存，魄散而魂亦不能独住，魂魄二而一之，犹阴阳之与太极也。此理也，通之于道德仁义，亦有合者。夫德固非道，不可言修德者无道也；义固非仁，不可言仁者不义也。

一时意趣所及,不觉言辞枝蔓,返之于身心,复何有者?魂魄尚属假名,况因魂魄所生之义理哉?意既及此,聊写似高明,以博一粲。不吝赐教,以醒愚迷,是所望也。

复谢子厚书

承召,极思趋诣一聚,俾得观仁知过。而病魔困我,惮于出行,于心欿然。恐因病体弱仅属一端,而不乐亲贤之意,或隐伏而潜滋暗长也。先生亦有以警策我乎?墨子之道,信大有益于世道人心,于今尤不可不讲。惟最精微数篇,深奥难明,使读者所受之困难,如顿兵于坚城之下。钰几于知难而退矣。心知其辞虽奥,衍义即深隐,必有线索可寻。特钰学力浅,又未深思详考,故未能得其线索之所在耳。承假定本《墨子间诂》,信称杰构,孙子可谓好学深思,今之有心人矣。

与谢子厚书

先生近日每日必读经书二三卷,但玩味古注,不矜渊博,尤快于心。王湘潭所注《墨子》,必大有可观。俟病愈进省得见时,或能启所未悟。《墨子经说解》既有售者,必可续到。集众思则得理,或近真也。

复谢子厚书

昨奉惠书，得悉壹是。能自得师，闻善言则拜，古圣人所以利及天下也。先生进德及此，钰复何忧？某君所寄之《禅宗商略》一册，亦同时奉到。书首问答之辞，往岁曾于《佛学丛报》中见之。当时即亦不能五体投地，以为仁山居士随机所答，于问者当必有益。初不意为黄君所问，更不料与黄君机缘错迕至于如此也。阅竟，为之怅然。黄君，钰久耳其名，于将来宗风之因以大振，诚未可限量。至于此问，实为多事。夫仁山先生固通宗，出于真心导人正路，自信不误后学，非妄语也。至于黄先生所证得之三昧，则何从知之？黄先生因所答不契，谓其误人，过矣。

从古宗门不相混滥，随机接引，各尽其道。如蜀中破山派，向主宗教并行，谁能议其非者？仁山居士本其所得，自成一家，亦复何过？特与念西居士所禀之宗旨，断不能相通耳。向使黄君正告以所得，未必不能相水乳，或特出手眼，可以补杨公之所不及者，亦必感其相助，从善不吝。乃故支蔓其理，迷谬其词，设为问难。自非大圣，孰测其机？又何怪仁山居士之答非所问哉？此种问词，不难见为挟贤而问。若遵孟子之道，原在所不答之列。杨公从事佛教已久，不肯遵用儒术，以老婆心切，反生出此种无谓葛藤，殊可叹也！

子充言先生入理障，先生即欲出理障，真可谓改过不吝，可敬，可敬！如钰者，障于非理深矣，求入理障且不可得。先生何不一援手，引钰入理障中，得一审观理障之内容，必较非理障中整齐华丽多矣。素蒙不弃，定不吝慈悲。闭关念佛之举已行，或已定期否？此事前贤多行之，自非久发宏大誓愿，安能若此！戒定慧兼修，定能了明大事。所惜钰业障深重，不知大事为何事？现者穷愁潦倒，终日忙忙碌碌，了明更无从说起。佛家之有因明论（先生谓佛氏之因明，所以考察自己存心立言行事之当否，以知其成败是非；考察他人犹其次也。汝霖识），亦犹孟子之注重知言、生心害政，关系非浅（先生谓孟子知言，为知自己之言；如《诗注》"自言为言"是也，故生于其心，害于其政。上下文诸其字，皆指自己也。汝霖识）。阁下得多闻直谅之友，必可于此豁然无疑。在先生固受其益，亦同人之于佛法大有缘也。

与谢子厚书

《禅宗商略》所记《宗门用功》一节，亲切易入。智公书粘于壁，既便自省，且示同参。惟于"然后打过转身"一语，不能无疑。蒙愚如钰，更有惑焉。景仰既诚，恍如心舟先生默示者，于什么下添"然提起此事，早是心起，加以觑定，更念动了也"十八字，则义更明显，可无疑惑。爰呈智公鉴之，倘曰"错，错"，则钰之罪，毋疑心公。

附：黄心舟《宗门用功》一节

此事须要放下一切，从心未起、念未动已前，一觑觑定，看是什么；然后打过转身，向心起念动后，一觑觑定，看是什么。如此两头著眼，认个分明亲切，就从这里蓦直去，一脚踏到底。归家路途既正，则起足下足，皆是道场。管教摸着鼻孔，不受人瞒。是乃宗门中最上活计也。

复吴梦龄书

承问，惶悚无已。钰于宗门，固久已知难而退，率尔妄答，宁免非量妄言？然三哥既不弃，想必欲其妄言，钰何敢避妄谈般若之咎，而不结一妄谈佛法之善缘乎？惟知其妄，则真者自不失其真；若以钰所言为不妄，则三世佛冤矣。所说倘有可教，乞赐痛棒。

问：如何是照用同时？

答：脉象与医方并显。

问：如何是照用不同时？

答：病情与药性双呈。

问：如何是离相绝用时？

答：无妄之疾，勿药有喜。

问：正当三时，体段如何？

答：时近初春，寒暖不常，病体伏惟珍重。

又问：如何是先照后用？

答：子曰。

问：如何是先用后照？

答：学而时习之。

问：如何是照用同时？

答：不亦说乎。

问：如何是照用不同时？

答：有朋自远方来。

问：如何是照用同时？

答：路遥知马力。

问：如何是照用不同时？

答：日久见人心。

问：如何是离照绝用时？

答：人困马乏，前途有客店否？

问：正当三时，如何体段？

答：天黑了也。

问：如何是照用同时？

答：尘氛与暮色齐消。

问：如何是照用不同时？

答：寒气与曙光同入。

问：如何是离照绝用时？

答：共说周公足仁智，剧怜叔宝少心肝。

问：正当三时，体段如何？

答：叔宝请周公赴宴，有你当陪客么？

又拟一条：

晚参，僧问师：如何是照用同时？

师以手抚衣，云：适来还干暴暴地。

僧又问：如何是照用不同时？

师云：如今转润了也。

僧又问：离照绝用时如何？

师云：你道什么？我耳聋不曾听得，你再道一句看。

僧问：正当三时，体段如何？

师云：呀！

即呈法鉴，并颂禅悦！

与谢子厚书

前次来书，所论石霜一粒米公案，深得古人用心，曷胜钦佩！日昨，卓然、治堂、学良暨钰同诣宝光随喜。钰仅坐第三第四两支香，恐误闵生算学，遂归。第四支香为亮西堂师开示（开示甚多，未引闻喜公案）。香毕，钰将在堂内所作之类乎《偈》《颂》者，呈似老和尚。今更写呈慧鉴，乞指教为荷！（《偈语》见卷一。汝霖识。）

复谢子厚书

承示《偈语》，神解超然，见地稳实，自是大根利器，菩萨再来，不胜钦佩！惜钰无辨别之才，不敢轻为印证。但有诵持，冀可获福而已。以向来和诗习气，辄复步韵和一首。又以从前作时文习气难除，不免生吞活剥。互通所见，不妨小有异同。其大谬，高明幸赐指教为荷！（《偈语》见卷一。汝霖识。）

复谢子厚书

晨得大札，绳祖忽附入枯禅一派，闻之怆然！盖参访，必须正眼已开，始能寻途问径，步步脚踏实地，不致堕坑落堑。绳祖道心虽猛，原未至参访时期。此次本为买经东下，乃忘其所事，以为参访。不期落在无事窠臼里，谓是安乐窝。此非口舌所能争，不自悔悟，恐难拔足出也。

复谢子厚书

承示六祖寿《佛略传》，奉读至再，不胜景仰！为投时机，如此甚为得体，钰不觉有何可更改之处。昨晤马容光，已悉绳祖之书寄到。今奉手札，更知已入佛学社之图书处，尤深欣慰！闻容光言，李君书甚有理致，可见前所传闻不确。钰记往时有一书，于李君颇有惋惜，亦可谓妄发矣。

与谢子厚书

别来时复想望风采，以自策励，迩更神驰左右。城中画地而争，幸无受惊否？贤伉俪暨令爱等，均无受惊否？钰日坐愁城，百事都废。偶与友人谈笑，亦强作欢颜耳，时恐孱躯将不得与蓉城亲友复聚。夏日渐长,忧患亦与之俱。五痛五烧所苦,益令人求生西方念切。昨始审得念六字佛号,每点钟约可四千八百声。若除寝食时间,昼夜十万声恐不易。若四字佛号,每点钟可五千四百声。如念之极熟,记念珠又甚应手,必可更多若干声。以昼夜二十四小时计,念十万声,确更有安眠之时。子充先生所言,盖由实验,可信也。

代宝光寺静照和尚复弟子三能书

三能谛听:

得汝正月初四日来书,具述近来学道始末。反复谛观,喜惧交并。喜者,喜汝不随流俗,有志向上;入道场未久,居然放些光彩,为丛林生色。惧者,惧汝执迷不悟,缁素不分,认贼为子;今既自误,后更误人。初意本欲将汝来书所述,细加评判,转寄与汝,令汝阅之自省错处。因恐葛藤上更生葛藤,遂复中止。

今将汝最大病痛处老实说明,务要痛自改悔,方不负历来师友期望之意,与己躬出家学道之心。汝之大病在好名,此固是多生累劫习气难除。但就今生而论,已可历历指出。汝向来以为学道、闻道、得道以后,便可指点他人迷处,受别人恭敬,又可以造福无穷,所以求道之心甚切。要之,此种病痛在平时,虽时亦受害,尚不甚显;在工夫吃紧处,便有性命之忧。汝坐香所得境界,亦普通坐香人所经历。如《禅波罗蜜》所说,固更有甚深境界。然汝在此时，便已立足不稳，附会许多语句求人印证。诸师告汝者，皆本分话。惜汝执迷，不能领悟，必定又自作聪明，附会一说作为己解，将来抛过一边也。即如汝欲闭关、坐香、礼拜、读经、写经，何尝有错？然又想到闭关时恐有叩关之问，此便是好名之心所使也。往者已矣，以后望汝时时自警，万不可稍存自满之心。当知汝之所学，去古人尚远，自救不了，何暇为人？

再者，汝现在所自居甚险，汝既自以为悟道，他人虽有良言，汝将不受。即使其言恳切，又甚明白可信，汝且将信将疑。以汝固已立意，不为别人舌根转矣。诵经读书，似乎于尔有益；但预存自是之心，则虽佛祖金言，所说至明且详，必且以己意附会，多生邪见，矜为奥妙。他人所说不同，则从而非之。若然，则读尽万卷又何益也？汝今自以为悟道矣，何以尚惧他人舌根转汝？有人向汝道：汝元来不姓李，从前师家不姓王，后来出家本师非静照，受戒处非宝光。汝还为彼所转么？汝现在所居境界，较之狂禅落空固属不同。但本分衲子决不如是！

从前诸祖，有时亦自叙入道始末，正恐后人堕落窠臼，并非自炫所长，自矜其能，谓道即在是。如汝所亲证，在汝心岂不自喜，即吾亦为汝喜。以即此区区眼前幻境，亦非尔多年求道之心甚切，及敬师之心甚诚不能得之。愿尔更发大心，力求向上，从前邪见一扫而空，则妄念自无从生起。汝以为已悟道，不知汝正在荆棘中，全身被葛藤缠住，眼前漆黑。吾所以不能不为汝惧也！汝所历禅境，只是色蕴中触尘所显，又系受蕴中乐受。总之,一切神妙不可思议境界,皆非无因,要皆汝之妄想识神用事,正在五蕴山中。汝言识破五蕴,非妄语乎?况又附会泥牛、石女、八十公公、十八佳人种种奇异名词,更属无谓。汝所寄诗二十四首,自不为无见。然吾观之,颇多不惬意处。有德者必有言,汝患不明道,不患不能作偈,子先其所急可也。此诸偈中,有两句最动吾心,今加判寄汝,汝其审之。"紫霞山中子规啼",汝还见老人口边血丝缕缕么?"高叫行人返巴西",三能,三能,言姑止于此,汝宜自警!不烦多说。汝所需款,此时无汇处,他日得便寄汝。所需书籍,亦俟道路无阻时,或由便,或交邮寄去。汝之二师并二尊证师皆甚关切,期望于汝有志竟成,幸自珍重!

代宝光寺静照和尚复弟子三能书

三能谛听:

顷得来书,更增吾忧。所喜者语句之间,神气似较前略定,尚可望有转机;但总不免自是非人,前途实为危险。往者得前书,述汝心得,恐汝著境心狂,是以直言劝戒,此不但谊属师徒职分所当为,即稍有渊源系属者,亦必尽忠告。汝得书后不能平心以恭敬之心观之,误会处极多,甚至句读亦看错,反动无明,与我葛藤许久,诚可伤悼!来书除前半引经典,后半叙事实,无过书前套语,已属无谓。中间所述种种,更全是客气用事。我诚不料汝遂安于此。我不敢自信悟道,然生平老实,无妒忌心,深愿他人能悟道，何况于汝？汝可仔细思量，汝果证道，我有何不乐？又有何不荣耀之处？而必谤汝非真悟道、真证道？特觉汝实系偶发狂慧，不能自觉病痛，故不得不叮咛告戒。我纵未彻悟，亦何至不识好歹？更何至丧心病狂，妒忌其戒徒，而又为剃染徒者得道？如古人有一公案：其徒悟道，归。欲悟其师，于师澡沐时、观书时，时时指点。师问，知其徒于百丈和尚处蒙指示歇处，遂集众请其徒说法。既说法已，师遂感悟曰：何期垂老，得闻极则事。汝果有度师之心，吾所望也。

紫霞参学处为著名丛林，然今古不同，安得累代皆慈明为住持，杨歧佐院事？我承乏宝光，幸无陨越。汝谓我未悟，尚有望我彻悟之心，犹可言也。至于其他，汝何可藐视之？或者任劳供众，或者晦迹潜修。汝言我在宝光，未曾得着某师某师益处则可，不过多此一句话。若言某人如何错，某人如何错，此断不可，于汝慧命有损无益，于汝福命无益有损也。至于永不问常住之事一语，大似山门外石狮子成精所说，我不愿闻此言。菩萨有无缘之慈，宝光是汝受戒处，何决绝如是？汝出家日浅，未曾见古来诸大德用心处；如在俗人，年幼不知世事，一般出言轻易。汝久后当自知过错也。汝不知非，我口边血丝安得不缕缕，除是皮里无血人。我虽不悟道，不敢自称道人，未便麻木无知，见孺子入井毫不动念，此胜于叹誉死者几何？我不但不忍，亦断不敢。大冶洪炉中，赤烁烁木炭，非我境界。以理度之，不久将成死灰，断无血丝缕缕之事。

至于沩仰半月，我诚不解，不敢妄语欺汝。沩仰家风，父慈子孝；半月待圆相，与父慈子孝道理又如何通会？相传"举函索盖，以盖覆函"之说，若仅作世谛问答会，问话为函，答语如盖，固属差之千里。即悟入本分，有所心得，倘未能实行实证，恐亦未能真得古人之密意。若但图说得巧妙，函是如何，盖是如何，又如何举，如何索，如何覆，管取一个闷壶卢、野狐精，将作安身立命处。汝切宜自重，勿得一知半解，遂自以为足，把住不放。如放不下，可将仰山临终所说偈子"一二二三子，平目复仰视，两口无一舌，此是吾宗旨"二十字细细参究，其义与汝向来所得之理，能密合无间否？如有不合处，或有未解处，便能自知向来所见未能圆妙、未到微奥，大事正未了在。狂心既歇，便易放得下。所谓极则事，我既疑着，汝亦不妨疑着。我只知半月半月诵戒时，第四条佛戒比丘："实无所知，不可自称言我得上人法，我已入圣智胜法。"

参学人得狂慧，作事有力量，敢发言。往往自以为已得究竟，不能持久。昔圆悟大师不受五祖转，后病中不得力，始忆五祖。我诚不敢上比五祖，愿汝能学圆悟大师，留下之好样也。我劝汝是尽我职分，汝能信能听最好；果有疑，不妨将我所说更问师友，言某师告我其言如此，可信否？明师益友自能为汝决疑。切莫起无明心里，说师父说我不是，师父哪能知我？从此便走错路。只如我呼汝三能，师前弟名，在俗家尚如此，何况我等出家人规矩向来如是。若弟呼师名，则僧俗皆不许。汝于偈内巧嵌我名，未知是有心，是无心？若系无心，后宜谨慎；若系有心，宜切戒之。若曰：虽系有心，实含有欲我了悟之意。其心可嘉，事上绝对不能通行也。果谓我不悟，启悟我之法亦甚多，何必如此？

偈末言："情识未破，焉知三能？"汝自觉情识未破，不能自知耶？谓我情识未破，不能知汝耶？我不能知汝，是我之过；汝不自知，险乃万状。愿汝能自知也！更有须详告者，情识未破，固碍知慧；但学道人只是破妄情妄识，并非无情无识。六祖偈言："不动是不动，无情无佛种。"不教人无情。又如七识虽曰非量，如来因之现他受用身说法，度十地菩萨。佛又何尝无第七识？古德云："学道之人不识真，只为从前认识神。无量劫来生死本，痴人唤作本来人。"此盖恐学人误认识神为本位，故不惮苦口，非谓人可无识神。又如《永嘉证道歌》言："舍妄心，取真理，取舍之心成巧伪。学人不了用修行，真成认贼将为子。损法财，灭功德，莫不由斯心意识。是以禅门了却心，顿入无生知见力。"此一节内"斯"字，即指巧伪之取舍。谓学人不能了明心地，存取舍之心、含取舍之意、用取舍之识。其心不净，故不能如禅门了明心地者，得无生知见之力，非谓心意识可一概抹却。汝当除其虚憍之气，常存正念，则于情识发现时，自能辨其邪正真妄，邪妄即当地铲除。至于真正情识，圣凡所同；如常人之哀、乐，在菩萨为大悲、随喜，亦复有何过而欲破之？汝所谓破者，破其真耶？破其妄耶？设汝自昧其真常之识而欲破之，定别生邪见，他人安能知汝？或者汝因得有巧慧之故，于"三能"二字别有妙解，则我尤不能知。据我所知，三宝——佛、法、僧，佛之心印三——空、无相、无作，天台宗一心三谛——真、俗、中，空、假、中为一心三观，皆"三"字之妙者。若"能"字，则我教本尊释迦牟尼，牟尼训为仁，释迦即训为能。释迦之为姓，从古高贵。我愧知其名，尚未能实证其义。汝果有所证，何不明以告我？亦使我知汝深浅也。

我心更有必须掬示汝者，师徒二字，在俗家其义单简；在出家人，则一名多实，有剃染之师徒，有受戒之师徒，有循丛林向例住持传法之师徒，有真正禅宗传法之师徒。汝在下江，果虚心参学，必有契合。深愿汝能得真正禅宗传法之师，了明心地。若所证得，师家许汝能为人，又有福报，龙天拥出，亦愿汝得为何丛林法嗣。然虽如是，于向来师承，亦不可有轻视之心。果能了明心地，尚不轻视初学，况师承乎？勉之，勉之！吾不欲多说矣。

《佛教历史》一部，《贤首五教仪科注》三部，均交邮局寄兴福常住。其《佛史》到日，汝可向兴福常住领取。汝所寄来之书，收到之日，再写回信。

代宝光寺无穷和尚与弟子三能书

三能谛听：

四月二十九日得汝寄老和尚一函。老和尚因今年闰七月有三十日，发愿朝九华礼地藏菩萨，于三月十八日起程，先往峨眉礼普贤，四月初九日下山至嘉定，十九日抵重庆，有信通知寺中，大约近日或已乘便东下。来函恐内有要言，又未可觅寄老和尚处，故遂代拆看。书中所盼寄之《指月录》，老和尚言下江有此书，且板本佳，如西湖昭庆板极好，可不必寄。此固是诚言，但密意或恐汝著文字障，多生言语葛藤，反碍正修，是以不即寄。亦未可知此书是否必须看，在汝自酌。据余所见，在家文士，颇有爱观此书者，亦有悟境，然真能就此透彻亦不多遘。若但作话柄、助谈锋，又有何益？汝如必欲此书，能购一部更好；倘缺钱购买，随后再寄亦不难。总之，看古人公案，有不解处并无妨碍，果至与古人一鼻孔出气时节得能通达。最忌不解强解，以己意会通，不但埋没古人，抑且辜负己灵。若更著见于语言文字，又将瞎却他人正眼，罪过非浅也！

汝近来几次来书，将从前光影之谈全都扫却，渐能脚踏实地，不独老和尚释其忧虑，全寺大众皆为汝助喜！余既略有渊源，喜可知也。所望从此不懈，日臻上地，不负向来诸祖传法之心，关系岂止本寺荣耀而已？至于前两次所寄老和尚信札，或已焚，或尚未焚，不可知。如在下江见老和尚时，一问便悉。然汝果能不执前见，则前书早已立地焚却；前书纵在，即勒之金石，亦但有文字，毫无实义。若前见犹有毫厘之存，往者之书尚能从无至有，虽焚之，岂不能死灰复燃？凡意见障碍，文字葛藤，学道者往往有之；但行者不自安于现所居之窠臼，则障碍处便是大道，葛藤下便是坦途，何挂何碍？何嫌何疑？汝前书之来，诚使人忧。若云嫌猜之情，不但老和尚，即大众亦俱不存此心也。汝万勿因此稍怀芥蒂！

与谢子厚书

占察善恶轮相,于十日前即已制成三枚。因目昏不能细书,及手弱不能以刀刻,故未奉寄。今既得便,且寄一观。应否更有损益,统由慧裁。钰之制法,以合于经文、《易传》为主,于斜渐去之之文,亦不甚相悖。特向两头之解与向来解法稍异耳。两头微圆象轮,则中方象轴,两轮之间为轨度,即法也。既取轮相,即有进退之义。然则善业及不善业,法皆应横书,如"贪"与"不贪"对,是也。其二种轮相,以占善不善业。久近及强弱、大小差别者,其画与刻,亦应在两轮之间。惟所当研究者,画法彻畔与不至畔,其文无可疑者。若刻法言,作一傍刻,如画为当左傍耶?为当右傍耶?然据如画之文,则亦应有彻畔、不至畔之别。而傍之为言,该左右两方,异于画者,特不犯中一之所指在刻如画不指傍也。至于轮转进退之义,设占一不善业,既由强大而进于弱小;更进,则其业为善;又进,则其位升,进向之所谓甚善。今转显其未尽善,更进,乃反觉其为恶;如等觉犹有习气,义亦可通也。其画刻之法,钰意如《易》卦之阳爻、阴爻便可。未识高明以为何如?如刻画得成,当再寄呈也。

与某君书

钰以为中国所谓儒、佛、道三教者,三家之道,学者可以贯通；三家之说，纂述不宜和会。三家之说具在，必学之尽其诚，然后辨之得其真。以之自修，则心安而理得；以之教人，则道明而不惑。否则徒滋论说，无益也。盖儒者之说，长于伦理；道家之说，契于生理；佛氏之说，详于心理，各有所详，亦各有所略。兼之创教者非一宗，传道者复多派，不能无异同。欲混而同之，则莫若无言；必欲析其同异，辩其是非，恐论说之繁，将起争竞之端，而学者益以惑也。

来书谓立社宗旨，在发明真理，不取入主出奴之见，庶几近之矣。然既兼取之矣，恐其极端，或遂至于和会而克核太至，仍不免于竞争。抑又闻之，三家之道，大矣，博矣。其书充栋，历代贤圣之所纂述，必非一时少数学者所能尽窥其奥，亦唯学焉而得其性之所近。然近代学者，谈儒者莫精于《易》，谈道者莫深于丹，谈佛者莫妙于禅，盖择其要也。丹道之深，钰毫无所闻，不敢置一词。若禅学，昔者盖尝涉其藩矣，德薄气器，遂为病魔所困，中道而辍。迄今回忆，但有浩汉！幸当时犹记"赵州八十犹行脚"，及中峰和尚所说"参学者最忌遇盲师，将冬瓜印子印定"二语，以此自警，仅还我本来蒙昧，未至堕坑落堑而已。若当时得遇明师策进，或可有所成就，以此叹得师之难也。至于《周易》，昔者吾师郭尧卿先生固邃于《易》者。尝谓钰曰："尔应试归来，当与尔谈《易》"。及钰从京师归，连年奔走于衣食，而郭师遽归道山，遂无所闻。郭师学亦不传，伤矣！钰读《易》固未熟，亦茫不得其解。乃前数月复读时，忽发奇想，谓读《易》宜用论理学通之，如乾为天、为圜、为君、为父、为玉、为金，则知乾之实非天、非圜、非君、非父、非玉、非金。何以故？天为天、圜为圜、君为君等等，则不成辞也。必求得一物，既有君父之尊亲，又若金玉之凝润，又如良马、老马、瘠马之能致远，且久久服劳也，则与乾之实相近矣。逞臆之谈，不值有师传者之一笑。

复某君书

承示出世入世，明体达用之说，于事理固无不合。但世间法与出世间法，暨体之与用，均不可分。盖出世间法不离世间法，如来于食时，着衣持钵，入城乞食，次第乞已，还至本处。饭食讫，收衣钵，洗足已，敷座而坐。如来固出世大圣，然亦不离世间法也。至于体用，尤不可分。以常情言，无有无用之体，亦无无体之用。全体大用，朱子所明。全体作用，禅宗妙旨。故曰体曰用，可并列以明宗，不能分科而致力也。必欲分纲列目，似宜舍此更详。鄙见如此，高明以为然否？

与某君书

曩者常闻金丹家有言，顺则成胎，逆则成丹。夫世间之林林总总，从古至今者，固莫非顺以成之也。任取其少数以为例，其间固不乏一索得男、二索得男、三索得男、一索得女、二索得女、三索得女之事。而研究丹学者，乃不闻有初丹、次丹、三丹,长婴、仲婴、季婴之说。此钰之所不解一也。

自其顺者言之,世固有顺而不胎,胎而不育,育而不成,成而不贤,贤而不寿之种种分别;而由其逆言,乃谓逆必成丹,丹必可养,养必育婴,婴必壮大,且必为贤为圣,而寿无疆焉。此钰之所未解二也。

又顺以生者,莫不毗阴毗阳,且其一性。复由顺之道而生生不已。而逆以成者,多谓秉纯阳之性,乃不闻得纯阴之偶,复由逆之道而孳乳无穷。此钰之所未解三也。

若谓还其太极,兼摄阴阳,品德高贵,乃复无伦。盖神圣所相喻于无言,初非凡情可测,则杏梅桃李,稻麻菽粟之属,何非饱含仁德,独具生机?又何必品德定贵于胎卵之俦乎?此钰之所未解四也。

且一机之动,收藏生长;譬运转于鸿钧,万象森罗,上下四旁,咸同包乎一宇。又何往来聚散,进退升降之足言乎?此钰之所未解五也。

凡斯诸惑,即钰德薄福浅之征,亦即钰所以不能负荷妙道之故。其于今之所谓丹学,乃疑为古所失传。容成天老之遗,宓戏泰壹之道,所谓性情之极,至道之际,以求保性命之真者。亦即太史公所谓"百家言黄帝"中之数家。以今之科学名词言之,可命为神秘生理学。而于先生及贵友所禀受于师者,疑为良师巧设方便,启诱后学。暂以此可少安者,为进道之阶级,免其颓废。有可希望者,为入道之门户,生其向往,而尚非其至也。

与某君书

近代所传丹学，钰何敢轻视！但于丹学书中引证儒、佛、老、庄语句，则不敢谓然。以其于丹学无所增益，徒使学者惑乱，而又坏儒、佛、老、庄之本法也。然向亦不敢辩，恐生诤论。适际先生近来研究此学，以向来相契最深之人，似可进其狂瞽之说，以备采择。钰向持修性重于修命之论，亦一时之论耳。有时乃谓命由天定无可修，性本至善不待修，此义盖本于《中庸》。《中庸》首言"天命之谓性"，夫性、命一也。在人与物，秉之则谓之性，其在天则谓之命。故专言人则曰："惟天下至诚，为能尽其性；能尽其性，则能尽人之性；能尽人之性，则能尽物之性。"专言天则曰："维天之命，于穆不已。"兼言天人则曰："天生蒸民，有物有则。"物固生理之常，其则，则性也，而天命之矣。推之物质之变化，人事之吉凶，其在事物，固莫不有一定之性；而在冥漠，则若有一定之命者。

古人视天命甚重，故孔子自叙所学言："五十而知天命。"言"君子有三畏"，则首言"畏天命"。又曰："不知命，无以为君子也。"其赞圣人之作《易》也，则曰："和顺于道德而理于义，穷理尽性以至于命。"其视命，盖至尊严，指天命也。后世丹学家所言命功，于人之生命则切，于天命则远。殆人性中之抽象，养生家之一说，未若古人言天命之命所包之广也。

钰志学有年，读一小经乃不能熟，行多缺玷，遇事茫然，殆志犹未定，故学无所成。无安宅以立心，乃迷途之多惑，何为高言天命哉？夫广大精微，固不能测其理；饾饤掇拾，似不妨举其名。矧贡其愚于我良友之前，所言当，则采取之；所言妄，则必有以救正之。何为自藏其短而不炫其愚乎？抑钰之于丹学不敢自信能学者？以丹学规则，师家向无昌言之例，其真际殊不可窥。钰既好杂家言，则于世所传丹书取其一二种探讨。虽亦知所见必非其真，然已不能自解其惑矣。《中庸》言："君子行而世为天下法，言而世为天下则。"今丹家言口诀之慎且密也，而火候又不可豫传，又况法财之难得，法侣之难选，则斯道之不可家喻而户晓，尽人之所能则效，明矣。疑君子或以此为缓图也！（某君系张君至交。先生悯其隐溺，言婉意挚，反复劝譬，卒拔某君于坑堑。汝霖识。）

与谢子厚书

前静照师赴省，钰不能偕行，意甚歉然！今日静照师相访，谈及重刻《五教仪科注》办法，并道及先生及子充信爱之意，甚感，甚感！两先生意固在慎重佛法，故于一书之写刻，先选定校对之人。但所以成就钰，使得从容于至道，不至以他事分心，或致退惰。周遍护念之美意，未尝不寓于其中。钰敢不自勉，以慰两先生厚爱之意哉！校对一事，前承先生及静照师之嘱，钰已愿竭力，此后更当自振。往者从郭尧卿师学时，尧卿师闲试钰以校书之事，曾蒙许可。今校此书，或不致十分为难。精力近年诚少衰,想发愿结般若缘,当蒙佛菩萨加被,令无陨越耳。如寺中设一静室,钰得与诸上人同事,功效必更完美。至于两先生供养之说,实不敢当。以佛法言,供养诚美事。特钰自揣,殊所不称,不然伯夷所树之粟,岂不甘且美而不愿食之乎?

抑钰尤有虑者?风俗之日变而不见其美,识者以为,惟圣道之行,庶可以挽回之。孔孟之道,美矣,善矣。顾言之或为世所诟病,此传闻固不甚确也。前月钰在讲堂,有言所讲文太长者。钰因言:"诚然,将来于讲长篇国文毕,继之以《论语》、《孟子》中章节之短者再授他文,则诸生记诵当不甚劳。"则群诧曰:"吾辈安能再习八股文?"钰无以应,而自悔失言。于是知孟子、孔子之道,果不容于时人心理中也。儒术既不逗时机,则所以挽回风俗者,舍佛氏将何赖?然观近年佛教会之设,乃不见有可喜之事。是佛道今亦衰矣?衰焉则求其盛,此钰所以深望于子充及先生之大转法轮,宏扬佛法,返世道于升平,跻斯民于仁寿也。

夫义利之辨,言儒术者尚极重之,况乎欲以佛法挽回世道?在两先生固非以利行道,即钰更有所贪求,必不以钰为鄙。然他人观之,谓佛法何?钰不足惜,恐有累两先生之明,为他日行道之碍也。愚见若此,高明以为然否?请以此意婉陈子充,当蒙许可也。(此辛亥后先生窘极时,朋侪为之所,而先生力辞不受之书,言婉而意决。反复数书,今存一首。汝霖识。)

答黄君书

钰识暗寡学，百无一能，是以处困穷而不敢怨。而不意侪辈中反有以此见重者，殆未知钰之果无能也。或又有以钰为谦者，若果然，则虽谦而近于诈，亦殊不足取。所谓客气，钰信有之。然钰元气甚弱，所有之客气不可尽除。譬如病人，真火已亏，但有虚火，医者一不慎而去其虚火，则成不治之症矣。往者闻人言，令兄颇有推毂之意。不审他人亦有采虚声，不揆其实者乎？然钰固自知其实无能也。尝谓嵇叔夜虽不宏达，然固性不伤物，何至难免。惟山巨源欲为官得人以益时用，而幽愤之诗遂作矣，而山公固自谓知嵇生，此真可为长太息者也。

与谢子厚书

刘君杂感诗，极佳！读之乃不知为诗为史，是墨是泪？惜钰不能尽解，将来当亲受业，以求其解，于心乃安。其中亦有鄙见可备一解之处，如《五臣篇》"归国"字，钰乃欲易作"承命"二字。盖此事之失，不待归国；当承命时，痴狂外边走之病，已决定不可救药矣。韩退之因文见道之一文人耳，其为文也，必陈言之务去，虽尧典舜典之字，清庙生民之诗，必加以点窜涂改，求一归乎心得。故一则曰："汩汩乎其来矣"；又曰："浩乎其沛然矣"。燕许之文无论矣！即李杜文章，所推为光焰万丈者，又岂肯摭拾其一字？岂有天下之大，兆民之众，而儿戏若此？当时君若臣，视民命国体之重，较韩退之视其所作之文，重量相差远矣。则又何怪乎韩文腾耀于今！而当时所谓宪法，于今弃之如敝屣也。积习狂愚，因缘而发，可涕亦可笑。若解人，又不妨别有会心耳。

与谢子厚书

闻人言，中国有加入欧洲战团之说，已确无可疑否？诚确，即亦无大害。既已力弱，不能自由，焉能确然中立？要之一国所以自立之道，不可不注意由今之道。虽不预闻欧战，亦未见其可也。

复谢子厚书

先后两函同时奉到，敬悉壹是。函文互置，谬误中乃有至理。以子厚致凤篪之函，而子充致子厚之书在其中；至子充致凤篪之书，固在子充致子厚之函中。统而观之，有何同异之可言；别而论之，更见错综之妙用。夫推极性命之本原，则凤篪何殊子厚，子厚不异子充。以子充致子厚之函，函致凤篪之书，固无不可。而子厚致凤篪之书，附得子充之书，尤为习惯。岂徒回互之机，益显圆融之理！

复谢子厚书

日昨归途之雨,盖上苍告阁下以治民之道也。近数十年来之治民者,其所措施,以为吾乃今大润泽苍生矣,而不悟非民之所愿也,如苍生何?其有视先生之出者乎!

复谢子厚书

承询钰病不服药之故,钰亦偶服药,并非决不服药,特不视药物为患病之必要耳。其故在钰向有一偏见,往往即以病为药。如利也,则以为此所以去我肠胃之湿热也;疟也,则以为此所以去我脾脏积滞也。肠胃既蕴有湿热,不发炎化为脓血而利下之,湿热何由去乎?脾脏既有积滞,将失其运动之能,人将不堪,不因热血流行之速,积滞何由荡涤乎?其急痛寒热之苦恼,视为应有之义,故不更求助于药饵也。于痈疽外患,义亦犹此。谓所以排泄脏腑之热毒也。譬如钰多忧郁而善怒,此则真病也;虽暂不觉病,脏腑必已失其常度而患隐伏矣。为日既深,积患已久,一旦骤发,虽至于死,亦命也,非不幸也。乃幸而发为小痈疽,纵微苦痛,不至于死,而向来所蓄之隐患已稍纾矣。方自庆幸不药而得此效,何敢更以己意妄用药乎?愚意范增至彭城疽发背死,固由项王不听其言急怒所致。然其远因,乃在好奇计也;方其好奇计时,不自觉其过。彭城疽发,药亦何益哉?

与谢子厚书

钰自八月初间与君别后,神思甚昏瞀。《墨子》勉读一过,《管子》乃未终卷,亦均无所得,盖病已操胜我之券矣。自揣微躯尚宜于病,故此次之病,自觉貌瘁神怡。一痛彻肝肺,呼号不觉发于唇吻,他人以为难堪,即自己亦未尝不以为难受。但念及真实无妄之情,于此颇能透漏无余,则又心中甚快,觉一段磊落风光,胜于讲道德、述仁义时多多矣。

与谢子厚书

夫痈疽之属,世人命之曰外症。若究其实,则皆由于一念。知不及此,不能早为之所,迨病积久而发,乃始张皇于外。稍进者,乃始服药,外托内消,不已晚乎?

复谢子厚书

昨所寄《中国政教统系图》,据愚见,从太极、阴阳、五行说起,似过于奥妙,且唯笃信程、朱者,能无异说,其他恐不能无疑。不若直言天,或兼言天、地、人,则在《易》有阴阳、刚柔、仁义之说,在《书》有"惟天阴骘"之文,即《道德经》亦有"人法地,地法天"之说,《孝经》亦多兼言天地与人。其义似较阔，祈斟酌用之。钰学问无成，难于自解。近来颇觉在人间毫无趣味，但勉强支持耳。先生年力正强，愿努力自爱！前嘱书《心王铭》，容暇日为之。

与谢子厚书

在省诸多厚扰，谢谢！钰归来后，出世间之寂寂，不胜世间之纷纷，所明不若所昧，能放而不能收，业识茫茫，无本可据，危哉！宝光寺交到赐书，敬悉刘君洙源已开讲《大乘起信论》。钰往业所牵，未得预闻法要，甚愧，甚愧！梁君漱溟处，前数日恍惚间得一进言之道，惟尚未属笔，大要只是率真耳。当成稿时，当先寄阅。欧阳竟无诸君住址已奉到。钰颇愿梁君得与如是诸上善人俱会一处也。（此书作于庚申六月四日，自后无书来矣，绝笔书也。梁君书稿卒未成。汝霖识。）

顺德张凤篪先生行状

曾祖，讳青选，字商彝，一字云巢。乾隆己酉举人，官浙江知县，累迁至浙江督粮道，擢两淮盐运使，调长芦盐运使，擢直隶按察使，调福建按察使。后赏三品卿衔，简充两淮盐政。

祖，讳邦佺，字全之，一字尧仙。道光辛卯举人，癸巳进士，改庶吉士，散馆改湖南知县。

父，讳守恩，字溥斋。同治癸酉举人，官刑部主事。

先生，讳元钰，字式如，一字凤篪。广东顺德龙江乡人。官四川冕宁知县，有政声。大府遇先生如常吏，先生亦不自表襮以求售。其施未竟。寮友与蜀士知先生者，佥重其学。先生之学于儒释无偏主，能会其归而抉其奥，见之实践而不在语言。先生貌厚神完，黄须数茎，目光炯炯射人，声如洪钟。衣一袭，葛衾一，事暑雨祁寒不易也。

辛亥以来，贫不能举火，或市胡饼充饥，泊然终日。夫人弱女亦安之。非执友之馈无所受。初犹授生徒，后竟不顾。默坐如槁木。与之语，道理娓娓不倦，辞气巽以和，以深义杂浅言，诙诡百出，令听者如坐春风中，欣然领受于不觉。其为论，伏羲、文王、周公、孔子、释迦、老、庄，未尝去于口。古今治忽兴坏，生民利病得失，洞若观火，未尝去于心。喜怒愠戚，未尝见于色。妇孺臧获无牾容，尊爵厚势无加礼；见善如己出，见不善常思覆之；不轻世肆志以纳侮，不厓岸斩绝以鸣高，表里融融，一而已矣。其风采可畏爱，流露肫挚墙宇不测如此。

先生之通两家学术也，固出于庭训，其受学外傅具有渊源。初成童，毕诵六经四子，不喜习举业。年十六，事扬州瑞安悟和禅师。悟和具正法眼藏，一见器之。先生持戒三年，欲出世为僧，不得父命而止。寻事郭尧卿夔。夔，江南隐君子，沉潜汉宋学，尤深于易，故先生知易。先生受学得良师启之，其进也，先生进之；其守也，先生守之。既见悟和、尧卿，于学知所归。而奔走衣食，困踬名场，不获久相从，未深入也。其后馆于扬州守某君。间出悟和所赐《中峰广录》读之，取"万法归一，一归何处"公案真参力究，四十余日顿悟，平生德业基于此。当是时，悟和已寂，尧卿亦下世，先生虽廓澈豁朗，快庆生平，而师资凋谢，取证末由。于是绵密调伏，锐心孤往，日取《周易》、《洪范》、老子、庄周书，端坐讽籀，务究其极。然后知天人之故，国家兴衰治乱之源，圣人立教参赞化育之功，莫不根本一心。与秘藏十二部经，禅录机语，同归而殊途，千差万别，而实无毫发异。

先生于《易》、《洪范》，学之数十年，各有图。尝曰：

"世出世间，不一不异。出世间法透彻者，世间法乃能圆满；世间法圆满者，出世间法乃能透彻。"又曰："孔、老、释迦其体同，其证异。三家之道可以贯通，三家之书不宜合会。门户之见，附会之辞，所不敢取。"其论易曰，易之义有三焉——有吾心之易，有宇宙之易，有书册之易。易一名而多实，其在书册，则一经之文与诸家传注是也；其在人，则为生主，《系辞传》所谓"生生之谓易"，《庄子·内篇》"所养者是已"；其在宇宙，无可名之，《系辞传》所谓"鼓万物而不与圣人同忧"，盛德大业无能述也。书册举其义，宇宙显其象，在人则生心动念，变动不居，吉德凶德，随时感召，所谓"神无方而易无体。"君子以终日惕厉，恐惧修省，以进其德，修其业者也。欲知易，先明体，次察象，其义自通，圣人垂世之意盖如此。不达其体而第执乎相，则天竺外道、吾国道家末流之所由起也。其明体奈何？曰"易、乾、坤"三。言其要也，易者，无方无体，所从出之体，吾心是已；心之用有知焉，有能焉。乾也者，知之谓也；坤也者，能之谓也。凡有所知莫非乾，凡有所作莫非坤。有知矣，有作矣，而求其所以知、所以作，与知不限一知，作各如其所作者，不可得也，又不可分，故谓之易。

其论元、亨、利、贞四德，曰儒家以天地万物为一体，修一身、齐一家、治一国，不足以言儒。何也？身之外、家之外、国之外，彼何所托命乎？其遗多矣，限量之谓也，非儒家之本怀也。必也大而无外，以天地万物一体，无限量而必充其限量，一视而同仁。《记》云："圣人以天下为一家，以中国为一人。"

此训"元"之义，古说之仅存者，能如是，其人谓之"大人"，其德谓之"元"。三德皆所以成元，故"元为善之长"。明一体矣，而犹有阂也，或上下不通，而远近情隔，如癖者一面病，痱者一方痛，不足以成元。所谓一夫不获其所，若己推而内之沟中。故次之以"亨"。亨矣，而无义以利之，亦不足以成元，所谓思天下之饥由己饥之，思天下之溺由己溺之。既庶矣，又何加焉？曰富之。既富矣，又何加焉？曰教之。所谓爱无差等，施由亲始，笃近而举远，人人亲其亲、长其长，而天下平，则"利"之义也。利矣，若飘风不终朝，骤雨不终日，亦不足以成元，必也立一法焉，建一义焉，建天地而不悖，质鬼神而无疑，百世以俟圣人而不惑，坚固持久，所谓"贞"也。合之曰四德。

其论《洪范》曰，五行之学，致知诚意之学也。五事所以修身也，八政所以治国安民也，五纪所以仰观天之文也。知天之文而法之，《易》所谓文明以止之人文也。王者体天，庶民法王，皇极之道所以致庶民，无有作好作恶而一遵荡平正直之王道也。其犹有未能协于极者，则思所以进之。三德者，所以使庶民进于中道而协于极也。故曰："德行小进也。"虽然，日中则昃，泰极斯否，王者谋久安长治之道而大疑生焉，故稽疑次之，然无征则不信，而不可以持久，征之于雨旸燠寒风，而不信极备极无之为凶者，世无此愚人也。庶者多也。内而五行，外而五事，以至八政三德，其吉凶俱可知也。吉则蒙福，凶则蒙殛，天岂妄有向威哉？故五行之不汨陈，自尽其性也。三德所以尽人之性也，尽人以合天，得福之道也。

其说《洪范》,训释极详,失于记载。大抵谓儒家五行——金、木、水、火、土,与佛家地、水、火、风四大,数异而义同。夫地、水、火、风,物也,非心也;借之以表坚、湿、暖、动四性。而坚、湿、暖、动丽于识,识变诸相,无往而非坚、湿、暖、动所生,故谓之四大种。金、木、水、火、土,亦物也,非心也;借之以表咸、苦、酸、辛、甘之五性。心之感觉万殊,无往而能出咸、苦、酸、辛、甘之外,则无时而不往来于五者之中。故咸、苦、酸、辛、甘,可囊括万殊之感觉;金、木、水、火、土,即可以范围万象之体性。行者,往来之义;五者,范围之数;故谓之五行。五行既范围万象体性,则五事之貌、言、视、听、思,其见端,其归宿,能出咸、苦、酸、辛、甘之外乎?如曰不能,则金、木、水、火、土与貌、言、视、听、思,息息一贯,明矣。五行、五事既一贯,则广之为庶征休咎吉凶,推之为五福六极,俱一心感召,如形影之不离,又何疑乎?盖自雨旸燠寒风时言之,似与五行五事阂,去五福六极远;自咸、苦、酸、辛、甘言之,凡一切感发变态,莫不由心。心无形相,圣人欲穷形以示人,或自体以达相,由五行推至六极是也;或摄末以归本,由六极纳之五行是也。科虽有九,无非巧状本心,令知一体。知一体矣,则无内外,安有隔阂?《洪范》列"五行"于"初一",精义入神之学也。后世不达真心一体,分内分外,以庶征为术数家言,以灾异为妖妄之说,何怪其然也?

其论《大学》曰,儒家宗旨在天下万世,不为一国一身计,不为一时一地计。《大学》一书,为古圣王纲纪四方,垂统万世之良法，其要在"明明德于天下"。明德在《易》为"元"，在《洪范》为"皇极"。横言之，周遍天地万物；竖言之，弥纶上下古今。无限量，无二体；反是，不足为明德。其明之之次第，莫大于亲民。故经云："欲明明德于天下者，先治其国，先齐其家，先修其身，先正其心，先诚其意，先致其知，致知在格物。""其"字，指罗列于天下中之家国身而言。己欲明德，必使天下无国不治，无家不齐，无身不修，无心不正，无意不诚，无知不致，无物不格，而后满明德之本量，故谓之明。其用为亲民，其见于事，则君止于仁，臣止于敬，父止于慈，子止于孝，国人止于信，斯谓止至善。何也？一体之义固如是也。非一人身修，一国国治，所得袭而取之也。何也？一体之量不如是也。故"其"字中大有事在。后儒读"其"字，不注意于圣人明明德之分限，次第全失，故亲民之效不可得收，至善之鹄无由可达，不可不察也。

其释《论语·或问禘之说章》，禘大祭郊天，何以知其说治天下如掌？先儒但于禘之典礼纷纷聚讼，而于治天下如掌之义多未之释，此不明天地万物一体之征也。圣人明庶物，察人伦，立政教，皆从一体之义建立。心包天地，与天地同其德，立爱自亲而有亲疏，立敬自长而有等杀，亲亲尊尊，摄政教之根本。一体同源，尽报本反始之微意。后儒不知祭义，妄解神道设教一语，以为藉神以自尊，挟天以欺世，采异域琐谈，以一神多神测孔教，以人事鬼事疑圣经，迂拘荒诞，宜其不能修一身、治一国也。如达一体之义，则知人类本无亲疏，而势不能不立亲疏；本无等杀，而势不能不立等杀。立亲疏、等杀，以纲维人类；立七庙五庙，以慎终追远；立七祀五祀，以崇德报功；立天神地元，以报本反始。探本垂迹，其道一也。明则礼乐，幽则鬼神，由根本而差别，由差别而根本，共贯同条，曲尽一心之妙。治国事天无二道，故知其说即能治天下。

其论《颜渊问仁章》曰，朱子训"己"为"私欲"，臆说也，古无此训。"己"，即"为仁由己"之己；"克"，即"克明峻德"之克。"克己复礼"者，犹言己能复礼也。此章言顿教，故"一日克己复礼，天下归仁"，正好以释迦菩提树下成道故事相证。释迦成正觉，见一切众生成正觉。一切众生成正觉，则归仁之说也。程子《四勿箴》曰："闲邪存诚"，亦大害事。是以渐法训顿也。四勿之义，不离当念之谓。当念即是，何闲之有？凡周、孔、老、庄之书，顿、渐、大、小法门，无不赅备。读者以一副眼光视之，往往不通。不知圣人立言，有中人语上、语下之分，有生知、学知、困知之判。学者宜用天台、慈恩、贤首判教之法，分时分根。圣人立言，处处各有着落，经义自明。如谓又以佛法说经，余不敢言矣。

其论《孟子》曰，孟子之功，在发明"知言"、"养气"。"养气在知言"。后儒说知言，为知古人、今人之言，从人立义未允。愚谓知言，固不拣古人、今人，而用工实从自己下手。言者，名言之言。唯识家谓，名为先，故想；有想矣，乃有言说。言说之蔽，有诐淫邪遁四者。他人不能知而己独知之，于己独知之地当念用工夫，则四蔽自去，乃可以知古人、今人之言。所谓明镜诚悬，不可欺以方圆。今不先求诸己而求诸人，一向外驰，以诐淫邪遁之心，能知他人之言乎？所以知言之学旷世难逢也。

其论《中庸》"致中和"曰，朱子谓"吾之心正，则天下之心正。"此何说也？"致"者，"推致"也。致中和者，推致中和于天下之谓也。必推至于天下，圣人之功始尽，所谓明明德于天下也，故其效至天地位、万物育，其中应具无限经纶。故曰："中也者，天下之大本；和也者，天下之达道。"今曰吾之心正，则天下之心亦正，但自修而其效自至，已不知中和之体矣。且位育之效，可安坐而待乎？宋儒有功世教诚伟，所见毋乃太隘，不可不辨。

其论老子曰，后世之人，以老子为阴谋之祖，其诬老子岂不甚哉？老子，圣人也。一书之中，于国计民生勤且挚矣。盖老子深明天道，知治忽吉凶之机括基于谋始，故谨小慎微。其言曰："图难于易，为大于细，天下难事必作于易，天下大事必作于细。"又曰："其安易持，其未兆易谋，其脆易破，其微易散。为之于未有，治之于未乱，合抱之木生于毫末，九层之台起于累土，千里之行始于足下。"又曰："慎终如始则无败。"其恺悌恻隐，可谓口瘏音哓，丁宁反覆之至矣。而曰刑名之家源于《道德》，何其悖也？或曰："将欲噏之，必固张之；将欲弱之，必固强之；将欲废之，必固兴之；将欲夺之，必固与之。"则又何说？曰："天道固如是也。"老子抉天道以示人，使人默察其机，以恐惧修省。奈何执其词而害其意！如是读书，殆所谓可与言其然，而不可与言其所以然矣。故善言老子者，莫若庄周。周之书曰："建之以常、无、有，"此与"易、乾、坤"三名正合。常者，超乎有、无之外，有、无又出于常之中；如易之无方无体，超乎知能之外。而欲见易，不离知能。乾知大始，坤作成物，乾坤毁则无以见易。又即佛家之"空、假、中"，常即中，有即假，无即空。三谛三德，儒释道无二矣。

先生于六经四子书，老、庄、墨子诸家皆有发明，突过旧说。不具书，书其大要。

先生之生在青江浦，时同治四年丙寅七月十三日，其卒也在新都，庚申六月十一日，享年五十五岁。同治戊辰丁内艰，光绪丁亥丁外艰。事悟和在辛巳，事尧卿在癸未。乙酉纳粟入太学，是年中顺天乡试第十九名举人。壬辰王宜人来归。宜人有贤行，通文事，相敬如宾。先生久处约，宜人相之也。癸巳、丙申两馆扬州。澈悟在丙申。丙戌、辛卯、乙未三上春官不第，乙未肄业国子监太学。戊戌大挑一等知县，签发四川。己亥禀到，庚子领冕宁金厂，癸卯署冕宁知县。甲辰去职，是冬请假回籍。丙午挈眷来销假，为学务公所图书课课长。戊申调新都经征局，庚戌调省。昆季三，先生居仲。男一，曰家；女子子一，曰田。

先生处世和光同尘，而官场喜软熟柔媚，不乐笃实。宜若凿柄困厄而遇合颠跌，亦若莫或使之，若或使之焉。冕宁金厂者，废弛已久，所出不足厂中经费，需次者视为畏途。大府从容问计，先生曰："事无不可为者。"乃檄领厂务。抵厂，仓卒爬梳，条贯立就，课金日王，竟成佳厂。后解课入省，于是制府岑春萱初莅任。岑以风棱自喜，视属吏若无物。上谒期以某日，至日复谒，辞焉，先生怒斥巡捕，声甚厉。岑闻之，延见与语，大悦。令先生兼县篆，辞曰："厂县不可兼，兼则俱废。"乃檄先生署县事，而令举贤员办厂，仍受成于先生。冕宁僻远，基督教民恣甚，前县令莫敢谁何，或稍稍过问，则纷拏不可治。司铎某至，批县令颊。先生素伉直，不畏强御，下车遇教民不法者痛惩之，教民有欲要先生于道而戕之者，或告之，先生曰："吾不爱命，不爱财，官更非所爱。吾惟知有法，犯法者无所贷，他非所知。"夷然不顾。遇司铎，自处以诚，而接之以礼，竟无如何。间阎又安。冕宁逼于夷，夷时时劫掳，先生寝不解衣，闻警即往，夷人惮焉。一日甫上食，闻县民呼曰："夷至矣。"投箸即行。至，夷方饱掠欲遁，令译者语之曰："官已到，团练且合围，能幸免乎？若返，若劫物出，若首事，庸宥。若否，则聚而歼之。"夷惧从命。终任无夷患。冕宁为之语曰："清兴二百余年，吾县好官，前有郑揆一，后有张公也。"

其后任新都经征局。经征草创，所司先饬知县查油酒户，新都前县令具实以册籍上，受申饬。继任以征收非己责，知长官意，乃不问事实，按册户倍加，即使日日追比，万不能盈。且蜀民自非通都，业油酒者类小贾，赢则久业，折阅辄止。而主之者著籍，辄视为永业，非受代不准更数十百缗。任职无定之小贾，谁复堪此？而既成案据，可增不可减。先生莅新都，歇业请者纷纷。敲扑追比不忍，实情上达不许。局例岁额征若干，按月之澹王平均，具报而后解，解率在三月后，要必取盈。先生征收不足，以局费充之。局费者，即所征而扣折之为局中经费也。其例以所入多寡，定等之高下。等下者扣折多，而高者少降，杀以剂其平。新都列居五，及先生莅事，而龁者超其列为三。由是局中不能置书记，簿籍记注膳缮，先生躬亲之，而弥补之术绝。逾年调省，追偿累千金；未竟，而武昌变作。邑人素知先生，以故免。

其签分四川也，未出都，或谓之曰："盍改省，某某为奥援。"先生曰："吾居易俟命矣。"其回籍过江苏也，苏抚留焉，婉谢之。

先生之大者不克试，试乃其小者，小者已卓荦如此。先生生有至性。母陶太淑人卒，年三岁也。鞠于祖母。童年事祖母，就养无方，人称其孝。继母王太淑人病剧，割股和药进，果愈。比部疾，侍汤药，寝食俱废，百有余日乃间。比部喜参究，厌浊世，回籍航海中道投海死。先生悲痛号泣，庐海濆，良久乃去。比部深研儒佛，执友某问当读何经，曰："当读《维摩诘经》。"恐其无从得，竭一夜蝇头楷书《维摩经》寄之。故先生之勤勇敏挚，其来有自。先生多艺，电学、天算，不从人得，读书自悟。好读《九章算术》，精几何、三角，由古法推演，简密或过新式。有人伦，鉴贤佞正谲，不爽铢黍。然寡交游，谨言。言学不肯著书。与从化谢子厚汝霖、归安吴梦龄鸿寿交，最善且久。论学多鸿寿、汝霖屡请，以平生所得笔之于书。先生自视欿然，谓学未至，不敢也。故所传经说，大抵出吴、谢口述，或偶见笔札，不完不备。《易》图亡，《洪范》图存，说亡。今汝霖搜辑遗著，为《片香集》三卷行世。

子家尝问佛法，不答，为语四子六经义。卒之前二日，召家说《大乘起信论》，及孟、荀要义，自夜达晓。翌日，示将终之意。王宜人力诘之,笑不答。于是疾命以朝服敛,无他言。次日酉,右胁而逝。国变之后,自以累世受恩,不问世事,辫发如故。他日出,兵持先生发辫,诟曰:"胡不翦辫,反对民国耶?"应曰:"我止一人。"兵断其发,掉头不顾。自尔终身未尝修容,须鬓任其怒生,椎髻敝衣,游行市井间。

呜呼!先生之学问行事,其可书者止此。先生之道德,秘于中而未发者,当倍蓰百千于此而不能书,无可书矣。然学者即此求之,亦可以与斯道之要,闻而知之矣。或曰:先生之学,一言蔽之,归本于心。明心则体用兼备,是以释理训儒道也,得毋援释入儒道耶?是大不然,学术之不明,正坐此耳。

窃尝论之,道体本一,其用万殊。释迦、孔、老同是圣人,各造其极。语其体,则归源一心,三家莫二;语其用,则世出世间,各明一义,绝不相妨。故曰:同归而殊途,并行而不悖。孔、老之学,后世中绝;能仁之教,遗绪未坠;后贤负荷,诤论蜂起。章句之儒,所见狭隘,不知大本大源,或专求之名物象数,而不知本诸身;或能反诸身心,而空疏无具,甚至谓道家入于阴险而贼人心,释家但知自好而蔑人伦,虚无寂灭,弥近理而大乱真。类此者,无虑数十家,傅奕、胡宏为最著。其蔽也,浅而嚣。方伎羽流,不知常非常之义,创为丹鼎、符箓、服饵、导引诸术,依托道德,欺世惑人,以求长生久视。五斗米以下皆是也。其蔽也,贼而悍。著述名家之释子,大抵以二空为本,其说优矣。而为绝续慧命计,不得不自固壁垒。虽贤圣如天台、嘉祥、清凉、永明诸公,亦以儒道与印度三十六种比,并其他更何论矣！其蔽也，严而专。融通之士，持三教合一之论，而不达所以同源，所以差别之故，一以息争为务，糅杂群言，支离附会，谓三教必相合乃备，然则分之各有不足耶。其蔽也，逐末而忘本。文艺之士，于三家之学概乎未闻，骋偏见，拘奇谈，谓老子不知所终，西入流沙为佛。中国佛典窃庄，列绪余，沙门翻经，假手文士缘饰润色，非其本然。无知狂吠，凿空臆撰。诋諆虽巧，日月何伤？襄楷、宋祁，其罪魁也。其蔽也，诈而狠。夫释子自固壁垒以永其传，犹有可说。四家盲论，厚诬圣人，昧本源，害道真，发政事，祸生民，其患何可胜言？推原其故，不知一心而已矣。

夫世出世间，其说虽异，唯心则同。世间之法，开物成务，在内在外，其相虽异，唯心则同。羲、农、尧、舜、汤、文王、周公、孔子，或达而在上，见诸行事；或穷而在下，宪章祖述。作圣述明，讵有二道？爰举斯心加诸彼而已。学绝道丧，不明一心一体之义，政宜采未坠之佛学，旁证曲明，识自本心，发挥奥义，拨乱反正，以位以育。今乃深闭固距，目为异端。或阴窃微旨，妄分畛域。问以格致诚正，则幽冥而莫知其源；问以修齐治平，则内圣外王分为两橛而不能一贯，以是为儒，岂不痛哉？此天下所以滔滔，厄言日出，披靡一世而无可如何者也。

复礼梼昧，窃读三圣人之书，微窥义蕴，拿陋无所发明，颇怪古今贤哲，胡不于此措意。晚交先生，果有实获我心之论。其树义坚卓，非复礼所能及。唯复礼东西南北，未获备闻眇论。先生又谦让，未勒成一书。虽然，大义既明，一鳞片甲，断璧零玑，未尝非中流之砥柱。如明一心一体之义，则驩虞杂霸。一切功利之说，惟一身一国是图者，黜矣。知阴阳五行，天垂象，见吉凶，为一体感召。彼鄙灾异为草昧神话者，黜矣。知明德新民之大有事在，六经陈迹原非糟粕，则荒经蔑古与洁身自好者，黜矣。知圣人有与人同者，有不与人同者。与人同者其心，不与人同者其法。圣人立法诏天下万世，彼一偏一曲之政治哲学，为一时一地补偏救弊者，黜矣。知经纶万端，旋乾转坤之功业，不离一心，则生心害政之义显而自陷邪诐者，黜矣。此皆照天地，烛古今，扶人纪，摄群伦，通三家之邮而各行其是，明一心之本而截断众流，不可谓非豪杰之士。盖孔子曰："言忠信，行笃敬，蛮貊之邦行矣。"何以行？其心同也。孟子曰："尧舜与人同耳。"尧舜犹与人同，而谓佛之心不与尧舜同乎？同矣，则以尧舜之心例佛心，以佛心例尧舜之心，夫奚不可？向使周孔之法灿烂于世，周孔之心人尽知之，则勿用是交证互明可也。今儒道本经，处处发明一心，而儒之徒、道之徒，或离心而言事，或言心而太狭。夫果位之妙，诚非博地凡夫之所能测，而圆满既同，未尝不可交证互明。圣人救世之心不殊，则其法为常住之义自显。何以故？佛言一心周遍天地，圆澈古今。而谓尧、舜、周、孔之心，独不能穷天地、亘古今，可乎？尧、舜、周、孔之心，穷天地、亘古今，而谓其所立之法，不能横遍竖澈，又可乎？尧、舜、周、孔之法横遍竖澈，而吾辈不以横遍竖澈之心应之，而谓其法只为一时一地设也，则何怪其敝屣视之，弁髦弃之耶？然而又谓三家不可混，何也？心体之同，譬则知觉，人有五方，知觉有不同乎？其用差别，譬则其面，子虽一母，面目讵能同乎？今以知觉既同，而谓五方之人面目不异，非盲则诬。今以面目各异，而谓五方之人知觉不同，非丧心则病狂。故言用异，而不许三家杂糅者，恶其盲且诬也。言体同，而不许三家妄分畛域者，恶其丧心病狂也。

二千年来，瞀儒拘士，或比附文句，或党同伐异，二者必居一焉。故博士家区分义类曰：某也，援儒道入释；某也，援释道入儒。职是之故，今先生合其所当同，而离其所当异，以心为归，不违三圣人之教，而能发明三圣人之心，非豁然大通，智足以知圣人不至此。而曰援释入儒道也，悲夫！先生既引其端大义，揭日月而行，发挥光大，责在后贤，又不当以无成书为憾！汝霖嘱复礼述先生行谊，因发其义于此。倘上之史官，垂之竹帛，则斯道之幸，非独先生不朽也。

中江刘复礼谨状

法鼓

清鼓 吳夢齡自署

自序

夫佛法者,乃渡世之津梁,众生出离生死之光明大道也。其法平等,无有高下。以根器之差别万殊,故法门之顿渐各异。如一法而可以该括一切,则世尊当时何必多事,说此八万四千法门,以开后人之争端耶?乃固执己见者,竟不揣其本,而齐其末,因之是非风起,愈趋愈远,愈争愈烈,不亦大可哀乎?际兹时事日非,祸患日亟,谁生厉阶?岂非由于不平等之一念,推演而至此乎?夫一切众生,固与我共舆而驰,同舟而载者也。舆倾舟覆,患实共之。故不得不大声疾呼,以求一般人之觉悟,庶几放舍私见,平息争心。或善善以从长,或随根而择法,如水银落地,大者大圆,小者小圆,各适其宜,无害于他,相与共入平等法界,此《法鼓》之所由作也。是书初叙《缘起》,继则条列宗喀巴大师《菩提道次第》呵斥支那勘布一卷,而以禅宗诸祖议论,逐一列后,以为对照。然后拈出禅宗真面目,自传承、开示、辩论、参悟、神通，归结于一切平等，无所不容。盖期息佛法之争，以广进修之路耳。是为序。

戊寅秋九月观世音菩萨诞日吴兴四毋禅人吴梦龄书

序

　　达磨西来，传佛心宗，惟单传直指，俾人一超直入如来地，不涉大小二乘阶级。自非圆顿最上乘之机，实难负荷。是以经教中所陈修证法门，皆不与达磨之禅同途共辙，乃远继灵山最后独付大迦叶之心法也。此独付之道，亦非释迦一己之私有，即尽法界众生共禀之自心耳。诚能离言绝虑，真实有所契证，岂惟大小乘经论之语，能契达磨之禅，即一切世间治世语言资生之法，亦未有不与达磨所指之禅相契者。如不能妙契自心于言象之外，则处处执著，处处妄想，知见满怀，能所角立，欲速证无上菩提，不亦难乎？经云："总持无文字，文字显总持。"是总持无文字，即达磨所契以为直指者也。文字显总持，即诸宗所本以为引导者也。苟明此义，由宗与教之争，可以息矣。

　　藏传佛法，皆依大小乘教理修行，固不知汉地之有禅宗也。其徒往往以宗喀巴大师《菩提道次第论》有斥支那堪布为断见之说，遂疑禅宗亦为断见，或无想定。然支那堪布之言，彼论所引,既非其全,无从判其得失。若不将禅宗至理,详为剖示,则今日汉藏佛法相接,未见其益,已滋乖戾,不亦重可忧哉!四毋禅人发大悲心,运方便慧,将吾禅宗之义,撮要说明,以解当世之惑。斥偏执,弥纷争,融宗教,通显密,示大道之平易,开证悟之坦途。论不失平,辩求其是,诚度世之慈航也。名曰《法鼓》。苟尽心读之,一一了解,于达磨之禅,思过半矣。高明之士,幸毋作骂会焉可也。

戊寅秋九月观世音菩萨诞日海天禅客谢子厚敬序

缘起

悲夫,悲夫!人心之陷溺,至于今日,可谓极矣!无智无愚,无贵无贱,竭其能力所造之罪恶,虽尽虚空界而不能容。以至综五大洲之孽,成此浩劫。有心者观因以明果,已为之不寒而栗矣。然尤有安其危,利其灾,乐其所以亡者,真可谓哀莫大于心死矣。世法固然,佛法平等,宜其可以免矣。不知要有平等心者,方能入平等法界。如《观世音菩萨普门品》云:"我若向刀山,刀山自摧折;我若向火汤,火汤自枯竭。"盖心平者,无往而不平也。今以极不平等之心,纵入佛门,如戴颜色眼镜以观物,则应眼之物,皆随镜而变其色。故澄静觉海,忽然波浪掀天;清净道场,不觉荆棘满地。推原祸始,无非我执之为害。故自尊而卑人,自是而非他。斥贤首、天台,错解法相;诬净土、禅宗,不明教理;驯至《起信》伪也,《圆觉》伪也,《楞严》伪也。狂妄无忌,几使释迦牟尼体无完肤。

兹则更有进焉,非特汉地各宗各教,均在摈斥之列,即莲花戒大师,清辨菩萨之弟子也,宗喀巴论中,引用莲花戒之语甚多，推崇至矣，竟斥清辨之见，亦未究竟。阿底峡、莲花戒、宗喀巴，康藏咸称三位为一人化生。乃斥红白教之见，皆有地狱分。尊宗喀巴大师为佛，其不至明斥莲花生大师为魔者，幸耳。咦，岂不嚇杀人哉！

仆少读儒书，长好玄学，中年入禅，今老矣。寝馈于禅者，二十有余年焉。其他姑不具论，在禅言禅可乎？按前之斥禅者，止尚空谈，无实据可以证明；后之斥禅者，依据宗喀巴大师《菩提道次第》呵斥支那堪布一卷为口实。彼固未曾读过汉地翻译之佛书，至汉地各宗诸祖之论说，更未寓目，遂认支那堪布之说，足以代表禅宗。于是以宗喀巴大师呵斥支那堪布之言，为指驳禅宗之根据，谓禅宗落空见、无方便，又有指为破碎大乘者。不知宗喀巴大师破支那堪布之言，而禅宗诸祖，早在一千数百年前，已尽量言之矣。假使斯人，能将禅宗书籍多看几卷，何至又有此失？夫因明辩论，必善自他宗。乃毫不知禅宗，而偏欲破禅宗，已犯因明之过。不特自成担板（禅宗名词，言担一板于左肩，只见板之右面；担于右肩，又只见左面。总之，只见得一面耳），并带累宗喀巴亦失却一只眼。何以言之？如宗喀巴者，我知其为明眼人也，其于支那堪布，岂真斥以为非哉？尝考莲花戒大师与支那堪布辩论公案，藏本具在，惜未经翻译，不尽其详。但闻藏中大德言，当时莲花戒大师，亦目支那堪布为菩萨应化者。倘如现在一班人所言，则支那堪布将不值半文。当时藏中大德如林，何以均为所屈？甚至痛哭流涕而莫可如何。其各大寺僧徒，岂皆无知之辈？何以大多数又尽弃其学而从之？即此便知支那堪布之造诣，亦非现在普通一般教徒所能梦见。然则宗喀巴大师之言妄耶？曰：否。有为而言也。

夫密教之独盛于康藏，因其地，宜其俗也。莲花生大师建立于前，师资相承，代有其人。千百年后，流弊渐生，不事支分，不守戒律，未得谓得，未证谓证，正与现在汉地佛教僧徒之败坏者等耳。宗喀巴大师适生其时，起而振之，为立三士道渐次，使盗符窃印者，不得稍有假借。俟其资粮具足，然后始预大法，诚康藏佛法中兴之功臣也。其时支那堪布一派，已留印象于僧徒，与其立教宗旨，完全矛盾。患歧途之亡羊，不如一门而深入，故对于支那堪布立义，不惮烦言，反复辩论。尤虑空言无补，又引证经论以实之。其悲心之流露，明眼者一见而知矣。当其立言之时，何尝有丝毫牵涉汉地禅宗之意？更不料数百年之后，竟有援为掊击禅宗之资料。今而后，知立言之难矣。

然而宗喀巴大师毕竟可人，顶门上具得有眼，知大法之圆融，如牟尼之现色，五方各异，不能执一以概其余。如竟以一面之词坚执到底，有识者必谓之错下名言。何者？执空者背有，执有者背空，背有者其空亦非，背空者其有亦谬，一定之理也。故善说法者，必空有俱遣，空有双融。倘是有者非空，是空者独不可非有乎？立于宗喀巴大师方面者，可以支那堪布为非；而立于支那堪布方面者，又何不可以宗喀巴为非？如谓宗喀巴大师之说，有经论为证，则支那堪布，亦引有八十种经之根据。今非支那堪布，则八十种经皆佛说，然则佛亦非矣？宗喀巴大师默契此意，故于末段双方关照，说明莲花戒阿阇黎破不作意之理者，谓住于抉择胜义理之见，于余任何亦不作意，专住于一趣而修者，非其所破。若非住于抉择胜义理之见，而心不行动，任何亦不分别而住为修空性者，是所破也（见《菩提道决第略本》）。盖一面自救，一面又救支那堪布，并以示后之明眼人焉。乃昧者不察，竟戳瞎宗喀巴大师眼睛，将此节一笔删去，可谓妙想天开矣。

呜呼！立言固难，知言亦不易。昔曾子问丧于夫子曰："丧不如速贫之为愈也，死不如速朽之为愈也。"有子曰："是非君子之言也。"曾子曰："参也闻诸夫子也。"有子又曰："是非君子之言也。"曾子曰："参也，与子游闻之。"以及门之高弟，亲闻謦欬，且有同闻者可证，宜其无间然矣。然且误会其意，不知夫子之言，别有所为也。生公当《涅槃》未入中土之前，见诸经论中，皆云一阐提无佛性。不信其言，独主张一切众生咸具佛性之理。群起而攻之。聚顽石而为之说法，竟教顽石点头。及至《涅槃》译出，咸服其先见。参观二贤之得失，乃信知言者，必须别具会心矣。若徒寻行数墨，未有不死于句下者。故宗门下人，参活句，不参死句。如一言而双方并救，赞之曰："一点水墨，两处成龙。"如一言而两败俱伤，骂之曰："一个棺材，两个死汉。"今日之尊宗喀巴大师，而使宗喀巴大师亦失却一只眼者，当知所戒矣。

兹将《菩提道次第》宗喀巴大师呵斥支那堪布之文，分条列后。复于每条之下，附禅宗诸祖之言为对照。使一班驳禅宗者观之，知宗喀巴大师，原来亦与禅宗诸祖一鼻孔出气。千载以上，千载以下，汉藏祖师，如出一辙。然后自知前此之失言，或可免将来之口业。非欲假宗喀巴大师以自重，亦使知禅宗之自有真耳。

《菩提道次第》与禅宗诸祖语句之对勘

　　如是欲求成佛,应须进趣成佛方便而无错谬。途径若错,任何励力,终不生果;如欲取乳而扯牛角也。即途径不错,若支分不全,亦费力无果;犹如种子及水、土等,随缺一缘,亦不生芽。如修次第中篇所说,故欲得果,当依无错一切因缘。

　　禅宗修行,最重因地发心。故古德常云:因地不真,果遭纡曲。又云:煮沙不成饭,败种不生苗。又无论僧俗,凡学佛者,均当发四弘愿,即众生无边誓愿度、烦恼无尽誓愿断、法门无量誓愿学、佛道无上誓愿成。其余禅宗《永嘉集》诸书,言之最详。取而观之,宗下之途径,错与不错,支分之全与不全,可知矣。

　　若尔,何为圆满无错因缘耶?如《毗卢遮那证菩提经》云:秘密主,一切种智者,从大悲根本生,从菩提心因生,以诸方便而至究竟。其中大悲,如前已说;菩提心者,谓世俗、胜义二菩提心;方便者,谓施等圆满。是莲花戒大师所说。

永明寿禅师云：夫万善是菩提入圣之资粮，众行乃诸佛助道之阶渐。若有目而无足，岂到清凉之地？得实而忘权，奚升自在之域？是以方便、般若，常相辅翼；真空、妙有，恒共成恃。不坏俗而标真，不离真而立俗；具智眼而不没生死，运悲心而不滞涅槃。以三界之有，为菩提之用；处烦恼之海，通涅槃之津。

支那堪布等，于如此道，颠倒分别，作如是云：凡是分别，非特恶分别；即善分别，亦能系缚生死。其所得果，不出生死。金索、绳索，皆是系缚；黑、白二云，俱障虚空；黑白狗咬，皆生痛苦。是故惟有无分别住，是成佛道。其施、戒等，为未能修如是了义愚夫而说。若已获得如是了义，更修彼行，如王为农，得象求迹。并引八十种赞叹无分别之经，根据而成此说。

实际理地，不受一尘；佛事门中，不舍一法。此禅宗扼要之言也。汉僧却止道得一半，盖待莲花戒大师也来道一半；不然汉藏佛法中，无此公案矣。虽然，具眼者，观空不碍有，观有不碍空。若胸有滞碍，目着尘沙，读《般若》时，可谤《华严》；读《华严》人，又谤《般若》。听说俗谛时，斥其不明真谛；听说真谛时，又斥其违背俗谛。是以禅宗三祖《信心铭》云："一种不通，两处失功。遣有没有，从空背空。多言多虑，转不相应。绝言绝虑，无处不通。"诸人亦知道无处不通之理乎？非死尽偷心（决非沉空守寂之理，莫错会好），驴年亦不会。

彼谓一切方便之品，皆非真实成佛之道。是毁谤世俗，破佛教之心藏，破观察慧思择无我真实之教义故，亦远离圣义道理。任何胜进，终惟摄于奢摩他品。以此住心，执为胜道，是倒见中最下品者。

　　禅宗谓明体而不明用者，云是人止具一只眼。宗喀巴虑执空之为病，救汉僧之斥有，开后学之正眼。后人据此以驳禅宗，不知禅宗寂而常照，照而常寂，岂特于无分别体中，能具观察之慧，且于正行方便时，亦不起分别之心。如永明寿禅师云："般若无方便，溺无为之坑；方便无般若，陷幻化之网。二轮不滞，一道无亏；权实双行，正宗方显。住无所住，佛事所以兼修；得无所得，智心所以恒寂。"此等圆融无碍之语，纵宗喀巴大师闻之，亦必五体投地，岂可以其破下劣止之言，加诸禅宗乎？即使加之支那堪布，我且为之抱屈。盖支那堪布之所谓系缚障蔽者，正是虑其妨害圣义谛，妨害真实无我之体也。所谓圣义谛，真实无我者，不能即是一切方便也。一切方便，不过是求佛之因耳，岂可认中途为宝所乎？不然，《圆觉经》何以云"知幻即离，不假方便；离幻即觉，亦无渐次"耶？永嘉禅师亦云，"但得本，莫愁末。"又云，"直截根源佛所印，摘叶寻枝我不能。"又有曰，"几见大唐天子，还自种田博饭吃耶？"儒家亦曰，"有大人之事，有小人之事。""中人以上，可以语上也；中人以下，不可以语上也。"支那堪布直截根源之言，对中人以上而发。宗喀巴大师循序渐进之言，对中人以下而发。谚云，"小官常念律，老将不谈兵。"我故曰，宗喀巴大师之言，非破汉僧也。

　　莲花戒大菩萨，虽以净教理善为破除，宏扬如来所爱道，然由圣教将近隐没，能以了义无垢教理，判决正道圆满扼要诸善士夫，亦尽灭亡。又诸有情，多是福薄，虽于正法略有信仰，然其慧力最极羸劣，故现仍有轻毁行品持戒等事。于修道时弃舍此等，宛如和尚所教而修。又一类，除不毁谤方便而外，见解道理，以和尚所说为善。又有余者，弃舍观慧，全不思维，以和尚修法为善。此等之道，全未接近修空方所。

此节便是宗喀巴大师真实供招，读者即此可以知作者意之所在也。若读书而不知作者之心，鲜有不生误会者。非特辜负宗喀巴大师，抑且冤诬支那堪布。我今敢为支那堪布雪屈，试问圣教将近隐没，诸善士夫亦尽灭亡，是支那堪布之咎乎？有情福薄，慧力羸劣，亦支那堪布之过乎？轻毁行品持戒等事，支那堪布教之乎？宛如所教而修，以所说修为善者，自是道眼不明，甘心落空，不能契合支那堪布无修无证之意。与今日一般学密宗者，其中颇有止修事相支分，不知真如般若为何物者，等无有异。他人援之以咎宗喀巴大师，能令宗喀巴大师甘心乎？此等人，真是扶得东来西又倒，执药成病病更深。不知自省，反谤禅宗。故永嘉禅师《证道歌》云，"嗟末法，恶时世，众生福薄难调治。去圣远兮邪见深，魔强法弱多怨害。闻说如来顿教门，恨不灭除令瓦碎。作在心，殃在身，不须怨诉更尤人。欲得不遭无间业，莫谤如来正法轮。"嗟夫！佛法兴衰，汉藏同辙；匪今斯今，振古如斯。

纵许修空，然若说云已得无倒空之义，无谬修习。有修证者，唯当修空，不当更修世俗行品，或说行品不当执为中心。多门修习，亦与圣教相违，唯是违越正理之道。

永嘉禅师《证道歌》云，"豁达空，拨因果，莽莽荡荡遭殃祸。"大慧禅师云，"若止抱得不哭孩儿，有何用处？"此等语犹是对初入门者说法。若真得无倒空而有修证者，虽然还是旧时人，不行旧时行履处。盖任运而行，无往而非六度。若必执为中心，正三祖所谓"执之失度，必入邪路。"以执药亦可以成病也。但非宗下根器，仍当奉宗喀巴之言为圭臬。

以诸大乘人所应成办，是为无住大般涅槃。其能不住生死者，是由觉悟真实义慧，依胜义道次甚深之道，智慧资粮、智慧支分之所成办故。不住寂静般涅槃者，是由了悟尽所有慧，俗谛道次广大之道，福德资粮，方便支分之所成办故。下引《秘密不可思议》等经，证明智慧方便之不可偏废。

祖师马鸣《大乘起信论》云，"观一切法自性无生，离于妄见，不住生死。观一切法因缘和合，业果不失。起于大悲，修诸福德，摄化众生，不住涅槃。"

是故欲得佛果，于修道时，须依方便、智慧二分，离则不成。《伽耶经》云，"诸菩萨道，略有二种。何等为二？谓方便、智慧。"《详胜初品》云，"般若波罗蜜多者是母，善巧方便是父。"《迦叶请问经》云，"迦叶，譬如大臣所保国王，则能成办一切所作。如是菩萨所有智慧，若由方便之所摄持，能作一切诸佛事业。"故当修习完具施等一切方便，具一切种最胜空性。仅修单空，于大乘道全无进趣。

人问："诸法毕竟空有，菩萨行六度万行否？"牛头融大师答曰："此是三乘二见心。若观心本空，即是实慧，即是见真法身。法身不住此空，为有运用觉知，即是方便慧；方便慧亦不可得，即是实慧。恒不相离，前念后念，皆由二慧发。故云智度菩萨母，方便以为父。一切众导师，无不由是生。"又有问曰："即心是佛，何假修行？"答："只为是故，所以修行。如铁无金，虽经锻炼，不成金用。"

《宝顶经》云，"应披慈甲住大悲处，引发具一切种最胜空性而修静虑。何等名为具一切种最胜空性耶？谓不离布施、不离持戒、不离忍辱、不离精进、不离静虑、不离智慧、不离方便。"如经广说。《上续论》中释此义云，"此诸能画者，谓施、戒、忍等，具一切种胜，空性为王像。"谓如有一善能画首，不善画余；有知画手，不知余等，集多画师，画一王像，若缺一师亦不圆满。国王像者譬如空性，诸画师者譬如施等。施等方便若有缺少，则同缺头残手等像。

贤首国师云，"佛之三身，十波罗蜜，乃至菩萨利他等行，依心法融转而行，即众生心中有真如体大。今日修行，引出法身，由心中有真如相大；今日修行，引出报身，由心中有真如用大；今日修行，引出化身，由心中有真如法性，自无悭贪；今日修行，顺法性无悭贪，引出檀波罗蜜六度等。当三祇修道，不曾心外得一法、行一行。何以故？俱是自心引出自净行性而起修之。"密教修行，皆依外边事相，引起自性，其意亦同。若认为内心本无，必待外引，则误矣。盖木中无火，徒劳钻研。

总上两节，足见禅、密两宗之精妙圆融。以形迹言，密教由事相引起一切种最胜空性，是依教修行，由渐解顿，逆流而入也。先从离垢清静、离垢解脱，而得自性清静、自性解脱，与汉地贤、台教相等。即孟子所谓行仁义，依据仁义之道而行也。禅宗之三身四智体中圆，八解六通心地印，同尘无碍，自在随缘，是先悟后修，由顿而渐，顺流而出也。先得自性清静、自性解脱，随修离垢清静、离垢解脱。即孟子所谓由仁义行，无往而非仁义也。人根有利钝，佛法有顿渐，开悟有疾迟。未悟者似觉两歧，已得者知其一致。若以此而判优劣，非特徒起争端，抑且错下名言。何以故？应从心上判，莫向事边求。

又若执谓唯应修空，余不应修。世尊亲为敌者而善破斥，谓若尔，则菩萨多劫行施、护尸罗等，悉成坏慧。未能了义，引《摄研经》云，"弥勒，若诸菩萨为欲成办正等菩提，修行六种波罗蜜多（云云，文烦不录）。""至彼诸愚人作如是说，'唯以一法而证菩提，谓以空法'，此等未能清净诸行故。若说云'有空解者，不须励力修方便分'，是谤大师昔本生事，为是未解了义之时。"

永明寿禅师云，"万行齐兴，四摄广被，不可执空害有，守一疑诸。《华严经》云，'受一非余，魔所摄持。'是以舍边趣中，还成邪见。不可据宗据令，认妙认元，应须随机遮照，任智卷舒。于空有二门，不出不在；真俗二谛，非即非离。动止何乖，圆融无阂。大凡诸佛菩萨修进之门，有正有助，有实有权，理事齐修，乘戒兼急，悲智双运，内外相资。若定立一宗，是魔王之种；或亡泯一切，成己见之愚。"若此等言，其圆融为何如耶？

设作是念：由种种门修施等行，是未获得坚固空解；若有空解，即此便足。是大邪见。此若是实，则已解得无分别智、证胜义谛大地菩萨，及诸特于无分别智获得自在八地菩萨，不须修行。然此非理，《十地经》云，"于十地中虽各各地于施等行别别增上，然于余行非不修行。"故一一地中，说皆修六度，或修十度。此等经义，无能胜尊龙猛、无著皆如是释，定不可作余义解故。特八地位，灭尽一切烦恼，安住寂灭一切戏论胜义之时，诸佛于彼，作是劝云："唯此空解，不能成佛。以声闻独觉，亦皆得此无分别故。当观我身及智土等，此无量德，我之力等，汝亦非有，故当精进。又当思惟，未能静寂诸有情类，种种烦恼之所逼恼，亦复不应弃舍此忍。"尚须修学菩萨诸行，得少三昧，便生喜足，弃舍余德，诚为智者所轻笑。

如《十地经》云："佛子，若有菩萨安住菩萨此不动地，诸佛世等，于此安住法门之流，发宿愿力，为令善修如来智慧，作是教言：善男子，善哉，善哉，当随证悟一切佛法。此虽亦是胜义法忍，然汝尚无我之十力，及无畏等圆满佛法，为遍求此圆满佛法故，当发精进，亦不应舍此法忍门。善男子，汝虽得此静寂解脱，然当思念此诸异生凡夫，未能寂静，起种种惑，种种损恼。又，善男子，当念宿愿，饶益有情，不可思议智慧之门。又，善男子，此乃诸法法性，随诸如来出不出世，然此法界，恒常安住，谓一切法空性，一切法不可得性，非以此故差别如来，一切声闻独觉，亦皆得此无分别法性。又，善男子，当观我身无有限量，无量智慧，无量佛土，无量成办智，无量光明轮，无量清净音声，汝亦当如是修。"

以上两节，意义相同。《略本》叙作一段，惟多至于无上密部最高道时。虽有不同，然总于金刚乘，及波罗蜜多乘，于发菩提心，及学六度，为共同之道。数语，足见密宗亦有不共法也。而《广本》删之，初不知其意，及见大手印中偈云："不修纵放得现前，苟或修整魔得便。"又云："无念界中安住者，此是最上之思念。"乃知无上密部最高之道，多与支那堪布之语相同，方知删者之意焉。

有问永明寿禅师曰："初心入道，言行相扶，万法资薰，不无其理。果地究竟，大事已终，境智虚闲，何须众行乎？"答："果得佛位，毕竟无为。若无边行门，八相成道，皆是佛后普贤行收，任运当然，尽未来际。《维摩经》云：'虽得佛道，转于法轮。入于涅槃，而不舍于菩萨之道，是菩萨行。'《华严经》云：'了知法界无有边际，一切诸法，一相无相，是则说名究竟法界，不舍菩萨道。虽知法界无有边际，能知一切种异相，起大悲心，度诸众生，尽未来际，无有疲厌，是则说名普贤菩萨。'又，《华严经·离世间品》云：'佛子，菩萨摩诃萨又作是念：阿耨多罗三藐三菩提，以心为本。心若清净，则能圆满一切善根，于佛菩提必得自在，欲成阿耨多罗三藐三菩提，随意即成。若欲断除一切所缘，住一向道，我亦能得，而我不断，为欲究竟佛菩提故，亦不即证无上菩提。何以故？为满本愿，尽一切世界行菩萨行化众生故，是为如金刚大乘誓愿心。'是以骤缘遗性，积杂染而成凡；离缘求证，沉偏空而成小。缘性无阂，即大菩提。不离尘劳门，能成无为种；不溺实际海，能随有作波。真俗镕融，有无不滞，可谓履非道而达正道，即世法而具佛法矣。"

《十地经》又云："譬如大船入大海已，顺风所吹，一日进程。未入海前，励力牵行，纵经百年，亦不能进。如是已至八地，不待策励，须臾进趣一切智道。若未得入此地之前，纵经亿劫修道，亦不能办。"故若唱言，有速疾道不须修学菩萨行者，是自诳自。

此节，宗喀巴引之以证明有渐无顿之意，而禅宗人视之，更足证明有顿无渐之旨。盖宗下顿悟之后，确有一日千里，欲罢不能之势。如孟子所言，"若决江河，沛然莫之能御。"若未悟以前，真是可怜悯者，终日励力，一目无所见，一步不能行，磕破头，念破口，纵经百年，依然漆桶不快。然则宗下一悟即至八地乎？千古宗与教之争执，其要窍即在于此。盖禅宗大悟，即证自性清净，而得法身。其见已至八地，但未得离垢清净，报、化未显，呼为素身佛。以习气未尽，力量未充耳。必须起修，断一分惑，证一分真，及至惑障习气净尽，法身圆满，自然出身报化，是先具圣心而修凡夫行也。渐教以凡夫而修圣量，先从事相支分起修，使至逐渐离垢，故曰凡夫逆流。必至日积月累，历劫经年，先得离垢清净，渐次获得自性清净圆满法身。若了知此义，一切争端俱息。至宗喀巴大师之独提倡渐教者，以继莲花生大师之后，亲见教徒之流弊，故专宏六度，使之由渐而入，所谓因时制宜，因地制宜也。昧之者视作定盘星，非特与禅宗"弹指圆成八万门、刹那灭却三祇劫"之旨不能吻合，即与无上密宗之即身成佛，亦属矛盾。至《法华》之龙女，《涅槃》之广额屠儿，立地成佛，更难会通。不知法有隐显，顿渐因之而生，渐中有顿，顿中有渐。以智眼观之，头头是道；以偏心执之，处处皆非也。

设谓非说不须施等，然即于此无所思中，完具施等，不着所施、能施之物，具无缘施。如是余度，亦悉具足。经中亦说一一度中摄六六故。若仅由此便为完足，则诸外道心一境性奢摩他中，亦当具足一切波罗蜜多，于住定时，亦无如是执著故。特如前说声闻、独觉，于诸法性无分别时，应成大乘，具足一切菩萨行故。若因经说一一度中摄六六度，便以为足；若尔，供献曼陀罗中，"具牛粪水即是施"等文，亦说具六，唯应修此。

此宗喀巴大师破执理废事之言，以外道、声闻、独觉之落空者而反证之。不知者以为禅宗之病，即在于斯。其实禅宗之心境双融不即不离，非特在静中为然，即动中亦然，且正行六度时亦无不然。故永嘉大师云："行亦禅，坐亦禅，语默动静体安然。"岂滞寂守空者所能几及？又永明寿禅师云："终日作而不作，虽无行而遍行。若云有作，即同魔事；或执无行，还归断灭。""空中具方便之慧，不着于有；有中运殊胜之行，不堕于无。""论施则内外咸舍，言戒则大小兼持，修进则身心并行，具忍则生法俱备，般若则境智无二，禅定则动寂皆平。"宗喀巴大师之言，有如是圆融否？

故以见摄行，以方便摄慧者，譬如慈母丧失爱子，忧恼所逼，与诸余人言说等时，任起何心，忧恼势力，虽未暂舍，然非一切心皆是忧心。如是解空性慧，若势猛利，则于布施、礼拜、旋绕、念诵等时，缘此诸心，虽非空解，然与空解势力俱转，实无相违。如初修时，若菩提心猛势为先；入空定时，其菩提心虽非现有，此力摄持，亦无相违，故于如此名无缘施。若全无舍心，则不能施。如是于余，亦当了知；方便智慧不离之理，当知亦尔。又经宣说福资粮果，为生死中身，及受用长寿等事，亦莫误解。若离智慧善权方便，虽则如是，若由此摄持，亦是解脱一切智因。如《宝鬘论》云："大王总色身，从福资粮生。"教证无违。

见行佛慧，本是二法。宗喀巴大师以譬喻而明相摄之理，正是二谛一乘之道。故永明寿禅师曰，"只翼难冲，孤轮匪运；惟真不立，单妄不成。约体则差而无差，就用则别而不别。一二无阂，方入不二之门；空有不乖，始蹈真空之境。"至有福无慧，果仅人天；以智摄福，圣位可期。大小乘教，俱详之矣。

又有说一切恶行、一切烦恼恶趣之因，皆能变为成佛之因。有时又说施、戒等善增上生因，是生死因，非菩提因。应当令心正住而说。

永嘉禅师《证道歌》曰，"非不非，是不是，差之毫厘失千里。是即龙女顿成佛，非即善星生陷坠。"

又如经说，"着施等六，是为魔业。"《三蕴经》说，"堕所缘故而行布施，由戒胜取，守护戒等，如是一切，皆悉忏悔。"《梵问经》云："尽其所有一切观择，皆是分别。无分别者，即是菩提。"于此等义亦莫误解。初经义者，谓于二义颠倒执著所起施等未清净故，说为魔业，非说施等皆是魔业。若不尔者，六度俱说静虑般若，亦当为是诸魔业。第二经义，亦于颠倒执著所起未清净者作如是说，非说不应修习施等。若不尔者，说堕所缘而行布施，则不须说堕所缘故，理应总云行施当悔，然未作如是说故。《修次下编》如是回答，理最切要。若倒解此，则一切行品，皆为补特伽罗或法我相执，许为有相故。

百丈祖师云："行道礼拜，慈悲喜舍，是沙门本事，只是不许执著。"永明寿禅师云："世出世间，以上善为本。初即因善而趣入，后即假善以助成，实为越生死海之舟航，趣涅槃城之道路，作人天之基阶，为祖佛之垣墙。在尘出尘，不可暂废。十善何过，弘在于人。若贪着则果生有漏之天，不执则位入无为之道。运小心堕二乘之位，发大意升菩萨之阶，乃至究竟圆修，终成佛果。以知非关上善，能为滞阂之因，全在行人，自成得失之咎。"

又若舍心念、舍此物，及防护心、防此恶行，如是等诸善分别，一切皆是执著三轮法我执者，则诸已得法无我见，于一切种，理应断除，如嗔、慢等，不应习近。又诸分别念此为此，一切皆是分别三轮法我执者，则思知识所有功德，及思暇满，死没无常，诸苦趣苦，净修皈依，从如此业，起如此果，大慈大悲，及菩提心，修学行心，所有学处，一切皆思"此者为此，此从此生，此中有此功德过患"而引定解。如于此等增长定解，当是渐增诸法我执。又，法无我增长定解，则于此道定解，渐趣微劣。行、见二品违如寒热，故于二品全无发生猛利恒常定解之处。是故如果位，安立法身为所应得，及立色身为所应得，二无相违。则于修道时，二我相执所缘之事，亦永离微尘许之戏论，引发定解，及于此从此生，此中有此功德过失。引发定解，二须无违，此复依赖因位正见，决择二谛之理。故以教理决择生死涅槃一切诸法，于自本性，无少自性，立胜义量，与因果法各各决定无少紊乱，安立因果名言之量。此二互见，况为能损、所损？实互为伴。获此定解，乃为通达二谛义，始得入诸佛密意数中。此理于毗钵舍那时，兹当广说。（此节文义太晦，照《略本》改正数字。）

贤首国师云："缘起体寂，起恒不起；达体随缘，不起恒起。"永明寿禅师云："圆根顿受之人，则遮照无滞。""不坏本而常末，万行纷然；不坏末而常本，一心恒寂。"肇法师云："若以有为有，则以无为无；有既不有，则无无矣。夫不存无以观法者，可谓见法实性矣。何得以空害有，以有害空？乖一味之源，成二见之垢乎？"永明寿禅师云："凡夫依语失义，遗智存情，虽言破有，未达有源；强复执空，罔穷空旨。""夫从缘而有，无性故空。无性之空，空不阂有。从缘之有，有不妨空。有因空立，成缘智而万行沸腾；空从有生，起妙慧而一真虚寂。岂同执顽空而生断见，福海倾消；据实有而起常心，慢心高峙？是以诸佛说空，为空无明而成福业，破遍计而了圆成；愚人说空，即生妄解而谤佛意，增空见而灭善因。"诸人能免此过患否？

第三经义，其经文时，正是观择生等之时，故说施等真实无生。言分别者，显其唯是分别假立，非说施等不应习近而应弃舍。是故乃至未成佛前，于此诸行无不学时，故须学习六度等行。此复现在当由至心励力修行，诸能修者，策励而修；暂未能者，当为愿境。于能修习此等之因，集聚资粮，净治业障，广发大愿，是则不久当能修行。

有问："祖师云：'善恶都莫思量，自然得入心体。'《涅槃经》云：'诸行无常，是生灭法。'如何劝修，不违祖教？"答："祖意据宗，教文破着。""《净名经》云：'但除其病，而不除法。'""又，《华严经》云：'善男子，应以善法扶助自心，应以法水润泽自心，应以境界净始自心，应以精进坚固自心，应以佛平等广大自心，应以佛十力照察自心。'"

若不如是行，执自不知，及不能行，谓于此等不须学者，自害害他，亦是隐灭圣教因缘，故不应尔。《集经论》云："观察无为，厌有为善，是为魔业；知菩提道而不寻求波罗蜜多道，是为魔业。"又云："若诸菩萨离善方便，不应勤修甚深法性。"《不可思议秘密经》云："善男子，如火从因然，无因则灭。如是从所缘境，心乃炽然；若无所缘，心当息灭。此诸善巧方便菩萨，般若波罗蜜多遍清净故，亦能了知息灭所缘，于诸善根不灭所缘，于诸烦恼不生所缘，安立波罗蜜多所缘，亦善观察空性所缘，于一切有情，以大悲心亦观所缘。"此中别说无缘所缘，当善分别。

永明寿禅师云："拨果排因，即空见外道；据体绝用，是趣寂声闻。"又云："性德本具，如木中火，不成事用。须假修德，如遇因缘，方能显现。是以因修显性，以性成修。若本无性，修亦不成。修、性无二，和合方备。"

如是烦恼及执相缚，当须缦放，学处之索，则当紧束。当坏二罪，不当灭坏诸善所作。学处系缚与执相缚，二事非一。护律缦放,与我执缚缦放,二亦不同。一切种智由多因成,仅一一因非为完足。获妙暇身,本当从其种种门中而取坚实。若说一石惊飞百鸟,修道一分,不修余者,当知是遮二资粮门不善恶友。

有问某禅师曰:"如何是不生不灭?"答:"一切恶法不生,一切善法不灭;烦恼无明不生,菩提智慧不灭。"如是种种,兹不备叙。又有问永明寿禅师曰:"三乘教典,惟有一味解脱法门,云何广说世间生灭缘起?"答:"一相一味,此乃三乘权教约理而言,即以一切因缘而为过患。若论圆宗,一一缘起,皆是法界实德,不成不破,非断非常,乃至神变施为,皆法如是故,非假神力。暂得如斯,才有一法缘生,无非性起功德。"

又大小乘,亦是修时学不学习无边资粮。曰少分乘,及曰小乘,二是异名。少分义者,是一分故。现在劣果,饮食等事,尚须众多因缘成办,而于士夫第一胜利,欲修成佛,反计一分而为完足,极不应理。果随因行,是诸缘起法性故尔。《悲华》于此密意说云:"少分成少分,一切成一切。"《如来出现经》云:"若诸如来出现于世,非一因缘。何以故?最胜子,诸如来者,要以十亿无量正因乃能成办。何等为十?谓以无量福智资粮、无漏正因。"乃至广说。《无垢称经》亦云:"诸友伴,如来身者,从百福生,从一切善法生,从无量善道生。"如是广说。龙猛菩萨亦云:"若佛色身因,如世间无量;尔时法身因,如何而可量!"

此节与前条意义相同,不复引证。

如是方便智慧,以六波罗蜜多总摄修学者,如前所说,是诸密咒，与波罗蜜多二所共同。诸大咒典，释诸宫殿，及中诸尊，尽其所有，一切皆是内心德时，数数说为六波罗蜜多、三十七菩提分、十六空等，圆满波罗蜜多道故。

密宗一切法事，俱以外间事相，引起内心种子，此诚善巧方便法门。禅宗则知内心本具，顺性而广修万行，以期圆满正因。事异理同，无欠无余。乃执心者认事相为因，谓缺因则果不全，何异钉桩摇橹！其言若不谬，则法身无量，纵万劫千生修因，亦不能完具佛果，则与无上密法即身成佛之说，又将如何会通耶？

故除少数补特伽罗差别，以诸欲尘为正道等，与波罗蜜多所说，略有取舍，当知诸余，唯是共学（按：《略本》共学下有"莲花戒阿阇黎破不作意之理者，谓住于抉择胜义理之见上，于余任何亦不作意，专住一趣而修者，非其所破。若非住于抉择胜义理之见，而心不行动，任何亦不分别而住为修空性，是所破也"一节。观此，则破禅宗者，可以止矣）。若以上说而为种子，善思惟已，非一分道，于全分道未获定解，则不能知大乘总道。故具慧者，当于此发坚固定解，由多门中渐增大乘种性堪能。

永明寿禅师于禅学共开十义：一、理事无阂；二、权实双行；三、二谛并陈；四、性相融即；五、体用自在；六、空有相成；七、正助兼修；八、同异一际；九、修性不二；十、因果无差。与宗喀巴大师之所谓全分道者，当无遗义矣。

综观双方对照之言，毕竟禅宗与宗喀巴大师之教，有以异乎？无以异乎？如以为异，即请明指其异之所在。如其同也，则向之呵斥禅宗者，是明知而故犯耶？抑不知而妄作耶？二者必居一于是矣。然而更有进者，试问禅宗所成立之宗旨，果如是耶？若止如是，当汉地天台、贤首、慈恩各宗极盛之时，焉有禅宗立足之地？不待今日，早以瓦解灰飞矣。盖如上所言之旨，各宗均已发挥尽致；禅宗若无他长，仅得步其后尘，何至丛林遍中国，宗风振四海；徽音不绝，流传千百余年？固知别有长处，不过罕遇知音。乃浅昧者流，徒知外驰，不明内证，执其偏见，妄事鼓簧，是犹栖藩之燕雀，笑鸿鹄之搏霄，是亦大可哀悯者也。

兹以谤般若者日众，造业者日深，竟使醍醐上味，未能活人，适以毒人。事不获已，不得不略露宗风，但自愧管窥蠡测，未足以比拟高深，聊就所知，以贡献于末世。但愿读者，虚其心，平其气，去其执，洗耳而听之，刮目以视之，毋再死于句下；如必欲捉死蛇，而以科学方法剖解分化，以求神龙灵变莫测之妙，必不可得。我不任其咎也。

禅宗之传承如何？自世尊在灵山会上，拈花示众，当时百万人天，罔知所措，惟有迦叶破颜微笑。世尊曰，"吾有正法眼藏，涅槃妙心，无上至道，实相无相，微妙法门，不立文字，教外别传，付嘱摩诃迦叶。"西天诸祖，祖祖相承。二十八代，至于达摩，始至东土。时有婆罗门僧神光，久居伊洛，博览群书，善谈玄理。每叹曰："孔老之教，礼术风规；庄易之书，未尽妙理。近闻达摩大士，住止少林，至人不遥，当造玄境。"遂诣祖参承。问曰："诸佛法印，可得闻乎？"祖曰："诸佛法印，非从人得。"可曰："我心未宁，乞师与安。"祖曰："将心来，与汝安。"可良久，曰："觅心了不可得。"祖曰："我与汝安心竟。"越九年，欲返天竺。命门人曰："时将至矣，汝等盍言所得乎？"有道副对曰："如我所见，不执文字、不离文字而为道用。"祖曰："汝得吾皮。"尼总持曰："我今所解，如妙喜见阿閦佛国，一见更不再见。"祖曰："汝得吾肉。"道育曰："四大本空，五阴非有。而我见处，无一法可得。"祖曰："汝得吾骨。"最后，慧可（即神光，祖与易名）礼拜，依位而立。祖曰："汝得吾髓。"乃顾慧可而告之曰："昔如来以正法眼付迦叶大士，展转嘱累，而至于我。我今付汝，汝当护持！"并授袈裟，以为法信。

六传而至慧能大师。慧能大师在五祖会下，经八月，祖知付法时至，告众曰："正法难解，不可徒记吾言，持为己有。汝等各自随意述一偈，若语意冥符，则衣法皆付。"慧能偈曰："菩提本无树，明镜亦非台。本来无一物，何处惹尘埃。"三更入室，祖复征其初悟"应无所住而生其心"之语。慧能言下大彻，启五祖曰："一切万法，不离自性。何期自性，本自清净；何期自性，本不生灭；何期自性，本自具足；何期自性，本不动摇；何期自性，能生万法。"祖告曰："诸佛出世，为一大事故，随机大小而引导之，遂有十地、三乘、顿渐等旨以为教门。然以无上微妙秘密圆明真实正法眼藏，付于上首大迦叶尊者，展转传授至达摩，得可大师承袭，以至于今。今以法宝及所传袈裟用付于汝，善自保护，无令断绝。"

以后五宗竞秀，传布全国，千有余年，得道者不可胜举。

然不知者犹曰：宗不离教，教之外决无所谓宗者。今试以别传之旨问之：拈花耳，微笑耳，关佛法何事？何以呼为正法眼藏、涅槃妙心、无上至道、实相无相之种种名词？又种种名词，是指拈花乎？是指微笑乎？拈花与微笑，是一是二？是同是别乎？又必待付嘱而后具有种种名词乎？抑先具有种种名词而后付嘱乎？慧可礼拜，依位而立，直是哑口无言？或有认为表法，究竟所表何法？达摩曰："汝得吾髓。"髓是何物？"汝当护持，"如何护法？六祖一口气说出五个何期，在一般门外汉观之，定如群盲摸象，各执一端。既云清净，又说具足；既云具足，又说不动摇；既云不动摇，又说能生万法；既云能生万法，又说不生灭，岂不自相矛盾？不知大法现前，如牟尼现色，五光十色，一时顿现。倒不管你同异顺逆，正如飞龙在天。岂叶公画龙，可以仿佛其万一？在一般初入门者观之，必赞之曰：祖师悟入之后，于刹那间，竟能说出许多道理。而明眼人分上，犹怪祖师口门太窄，一气说不尽。盖如来说法四十九年，尚未说着一字，何况于刹那之间哉？参学者，必至此地位，方能承受如来家业，称得一个释子。倘自己毫无见地，纵将唯识见、中观见分晰得丝毫不错，亦止是一个凡夫见耳。所谓中观、唯识见者，依然只在书本子上，迨至腊月三十日到来，阎王老子要命，倒不怕你肚子里有多少道理。自问能将些子来敌得生死否？莫谓来日方长，自欺自慰可也。

然则禅宗将何法开示学者？

达摩祖师曰："外息诸缘，内心不喘，心如墙壁，可以入道。"又曰:"一念回机,便同本得。"

六祖谓惠明曰:"不思善,不思恶,正恁么时,哪个是明上座本来面目?"

马祖道一禅师云:"道不用修,但莫污染。何为污染?有生死心,造作趣向,皆是污染。若欲直会其道,平常心是道。何谓平常心?无造作,无是非,无取舍,无断常,无凡圣。故经云:'非凡夫行,非圣贤行,是菩萨行。'"又曰:"万法皆由心生。""若于教门中得随时自在,建立法界,尽是法界;若立真如,尽是真如;若立理,一切法尽是理;若立事,一切法尽是事。举一千从,理事无别,尽是妙用,更无别理,皆由心之回转。譬如月影有若干,真月无若干;诸源水有若干,水性无若干;森罗万象有若干,虚空无若干;说道理有若干,无碍慧无若干。种种成立,皆由一心也。"

圭峰禅师曰:"真性即不垢不净,凡圣无差;禅门则有浅有深,阶级殊等。谓带异计欣上厌下而修者,是外道禅;正信因果,亦因欣厌而修者,是凡夫禅;悟我空偏真之理而修者,是小乘禅;悟我、法二空所显真理而修者,是大乘禅。上四类,皆有四色、四空之异也。若顿悟自心本来清净,元无烦恼;无漏智性,本自具足;此心即佛,毕竟无异。依此而修者,是最上乘禅。亦名如来清净禅,亦名一行三昧,亦名真如三昧。达摩门下,展转相传者,是此禅也。达摩未到,古来诸家所解,皆是前四禅八定。诸高僧修之,皆得功用。南岳天台,令依三谛之理,修三止三观,教义虽最圆妙,然其趣入门户次第,亦只是前之诸禅行相。唯达摩所传者，顿同佛体，迥异诸门。故宗习者难得其旨。得则成圣，疾证菩提；失即成邪，速入涂炭。先祖革昧防失，故且人传一人，后代已有所凭，乃任千灯千照。"

百丈祖师上堂曰："灵光独耀，迥脱根尘；体露真常，不依文字；心性无染，本自圆成；但离妄缘，即如如佛。"

洪州黄檗希运禅师曰："学道人惟认见闻觉知，施为动作。空却见闻觉知，即心路绝，无入处。但于见闻觉知处认本心，然本心不属见闻觉知，亦不离见闻觉知。但莫于见闻觉知上起见解，亦莫于见闻觉知上动念，亦莫离见闻觉知觅心，亦莫舍见闻觉知取法。不即不离，不住不着，纵横自在，无非道场。"

赵州真际禅师参南泉，问曰："如何是道？"泉曰："平常心是道。"师曰："还可趣向也无？"泉曰："拟向即乖。"师曰："不拟争知是道？"泉曰："道不属知，不属不知。知是妄觉，不知是无记。若真得不疑之道，犹如太虚，廓然荡豁，岂可强是非耶？"师于言下悟旨。

沩山灵佑禅师，僧问："如何是道？"师曰："无心是道。"曰："某甲不会。"师曰："会取不会的好。"曰："如何是不会的？"师曰："只是汝，不是别人。若向外得一知一解，将为禅道，且莫交涉。名运粪入，不名运粪出，污汝心田，所以道不是道。"

以上所示，皆是直指人心、见性成佛之旨。然未曾见性者，必仍执指为月，以为依然是说道理，不过较之教下说得稍稍超脱耳。噫！彼执指为月者，尚可曰：指与月有高下、远近、向背之殊焉？今一般人，无一日隔离虚空，无一日不在虚空中行住坐卧。试问有一人识得虚空否？若有问曰：如何是虚空？我即以手在虚空中指之，纵千人万人，有不注目于指，而能因指以识虚空者乎？故志公曰，"大道止在目前，要且目前难睹。"此之谓矣。难睹而不求睹者，固谓之迷；求睹而于文字中求之、事相中求之，其迷一也。岂不闻，理障，障正知见；事障，续生死海乎？舍心而求，皆谓之外道。何外乎？外于心也。今之求佛者，无一人不痛斥外道，更无一人不在心外驰求。苦哉，苦哉！而况逞人我、立门户、争是非，自称为佛子，以求名利恭敬者，岂特外道已哉？其于魔道相去几何？我惟有为之痛哭流涕，而不忍明言之。又不忍已于言也，今再举一二则，以明直指与教下不同之点。

如于頔问道通禅师曰："如何是黑风吹其船舫，漂堕罗刹鬼国？"在教下必将文字义理逐一引证而解释之，直指则不然。道通答曰："于頔客作汉，问恁么事作么？"于公失色。师乃指曰："这个便是漂堕罗刹鬼国。"

又，僧问真净文禅师曰："如何是众生住地无明，即是诸佛不动智？"时有童子在佛殿前扫地，师呼曰："童子。"童应诺。师曰："此是诸佛不动智。"又问童子曰："如何是佛？"童子茫然，不知所对。师曰："此是众生住地无明。"使教下释之，无论讲得若何精细，断不能即于一切人分上，当时指出。此宗下之所以足贵也。

禅宗之辩论

兹将宗下与教下问答辩论公案，援引数则于后，非以此而判优劣，将使知宗下之所以不同也。

南阳慧忠国师，僧问："古德云：'青青翠竹，尽是法身；郁郁黄花，无非般若。'有人不许，云是邪说；亦有信者，云不思议。不知若为？"师曰："此是普贤、文殊境界，非诸凡小而能信受，皆与大乘了义经合。故《华严经》云：'佛身充满于法界，普现一切群生前。随缘赴感靡不周，而常处此菩提座。'翠竹即不出于法界，岂非法身乎？又《般若经》云：'色无边，故般若无边。'黄花既不越于色，岂非般若乎？深远之言，不省者难为措意。"

又，华严座主问大珠和尚曰："禅师何故不许青青翠竹，尽是法身；郁郁黄花，无非般若？"珠曰："法身无象，应翠竹以成形；般若无知，对黄花而显相。非彼黄花、翠竹，而有般若、法身。故经云：'佛真法身，犹如虚空；应物现形，如水中月。'黄花若是般若,般若即同无情;翠竹若是法身,翠竹还能运用。座主会么?"云:"不会。"珠云:"若见性人,道是也得,道不是也得,随用而说,不滞是非。若不见性人,说翠竹着翠竹,说黄花着黄花,说法身着法身,说般若着般若,所以皆成戏论。"

越州大珠慧海禅师,三藏法师问:"真如有变易否?"师曰:"有变易。"藏曰:"禅师错也。"师却问:"三藏有真如否?"曰:"有。"师曰:"若无变易,三藏决定是凡僧也。岂不闻善知识能回三毒为三聚净戒,回六识为六神通,回烦恼作菩提,回无明为大智?真如若无变易,三藏真是自然外道也。"曰:"若尔者,真如即有变易也。"师曰:"若执真如有变易,亦是外道。"曰:"禅师适来说真如有变易,如今又道不变易,如何即是的当?"师曰:"若了了见性者,如摩尼珠现色,说变亦得,说不变亦得。若不见性人,闻说真如变易,便作变易解会;说不变易,便作不变易解会。"三藏曰:"果知南宗实不可测!"有问三教同异?师曰:"大量者用之即同,小机者执之即异。总从一性上起用,机见差别成三。迷悟由人,不在教之同异也。"有座主问:"师说何法度人?"师曰:"贫僧未曾有一法度人。"曰:"禅师家浑如此?"师却问:"大德说何法度人?"曰:"讲《金刚经》。"师曰:"此经是阿谁说?"座主抗声曰:"禅师相弄,岂不知是佛说耶?"师曰:"若言如来有所说法,则为谤佛,是人不解我所说义。若言此经不是佛说,则是谤经。请大德说看?"座主无对。师稍顷又问:"经云:'若以色见我,以声音求我,是人行邪道,不能见如来。'大德且道阿哪个是如来？"曰："某甲到此却迷去。"师曰："从来未悟，说甚却迷！"曰："请禅师说。"师曰："大德讲经二十余座，却不识如来？"座主礼拜，曰："愿垂开示！"师曰："如来者，是诸法如义。何得忘却？"曰："是诸法如义。"师曰："大德是亦未是？"曰："经文分明，那得未是？"师曰："大德如否？"曰："如。"师曰："木石如否？"曰："如。"师曰："大德如同木石如否？"曰："无二。"师曰："大德与木石何别？"座主无对，良久却问："如何得大涅槃？"师曰："不造生死业。"曰："如何是生死业？"师曰："求大涅槃是生死业，舍垢取净是生死业，有得有证是生死业，不脱对治门是生死业。"曰："云何得解脱？"师曰："本自无缚，不用求解。直用直行，是无等等。"曰："禅师如和尚者，实谓希有。"礼谢而去。

简州德山宣鉴禅师，精究律藏，于性相诸经，贯通旨趣，常讲《金刚般若》，时人谓之周金刚。闻南方禅席颇盛，师气不平。乃曰："出家儿，千劫学佛威仪，万劫学佛细行，不得成佛。南方魔子，敢言直指人心、见性成佛。我当搂其巢穴，灭其种类，以报佛恩。"遂担《青龙疏钞》出蜀，至沣阳路上，见一婆子卖饼，因息肩买饼点心。婆子曰："我有一问，你若答得，施与点心。《金刚经》道，'过去心不可得，现在心不可得，未来心不可得。'未审上座点哪个心？"师无语（昧者必曰：我点凡夫心耳，有何难答？不知顺俗违真，如何得圆融二谛？故曰：承言须会宗，莫自立规矩。宗下答语，谈何容易）。遂往龙潭，至法堂，曰："久向龙潭，及乎到来，潭又不见，龙又不现？"潭引身曰:"子亲到龙潭?"师无语,遂栖止焉。一夕侍立处,潭曰:"更深何不下去?"师出却回,曰:"外面黑。"潭点纸烛度与师,师拟接,潭复吹灭。师于此大悟,便礼拜。潭曰:"子见个什么?"师曰:"从今而去,更不疑天下老和尚舌头也。"至来日,师将《疏钞》堆法堂前,举火炬曰:"穷诸玄辩,若一毫置于太虚;竭世枢机,似一滴投于巨壑。"遂焚之。

仰山慧寂禅师,初参眈源,已悟玄旨,后参沩山,遂升堂奥。眈源谓师曰:"忠国师当时传得六代祖师圆相,共九十七个,授与老僧,乃曰:'吾灭后三十年,南方有一沙弥,大兴此教。'次第传授,无令断绝,我今付汝。"师接得一览,便将火烧却。眈源一日问:"前来诸相,甚宜秘惜。"师曰:"当时看了,便烧却也。"源曰:"吾此法门,无人能会,惟先师及诸祖大圣人,方能委悉。子何焚之?"师曰:"慧寂一览,已知其意。但用得,不可执本也。"源曰:"虽然如此,于子即得,后人信之不及。"师曰:"和尚若要,重录不难。"即重集一本呈上,更无遗失。师坐次,见一僧从外来,问讯了,向东边叉手而立,以目视师,师乃垂下左足。僧却过西边叉手而立,师垂下右足。僧向中间叉手立,师收双足。僧礼拜。师曰:"老僧自住此,未曾打着一人。"拈住杖便打,僧腾空而去。又一日坐次,有僧来礼拜,师不顾。其僧乃问:"师识字否?"师曰:"随分。"僧右旋一匝,曰:"是什么字?"师于地上书"十"字酬之。僧又左旋一匝,曰:"是什么字?"师改"十"字作"卍"字。僧画此"○"相,以两手拓如修罗掌日月势,曰:"是什么字？"师乃画此"㊉"相对之。僧乃作娄至德势，师曰："如是，如是，此是诸佛之所护念，汝亦如是，吾亦如是，善自护持。"其僧礼谢，腾空而去。时有一僧见而问师，师曰："此是西天大阿罗汉，故来探吾道。"僧曰："某虽睹种种三昧，不辨其理。"师曰："吾以义为汝解释。此是八种三昧，是觉海变为义海，体则同然。此义合有因有果，即时异时，总别不离隐身三昧也。"（此段问答，更不可思议。略举一斑，以知宗下问答，尚不仅在文字口舌上也。）

东京净因禅师，同圆悟、法真、慈受，并十大法师、禅讲千僧，赴大尉陈公良弼府斋。时，徽宗私幸观之。有善严者，贤首宗之义虎也，对众问曰："吾佛设教，自小乘至于圆顿，扫除空有，独证真常，然后万法庄严，方名为佛。尝闻禅宗一喝，能转凡成圣，与诸经论，相似违背。今一喝若能入吾宗五教，是为正说；若不能入，是为邪说。"诸禅视师。师曰："如法师所问，不足三大禅师之酬，净因小长老，可以使法师无惑也。"师召善，善应诺。师曰："法师所谓愚法小乘教者，乃有义也；大乘始教者，乃空义也；大乘终教者，乃不有不空义也；大乘顿教者，乃即有即空义也；一乘圆教者，乃不有而有、不空而空义也。如我一喝，非惟能入五教，至于工巧技艺、诸子百家，悉皆能入。"师震威一喝，问善曰："闻么？"曰："闻。"师曰："汝既闻此一喝是有，能入小乘教。"须臾，又问善曰："闻么？"曰："不闻。"师曰："汝既不闻，适来一喝是无，能入始教。"遂顾善曰："我初一喝，汝既道有；喝久声消，汝复道无。道无则原初实有,道有则而今实无,不有不无,能入终教。我有一喝之时,有非是有,因无故有;无一喝之时,无非是无,因有故无;即有即无,能入顿教。须知我此一喝不作一喝用,有无不及,情解俱忘。道有之时,纤尘不立;道无之时,横遍虚空。即此一喝,入百千万亿喝;百千万亿喝,入此一喝,是故能入圆教。"善乃起再拜。师复谓曰:"非惟一喝为然,乃至一语一默、一动一静,从古至今,十方虚空,万象森罗;六趣四生,三世诸佛,一切圣贤,八万四千法门,百千三昧,无量妙义,契理契机,与天地万物一体,谓之法身。三界唯心,万法唯识;四时八节,阴阳一致,谓之法性。是故《华严经》云:'法性遍在一切处。'有相无相,一声一色,全在一尘中含四义;事理无边,周遍无余,参而不杂,混而不一,于此一喝中,皆悉具足。犹是建化门庭,随机方便,谓之小歇场,未至宝所。殊不知吾祖师门下,以心传心,以法印法,不立文字,见性成佛,有千圣不传的向上一路在。"善又曰:"如何是向上一路?"师曰:"汝且向下会取。"善曰:"如何是宝所?"师曰:"非汝境界。"善曰:"望禅师慈悲。"师曰:"任从沧海变,终不为君通。"善胶口而出。闻者靡不叹仰。

有问者曰:禅宗门风如此高峻,上根利器,一闻而悟者诚善;若根器稍差,不能于言下顿悟圆旨,又不得其门而入,岂非终身无分,徒令人望洋而兴叹乎?

答曰:否。此参话头之所由来也。兹先以根器言之,世之自认为上根利器者,无不恃世智辩聪,多知多解;其实适得其反，世智辩聪，正八难之一，障道之具也。多知多解，即《楞严》所谓"畜闻成过误，将闻恃佛佛，何不自闻闻"之戒也。古之所谓上根利器者则异是。一闻佛法，或喜极欲狂，或痛苦流涕，念兹在兹，寝食俱废；十年二十年，蕴积不释；千里万里，勤苦不辞。故得积诚既久，由诚而明，一旦触发，透澈到底，此之谓无上上等。后之人，若存若忘，将信将疑，往往求知见，错用心，甚至别有作用，种种差别，难以枚举。祖师慈悲，想出一种方法，使不能专一之散乱复杂心，令其专一；不能持久之因循间断心，令其持久；不知抉择之狐疑心，令其就范；不知观照之驰求心，令其反本。一个话头，句句提觉自己，时时照顾当下。专提，则虑其落于内；专照，则虑其着于外。又必觉照同时，内外一致，不浮不沉，不缓不急。果能如此用功，绵绵不断，久久纯熟，自然停腔落板。只要于遇缘触境时，一念相应，无论根器利钝，时间久暂，自能明见本心，明见本性。但能亲到一回，三藏十二分教，皆是为他注脚。非特打破事障、理障，即空间、时间，亦于刹那顷一时消灭，方知历劫不异今时。故智者大师得法华三昧，亲见灵山一会，俨然犹在目前。此时胸中着得一丝一毫否？然后知向之所谓修者，一切一切，皆是向外驰求，皆是口头声色。业识茫茫，无本可据，正是如来之所谓可怜悯者。必洞见其可怜悯之处，又乘自悟之力，然后大悲大愿、大智大勇之心，不须引申而自发。此心一发，莫可遏抑，直教尽未来际，亦无止期。岂是一般如隔日疟相似之大悲心乎？直纪信乘九龙之辇耳！

问曰：然则参话头者，皆一悟而至佛地乎？

曰：否。功未齐于诸圣。顿悟渐修之理，前已言之矣。《楞严经》曰："理则顿悟，乘悟并销；事须渐除，因次第尽。"

又问曰：然则悟有深浅、高下之殊乎？

曰：有。宗下有言曰，"从缘得者相应疾，就体消停得力迟。"上之开悟，即从缘而得之榜样也。但末法时代，颇不易得，以后人情识过灵，偷心不死，话头既不易打成片段，或误认光影，或预拟圣量。种种禅病，指不胜屈。纵能免除，稍有消息，不能自持；迨有见地，便作圣解，又不遇大宗师之锻炼，往往透不澈底。三关次第，由之而生。三关为何？初则见有真空，随时作得主宰，谓之破初参。迨至彻证真空，无智无得，能见所见，雪化冰消，是为重关。直到空性圆明，识尽功亡，得大机大用，谓之牢关。每一关之中，又生无限次第，故有"大悟十八，小悟无数"之语。又必经名师之钳椎，同参之切磋，然后得成大器。

如香严智闲禅师在百丈处，问一答十。后参沩山，问以"父母未生时，试道一句看"，香严将从前看过的文字道理，寻一句酬对，竟不可得。乃死心踏地，把文字烧却，舍去一切知见，迨击竹大悟。乃颂曰："一击忘所知，更不假修持。动容扬古道，不堕悄然机。处处无踪迹，声色外威仪。诸方达道者，咸言上上机。"沩山闻曰："此子彻矣。"仰山曰："此是心机，意识著述得成。待某甲亲自勘过。"仰见香严曰："沩师赞叹师弟发明大事，你试说看。"香严举前颂。仰曰："此是夙习记持而成；若有正悟，别更说看。"香严又颂曰："去年贫，未是贫；今年贫，始是贫。去年贫，犹有卓锥之地；今年贫，锥也无。"仰曰："如来禅许师弟会,祖师禅未梦见在。"香严复有颂曰:"我有一机,瞬目视伊;若人不会,别唤沙弥。"仰乃报沩山曰:"且喜闲师弟会祖师禅也。"

又,洞山良价禅师,首谒南泉,次参沩山,均有省发。后造云岩,问曰:"某甲有余习未尽。"岩曰:"汝曾作什么来?"洞山曰:"圣谛亦不为。"岩曰:"还欢喜也未?"曰:"欢喜则不无。如粪堆头,拾得一颗明珠相似。"后辞云岩。问曰:"百年后有人问,还邈得师真否,如何只对?"岩良久曰:"只这是。"洞山沉吟。岩曰:"价阇黎,承当个事,大须审细。"洞犹涉疑。继过水睹影,大悟前旨。有偈曰:"切忌从他觅,迢迢与我疏。我今独自往,处处得逢渠。渠今正是我,我今不是渠。应须怎么会,方得契如如。"后因供养云岩真次,有僧问:"先师道,只这是,莫便是否?"洞山曰:"是。"曰:"意旨如何?"洞山曰:"当时几错会先师意。"曰:"未审先师还知有也无?"洞山曰:"若不知有,争解恁么道?若知有,争肯恁么道?"又,云岩讳日营斋。僧问:"和尚于云岩处得何指示?"洞山曰:"不蒙指示。"曰:"何用设斋?"洞山曰:"争敢违背他。"曰:"和尚为先师设斋,还肯先师也无?"洞山:"半肯半不肯。"曰:"为什么不全肯?"洞山曰:"若全肯,即辜负先师也。"后洞山传法曹山,嘱曰:"吾在云岩先师处,亲印宝镜三昧,事穷的要,今付于汝。"词曰:

如是之法,佛祖密付。汝今得之,宜善保护。

银碗盛雪,明月藏鹭。类之不齐,混则知处。

意不在言，来机亦赴。动成窠臼，差落顾伫。
背触俱非，如大火聚。但行文彩，即属染污。
夜半正明，天晓不露。为物作则，用拔诸苦。
虽非有为，不是无语。如临宝镜，形影相睹。
汝不是渠，渠正是汝。如世婴儿，五相完具。
不来不去，不起不住。婆婆和和，有句无句。
终不得物，语未正故。重离六爻，偏正回互。
叠而为三，变尽成五。如荃草昧，如金刚杵。
正中妙挟，敲唱双举。通宗通途，挟带挟路。
错然则吉，不可犯忤。天真而妙，不属迷悟。
因缘时节，寂然昭著。细入无间，大绝方所。
毫忽之差，不应律吕。今有顿渐，缘立宗趣。
宗趣分矣，即是规矩。宗通极趣，真常流注。
外寂中摇，系驹伏鼠。先圣悲之，为法檀度。
随其颠倒，以缁为素。颠倒想灭，肯心自许。
要合古辙，请观前古。佛道垂成，十劫观树。
如虎之缺，如马之骤。以有下劣，宝几珍御。
以有惊异，狸奴白牯。羿以巧力，射中百步。
箭锋相直，巧力何预？木人方歌，石女起舞。
非情识到，宁容思虑？臣奉于君，子顺于父。
不顺非孝，不奉非辅。潜行密用，如愚如鲁。
但能相续，名主中主。

又，九峰道虔禅师，为石霜侍者，洎霜归寂，众请首座继住持。师白众曰："须明得先师意始可。"首座曰："先师有什么意?"师曰："先师道,'休去歇去,冷湫湫地去,一念万年去,寒灰枯木去,古庙香炉去,一条白练去。'其余则不问,如何是一条白练去?"首座曰："这个只是明一色边事。"师曰："原来不会先师意在。"首座曰："你不肯那?但装香来,香烟断处,若去不得,即不会先师意。"遂焚香,香烟未断,首座已脱去。师附首座背曰："坐脱立亡即不无,先师意未梦见在。"

又,雪峰存义禅师,久历禅会,机锋敏锐。复与岩头至澧州鳌山阻雪。师一向坐禅,头每日只是打睡。师曰："今生不着便,共文邃(岩头名)个汉行脚,到处被他带累。今日到此,又只管打睡。"头喝曰："噇,眠去。每日床上坐,恰是七村里土地,他时后日,魔魅人家男女去在。"师自点胸曰："我这里未稳在,不敢自谩。"头曰："我将谓你他日向孤峰顶上,盘结草庵,播扬大教。犹作这个语话。"师曰："我实未稳在。"头曰："你若如此,据你见处,一一通来。是则与汝证明,不是与你铲却。"师曰："我初到盐官,见上堂举色空义,得个入处。"头曰："此去三十年,切忌举着。""又见《洞山过水偈》曰:'切忌从他觅,迢迢与我疏。渠今正是我,我今不是渠。'"头曰："若与么,自救也未了在。"师又曰："后问德山,'从上宗乘中事,学人还有分也无?'德山打一棒曰:'道什么。'我当时如桶底脱相似。"头喝曰："你不闻道,从门入者,不是家珍。"师曰："他后如何即是?"头曰："他后若欲播扬大道,一一从自己胸襟流出,与我盖天盖地去。"师于言下大悟,便作礼起,连声叫曰:"师兄,今日始是鳌山成道。"

如此之类,不可悉数。如以为难耶?俱胝得天龙一指禅,便终身用之不尽;高亭隔江招手,横趋便去,便不再参。如以为易耶?雪峰三登投子,九上洞山;长庆坐破七个蒲团。盖根器有利钝,因缘有时节,固非常情所能测度。尤其紧要,在宗师之手眼。然各宗门庭设施,殊多差别,兹不遂一分晰。聊将大愚守芝禅师,举汾阳昭禅师《十五家宗风歌》录后,虽非全豹,已足见一斑矣。其词曰:

大道不说有高低,真空哪肯涉离微?
大海吞流同增减,妙峰高耸总擎持。
万派千溪皆渤澥,七金五岳尽须弥。
玉毫金色传灯后,二三四七普闻知。
信衣息,广开机,诸方老宿任施为。
识心本自从头说,迷心逐物却生疑。

(芝曰:此叙宗旨也。)

或直指,或巧施,解道前网出后机。
旨趣分明明似镜,盲无慧目不能窥。
明眼上,见精微,不言胜负堕愚痴。
物物会同流智水,门风逐便示宗枝。
即心佛,非心佛,历世明明无别物。
即此真心是我心,我心犹是机权出。

(芝曰:此叙马祖宗派也。)

或五位,或三路,设施随根巧回互。

不触当今是本宗，展手通玄无佛祖。

（芝曰：此叙洞上宗派也。）

或君臣，或父子，器量方圆无彼此。
士庶公侯一道平，愚智贤豪明渐次。

（芝曰：此叙石霜宗派也。）

有时敲，有时唱，随根问答谈谛当。
应节何曾失礼仪，浅解之流却生谤。
或双明，或单说，只要当锋利禅悦。
开权不为斗聪明，舒光只要辨贤哲。
有圆相，有默论，千里持来目视瞬。
万般巧妙一圆空，烁迦罗眼通的信。

（芝曰：此叙沩仰宗派也。）

或全提，或全用，万象森罗实不共。
青山不碍白云飞，隐隐当台透金凤。

（芝曰：此叙石霜、药山宗派也。）

象骨镜，地上月，玄沙崇寿照无缺。
因公致问指归源，旨趣来人明皎洁。

（芝曰：此叙雪峰、地藏宗派也。）

或称提，或拈掇，本色衲僧长击发。
句里明人事最精，好手还同楔出楔。
或抬荐，或垂手，切要心空易开口。
不识仙人出大悲，管烛之徒照街走。

（芝曰：此叙云门宗派也。）

德山棒,临济喝,独出乾坤能横抹。
从头谁管乱区分,多口阿师不能说。
临机纵,临机夺,迅速机锋如电掣。
乾坤止在掌中持,竹木精魂脑劈裂。
或宾主,或料拣,大展禅宗辨正眼。
三玄三要用当机,四句百非一齐铲。
劝同袍,莫强会,少俊依然成窒碍。
不知宗派莫颟顸,永劫长沉生死海。
难逢难遇又难闻,猛烈身心快通泰。

(芝曰:此叙德山、临济宗派也。)

然幻寄老人犹曰:"大块噫气,求怒者不可得。若以激噶叱吸之出于鼻口耳枅为怒者,是人不惟不识怒者,亦不识鼻口耳枅矣。"善乎!汾阳此歌曰:"我心犹是机权出。"而愚师亦云:"沙里无油事可哀,翠岩嚼饭喂婴孩。一朝好恶知端的,始觉从前满面灰。"今之人,因汾阳此歌,便谓宗风有十五家之异,是索怒者于鼻口耳枅也。嗟乎!教下之高深,可谓至矣;然吾宗有极平常之高深,非教下所能知。密宗之秘密,亦可谓极矣;然吾宗有极显明之秘密,非密宗所能测。而昧者不察,犹腾口舌,固知虚空无不容,不为迷者鉴;日月无不照,不为盲者明。

然上之所举,皆见之于《五灯》诸书,为人人所共知者。尚有淹没不彰,为诸录所未载,如唐之湘山宗慧大师,钦山之弟子也。其造诣之深,神通灵异之多,详于《湘山志》。兹录其《牧牛歌》十首,以见宗下用功之程序毫不儱侗也。

其一，未牧

落日映山红，放荡西东，昂藏头角势争雄。奔走溪山无定止，冒雨冲风。涉水又登峰，似虎如龙，狂心劣性实难从。到处犯人苗与稼，鼻未穿通。

其二，初调

可忆这头牲，永日山行，穿来驀鼻细调停。珍重山童勤着力，紧紧拘狞。水草要均平，照顾精明，狂机偶触莫容情。收放鞭绳知节候，久久功成。

其三，受制

渐渐息奔波，牵过前坡，从容随步性平和。度水穿云虽自在，且莫随他。又向那山窝，细看如何，低头缓步慢逶迤。须用鞭绳常管顾，定不蹉跎。

其四，回首

久久用功深，自在泉林，芒绳轻系向清阴。任性回头不着力，息却狂心。又且看浮沉，细究幽寻，收来放去别无侵。还把绳头松又紧，一刻千金。

其五，驯伏

调伏性安然，任过前川，青山绿水去来还。虽有鞭绳无用处，狂劣都捐。这边又那边，泉穴云巅，悠游踏断白杨烟。日暮归来无挂碍，何用牢牵！

其六，无碍

任意去西来，到处从容，横身高卧柳阴中。笛声吹出无思弄，快活阿童。浅绿间深红，景物融融，歇肩稳坐意忘工。忆昔劳心空费力，露地全供。

其七，任运

绿杨芳草边，任运天然，饥来大嚼渴吞泉。踏转溪山随处乐，在在逢源。横卧万峰前，景物幽闲，山童熟睡不知年。抛置鞭绳无挂碍，好个灵崟。

其八，相忘

物我两形忘，月印沧浪，白云影里白牛行。牛本无心云自静，彼此相当。交对露堂堂，何用商量，山童不复着提防。云月人牛俱自在，端的家常。

其九，独照

忒怪这牛儿，不记吾谁，阿童霁晓独横吹。山北山南皆自得，工用俱离。拍手笑嘻嘻，乐以忘疲，逍遥物外且何之。若说无心即是道，犹欠毫厘。

其十，双忘

无相大圆融，不立西东，人牛何处杳无踪。子夜赤轮浑不照，八面玲珑。魔佛总成空，凡圣消融，冰河发焰耀天红。枯木枝头花灿烂，绝没香通。

又，龙泉驿石经寺肉身祖师，有《语录》行世。全川人士，几无有不知其灵异者，问祖师何名，竟鲜有能举。多方考查，始知其为明时楚山和尚。但《语录》板片已亡。经十余年，果瑶师乃于贵州得之。借阅既竟，语言妙天下。以此观之，其余沧海遗珠，更不知凡几！诚如达摩大师之言曰："中土多大乘根器。"信不诬矣！然而中土人士，不以罕而见珍，转因多而生谤。羡康藏无上密宗，能即身成佛，具种种神通，为独得之奇，而以禅宗无飞升转生一切妙用。抑知禅宗祖师绝口不谈怪异者，虑其惊世骇俗也。是不为也，非不能也。达摩即逝，只履西归，人人而知之矣。犹曰：西天祖师也。今将东土诸祖之奇形怪状，试从头至尾，一一拈出，如尚不信，有书为证。

宝志禅师之生也，金陵东阳民朱氏之妇，于上巳日，闻儿啼鹰窠中，梯树得之，举以为子。

南岳慧思禅师，由大苏山趋南岳曰："吾前身曾履此地。"寻至衡阳，值林泉胜处。曰："古寺也，吾昔曾居。"俾掘之，基址犹存。又指崖下曰："吾此坐禅，贼斩吾首。"寻得枯骸一具。自此道化弥盛。

千岁宝掌，与朗禅师善。每通问，遣白犬驰往，朗则使青猿。故有题朗壁者曰："白犬衔书至，青猿洗钵回。"

法顺大师，贤首宗之初祖也。姓杜氏，神迹炳著。有患聋者投师，师呼之则聋愈；患哑者投师，师与言则哑愈。武功县僧，为毒龙所魅。师面之坐，龙附病僧曰："大师所向，义无复留。"僧即释然。师作法身颂曰："嘉州牛吃草，益州马腹胀。天下觅医人，灸猪左膊上。"

懒残，衡岳寺执役僧也。李邺侯微时，知其不凡，一夕潜往，道名瞻拜。残大诟曰："是将贼我。"李拜愈恭。残于牛粪火中出一芋，以半授李啖之。李捧食，再拜谢。残曰："慎勿多言，领取十年宰相。"后果然。

六祖慧能大师，北宗教徒，忌祖传衣，天下所闻，嘱行昌刺祖。祖预知,置金十两于座间。昌怀刃入室,祖舒颈就之。昌挥刃者三,无所损。祖曰:"正剑不邪,邪剑不正。止负汝金,不负汝命。"昌惊仆,久而方苏。遂出家得法。

石头希迁禅师住衡山,每讲法,南衡鬼神,多显迹听法。师皆与受戒。

牛头山慧忠禅师,县令张逊,至山谒师,问:"有弟子否?"曰:"有三五人。"逊曰:"可得见乎?"师敲禅床三,虎哮吼而出,逊惊怖而退。其神迹颇多。

湘山宗慧禅师,世称为寿佛。随师钦山至京师,与外道赛法,赤足步刀山,如履平地。觐母回家,母杀鸡令食,不忍拂母意,食之。母亦食一腿。师随至河边吐之,成一独脚鸡而去。师有侍者,药叉也,每乘隙飞行食人。师撮其口,令尖而小,自是不能复食人。师时而黄童,时而白叟,随异其形。其他灵异甚多。示寂后,肉身留三百余年。忽于光中显一联云:"自性转法华,方是真如超上乘;生机还大始,肯留色相碍空门。"守塔者,知有变,防之。是夕,肉身自发火炎而化。

隐峰禅师,唐元和中,荐登五台,路出淮西。属吴元济阻兵,违拒王命。官军与贼军交锋,未决胜负。师曰:"吾当去解其患。"乃掷锡空中,飞身而过。两军将士仰观,事符预梦,斗心顿息。师既显神异,虑成惑众,遂入五台,于金刚窟前将示灭。先问众曰:"诸方迁化,坐去、卧去,吾尝见之。还有立化也无?"曰:"有。"师曰:"还有倒立者否?"曰:"未尝见有。"师乃倒立而化,亭亭然其衣顺体。时众议舁就茶毗,屹然不动。远近瞻睹。师有妹为尼，乃拊而咄曰："老兄畴昔不循法律，死更荧惑于人。"以手推之，乃踣。阇维收舍利，建塔。

襄州居士庞蕴，马大师入室弟子也。得道后，以舟载珍橐数万，沉之湘流。举室修行，仅鬻竹漉篱以供朝夕。将入灭，谓女灵昭曰："视日早晚，及午以报。"昭遽报："日已中矣，而有蚀也。"士出户观次，灵昭即登父座，合掌坐亡。士笑曰："我女锋捷矣。"于是更延七日。州牧于公頔问疾次，士谓之曰："但愿空诸所有，慎勿实诸所无。好去，世间皆如影响。"言讫，枕于公膝而化。遗命焚去江河，旋遣使报诸妻子。妻闻之曰："这愚痴女，与无知老汉，不报而去，是何忍也。"因往告子，见斸畲曰："庞公与灵昭去也。"子释耝应之曰："嗄。"亦立而化。母曰："愚子痴一何甚也！"亦以焚之。众皆奇之。未几，其妻乃遍诣乡间，告别归隐，自后沉迹复然，莫有知其所归者。

镇州普化禅师，将示寂，乃入市谓人曰："乞我一个直裰。"人或与披袄，或与布裘，皆不受，振铎而去。临济令人送与一棺，师笑曰："临济厮儿饶舌。"便受之。乃辞众曰："普化明日去东门死矣。"郡人相率送出城。师厉声曰："今日葬，不合青乌。"乃曰："明日南门迁化。"人亦随之。又曰："明日出西门方吉。"人出渐稀，出已复还，人意稍怠。第四日，自擎棺出北门外，振铎入棺而逝。郡人奔走出城，揭棺视之，已不见。惟闻铎声渐远，莫测所终。

陈睦州道明禅师，契旨于黄檗，诸方归慕，咸以尊宿称。后居开元，恒织蒲鞋，资以养母。黄巢入寇，师标大草屦于城门，巢欲弃之，竭力不能举。叹曰："睦州有圣人。"舍城而去。

归宗可宣禅师，参琅邪，一语顿契，后住归宗。时郭公甫任南昌尉，相与甚厚。而为郡守所捃。寄书功甫曰："某世缘尚有六年，奈郡主抑逼，当弃余喘，托身公家，愿无见阻。"功甫阅书惊喜，且领之。中夜其妻梦间，见师入其寝，失声曰："此不是和尚来处。"功甫撼而问之，以梦告，功甫笑，取书示之，果孕。及生，乃名宣老。期年，记问如昔。三岁，白云端过功甫。始见，即曰："吾侄来也。"云曰："与和尚相别几年？"宣倒指曰："四年矣。"云曰："甚处相别？"曰："白莲庄上。""以何为验？"曰："爹爹妈妈明日请和尚斋。"忽闻推车声，云问："门外是什么声？"宣以手作推车势。云曰："过后如何？"曰："平地两条沟。"果六周无疾而逝。

蕲州五祖法演禅师，五祖宏忍大师之后身也。先五祖遗记曰："吾灭后，可留真身。吾手启而举，吾再出矣。"演师住山时，塑手泥涞中裂，相去容七。众咸异之。师尝拜塔，以手指曰："当时与么全身去，今日重来记得无？"及将亡之夕，山摧石陨，四十里内，岩谷震吼。阇维，舍利如雨。

黄龙德忠禅师，发明心要，专修苦行。度九江，登庐山，露眠草宿。相羊山水，会意则居。或数日不食，或连宵不卧，发长不剪，衣敝不易。禅会呼为忠道者。宣和间，湘潭大旱，祷而不应。师跃入龙渊呼曰："业畜，当雨一尺。"雨随至。居南岳，恒跨虎出游，儒释望尘而拜。其弟子普庵印肃禅师，御灾捍患，天动物与，鬼神莫能测其变化，诸异迹不可胜纪。其咒世间盛传,至被管弦,僧俗且用以安土,其效如神。

他如《高僧传》《神僧传》所载尤多,凡康藏大德之羡慕而称道者,应有尽有。噫,彼等固未曾入过密坛,受过大灌顶,并无金刚上师加被,更未曾习无上密宗,及空乐定、欲乐定、双身佛母等秘密法门,何施而至此耶?其《传》之非其真耶?抑秘密不肯轻易授人耶?何以宗慧有神通,其师钦山不以神通闻?仰山有神通,其师沩山亦不以神通称?至马祖、百丈、临济、德山、云门、法眼、曹山、洞山,为禅门之龙象,均不得神通。且曰:"如有一法胜过涅槃,我说亦如梦幻。"又曰:"但愁不是佛,何愁佛不解语。"其故安在耶?吾不敢置一言,请以质之深造而有得者可耳。

已矣夫!沧海横流,生灵涂炭;五洲共业,万恶积成;祸患业已临头,是非犹不释手。兹非中流失船,一壶千金之际乎?我既不能出广长舌,遍覆大千世界,又不能以一音演说法,使众生随类各得解。亲见一切有情,沉沦于孽海中,头出头没,无法自拔。管他大舟、小舟、竹筏、木筏,止要力能共济,自宜分道同趋。乃忍心推倒一切,垄断居奇,而欲一手以援天下乎?我以为儒与道固无论矣,即回也、耶也,甚至善堂也、玄门也,凡立有戒条,足以使人趣善去恶之教,均可共存于天地之间。多有一人倡导,即多一般信徒,保得一分善根,便免除一分恶业。劫运既可转移,天性亦渐回复,迨其善根纯熟,自能得闻正法。仁人君子之用心,不当如是耶?何必阳春白雪,高调独弹,为少数人之信从,舍弃百千万亿众生,而不肯一发慈悲乎?咄,止止,毋多言,贵自勉。

《修止修观法要》序

《修止修观法要》序

佛云:"唯此一事实,余二皆非真。"斯言也,夫人而知之矣。然今之学佛者,分河饮水,万别千差。以方便法,立门户之见;于权实义,操同室之戈。各是其是,而非其非。此一佛法也,彼亦一佛法也,岂特二而已哉?呜呼,大法不明,我执是竞,故彼之所谓是,非关空性中观之见也;彼之所谓非,亦非关烦恼无明之障也。不过同我则是,异我则非,理愈多而执愈重,行愈力而执愈坚,此皆我见之为害,而大法所以不明也。

某某年秋,阿旺朗吉上师传修止修观仪轨于雅州,黄隼高笔述寄省。省友先刻印《修止仪轨》行世,以《修观仪轨》辗转传抄,不无讹谬,故未付梓。今幸多方就正,得成完璧。吾友谢子厚见而悦之,以其契合禅宗也,亟欲印行,嘱序于余。余观其证入空性中观之理,非特同于禅,且与贤宗四法界观,台宗圆顿止观,净宗一行三昧,无不同者。至于所以证入之法,则有异而同、同而异者在。何也?盖禅宗知我执之为障,故离四句、绝百非，剿除情识，截断意根，必离二边三际，然后契证无上。今兹观法，知无明烦恼之根，即属我执。利用分别意识，使其竟委穷源，终以无自性成立，而得中道之观。其法虽异，其致则同。果能由此通达性海，即一滴而知百川之味，则人我之执尽，而同异之见亦泯。是法，非法，非非法，皆此一事耳。其谁能之，余日望之。

一九三八年戊寅岁季春三月归安吴梦龄序

附录

維摩精舍

写在朱砂版《维摩精舍丛书》重印之际

我爹爹袁焕仙和师兄南怀瑾先生及我爹爹一批朋友共同成立成都维摩精舍，已经七十多年过去了。他们旨在宏扬中国传统文化，探究儒释道精髓，深研文史哲内涵，广泛涉猎古今中外，延续中华文明之心灯，明心致志，光照人心和民族。其间整理编辑出版《维摩精舍丛书》即是佐证。

经师兄南怀瑾先生发扬光大，师兄李自申先生等不懈传播，《维摩精舍丛书》至今仍有不少有识之士在研习修证，传承深化。我爹爹及维摩精舍同仁若有所知，一定甚感欣慰！

这部朱砂版《维摩精舍丛书》在"文化大革命"中从我家抄走，"文化大革命"结束后又退还我们。不知何时该书再一次"离开"了我家。因缘所致，成都文殊院方丈宗性大和尚在市场上偶遇并出巨资收回，再度送还我家。一次偶然机遇，上海叶鹿城先生在我家看到该书而发心出资重印，才有今日朱砂版《维摩精舍丛书》的再次印行，以飨读者。

在此，我代表全家感恩宗性大和尚，感恩叶鹿城先生，感恩多次表示要出资重印该书的各位朋友，感恩上海书店出版社，感恩你们所做的一切！

袁焕仙嗣女

九一老妪：袁淑平

甲午年己巳月于成都家中

《维摩精舍丛书》第六次印行前言

  这部丛书已经印过五次了，首次是一九四四年冬月在成都维摩精舍木刻版印线装若干部（木刻版已毁于早年动乱中），二三次是台北老古文化事业公司改成精装本印行若干部，四次是我们原来成都维摩精舍的同仁共认资照初印线装本复印若干部，五次是北京中国书店出版，新华书店首都发行，照台北老古文化事业公司精装本精印若干部，这次是第六次了。因人们多急需研读此书，由成都周雪松、周长缨、夏尚兴、张刚、李伯川五位同修为报亲恩师恩捐资精印二千部。

  为什么这部丛书，无论男女老少都爱研读呢？这是因为我们的先师盐亭袁焕仙老人，尽毕生的精力，钻研东方传统文化，不仅总结了儒、释、道的精华，并彻悟了其中的哲理。为了宏扬大法，不畏艰难，不怕崎岖，主导维摩精舍，口说手写，纂成这部《维摩精舍丛书》。书中为了提持正法，深透地、科学地分判了各宗门派；为了诱导人们离苦得乐，指出人们的本心，本自具足，圆融无碍，众生与佛，无二无别；谈到应用，因时、因地、因人，应化无穷，发明、创造，无往不利，但须不昧因果。种瓜得瓜，种豆得豆，善恶祸福，始于一念，因果俨然，丝毫不爽。

　　人们认识了上述种种，自修自证，忘我无私，济世救人，效应显然，绝不是一般迷信欺人的邪说。古德说得好，"若将妄语诳众生，自招拔舌尘沙劫。"

　　尽管这部丛书，编写是文言，用字是繁体，但是，我们在这次印刷前作了断句，想来可以减少阅读时的一些困难；至于繁体字，可从《现代汉语词典》或《汉语大字典》中查考，也不会使一些人们望难止步的。希望此书，是暗室的一盏明灯，照亮我们，照亮大家行进吧！

　　敬序

　　　　　　　　　　　　　　　　　　　　门人杨志坚
　　　　　　　　　　　　　　　　　　　　　　邓岳高
　　　　　　　　　　　　　　　　　　　　　　李自申
　　　　　　　　　　　　　　　　　　　　　嗣女袁淑平
　　　　　　　　　　　　　　　　　　西元一九九六年岁在丙子元旦

影印再版《维摩精舍丛书》序

  魏晋南北朝以来，策心至道者皆归于佛。唐宋以降，契机上宗者咸趋于禅。明清以还，正法草昧，虽异才间出，每囿于象外，罕究内明。经称圣贤出世，皆有因中同行开士，随从下生，以佐其化。当此古今代谢，法眼晦暗而世乏哲匠，窃尝疑之。及怀师示读《维摩精舍丛书》，方悟其非。盖因行果位之士，显迹屯邅，居常顺世，凡俗未识其异，浅见难窥其量。洎乎麟亡凤失，群兴难遇之思已耳。怀师浮海念年，笥藏此编，珍如拱璧。时人但知其幽深高远，而未悉其求道之诚，悟缘之奇，荷担大法悲愿之力也！勋男生于海屿，长于台员，未经间关参学之劳，不费芒鞋风霜之苦。因缘时会，而庆遇吾师。管窥作略，浅尝法味。今蒙示以师门乳脉，如渴饮醍醐，饥逢王膳，未敢私食。乃殷勤启请，允予梓版，普惠后贤。家慈发心随喜，慨输苦蓄。助成斯志，幸何如之！昔者，罗什至关中而奇才毕集，道一驻江右禅宇顿开。今盐亭老人际遇乱离，宗纲西蜀，及门多士皆为一时之选。而时厄蹇困，俊彦星散，乘槎海宇，提撕心印，扶植宗门种草，宏扬维摩精舍愿力者，仍惟怀师一人而已！所幸囊辑全书师躬编撰，今复亲加厘订，再版付铸，因圆果正，心期来者尤胜于今。至若存见生讥或亡心归信，因缘宿业，自感機祥，非所计及矣。

西元一九七零年仲夏月吉日
门下云林周勳男熏沐敬序
溧阳孙毓芹沐手敬书

《维摩精舍丛书》二函序

夫《维摩精舍丛书》二函者，继一函之次第而名书者也。其旨趣若何？潼南田师兄肇圃于一函《告读者》曰："《维摩精舍丛书》初函既梓，内水伍先生心言，盐亭仲纯范子为之都序，揭全书之宗旨，示学者之的趣。都哉！都哉！括而囊之，抑以罄矣。"而二函宗旨，学者的趣，亦复如都序所说。若再为序，胡有何言？若强言，必腊月扇，盛暑炉矣。

二函诸章之节要断时者，始于先师行教内江东坝街礼堂，三讲《般若波罗蜜多心经》，截于一九四九年十月中江禅七法会。先师口授，门人记录，缮写成稿，蕴椟待梓。一九六六年，文化大革命浩劫，将起未起时，先师溘然圆寂。吾侪师兄弟，又各有因缘，而东而西，未及其事。

先师毕生，恒常写日记，都以宣纸大开本，毛笔香墨，八行书记之。积累数百册，颇富懿言嘉行及史料。书法、文章亦属当代一流。又作诗、文、词、联、偈语数千百章，实无一字一句而非"述而不作，信而好古"之微言大义。都已编辑、缮写、装订成册，待时至缘会，雕版印行。惜乎都在文化大革命浩劫中，火化成灰矣！现今尚存者，仅邓师兄岳高藏之《心经三讲》、《通禅与王恩洋》、《东方学术界之函讨》、《说庄子齐物论》而已。

民国三十二年（一九四三年），先师见大势已至危急存亡之秋，协蜀中诸贤，毅然出世维摩精舍。其所式也：燃先圣之心灯，续众生之慧命，揭宇宙之至理，轨万有之一行。讵有他义奇义哉！先师以踏毗卢顶上行，挽既倒狂澜之大雄风范，施搅长河为酥酪，变大地为黄金之通天手眼，纵析须弥作笔，以大海为墨，岂足形容其万一哉！

门人等禀遵遗训，察其世机，善其方便，于成都印行《维摩精舍丛书》一函两次，供喜爱者阅读。俾上味醍醐，法雨甘露，庶黎平民，山葩野草，得以闻润耳根，永为道种，自有开花结实时在。尝闻诸学者众中曰："是书文是古文，字是繁体，不经讲解，难知其意。正如《永嘉证道歌》所说：'饥逢王膳不能餐，病遇医王怎得瘥。'听老先生们讲解后，真是心中自在，法喜充满。如还能得嚼二函法味，可谓三生有幸！"缘企于此，门弟子等，二十余年来，函征、亲访、回忆，多方收集先师之诗、文、词、联、偈语不满千章，名之曰《高山佚韵》。

夫《高山佚韵》者，先师祖籍盐亭，自号盐亭老人。盐亭县城西，有一巍峨大山，俗名高山庙，志曰负载山。杜甫过盐亭，有"马首见盐亭，高山拥县青"之嘉句。先师亦有"随意问乡贤，长短经、丹渊集，一样消沉，这古道阳斜，谁点缀高山拥县？""任情批老宿，慈明榜、雪松球，百般卖俏，看紫岩月出，我好笑佛灯封龛。"之楹联，题紫岩寺。故取其义，以命名之。

又冯君学成于成都杜甫草堂书肆，得张公凤篪之《片香集》，吴公梦龄之《法鼓》二书。原意二公法语，文革浩劫后，已为绝迹。今不意面世，乃大幸奇缘也！

盖张公为吴公之师，吴公乃吾侪先师之师也。师生法身，一生永生，永无生灭，逾父母所生色身。色身累劫无穷，生灭不已。故师恩难报，难报必报。陈列《片香集》《法鼓》于《维摩精舍丛书》二函之首者，以聊表诚敬耳。付梓之际，谨此数语为序。

门人盐亭李自申沐手拜撰时年八十又三
夏历岁次癸未年（2003年）端午吉日

《维摩精舍丛书》二函后跋

　　达摩西来,六代相传,一花五叶,禅宗盛化于中国。然唐宋以来,言禅者非惟丛林尊宿,王侯士夫,贩夫走卒,乃至乡间婆子,亦有高妙其事者。此即六祖所云"佛法在世间,不离世间觉";"若欲修行,在家亦得,不由在寺"乎!

　　蜀中禅化,原与中原、江南、岭南同步。五祖下之智诜,于资州德纯寺行化,递传唐和尚、金和尚至无住禅师,此达摩衣法在蜀之说也。再则马祖、圭峰、德山、圆悟、无准乃至破山,此蜀中尊宿,甲于全国者也。若论居士,亦代有其人。五代时有勾令玄等;宋时有苏东坡、张无尽、冯揖,乃至张浚夫妻父子。此皆载于禅史,刊于文献。学禅之人,应为耳熟。

　　延及清末,广东顺德张公凤篪,宦游来蜀,于成都与师友数人,论道习禅。其后吴公梦龄,再后袁公焕仙,俱能传承大法,推衍宗乘者也。袁公主法维摩精舍,作狮子吼,随时随地、随人随机说法接引,门下之盛,遑论万指。是贵者贱者,达者穷者,老者少者，多能入其耳感其心，虚而往实而归。是蜀中习禅之盛，一时甲于全国。

袁公讲法之部分笔录，成《维摩精舍丛书》一函，影响厥著。更多讲法之笔录，不及刊印而毁于文革。今门弟子多方收集，得袁公之诗、词、文、联、偈等数篇，合为第二函印行。

冯生学成庚辰年（2000年）于成都杜甫草堂文物书肆，得张公之《片香集》，吴公之《法鼓》二书。原意二公之法语，自文革之劫已为绝迹，今不意获之，实乃法门之大幸。故并入第二函印行，以示渊源之不虚耳。

《维摩精舍丛书》第二函之付梓，虽仅中华文明血脉之一缕，亦乃国泰民安、因缘再来之祥瑞。故蜀中同仁，皆抚额称庆。付梓之时，谨此数语作为后记。

门人成都李更生沐手拜撰
夏历岁次癸未年（2003年）端午吉日

维摩精舍简介

维摩精舍,是盐亭老人袁夫子焕仙先生,髫年鞭笞子史,壮岁奔走英雄,利锁名缰,浮云等视,贤关圣域,流水而观;栖志心宗,潜沉内典,行脚遍及天下,散尽亿万家财,忘躯苦参一个话头,抵老溘然发明大事,讲学教化之道场也。

"维摩"者何?取譬印度维摩诘居士之名与教化事迹义。

"维摩诘"又者何?梵语,人名。音译毗摩罗诘、维摩诘;义译净名、灭垢名、无垢名。释迦牟尼佛之在家弟子,乃中印度妙喜国毗舍离城长者。精通大乘佛教教义,修为高远,虽佛陀出家弟子犹不能及。尝居之房舍仅一方丈大,一床独居,别无侍者眷属,但其舍能容万百千狮子座。尝称病,云其病"是以众生病,是故我病"。佛陀令文殊菩萨等前往探病,彼即以种种问答,无碍辩才,游戏神通,提示空、无相等大乘深义,默然示现"真说不二法门"。以故,取譬此义而名"维摩精舍"。

维摩精舍创建于夏历岁次癸未年(一九四三年),设置于成都提督东街三义庙内。四川省诸贤——潼南傅真吾、大竹萧敬轩、巴县朱叔痴、荣县但懋辛诸先生等筹组，恭迎先师主法。向当时政府立案之文卷，现存四川省政府档案楼中。继之尝分及行化于灌县（今名都江堰市）之灵岩寺、峨眉山之大坪寺、成都文殊院、尧光寺、宝慈佛学社以及内江、潼南、重庆、南京、台湾、盐亭、中江等名山寺院地区。凡能所及必有省悟，尤以灵岩、大坪两个禅七法会接引开悟者众。释通禅（即南怀瑾）、释通宽、杨光岱、朱叔痴、释通永、释通远、释通超等契入深切，时有袁先生门下"峨眉五通仙人"之说。现法雨澍欧、亚、美等洲，盛港、台两地。南京设首都维摩精舍于羊皮巷，盐亭设维摩精舍于紫岩寺，余所行化大都设舍。及门弟子无可算计，以伍心言、范天笃、徐剑秋、林梅坡、李范中、傅养恬、傅渊熙、傅仲穆、田肇圃、吴景伯、杨介眉、林翼如、吕寒潭、谢镇中、李绪恢、许衡生、沈天泽、黄人俊、邓岳高、李更生、陈潜溪、王乃鹤、释通义、释通众、释曼达、萧奉来、傅金鉴、卢官伯、杨志坚、甘典夔、许人贵、方含光、徐哑文、蓝雅兰、廖允中、钱宗本、王治易、方仲文、王玉文、李立人、蒋述法、周迅予、王建中、雷清成、雷少成、杨南荪、张资平、何又密、陈立夫、陈诚、王励勋、陈谦愚、陈云章、虞任公、饶文萱、王桐如、何子敬、金廉溪、许毓生、苟书丹、黄体仁、李云谙、袁其容、邓明馨、李林书、陈云中、封少成、朱叔痴、伍所南、刘立言、袁本超、雷雨三、饶盛华、邓叔清、李梦余、江东之、释演观、释普书、释普明、申介屏、王子謇、陈耀余、许建业、曾鹤君、冷笑岑、汪克成、周宗岳、曹仁刚、马白眉、廖兀虬、释普愿、曾普仁、杨鹭溪、雷正修、高注东、于邦齐、邓春和、傅文光、谢来宾、徐仲礼、潘子玉、傅丕承、黄尔寿、陶发祺、曾怀普、黄义宣、李贤湛、龚淑芳、黄周平、陈斗南、李国柱、胥鸿宗、范泽高、范华高、谭元俊等而为贤首,自申李君乃侍巾瓶而至末者也。

上之诸贤,多有奇趣妙缘,难以罄及,略举二三以明之。

南大师兄怀瑾,浙江乐清人。出生书香门第,课责綦严。成童,讲求六经,通会诗词。稍长,喜习武术,乐探多门。壮岁,遭日本侵华国难,愤志戎装,以扶起破沙炉为自任,领成都中央军校教铎。缘遇袁翁焕仙夫子,执弟子礼,学般若,兼或游戏诗文,得"超韵三昧"。师兄恭宽信敏,才调逾伦,既得明眼循循善诱,当机呵斥,于灵岩禅七了澈本来。自常与光岱、传西、白眉曰:"斯亦奇缘也,倘非国变,何缘入川?倘不入川,这段提不起放不下的公案,从何处了?仔细思量,真是令人汗泪交倾!"

师兄初谒先师于灵岩,先师即有示曰:"怀瑾谛听:在山数十日,窃见诸禅德巍然自拔,有独立振衣之慨,老人至喜也。攝其众向道,导其徒回车,风其俦化行方国者,实为怀瑾。"继而又诫之曰:"而怀瑾律己过严,责人如己,老人至虑也。律己严,可也;责人如己,不可也。何也?律己严,过必远;责人严,众必减。众果减矣,汝纵口如河,沛法若雨,其谁辅汝绍隆玄化而导行天下?古人所以有遇风而息之惧也。"更有重要开示于后曰:"燃先圣之心灯,续众生之慧命,不必外期友朋,要在自育一期超士。所以孔子道行,内有颜、闵、曾、仲,不假外交伯玉、原让。怀瑾此后念头当改,不然,徒滋烦忧耳。"师兄信受奉行如颜回,得一善则拳拳服膺而弗失之矣。

灵岩禅七后,不五月,师兄遁迹峨眉山大坪寺闭关阅藏,清居四川乐山五通桥览《永乐大典》,之康藏学密,游学滇池,保任长养,又潜家乡读《四库全书》。继而只身去台湾行教,胜唱一音。著书等身,成书三十余卷种:还原《大学》,别裁《论语》,旁通《孟子》之浩然,随判朱程之迂拘;他说《道德》,普解《南华》,白话杂说解《易经》,拨乱反正是隐士。点眼《金刚》,圆通《般若》,公道"密法",今释《二楞》,略讲《宗镜》,蠡测禅海。诸法本乎一心,三教理无二致,殆所谓冠冕百家,括囊千圣,告诸往而来者也。又东渡日本,西航美国,澍雨开云,振聋发聩,声响异邦。个人承修中山先生建国计划中之"金温铁路",资助十余所大学奖助金,种种诸多实际事,由此当知学佛学道要在行愿也。

南怀瑾诸著述与《维摩精舍丛书》,有一红线串连,若读《维摩精舍丛书》不懂,可读南著诸书即明白;若读南著诸书,领悟不到、把握不住纲领重点者,精研《维摩精舍丛书》,自然明明了了。苟能玩索而有得焉,则终身用之,有弗能尽者矣。

师兄徐剑秋者,本果州士子,从蒲伯英先生游甚久,染名士之习亦深。嗜象棋。寓成都时,尝喜之提督东街三义庙前面之近圣茶园品茗对弈,先师亦喜于该园品茗下棋,遂结为棋友。一日正弈战酣中，侍者来请曰："先生，讲经时间到。"先师罢弈将行，徐惊愕曰："讲经？谁讲经？"先师曰："我。"徐曰："你还讲得来经，你讲什么经？"曰："《中庸》。"徐曰："你能？你敢讲《中庸》？我去试听听如何？"先师曰："可。"于是徐即随行听讲，时正讲至《诠中庸之胜义次第、拈东西学者之失》章次。听罢，赞叹不绝，连连称稀有！跪称弟子。从此每次早到，自始至终不缺一席。讲完听完后，一夜即作《中庸胜唱体系表》敬呈之。现载《维摩精舍丛书》一函《中庸胜唱》中。

既后，徐寓重庆时，有一著名法师于渝讲经，徐与彼会听讲。一日息讲放参，法师请徐客堂品茗闲话。品茗间，法师忽问曰："据闻袁先生门下破参的学人都有几十，确否乎？"徐曰："那里！那里！谣传非确。几百哟！"法师笑而拈须，再饮茗而语曰："徐先生，我有一偈愿听否？"徐曰："愿乐欲闻，请法师讲。"法师曰："佛法本来无，云何言破参？庭前柏树子，莫要自相瞒。"徐曰："很好！我亦有一偈，法师愿听否？"曰："愿听。"徐曰："佛法本来无，有无参不破。庭前柏树子，一举两头错。"法师无对，徐则拂袖而去。事后，法师则罢讲。尝私造徐寓，切切闲话。徐亦多所发药，因之结为法中契友焉。

李师兄更生者，蜀之平民士子，性慧纯敏，质直诚笃，不喜宦途，精工黄帝歧伯之典，悬壶济世。趣密乘，通藏文，投先师门下学般若，心正意诚，清居精舍良久。五十年代间，政府分派参与之西藏办卫生院，院务草创俾成，然无一病人问津。诸人固知藏地政教合一，民信首教而次政，而藏僧法王又宣称闭死关，禁不见人。医院困情，无法疏通，同事都无所措。李曰："我有一法可试用，伊见则善，不见则罢。"次日，李偕二三人同去法王关房。护关者曰："关中素不会客。"李曰："我此小纸条，请阇黎转法王。"彼应喏。稍顷，法王即出关，曰："汝有何事必与我商量？"李述医院情况，法王即手书一纸交令传出。李曰："请慢。"又曰："法王令众病人俱来我院治病，然我院初成，人员不多，病员齐至，恐难应对。"法王曰："应如何乃是？"曰："请令分期分寨轮流可以。"法王从之。至第三日，病人则有规矩，分先后到院求治病矣。至今数十年亦然。同事间尝谑语笑曰："李医生真有一言兴邦之才！"李谦笑曰："非也！般若之无量力也！"李于该医院为藏族同胞服务至近古稀始退休。现年近期颐，犹思意清晰，胸怀慈悲，在家随缘与乐人焉。

李之小纸条究竟写了个什么大神咒、大明咒呢？竟如此灵验呢？其文曰："宇宙无边，森罗万有！闭那一关？有商量者么？"

又，王治易、方仲文、周迅予、蒋述法者，蜀之政、警、特界人物也。亦投维摩精舍，拜先师门下，称弟子，学般若。实学般若乎？非也，乃是侦察监视耳。而先师则以"有教无类""本性平等""一阐提皆可成佛""善缘恶缘都续慧命"之大慈悲精神，如父母之于爱子，严而不刻，谆谆教诲，切切诱掖，终于激发彼诸子之人性影子。虽未税驾，扬鞭之慨已潜于念初也。始有后之亲领眷属及友朋拜跪称弟子之趣事。无形中使彼时敷教行化，损去几多俗事麻烦。岂非世尊未宏法而先降魔之义一也乎？

又，方老师含光，法名法海，世居成都西御河沿街方家大院，毕业于成都女子师范学校，小学老师终身。人少称其名，咸称曰方老师。其立志于教书职业者，固出书香庭训也。恒就业于提督东街三义庙小学，恰与维摩精舍如鼻口毗邻，常闻先师敷演胜义。谚曰："近山闻鸟音，近圣闻胜义。"非宿值德本，焉能遇此善缘乎！

方含光先与中江李子民家诸姊妹友善，彼诸姊妹皆师兄郭正平学生，而方又得天然善缘，师郭正平席下授教。近半世纪来，吾侪师兄弟，各有因缘而东而西。方含光家道清贫，终身教书，有恒业而无恒产，未受极左思潮及文革风浪，平安世寿八十又六，而寿终正寝。如此长时，几番风雨，家中奉佛未休，随缘说法未辍，都摄一批劳动平民少有文化之老妪。因材鸣铎，嗫嗫叨叨，说老婆禅以启迪之，其中颇有一批得正知见者。如电视台播出复旦与台湾大学开"性善性恶"辩论会，诸妪看后曰："不从体上取圆，而执著善恶名相相诤论，转解转坚，转辩转渊……永无了期。"

又，蜀中有以唯识法相道理，讲解"世尊拈花，迦叶微笑"公案者，诸妪听后曰："不老老实实参研体悟，从道理上说解，历代祖师都不如他了，真闹笑话。己瞎瞎人，果报何堪？"另一位黄氏隆珍老妪年逾古稀，遭车祸伤盆骨甚重，入医院牵引治疗。诸道友慰问曰："痛得很吗？"答曰："痛得很，还有个不痛的嘛。"问："不痛的在哪里？"黄笑。问者亦如是笑。黄不三月即出院，未半年行动如常。

《维摩精舍丛书》一函两次在蓉印行，供众学习。杨光岱师兄一九八八年于上古寺开禅七，以及今时之一切运行，都赖方老师之老婆禅奠基之力也。先师固以先乎其说曰："褒大圆小，以志于道。"其此之谓乎！

　　先师悲大道之胥沦、四生之颠沛，乃毅然弃轩冕，舍山林，还肥膏，杂尘习，以如来家业，孔老薪传，立己立人，而及国家天下。以无性为自性，无所得而为方便行化：适孔则孔，宜禅曰禅；有时以佛入孔，以老入禅；有时以禅入老，以孔入佛；有时以孔入佛老，有时以佛老入孔；有时孔老佛俱入而俱不入，有时孔老佛俱不入而俱入。音翻海浪，语吐珠圆，随感赴机，因材鸣铎。其旨趣也，燃先圣之心灯，续众生之慧命，揭宇宙之至理，轨万有之一行。其遗著《维摩精舍丛书》，章章节节，句句字字，无不高提祖印，醒赴来机，世法佛法，胜法劣法，是法非法，世出世间等一切诸法，靡不悉具，而要归于第一义谛以统摄之；无一而非孔老释氏之名言，无一而是孔老释氏之成言。以水入水，因言遣言，纯缘千圣行化之通径，非夫子一己兴奇立异之私说。诱掖魔外，如父母之于爱子，严而不刻。拈颂古今，若日月之丽中天，明无不周。懿矣，都哉！人百其口，讵能仰赞！

　　今得闻《维摩精舍丛书》二函付梓，欣感至至！沐浴清心，供是简介。

门人盐亭邓岳高沐手拜撰
夏历岁次癸未年端午吉日

图书在版编目（CIP）数据

袁焕仙集 / 袁焕仙著. — 成都：四川人民出版社，
2023.1（2024.10重印）
ISBN 978-7-220-12764-9

Ⅰ.①袁… Ⅱ.①袁… Ⅲ.①儒家-文集②道家-文集
Ⅳ.①B22-53

中国版本图书馆CIP数据核字（2022）第128067号

YUANHUANXIAN JI
袁焕仙集
袁焕仙 著

封面题签　张谷

出 版 人	黄立新
策划统筹	封 龙
责任编辑	封 龙　冯 珺
特约校对	樊 伟
版式设计	戴雨虹
封面设计	李其飞
责任印制	周 奇

出版发行	四川人民出版社（成都三色路238号）
网　　址	http://www.scpph.com
E-mail	scrmcbs@sina.com
新浪微博	@四川人民出版社
微信公众号	四川人民出版社
发行部业务电话	（028）86361653　86361656
防盗版举报电话	（028）86361653
照　　排	四川最近文化传播有限公司
印　　刷	成都东江印务有限公司
成品尺寸	150mm×220mm
印　　张	44
字　　数	460千
版　　次	2023年1月第1版
印　　次	2024年10月第3次印刷
书　　号	ISBN 978-7-220-12764-9
定　　价	128.00元

■版权所有·侵权必究
本书若出现质量问题，请与我社发行部联系更换
电话：（028）86361656

壹卷
YE BOOK

让 思 想 流 动 起 来

官方微博：@壹卷YeBook
官方豆瓣：壹卷YeBook
微信公众号：壹卷YeBook
媒体联系：yebook2019@163.com

壹卷工作室
微信公众号